郑欣淼文集

故宫与故宫学三集

郑欣淼 著

北京出版集团
北京出版社

图书在版编目（CIP）数据

故宫与故宫学三集 / 郑欣淼著. — 北京：北京出版社，2023.5
（郑欣淼文集）
ISBN 978 - 7 - 200 - 17522 - 6

Ⅰ．①故… Ⅱ．①郑… Ⅲ．①故宫—文集 Ⅳ．①K928.74 - 53

中国版本图书馆 CIP 数据核字（2022）第 205076 号

郑欣淼文集
故宫与故宫学三集
GUGONG YU GUGONGXUE SANJI

郑欣淼　著

＊

北 京 出 版 集 团
　　　　　　　　　　　出版
北 京 出 版 社
（北京北三环中路 6 号）
邮政编码：100120

网　　　址：www.bph.com.cn

北 京 出 版 集 团 总 发 行
新 华 书 店 经 销
北京雅昌艺术印刷有限公司印刷

＊

170 毫米 ×240 毫米　　16 开本　　27 印张　　360 千字
2023 年 5 月第 1 版　　2023 年 5 月第 1 次印刷
ISBN 978 - 7 - 200 - 17522 - 6
定价：162.00 元
如有印装质量问题，由本社负责调换
质量监督电话：010 - 58572393
责任编辑电话：010 - 58572383

序言

　　《故宫与故宫学三集》收入笔者2012年至2016年的论文、演讲、访谈等文章17篇。就内容来说，紧紧围绕"故宫"与"故宫学"两大主题来撰写。2019年6月，故宫出版社出版此书稿时，所收录的文章基本上按笔者的写作或发表时间来编排。现北京出版社将该文稿收入《郑欣淼文集》中，因前两集的编排体例是根据内容分为编、篇、节，丛书编排体例需要统一，因此对文章的顺序做了调整，全书分为两编：第一编内容为"故宫"，收录10篇侧重于故宫研究的文章；第二编内容为"故宫学"，收录7篇侧重于"故宫学"各方面的文章。当然，"故宫"与"故宫学"是相互交融不可分割的整体，这样的分编未免有些生硬，但仅是为统一丛书体例而已。每编内的文章仍按笔者的写作或发表时间来编排。

　　现略做说明如下：

　　第一编是侧重于"故宫"方面的文章。

　　2012年9月8日，故宫博物院与北京市东城区签订了"故宫讲坛"合作协议，12月22日，笔者应邀做了第八讲，题目是《从武英殿修书处到故宫出版社——故宫文化传播的历史使命》。笔者从明清宫廷图书编刊及其地位影响、朝气蓬勃的故宫博物院民国时期出版物、故宫博物院的新发展与出版的新努力、文化自觉中的故宫出版使命4个方面，全面介绍了明代以来紫禁城内的图书编纂情况，特别是故宫博物院成立以来，故宫出版社逐步发展壮大的历程，认为其在整理、刊印、传播故宫文化上发挥了不可替代的作用。现在的整理稿删去了明清宫廷图书编刊及其地位影响部分，其他部分也做了调整，题目改为《故宫博物院出版史略》。

《"完整故宫保护"的理念与实践》，是笔者对"完整故宫"长期思考的体会与认识。本文以时空为脉络，详细梳理了近90年来故宫博物院在"完整故宫保护"方面的探索和实践，并力图对此做出客观的总结性评价。故宫博物院成立初期就提出"完整故宫保管"计划，并确定了故宫博物院的管辖范围。后来"完整故宫"意识曾一度被淡化，改革开放后重新受到重视并作为一种理念在逐步提升。世界遗产保护视域中的"完整故宫"，特别强调"故宫真实性和完整性的结合"。在故宫学的研究视域里，"故宫文化价值的整体性"则备受关注。笔者认为，"完整故宫"成为指导和推动故宫保护和博物院建设的一种方法论和思维方式。综合而言，不同时期"完整故宫保护"的理念和实践经历了一个演变的过程，也呈现了诸理念和实践之间相互启发、补充甚至有所交融的关系。

《世界遗产的价值与保护：以故宫为例》，是笔者2012年9月5日在全国政协北戴河干部培训中心做的讲座。其中世界遗产新事业给故宫保护带来的新视野，故宫维修中如何坚持真实性、完整性原则以及故宫保护利用与处理"宫""院"关系等，反映了多年来故宫保护的实践经验与理论探索的成果。

《观念的力量——我在故宫博物院工作的体会》，是与湖北省博物馆界同人的坦诚交流，也是我多年来的深切感受。

《钢和泰与故宫博物院》，是笔者为2013年故宫博物院"故宫学十年"学术研讨会所提供的论文。钢和泰是蜚声国际的著名学者，并对中国学术界产生过积极影响。钢和泰又先后被聘为清室善后委员会顾问、故宫博物院专门委员。笔者通过故宫博物院院藏钢和泰档案，梳理了钢氏对故宫博物院的贡献。钢和泰用半年多的时间完成了宝相楼楼上所有佛像的拍摄工作，作为藏传佛教研究领域的经典著作，《两种喇嘛教神系》就是在钢和泰在宝相楼内所拍摄的700多幅佛像及带有题记的佛像基座的基础上撰写而成的。可以说，钢和泰开故宫藏传佛教研究之先河，其成就至今仍有着重要的价值。钢和泰还对慈宁宫花园几座佛堂进行过深入研究，并联系洛克菲勒基金会捐款修缮慈宁宫花园。从某种意义上而言，钢和泰引介洛克菲勒基金会捐助故宫古建修缮，开创了故宫博物院利用国内外资金进行维修的新路子，也加强了故宫博物院与外界的联络和影响。

熊元义同志是《文艺报》理论部主任，著名的青年文艺理论家，有多部著作问世，提出过一些重要的观点。他对于故宫、故宫学也颇为关注，在传承、弘扬故宫文化方面做出了努力。《故宫文化的当代弘扬》是他对我的一次访谈。这次访谈后的一年半多，他突然因病去世。英年早逝，令人惋惜。现收入他的这篇专访，也是对他的一个纪念。

《三马、三沈、三俞及四朱——浙江籍文化家族与故宫博物院渊源初探》，是笔者为故宫学研究所于2014年10月召开的"文化名人与故宫博物院学术研讨会"提供的论文。这些出自浙江籍文化家族的人士，在当时文化学术界多有相当的影响，他们有缘进入古老的皇宫，投入到点查、整理、保护中华民族文化瑰宝的事业中，或偶一为之，或服务半生，或终老红墙之下，都为故宫博物院的建设与发展做出了令人永远难以忘怀的贡献。笔者认为，他们的努力与业绩使故宫的历史更加厚重，也使故宫的故事更加生动。他们的贡献主要在民国时期。因此这也是具有鲜明时代特征的一个文化现象，值得认真研究。

从2004年到2010年，故宫博物院对院藏文物进行了长达7年的全面清理，摸清了"家底"，首次对外宣布：截至2010年底，故宫博物院的可移动文物总数为1807558件（套）。多达500卷的《故宫博物院藏品大系》同时开始出版，《故宫博物院藏品总目》从2013年1月起陆续在故宫网站向社会公布。由于故宫文物的特殊价值及其数量的巨大，它的彻底清查，不仅是故宫博物院发展史上的标志性事件，对于中国文化遗产保护、中华历史文化研究也都具有重要意义，并为从2012年开始的全国国有可移动文物普查工作起了示范作用。《故宫文物藏品7年清理经过记》一文，是应全国政协《文史资料选辑》之约而写，记述了7年清理的详细过程。本文刊载于由全国政协文史和学习委员会主办、中国政协文史馆主编的《文史资料选辑》第164辑，中国文史出版社2014年出版。

《清宫文物的散佚与征集》一文是《华中师范大学学报（人文社会科学版）》编辑梅莉女士的约稿。本文广泛搜集资料，多次修改，对这一人们普遍关注的问题做了深入探讨。首先对"清宫文物散佚"的关键性概念做了梳理及界定。在清宫文物散佚的原因中，增加了皇帝的赏赐以及宫廷物品的变卖处理等内容。从"宫廷文物"的实际出发，还涉及沈阳故宫、承德避暑山庄文物藏品的散佚。1949年以后清宫文物的散佚，即北京故宫博物院文物的大量对外调拨。这种调拨是在国家文物主管部门批准协调下进行的，种类多、数量大、持续时间长。本文对此做了全面介绍。清宫文物的主体，以铜器、瓷器、书画为大宗，还有丰富的图书典籍、大量的明清档案，本文对这5项文物散佚状况也做了简介。在清宫散佚文物的征集、追索上，也依据资料做了介绍，并提出了探讨意见。

《乾隆皇帝的收藏与鉴赏》，是笔者2014年应邀在中国艺术研究院美术研究所的演讲。文中通过一些文物藏品介绍了乾隆皇帝的收藏理念、藏品的来源、鉴赏的功力以及藏品的整理、登记、研究等。

2016年11月16日，沈阳故宫博物院庆贺90周年院庆，精心筹划了"曾在盛京——沈阳故宫南迁文物特展"。由于历史的原因，原存沈阳故宫的10多万件文物目前分藏于海峡两岸多家博物馆。这个展览的一部分文物，正是借建院90周年之机回来"省亲"的。笔者在大会致辞中，认为这个展览的主题很好：从深层次来说，是对于这些文物精神价值的新阐述，是对于沈阳故宫价值完整性的新探索，也可略见沈阳故宫博物院今后的学术发展方向。《"盛京"的意蕴》为笔者致辞的修改补充稿。

第二编是侧重于"故宫学"方面的文章。

《故宫学的学术要素》，是笔者2012年在首届故宫学高校教师讲习班上的演讲，论述了故宫学提出的前提条件与背景、故宫学的知识体系、故宫学的学理属性以及故宫学的学术意义；认为故宫学是故宫人与故宫研究者的自我意识觉醒的重要标志。至此，故宫学的学术途径已转向对相关知识发展模式的构建。故宫学的知识体系包括故宫的历史、典藏现状和最新展陈等相关动态信息。故宫学的学理属性包括唯一性、包容性、实用性、整体性、历史性。故宫学最重要的学术意义在于，可使故宫丰富的文化内涵得以探讨和挖掘。这应得益于故宫学的广阔视野。

单霁翔院长曾要我在故宫博物院做一次关于故宫学的讲座，由他来主持。这就是2015年6月10日故宫学术专题系列讲座的第七讲，题目是《多维视域中的故宫学——范畴、理念与方法》。笔者通过对大文物、大故宫、大传统和大学科四个关键概念的界定，概括了故宫学的范畴体系，阐述了故宫学的研究内涵，进而明确了故宫学的学术理念是将故宫作为一个文化整体来研究；指出故宫学不仅是一门学科、一种学问，而且是认识故宫价值的一把钥匙，是指导故宫文物保护与博物院发展的一个理念。只有从多维视域去考察，才能认识故宫学所具有的多方面的意义与作用。在此之前，《华中师范大学学报》主编王泽龙教授曾向我约稿，遂把此讲稿整理后寄去，载于《华中师范大学学报》2014年第5期，《新华文摘》2014年第23期转载。

《故宫博物院学术史的一条线索——以民国时期专门委员会为中心的考察》，是笔者为2014年"故宫博物院学术史研讨会"提供的论文。专门委员会是故宫博物院的一个非建制的常设机构，大致历经1929年的初建、1934年的调整及1947年的重建三个阶段，聚集了一大批中国当时最著名的文史及古物研究方面的专家学者，为推进故宫博物院的文物保护及学术研究做出了突出贡献。本文以这一时期的专门委员会为线索对故宫博物院学术史进行研究分析，指出专门委员会的设立与发展，坚持了新生故宫博物院的社会性、开放性；专门委员会进行的是适应故宫博物院未来发展需要的有益探索，不仅积累了从故宫实际出发的学术研究的特点与方法，丰富了故宫学术的内涵，而且以专门委员会为主导的故宫学术成果成为学术故宫的一个重要标志。

《清宫书画鉴藏、佚存与研究述评》一文，与《故宫学概论》的撰写有关。中国古书画是清宫艺术品收藏的重要部分。在《故宫学概论》第八章，笔者辟专节论述清宫书画的收藏、鉴赏、整理，它在今天的佚存状况，两岸故宫博物院以及中西方学者对清宫书画的整理与研究等。20世纪五六十年代，直至80年代，北京故宫博物院院藏古书画先后经过徐邦达、张珩、启功、谢稚柳、刘九庵、杨仁恺、傅熹年等先生的鉴定，对这些书画的作者、流派、时代、内容等方面给予了客观的基本定位，是集体性的学术成果。笔者高度评价了这项工作所具有的深刻的历史意义，它是中国历史上第一次由学术界主持，对皇家收藏的历代书画进行的全面鉴定与科学研究，推翻了皇帝个人的独断。由于故宫研究人员掌握了大量的具有鉴定标尺作用的书画，并对古代书画有着较为广泛的涉猎，因此在书画鉴定方面受到国内外的相当重视，故宫研究人员也形成了重文献考据及鉴定的特色，其科研成果不断补充着艺术史的实际内容。但是这篇文章长达2.2万字，《故宫学概论》没法全用，一再压缩，只用了一半多，全文后来遂以《清宫书画鉴藏、佚存与研究述评》为题刊登在《浙江大学学报》2015年第5期。

《民国时期故宫博物院学术史略》，为笔者2015年7月25日在第四届故宫学高校教师讲习班的讲座。故宫博物院史中的中华民国时期，既有成立初期的屡受干扰，又有10余年文物南迁的辗转流离，但是故宫博物院的学术研究仍然取得了举世瞩目的成就。笔者认为，重要原因是，参与筹建故宫博物院及其早期院馆的领导者是一批学者教授，他们对故宫的文化价值与学术价值有着明确的认识，把故宫定位为学术机构，而专门委员会的组织形式与出版机构的成就则成为反映故宫学术发展的主要标志，不仅在中国现代学术转型中发挥了积极作用，也对故宫博物院后来的学术发展产生了深远的影响。

单霁翔同志2012年主政故宫博物院后，在着力抓好"平安故宫"建设的同时，十分重视故宫的学术研究，重视"学术故宫"的建设，于2013年10月筹划成立了故宫研究院，标志着故宫学研究进入新的阶段。研究院发挥体制、机制优势，在短短的两年内取得了一系列成果。单霁翔院长与我联合署名的《新观念　新机制　新举措——创新与发展中的故宫研究院》一文，介绍了研究院两年来的发展状况。该文载于《中国文物报》2015年12月15日。

《关于故宫学的再认识》，为笔者2016年8月19日在南开大学历史学院、故宫博物院故宫学研究所联合举办的"故宫学与明清宫廷史"学术研讨会上的演讲。"故宫学"学术概念提出10多年来，受到学界的广泛关注与积极参与。当笔者再一次回顾故宫博物院90余年的发展史、学术史和故宫的保护史，聚焦时代风云与紫禁沧桑，探析其中的曲折与反复、经验与教训时，又得到了新的启发，也对故宫学发生着新的认识：要坚持进步的观念与思维的创新；要与探索有中国特色文化遗产保护的道路相结合；要坚持学理性与实践性的结合；要树立开放和多元的合作交流理念；要始终坚持体现着历史使命感的文化自觉。

郑欣淼

于故宫御史衙门

2020年2月

CONTENTS

第二编

新观念　新机制　新举措/368
——创新与发展中的故宫研究院

关于故宫学的再认识/378

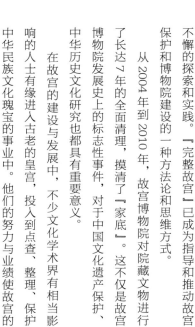

第一编

故宫博物院建院以来在『完整故宫保护』方面做了不懈的探索和实践。『完整故宫』已成为指导和推动故宫保护和博物院建设的一种方法论和思维方式。

从2004年到2010年，故宫博物院对院藏文物进行了长达7年的全面清理，摸清了『家底』。这不仅是故宫博物院发展史上的标志性事件，对于中国文化遗产保护、中华历史文化研究也都具有重要意义。

在故宫的建设与发展中，不少文化学术界有相当影响的人士有缘进入古老的皇宫，投入到点查、整理、保护中华民族文化瑰宝的事业中。他们的努力与业绩使故宫的历史更加厚重，也使故宫的故事更加生动。

故宫博物院出版史略

中国皇家历来有收藏典籍的传统。明清两代，帝王更重视图书的编刊。在明代，除了内府编刊的政教礼制之类图书外，洪武《武藏》、永乐《北藏》、正统《道藏》以及闻名中外的《永乐大典》等都是巨著。清康熙时期内府设武英殿修书处及其他修书各馆，专事编刊书籍，《钦定古今图书集成》、《钦定四库全书》、《钦定四库全书荟要》、"钦定武英殿聚珍版丛书"等都出自康雍乾三帝时期。这些图书的编辑、刻印或手写，在保存、整理和传播中国古代文献方面起了重要作用，在中国文化史上占有相当的地位。编辑出版图书是宫廷文化的传统，也是今天传播故宫文化的一个重要形式。

朝气蓬勃的故宫博物院民国时期出版物

1925年故宫博物院成立以来，把整理、刊印、传播故宫文化作为一项自觉使命，购买了先进的印刷设备，通过大量的各类印刷品，向外界介绍故宫的文物藏品、明清档案以及紫禁城宫殿建筑，在学术界、文化界乃至全社会都产生了重大影响。

故宫文化的传播是故宫博物院的重要使命。《故宫博物院组织法》第一条就规定："中华民国故宫博物院直隶于国民政府，掌理故宫及所属各处之建筑物、古物、图书档案之保管开放及传布事宜。""传布"就是故宫文化的播扬流传。《故宫博物院组织法》又规定总务处的10项"执掌",其中第3项是"关于征集统计材料及刊行出版的事项",又明确古物馆有传拓摄影、图书馆有善本图书影印、文献馆有清代史料之编印等任务事项。

故宫博物院成立初期,因时局动荡,处境艰难,多项工作难以正常开展,但仍开始有相关资料与文物的传布。1924年5月溥仪出宫,12月24日开始清宫物品点查。清室善后委员会为了让社会了解点查情况,及时公开点查报告。1925年3月1日,《故宫物品点查报告》第一编第一册即乾清宫点查报告公开出版,向社会发行。是年3月15日、3月20日、4月1日,第一编第二、三、四、五册陆续出版发行(其中第三、四册同日出版),直至1925年12月25日出版的第五编第一册,俱署名"清室善后委员会刊行",从1927年12月1日出版的《故宫物品点查报告》第五编第二册起,则署名为"故宫博物院刊行"。清宫物品点查至1930年3月基本结束,共出版《故宫物品点查报告》6编28册。1926年6月,出版《故宫已佚书籍书画目录》。1926年9月,完成钤拓《金薤留珍》古铜印谱24部,并限量发行。1928年1月13日,图书馆鉴于清代掌故成书较少,决定每月编印《掌故丛编》后改为《文献丛编》一册,本年2月出版第一辑,以后每月赓续编印。

1928年国民政府接管故宫博物院。从1929年开始,故宫博物院经过改组,各馆处建制完备,工作走上正轨。在文物点查告一段落后,工作重点转入整理,同时十分重视流传工作。1929年10月10日,《故宫周刊》创办,这在故宫出版史上具有重要意义。易培基院长在发刊词中说:

周刊者,取资既微,流传自易。一方以故宫所藏不分门类,不限体例,陆续选登,以飨国人;一方以故宫工程建筑以及本院先后设施、计划工作情形,公诸有众,期以唤起全国人士之艺术观念。又使讲艺术者多得古人名迹奇制，以资观摹，俾恢复吾国固有之文明而发扬光大之，则庶乎温故而知新，不致数典而忘祖矣。是此一周刊之微，他日或将谓为我国文艺复兴之权舆，亦奚不可，斯又岂独本院及本刊之幸哉？

《故宫周刊》自创办后连续出版510期。该刊图文并重，图为介绍院藏各类文物包括古建筑物，文字部分有专著、考据、史料、笔记、校勘、目录、剧本等，后因战争原因停刊，但它及故宫博物院其他出版物在向社会提供的清宫文物史料特别是这种学术为公器的指导思想方面，产生了重大的影响。

真正把流传工作摆到重要位置，则是到了1931年：

> 前二年（1929、1930）本院之工作，为草创的，为普及的，不论何事，随手举办。办事成绩，虽似较多，但其缺点，则在无统系，无一定目标。本年度则渐由草创工作，进为有趋向之工作，其最大目标，一面倾向于整理保管方面，一面倾向于流传方面。此两种工作，为本年度就财力所及，而尽量发展之趋向。[①]（《民国二十年本院全年工作报告》）

民国时期北平的出版机构，从性质上看可分为专营机构和兼营机构两大类。专营的有印刷局（馆）、书局、编译馆、出版社等，兼营的有报社、期刊社、印刷局、学校、研究所、图书馆、博物馆等，故宫博物院应属于兼营机构，即以其文物收藏与学术研究而兼营出版。

从当时北平出版业的大背景看故宫的出版，对故宫出版的兴盛当会有更深入的认识。1927年以前的北京，从清廷到北洋政府，一直是全国政治的中心，1928年，国民政府将北京改名为北平，政治中心移

---

① 故宫博物院：《民国二十年本院全年工作报告》，故宫博物院档案。

到了南京，文化中心南迁于上海，但1928年至1936年这段时间，恰是北平出版史上最为兴盛的时期。一方面是国家统一为出版业提供了比较安定的发展环境，更重要的是北平是当时全国少有的几个学术力量最为雄厚的城市之一，这就为北平本地出版业的发展提供了丰厚的作者资源和坚实的出版基础。学术出版或者说学术机构办出版，是北平民国时期出版业的重要特色。据调查，北平在民国时期出版图书总数超过100种以上的出版机构有北京大学、燕京大学、文化学社、地质调查所、北平研究院5家，故宫博物院在此期间出书近50种。[①] 除了文化学社发展成为专营的出版社外，其余都是学术性的机构兼营出版。如果说，上海的出版业带有商业色彩，属于经营型的，南京的出版业带有官方意味，属于政治型的；那么，北平的出版业则带有学术色彩，属于学术型的。[②]

故宫博物院的出版流传，有一个从无到有、从小到大逐渐发展的过程，院方为此采取了一些重要措施：

一是建立照相室。故宫文物之出版流传，分为两种：其一为传拓，其二为刊印。前者专指铜器铭文器形之传拓与铜印玺印之钤拓；拓成之后，均予整理板行。后者则泛指书画铜瓷等专辑图录、定期刊物、善本书目、档案汇编之出版发行。由于故宫之流传事业，除传拓外，以影印为大宗，因此故宫照相室设备，甚感重要。1928年冬，曾由文化基金辅助费项下，建筑日光照相室一座。然日光照相，究不如电光照相之便利。故1929年，又添设电光照相室一处。然因宫内地方辽阔，电线过长，电力每苦不足。嗣又改变路线，由北长街越河后，

---

① 邱崇丙、子钊：《民国时期北京的出版机构》，作者称："出书年代和范围以所见书为据，出版量统计有少量遗漏，故按等级标注，仅供参考。即：A（100种以上）、B（50种以上）、C（10种以上）、D（5种以上），4种以下不标注。凡注两种等级者，估计有可能高一级。"其中所列16个图书馆、博物馆的出书状况有9个不标注，2个列为D，3个列为C，仅北平图书馆列为BA，故宫博物院列为CB。（《北京出版史志》（第8辑），北京出版社，1996年）

② 王余光、吴永贵：《中国出版通史·民国卷》，中国书籍出版社，2008年，第90—91页。

更越城墙，而引入宫内。并换7股16号电线2根及7股20号电线4根，方能适用。又冲洗相片，自来水问题又缘之而起。因宫内地基坚固，埋管一事，甚不易行。开挖至数尺地，仍是砖灰。后亦费九牛二虎之力，方安设竣事。因本院照相室工作太多，内又分为二部。一部专任书画金石美术品之照相，一部专任建筑物之照相。成立照相室半年以来，共照成书画底片794种，晒印20071张。除已用玻璃版印行者外，照相明信片也已出售，各种书画美术照片"亦将流行于世焉"①。1930年，故宫照相室设备又继续增加，除购买专摄字画之镜头外，并扩充暗室，增加电线，原有照相室两处合并为一。照相材料，因金价关系，价格飞涨，虽感困难，而以各方竭力维持，出品尚较上年增加。共计所照大号尺寸之照片千余张，印出大号尺寸之纸片2500余张，各种建筑物纪念品及《故宫周刊》上用小片500余张，印出小号纸片15000余张。②1931年，增加暗室一间。倒悬镜箱（专摄手卷册页图章用）也已在制造中。材料设备，以各方竭力维持，均较1930年有所进步。专期与定期刊物，亦逐渐增加。计摄照大幅字画及手卷、册页、扇面、史料、铜器、瓷器、玉器等1560余张，晒印各项大小照片13630余张。③

二是成立故宫印刷所。故宫博物院流传事业发展的一个标志性事件是故宫印刷所的成立。往年承印本院美术印刷品，只有北平京华印书局及上海天一玻璃印刷所两处。但两处之机器和工人，均属有限，殊苦供不应求。1931年特由本院呈准行政院，与杨心德私人创办之印刷工厂，合资另组故宫印刷所，于3月10日正式成立，其性质为工商合办，其原则为专门承印本院交印之物品。所有印刷等费，只收成本，不得图利。但有余力，则亦得经本院之许可，承揽其他主顾交印

① 故宫博物院：《民国十八年本院全年工作报告》，故宫博物院档案。
② 故宫博物院：《民国十九年本院全年工作报告》，故宫博物院档案。
③ 故宫博物院：《民国二十年本院全年工作报告》，故宫博物院档案。

物品，兼作营业。所有红利，根据双方股本比例分账。该工厂即设在北上门之东雁翅房。计大小房屋80余间，后因添加机器，厂房不敷应用，又拨西边房屋之一部分以补充之。该厂有石印、玻璃版、凹版、铅印等部，应有尽有。虽草创经营，为时不久，然规模已粗具。[1]后又继续发展，在故宫的出版流传中发挥了重要作用。故宫的印刷设备系从德国进口，1933年亦随文物南迁到上海、南京，1937年文物疏散，机器不及运走。抗战胜利后收复南京朝天宫库房，但"南迁印刷所之印刷机器，为强有力者分割据有"[2]，未能收回。

三是成立出版管理机构。适应出版事业发展需要，故宫博物院于1931年成立了出版处，由秘书长李宗侗兼任处长，同时兼任编辑组主任，吴瀛任印刷组主任，程星龄任发行组主任，杨心德任摄影组主任。

四是重视出版物的出售。故宫博物院也非常重视出版物的发行出售。故宫出版物，至1929年数已激增，计有刊物40余种。平津京沪代售所10余处。因营业上事务较繁，5月31日，修理北平本院出版物发售室，11月，又将出版物发售室重新改组，另派专员负责，分为文书部、会计部、发售部、订购部共4个部门。发售室自扩大改组后，所有院中出品，遂得集中发售。由此4部分，设专人负责，整顿并进行一切。[3]其后一年内，经过多次研究讨论，改良管理办法，除书款逐日移交会计科外，所有4部，分工合作，各尽其责。如文书部，职责除收发文外，还包括撰拟函稿及广告等文字，如核定章程，则与订购部合作。次发售部，负责室内零售及出段等事，并结算日账，交会计主管人转科。凡关广告文字，会同文书部研商办理。又次订购部，包括收存各书，与市内外代售处接洽及预先订购各事，以及结算各该项账

---

① 故宫博物院：《民国二十年本院全年工作报告》，故宫博物院档案。

② 欧阳道达：《故宫文物避寇记》，紫禁城出版社，2010年，第12页。

③ 故宫博物院：《民国十八年本院全年工作报告》，故宫博物院档案。

目，移交会计经管人。又次为会计部，包括结算全室账目，移交会计科，造具月报周报表等。①

1930年，北平市内外代售处共有27处，分销处2处，市内代售处主要有：景山书社、修绠堂、文奎堂、同心德、东安市场佩文斋、青云阁佩文斋、青云阁富晋社、直隶书局、崇文斋、清秘阁、商务印书馆、有正书局、北平图书公司、远东书店、建设图书馆、大雅斋、雅韵斋、集萃山房、玉池山房、泉寿东文书藏；外埠代售处有：上海民智书局、上海中国书店、上海西泠印社、上海有正书局、南京有正书局、南京中华书局、四川成都现代文化社；另有分销处2处：天津法租界庆丰里一号、南京崔八巷北平故宫博物院驻京办公处。1930年，故宫共售出图书计62413册，照片、信片、周刊、拓片，不在此数。②

营业方式分门市及分销两种，1931年门市发售处改名出版物发售室。原设于神武门外东值房。因屋仅三间，不敷应用。春间特将北上门西值房扩充，迁移其处，并沟通西面雁翅房四大间，以做存物库及营业处。改良簿记，扩充营业。代售处计本埠有29处，南京、上海、苏州、杭州、镇江、无锡、四川、福建、天津、济南等，代售处共有23处。这些代销处，系寄售性质，1931年冬间，又与上海利利公司签订合同，专在上海、南京、苏州、杭州、镇江、无锡各都市推销本院之印刷品，使本院文化艺术品之结晶得普及流传于大江南北，做研究学者之参考。1931年，出版物总销册数计共92381件。利利公司新代承销，售件未计在内。故宫悬挂日历共销6000份，案头日历2000份。③

为了加强管理，故宫博物院还制定了《故宫博物院物品发售及管理售品款项规则》，主要内容为：

① 故宫博物院：《民国十九年本院全年工作报告》，故宫博物院档案。

② 故宫博物院：《民国十九年本院全年工作报告》，故宫博物院档案。

③ 故宫博物院：《民国二十年本院全年工作报告》，故宫博物院档案。

第一条：本院各处馆物品，一律交由总务处转发发售室承售，各馆处自行出售办法一律废止。

第二条：发售室应领各项发售物品，应先由各馆处将出售物品送由总务处转发。

第三条：发售室领取各馆发售物品，应在总务处所备之售品发领簿上盖章签证。

第四条：发售室售出物品所收款项，应按日与会计科结算立册登记。

第五条：发售室于各馆处所收发售物品及所售款项，应分别立簿册，按月呈报总务处并分报各处馆。

第六条：发售室对于各分销处所领分销物品及缴款欠款，应按月造具清册，呈报总务处转呈院长阅核。

第七条：发售室账目物品，每届月终应由各关系处馆遴派委员会同查核一次。

第八条：会计科对于发售物品所得款项，应分别各馆处特别存储，专作各馆处继续流传费用，非经拨借正当手续，不得挪作他用。①

五是多方筹集资金。故宫的出版物，例如文献档案的出版，是有益于学界的事业，也是历史文献的整理，其社会效益是有目共睹的。故宫博物院也力争得到社会的支持。1929年，中华文化基金委员会就曾拨款3万元，为流传文化之用，多数出版物，均赖此项辅助费。出版也力争得到政府的补助。1930年1月，故宫影印出版《筹办夷务始末》（道、咸、同三朝，共1300册）。出版前易培基呈文行政院，要求予以出版津贴，行政院批文要求各省市政府酌情贴补。1931年，本院亦筹出若干万元，专供印刷之用。

---

① 故宫博物院：《民国十九年本院全年工作报告》，故宫博物院档案。

故宫博物院的出版流传有以下特点：

一是编辑出版与业务工作相联系。故宫博物院分古物馆、图书馆、文献馆与秘书处、总务处，精印书画、传拓金石为古物馆的工作，整理古籍、编纂史料为文献馆的职责，影印典籍、出版诗文为图书馆的任务，各馆编辑出版自成系统，而编辑《故宫周刊》《故宫》等刊物，又需"三馆两处"共同承担。

二是印行版别多样。

有活字排版、有石印、有铜版、有珂罗版、有手钤、有墨拓六种不同的方式，其中最难的是手钤和墨拓，二者乃是我国最古的流传文物方法，早可溯到印刷术发明以前，就已有此种方法，直到现在，有些特种物品，仍须尚用此法，而此两事，又非人人可为，非有特别训练的专家不办，可以说是难能可贵了。而且这种手钤与传拓，所用的器材，如纸张、印泥与墨锭，都非寻常之物。①

三是印刷物类别繁多。大略而言，可分为书籍、档册、金石、法书、名画、玺印、目录、风景、仿古笺牍及各项说明十大类别。②1935年，故宫博物院印行"出版物目录"，将院中所有出版物分为20余类，计有月刊（《故宫》及《故宫书画集》），周刊（《故宫周刊》合订本21册及目录等），书翰（29种），名画（54种），书画合璧（2种），影印金石（7种），印谱（影印《交泰殿宝谱》），信片（13种），地图（1种），图像（2种），书影（1种），目录（15种），史籍（9种），史料（13种），谱录（1种），诗文集（5种），杂著（9种），特价刊物（10种），最近出版刊物类（10种），金石拓片（111种），信笺、信封、请客柬（11种）。

---

① 庄严：《前生造定故宫缘》，紫禁城出版社，2006年，第101—102页。
② 庄严：《前生造定故宫缘》，紫禁城出版社，2006年，第101页。

四是在以故宫古物文献的传拓、影印为重点的同时，也尝试开发新的文化产品，《故宫日历》就是一例。《故宫日历》有悬挂与案头两种。案头日历1931年就有印制，但日期用字是一般印刷体，没有特点。从1937年起，则选用名碑上的字，且有说明，如"十七"下注"爨龙颜碑"、"廿六"下注"樊兴碑"等，又配以器物、书画的图像，十分典雅，卖得也好。

五是有很强的版权意识。1915年11月7日，北洋政府发布了新的《著作权法》，在体例上秉承《大清著作权律》，在"总纲"中明确将享有著作权的著作物列为4类：文书、讲义、演述、乐谱、戏曲；图画、贴本；照片、雕刻、模型；其他关于学艺美术之著作物，以归纳的方式对著作权的客体做了明确规定。[①]1928年5月14日，国民政府公布了《著作权法》，在《大清著作权律》和北洋政府《著作权法》基础上做了一些修改、补充，基本没有超出前两法的范围。故宫博物院有很强的版权意识，版权页的内容完整，包括"编辑处"、"发行所"、"印刷所"、"代售处"、"售价"及印行日期等，开始曾在上端印有"版权所有"4个字，且钤有"故宫博物院版权之印"的篆体红印章，后来则改为"翻印必究"4个字。

1929年至1936年，是故宫出版的辉煌时期。1933年故宫文物南迁，出版受到一定影响；1937年抗战全面爆发，南迁文物又向西疏散，出版遂告停顿。故宫博物院民国时期的出版物，较重要的有《故宫善本书影初编》、《交泰殿宝谱》、《历代帝后像》、《掌故丛编》、《史料旬刊》、《故宫》月刊、《故宫书画集》、《故宫砚谱》、《故宫方志目》、《郎世宁画帧专集》、《故宫名扇集》、《清内阁库贮旧档辑刊》、《历代功臣像》、《故宫善本书目》、《故宫普通书目》、《故宫殿本书库现存目》、《故宫所藏观海堂书目》、《满文书籍联合目录》、《天禄琳琅丛刊》等等。

---

① 张静庐辑注：《中国近代出版史料》（二编），中华书局，1957年，第158页。

北平本院在沦陷期间，尽力维持院务，曾重印以前多种图书并编辑了一批书稿，也值得重视，以下略做介绍：

（一）属于古物者

古物馆处担任编辑校对工作外，其摄影印刷先后由驻沪办事处暨南京分院办理。抗战军兴，南北隔绝，此间材料既感缺乏，物资更苦拮据，故8年来仅由留平之残余书画中出版数种，其余均系重版刊物，为数亦远逊于前。主要有如《故宫月刊索引》、《故宫书画集索引》，另为许多书画作品写说明小传及收传印记考，重印《故宫书画集》等多是再版、三版甚至四版，等等。

（二）属于图书者

自七七事变以后，因经费拮据，所编各种刊物，多不能印行，但编辑工作未停止，如编成《故宫书录稿本》26册、《故宫方志续编》1册、《故宫所藏四库著录书目》4册；检阅清代诗集25部，选录题画诗2册；编《清代文集群书序跋目录》，检录名家文集53部，共2650篇；编录方志人物传目，计著录江苏武进各县县志40种，人物传目493页；安徽潜山等县县志18种，人物传目195页，又方志艺文篇目检阅各省县志633县，抄录篇目及其撰人，又汇编儒林文苑方伎传目，依照时代次序，已著录者，计儒林传目301条，文苑传目1046条，方伎传目189条。等等。

（三）属于文献者

文献馆之编印工作，亦因经费关系，多不能按照预定计划进行，仅有少数出版。所编印书稿如：《档案辞解》，继续搜集档案名称及其中专辞，加以解释，缮成卡片，计著录内阁、军机处、内务府等处辞解1393条；《筹办夷务始末索引》，将夷务始末所载折谕，逐件摘由，著录卡片，以备分类编辑，道咸两朝业已竣事，同治朝已做至第38卷；《清代典章辞汇》，将康熙、雍正、乾隆、嘉庆、光绪五朝会典中所有专辞，逐条选辑，著录卡片，以备分类排纂，计著录康熙会典23045篇，光绪会典681篇；《军机处来文主题索引》，将军机处所藏之来文，逐件摘取略由，登记草目，并加注分类主题，以备编制主题索引，计做完乾隆朝至光绪朝咨呈7392件；《校补满文无圈点字书》，满文无圈点字书，遗漏甚多，拟依满文老档与该书逐字校补，辑为补编，计校天命朝重抄本满文老档第1~18册，共486页；等。又出版了《文献丛编》3册、《苏州织造李煦奏折》第一册、《故宫清钱谱》、《清内务府藏京城全图》（珂罗版影印）等。①

故宫博物院民国时期出版物，对社会产生重大影响者，主要有两类：一类是清宫书画铜瓷等艺术品的介绍，一类是清宫档案的披露。

清代社会习尚的一个重要特点是对古人行为的追慕和效仿，即以古雅为美，是一种发自内心的崇古心理。对古器的浓厚兴趣，成为一个全民性的文化活动，对古代文物的收藏即为其中突出的表现。清宫收藏为历代皇家收藏的巅峰，民间收藏也很兴盛。从贵族官员到殷实富户，都以收藏古物为时尚。乾嘉朴学的发展推动了金石考据的研究，鉴赏文物之风更盛，出现了一大批卓有成就的文物收藏家、研究者和一批学术价值很高的文物著述。近代以来，民间收藏古玩、字画、典籍的风气与以往相比有增无减，许多收藏者还自觉地担负起研究中国传统文化艺术、防止其外流的重任。辛亥革命至1927年，是北京古玩行业的"黄金时代"，故宫博物院成立，将作为君主法统象征和仅供皇帝观赏享用的珍宝文物变为全民族的共同财富。各种传拓刊印品的发行，使人们能够更好地欣赏这些艺术珍品，适应了社会的

---

① 引自《国立北平故宫博物院北平本院八年工作报告（二十六年七月至三十四年九月）》，故宫博物院档案。

需要。

　　清宫文献的整理印行，在中国传统学术向现代学术转变过程中有着重要意义。晚清以来，西学大规模传入中国后，与中国传统学术摩擦激荡，使中国学术精神和学术研究赖以存在的机制处于转变之中。学者们习惯于把这一时期称为转型时代。在这一转变中，包括明清档案等一系列新材料的发现，成为确立现代学术的一个契机。王国维指出："古来新学问起，大都由于新发现。"他又说："中国学问上之最大发现有三：一为孔子壁中书；二为汲冢书；三则今之殷墟甲骨文字，敦煌塞上及西域各处之汉晋木简，敦煌千佛洞之六朝及唐人写本书卷，内阁大库之元明以来书籍、档册，此四者之一已足当孔壁、汲冢所出，而各地零星发见之金石书籍于学术有大关系者，尚不与焉。"[①]陈寅恪亦说："一时代之学术，必有其新材料与新问题。取用此材料，以研究问题，则为此时代学术之新潮流。"[②]1909年，紫禁城内典藏档案秘籍的内阁库因要维修，将其中部分档案与藏书移出，流出宫外后，经过曲折过程，损失甚多。20世纪20年代初期，北京大学国学门整理了历史博物馆的61箱又1503麻袋明清档案。比起流失出去的清宫档案，故宫更收藏着极为丰富的明清档案，是一个难得的宝库。

　　故宫博物院从一开始，就定位为一个学术机构。故宫的陈列展览与学术研究也密不可分。李煜瀛在商组"办理清室善后委员会"时，就明确提出要"多延揽学者专家，为学术公开张本"，后又提出，故宫"学术之发展，当与北平各文化机关协力进行"[③]。

---

　　① 王国维：《最近二三十年中国新发见之学问》，《王国维全集》第14卷，浙江教育出版社、广东教育出版社，2009年，第239页。

　　② 陈寅恪：《陈垣〈敦煌劫余录〉序》，《金明馆丛稿二编》，生活·读书·新知三联书店，2001年，第266页。

　　③ 李煜瀛：《故宫博物院记略》，《故宫周刊》1929年总第2期。

本院职员多以学术研究为目的，故尽义务者甚多。即有报酬，亦极菲薄。至多之生活维持费，仅给百元，少只十五元，为各机关所罕有。而同仁工作精神，则殊奋发。栉风沐雨，毫无倦容。盛夏严冬，工作尤苦。或冒暑巡行于永巷之间，或呵冻植立于冷殿之内。皆为寻常人所不能忍受者，而本院职员，皆身受之。此无他，一为保存中国历史、文化、艺术计，人人均视为分所当为，故不觉其苦。一则视本院为天然研究所，不为衣食计，而为学问计。同仁具此精神，得以维持以至今日。且努力进行不懈，亦职是故。①

故宫博物院设立文献馆，专管明清档案，张继、沈兼士任正副馆长，陈垣、沈兼士指导，主持档案的整理工作。文献馆在整理档案中，吸取北大的经验，制订了更完善的整理方案。档案整理刊布是故宫博物院早期最有影响的一项工作。在档案史料方面，出版了《掌故丛编》58辑，编印《史料旬刊》40期，汇编了《筹办夷务始末》《清代文字狱档》《清三藩史料》《故宫俄文史料——清康熙间俄国来文原档》等史料。据不完全统计，1949年之前，故宫博物院共编辑出版各类档案史料丛刊54种358册约1200万字，发表研究文章80余篇。②明清档案的整理研究，是当时社会上"整理国故"的重要组成部分，也对推动明清史研究起了重要的作用。

故宫出版物的影响与价值，得到社会及学界的高度重视，这里引用鲁迅的两段话，可见当时对故宫所出文献档案与书画印制品的评价：

鲁迅1934年在一篇文章中说：

这一两年来，故宫博物院的故事似乎不大能够令人敬服，

---

① 故宫博物院：《民国十八年本院全年工作报告》，故宫博物院档案。
② 郑欣淼：《故宫学述略》，《故宫与故宫学》，紫禁城出版社，2009年，第192页。

但它却印给了我们一种好书，曰《清代文字狱档》，去年已经出到八辑。其中的案件，真是五花八门，而最有趣的，则莫如乾隆四十八年二月"冯起炎注解易诗二经欲行投呈"。[①]

《清代文字狱档》，故宫博物院文献馆编，国立北平研究院出版，其中资料都从故宫所藏的军机处档、宫中所存撤回朱批奏折、实录三种清代文书辑录。第一辑出版于1931年5月，第八辑为1933年7月出版。另外，鲁迅对故宫的绘画出版物评价也很高。他在1933年致郑振铎的一封信中说：

> 故宫博物馆之版虽贵，但印得真好，只能怪自己没有钱。每幅一元者，须看其印品才知道，因为玻璃版也大有巧拙的，例如《师曾遗墨》，就印得很不高明。[②]

《师曾遗墨》即《陈师曾先生遗作》，书画集，共12集。1924年至1928年北京琉璃厂淳菁阁据周印昆、姚茫父、高朗夫、杨千里等所藏印行。鲁迅对其印刷质量显然是不满意的。

故宫的这些出版物，不是畅销书，却是长销书；其作用不只在当时，更在长远。中华人民共和国成立后，毛泽东主席办公室的田家英同志曾致函故宫博物院，让故宫博物院把民国时期所出的重要书籍选一套送主席办公室。当时故宫保存了不少自己编印的书籍，例如《史料旬刊》、《文献丛编》、《故宫》月刊、《教案史料》、《清代文字狱档》、《中法战争交涉史料》、《光绪朝中日战争交涉史料》、《清季各国照会目录》、《咸丰朝及同治朝夷务始末》、《军机处档案目录》等，还有《故宫书画集》47期及各种书画集册、单幅图卷等，数量巨大，除留够必要的外，1953年至1954年，应许多部门及机

---

① 鲁迅：《且介亭杂文·隔膜》，《鲁迅全集》第6卷，人民文学出版社，1981年。

② 鲁迅：《书信331120致郑振铎》，《鲁迅全集》第12卷，人民文学出版社，1981年。

构的请求，作为研究参考的资料赠送，如复旦大学、山东大学、中国人民大学、中央美术学院、河北师范学院、人民美术出版社、民族出版社、北京图书馆、上海图书馆、中央革命博物馆筹备处、东北博物馆、北京历史博物馆、中科院近代史研究所、中国红十字总会、广东省人民政府文物保护委员会、中共中央政治研究室等。

20世纪30年代，故宫博物院还拟出版多种外文的古器图籍，以广流传于欧美各国，但因时局变化，文物南迁，此一计划，未能实现，但从所设想的项目，也可见当是故宫人传播中华文化的使命感。当时之计划如下：

（一）建筑图绘

故宫殿廷之彩画雕刻，在在均有美术价值。日本伊东忠太博士及瑞典Professor Oswald Siren对此均有著作。惟彼等之书，对于清宫内廷，因当时进内不便，所获材料甚少，殊非完璧。不知中国建筑之最富有美术者，厥维宫殿，而精华所萃，又在宫殿中之所谓内廷。现由本院搜罗材料，拟将各处最精美之图案，或用照相法拍出，或觅有经验之油画匠照原来之色彩依样绘画。汇集精印，加以各国文字之说明，以飨世界学者。

（二）古代瓷器图说

中国古瓷，声闻于世已久。而古瓷种类之完备，及数量之多，尤推故宫所收藏者为第一。然以如许之宝物，不使其图像及其艺术之特长处，使世界学者均有机会浏览，殊属可惜。故本院拟编出一种古瓷谱，将其图像分类精印，并请专家加以考证说明，以各国文字宣传之。

（三）古代铜器图说

中国古代铜器，远由四五千年前流传至今。为研究中国古代文化者必需之参考品。宫中收藏精美完整铜器千余件。亦拟照出图像，以原来色彩精印之。并加各国文字之说明。

（四）书画专集

中国画，以写意为特长。故各种之画，愈经研究愈觉意味深长。诚如文学家所作之古文诗歌，百读不厌也。近来欧美人士，研究中国画者亦不少。兹为便利介绍于世界起见，院中拟择古代最有名之画，精印中西文专集，或月出一册，以飨研究中国美术之人士。

（五）翻印书籍

宫中藏书，有关于中国掌故历史或文学艺术者极多。皆为研究东方文化者所必读之书。而海内只此孤本，外间搜求不易，现拟择要复印百余种，藉供中外图书馆之需求。①

故宫博物院的新发展与出版的新努力

新中国成立后，故宫博物院进入新的发展时期，各项工作都有重大进展，唯独编印出版仍进展不大，其中原因，当时主要是清理院内垃圾，整治环境，整修古建筑，以及清理文物库房，都是基础性工作。1951年曾出版发行《故宫概述》，1952年编印《故宫导引》，都是介绍类的小册子。

中华人民共和国成立初期，故宫博物院在印刷上有了一个好的机遇，这个机遇与郑振铎先生有关。郑振铎（1898—1958）时任文化部文物局局长，他是著名的作家、文学史家、文献学家、艺术史家、考

---

① 故宫博物院：《民国二十年本院全年工作报告》，故宫博物院档案。

古学家。20世纪30年代，他在上海与鲁迅合作编选《北平笺谱》《十竹斋笺谱》。后来还编印了《中国历史参考图谱》《域外所藏中国古画集》等。他在任文物局局长期间，十分关心故宫的文物征集工作，对编辑出版有关故宫的出版物，也十分重视。他认为故宫是中国古代文化的重镇，这里收藏了大量古代文物精华。宣传故宫，就是将中国古代优秀文化遗产介绍给世界。作为出版行家，郑振铎深知印刷设备的重要性。1952年，他就为解决故宫的珂罗版印刷问题想办法。珂罗版印刷为德国人海尔拔脱于1869年所发明，俗称玻璃版印刷。其印制作品清晰、逼真，缺点是印量不大、成本昂贵，技术水平要求很高。我国在光绪初年已有珂罗版印刷，上海徐家汇山湾印刷所就曾用珂罗版印刷过宗教图画。1907年商务印书馆开始用珂罗版进行彩色印刷。

中华人民共和国成立之后，国家对私营出版业（包括出版、印刷、发行业）进行社会主义改造工作。上海是中国印刷业的中心，郑振铎抓住这一时机，为故宫积极引进上海的珂罗版印刷企业。他在1952年11月20日给上海出版家刘哲民的一封信中说道：

> 珂罗版的印刷，在北京极为需要。明年要大规模的印些珂罗版的书籍。希望能和胡颂高及戴圣保商量，他们能否搬到北京来？我们可以使他们加入（故宫）博物院的印刷部门工作。工人多些也不妨。只要有技术的，我们都可以要（政治上可靠）。我们正在考虑：（一）他们的待遇问题；（二）如何收购他们的印刷机？（三）搬家的费用，如何付法？可先行征求他们的意见。还有一家，在哈同路民厚里的，已经关了门，不知工人尚可找得到否？为政府工作，是很有远大的前途，并且是很有意义的。一切物质的条件，我们都可以想办法满足他们的要求，只要不过分。我们决定请鹿文波先生来京工作，专门为故宫博物院制版——古画及瓷器、铜器等——七个工人都可以同来。所有的制版工具等，我们都可以购买。不过，在价格方面，还要经过仔细

的估价与协商。①

此后，郑振铎锲而不舍，不断联系，最后派谢辰生先生去上海具体协商，给予相当优厚的待遇，终于将上海的鹿文波开文制版所和戴圣保申记印刷所的职员与设备全部迁入京城，并于1954年成立故宫博物院印刷所，故宫博物院从此拥有了高水平的彩色铜版与珂罗版印刷设备，印刷质量达到当时国际先进水平。郑振铎先生还亲自参与了《宋人画册》《故宫博物院所藏中国历代名画集》等书籍的选编工作，并为这两部图书撰写了序言，较为详尽地阐述了这些珍贵艺术品的价值及在中国艺术史上所占有的位置。1957年，故宫印刷所移交新成立的文物出版社。此后，文物出版社又于1959年用珂罗版或彩色铜版印制了故宫博物院《两宋名画册》《故宫博物院藏花鸟画选》《故宫博物院藏瓷选集》《故宫博物院藏历代法书选集》等，其中《故宫博物院藏瓷选集》由陈万里主持编写并撰写说明，陈毅题签，典雅大方。

直到中国共产党十一届三中全会以前，故宫博物院的出版物并不多，这与整个文博界的状况基本相同，其中有多方面的原因。

值得一提的是，故宫博物院出过两期《故宫博物院院刊》（以下简称《院刊》）。1958年出版了第1期《院刊》。博物院档案室存有当年"文化部党组代拟上报中央宣传部稿"，称：

> 我部所属故宫博物院拟出版《院刊》，主要内容是有关博物馆藏品和故宫建筑的学术研究和介绍，可以供学习历史考古和爱好文物者的参考和欣赏，并可与外国博物馆交换刊物。……
>
> （《院刊》）刊载有关本院的方针任务的论文，有关藏品的科学研究和讨论，修复文物和古建技术的研究和讨论，博物馆科

---

① 《郑振铎文博文集·书信·致刘哲民》，文物出版社，1998年，第504—505页。

学工作中的经验，博物馆学会议、座谈会或科学讲演的纪录，以及有关陈列、展览、征集、修复等情况报导等。除有关方针任务和理论研究外，每篇文字都与图片相结合。每期除图片占页数约50%外，文字内容约三四万字。

《院刊》1958年拟出两期到三期，为不定期刊物，1959年拟改为季刊。

《院刊》如期创刊了，但1958年仅出版1期，1959年也没有改成季刊，而且直到1960年才出版第2期。同年的故宫档案中还存有吴仲超院长7月24日写给文化部钱俊瑞副部长的报告，进一步强调"故宫博物院筹备出版院刊，是为了推动博物院的研究工作，促进研究人员多写一些东西，使他们的研究工作为事业服务，并鼓励青年人（的）学习写作"。为了免除有关领导对专业稿件分散的担心，吴院长特别声明："院刊的出版不会分散《文参》（即《文物参考资料》）力量，所载稿件如《文参》需要，可以选登。也是本院创办学术期刊的真实目的。"

应运而生的故宫（紫禁城）出版社

1978年，党的十一届三中全会召开，中国进入改革开放的新时期，故宫博物院也迈入全面恢复、快速发展的新阶段，院出版事业更是有了一片新的发展天地。1978年恢复《院刊》，1980年《紫禁城》（双月刊）创办，1983年，紫禁城出版社正式成立。

故宫博物院出版流传带来的这三件大事，都与一个人有关，这个人就是刘北汜先生。刘北汜（1917—1995），出生于吉林省延吉市，著名作家，曾被聘为中央文史研究馆馆员。1939年考取昆明西南联合大学。1946年在《大公报》编《文艺》副刊，后任副刊编辑室主任。

中华人民共和国成立后长期从事报纸副刊编辑工作。1978年6月调入故宫博物院。《院刊》复刊，他任主编，力主变不定期刊物为定期出版的季刊，提出了一些新设想，如：刊物应面向社会，扩大读者群，且应有海外读者群；扩大作者队伍至院外；不为"学报"式专刊所束缚；内容从文物博物馆领域扩展到史学领域；充分利用故宫特点，采取古建、古代艺术、宫廷历史并重的方针；等等。1979年初，当《院刊》以崭新的面貌出现时，受到人们的肯定与赞赏，《院刊》成为国内博物馆系统创立的首个刊物。继《院刊》复刊之后，北汜先生又着手创办《紫禁城》（双月刊）杂志。他邀名家写稿，力求图文并茂，印刷精美。内容则以知识性为主，走普及性、综合性的路子。1980年6月，《紫禁城》杂志第1期同时在海内外面世，即受到广大读者的欢迎。《院刊》和《紫禁城》（双月刊）这两种不同风格的刊物给广大读者带来的愉悦是最令编者感到高兴的事情。这使故宫博物院成为当时国内博物馆系统中唯一拥有两种刊物的博物馆。这和北汜先生的不懈努力、忘我工作是分不开的。

刘北汜先生还是故宫博物院紫禁城出版社的创始人。为了使故宫有一个自己的、正规的出版机构，他不顾年事已高，奔波于出版、文物领导机关之间，为出版社的成立不辞辛劳。出版社的方针、选题计划、组织机构等，都是在他的精心策划之下制定实施的，这些工作为出版社以后的发展奠定了可靠的基础，从而保障了出版社运作的顺利进行。与海外合作出版的渠道也在他的策划下建立起来。故宫博物院与香港商务印书馆合作出版的《紫禁城宫殿》、《国宝》和《清代宫廷生活》三部大型图录都不是他担任主编，但他所投入的时间和精力绝不亚于主编，倾注了很多心血。这些精美的大型图录，多次作为国家礼品赠送给外国领导人。由北汜先生主编、三联书店香港分店与上海文艺出版社联合出版的《故宫博物院藏宝录》，于1985年12月与读者见面。1990年10月，由北汜先生、李毅华先生任主编的《故宫旧藏人物照片集》由紫禁城出版社出版，深受国内外读者的欢迎，很快销售一空。同时，他还在有关部门配合下，清理故宫博物院藏古籍旧书版，并由中国书店重新出版了《晚晴簃诗汇》《新元史》《退耕堂政书》《明清八家文钞》等10套古籍。①

截至2003年底，紫禁城出版社成立20周年。据统计，出版物共376种，每年平均不到20种。这20年中，作为中国博物馆系统唯一的出版社，经历了成长的过程，进行了积极的探索，在20世纪末及21世纪初，陆续出版了一些有分量、有影响的书籍，如反映故宫珍藏的《故宫青铜器》《明清帝后宝玺》《故宫藏明清流派印选》《故宫博物院藏明清绘画》《故宫博物院藏清盛世瓷选粹》《故宫藏传世瓷器真赝对比·历代古窑址标本图录》《故宫博物院藏明初青花瓷》《故宫博物院藏清顺治康熙青花瓷》《故宫鼻烟壶选粹》《清宫藏传佛教文物》《图像与风格——故宫藏传佛教造像》《故宫博物院50年入藏文物精品集》等，配合故宫展览的图录有《清代宫廷包装艺术》《故宫藏日本文物展览图录》等，属于学术研究成果的有《明清瓷器鉴定》（耿宝昌）、《中国瓷器鉴定基础》（李辉炳）、《两朝御览图书》（朱家溍）、《中国历代书画鉴别图录》（刘九庵主编）。《中国历代书画鉴别图录》是将历代书画中具有鉴定典型意义的真、伪作品一一对应的大型图录，收选了唐代至民国历代著名书画家的作品和后世的仿品、伪品共114组221件。所选文物来自故宫博物院等全国36家博物馆、文物商店，具有广泛的代表性。本书收录所有作品均经国家文物鉴定委员会的专家认定。对书画的研究，有《吴门画派研究》、《书画鉴定简述》（王以坤）、《清代院画》（杨伯达）、《碑帖鉴定浅说》（马子云）、《中国历代书画鉴别文集》等著作。杨新主编《中国美术史·明代卷》是目前篇幅最大的明代美术史。朱家溍主编《历代著录法书目》则是一部工具书。紫禁城出版社还投入

---

① 刘桐：《足迹——刘北汜先生文学创作编辑生涯六十年》，刘北汜《故宫沧桑》，紫禁城出版社，2004年。

大量人力物力，利用清乾隆年间刊刻的书版，重新刷印《满文大藏经》40套，而清代仅刷印12套。

这一时期，故宫对外合作出版的最重要项目，是与香港商务印书馆合作的《故宫博物院藏文物珍品全集》（60卷），1995年正式启动，10多年后完成。利用故宫藏品出版图书，最重要的一部是由朱家溍主编、海南出版社出版的"故宫珍本丛刊"。该套丛书共731册，收录1100多种院藏善本书和1700多种清代南府和升平署戏本、档案影印出版。

故宫学理念下的故宫出版

从2004年开始，紫禁城出版社出现了新的变化。这种变化的背景是，用故宫学理念认识故宫的编辑出版工作。2004年，故宫博物院成立了科研处、编辑出版委员会（由院长任主任）、文物征集鉴定委员会，筹建古书画研究中心和古陶瓷研究中心。为了推进故宫学的研究，创办了《故宫学刊》。全院的科研出版和其他工作都进入了一个新的发展时期。2004年，《院刊》和《紫禁城》改扩版。《院刊》由原来的96页增加到164页，由8个彩色插页改为全彩印。改版后，每期文字量增加4万字。从该年度起，实行严格的匿名送审制度。改版后的《院刊》，从内容到形式都得到海内外专家学者以及广大文史爱好者的一致好评。《紫禁城》由原来的季刊改为双月刊，每期由原来的52页扩至132页，部分彩印改为全彩印。改版后的《紫禁城》，内容丰富，印制精美，得到文史爱好者以及专业研究人员的广泛好评。

2004年，出版社推出了"紫禁书系"和"故宫文丛"两个系列。"紫禁书系"以学术专题专论为特点，倾向于为中青年业务人员搭建一个学术平台，调动年青一代业务人才潜心钻研、多出成果的积极性。2004年，首次推出该系列的第一辑，共5种6本，如朱家溍《明清室内陈设》、扬之水《古诗文名物新证》（一、二）、施安昌《火坛与祭司鸟神》、宗凤英《清代宫廷服饰》、王光尧《中国古代官窑制度》。

"故宫文丛"是一套关于故宫——明清两代皇宫、宫廷生活及故宫博物院的知识性、通俗性读物，内容真实，图文并茂，可读性强。纳入本"文丛"的书，有的为首次出版，如《故宫尘梦录》；有的虽是出版过的，但此次全面改版。已出版5种6册，分别是《典守故宫国宝七十年》《宫女谈往录》《故宫沧桑》《实说慈禧》《故宫尘梦录》；即将出版的有：《解读清皇陵》《前生造定故宫缘》。

2005年是故宫博物院建院80周年，紫禁城出版社出版了29种书籍，主要有《故宫博物院八十年》《故宫博物院》《盛世文治——清宫典籍文化》《故宫百年》《清宫藏书》《故宫博物院藏清代帝后玺印谱》《捐献铭记》《捐献大家·郑振铎》《故宫博物院藏古陶瓷资料选萃》《故宫博物院藏中国古代窑址标本·河南卷》《清代御窑瓷器》《光凝秋水——故宫博物院玻璃器》《马衡·捐献篇》《马衡·佚文篇》《"太阳王"路易十四——法国凡尔赛宫藏珍集》《瑞典藏中国陶瓷》等。16卷本的《徐邦达集》开始出版。

从2004年以来，故宫博物院陆续确定了一批重点出版项目：

1. "故宫博物院学术文库"，现已出版14种。

2. 整理出版老专家文集，有徐邦达、单士元、唐兰、罗福颐等。

3. 进行《故宫百科全书》的编纂。这是一套以故宫的历史、文化与文物为记述和研究对象的专业百科全书，是具有一定专业水平的知识性工具书。该书以条目为单位，向国内外读者介绍与故宫相关的基本知识和基本概念。

4. 继续编纂《故宫博物院藏品大系》，目前已经出版30余本。

5. 《明代宫廷建筑大事史料长编》，已出版洪武建文朝卷。

6. 《故宫古建筑保护工程实录》，已出版武英殿卷。

7. 继续编印《明清论丛》《中国紫禁城学会论文集》《中国古陶瓷研究》。

2007年，紫禁城出版社确定了《关于紫禁城出版社今后一段时间内工作的基本思路》，提出了制定一套好战略、培育一批经济增长点、打造一套好机制、营造一个好氛围的发展战略。确定围绕三大板块（宫廷生活、古建文物艺术、明清历史）、四个点（大众收藏、大众旅游、自费出书和名家书稿）来组织策划，培育新的经济增长点，在做精、做特上下功夫，创品牌，争效益。营销战略要开拓顺畅的图书流通渠道，建构顺畅的营销网络体系。除传统的书店外，适时开拓网络销售渠道。同时牢固地树立"紫社自行运作的图书，一定要以社会效益为目标，以经济效益为追求，从整体上谋求两个效益的最大化"的观念，提出了把"加大博物馆系统的出版力度；利用知名作者，提高紫禁城出版社图书的市场占有率；利用收藏热点，组织藏品图书的出版；利用独特的客户群，出版独特的出版物"作为新的经济增长点。

2007年紫禁城出版社出书64种（套），再版2种，发货码洋1800万元。《故宫百科全书》《书画鉴定与研究》《故宫博物院藏品大系》《故宫博物院藏品总目》被新闻出版总署列为"十一五"国家重大出版工程；《故宫古琴》获第57届美国印刷大奖金奖；《国宝的故事》在全国十佳文物图书的评选中获"最佳普及读物奖"；《清朝皇帝列传》（插图修订本）、《清朝皇陵地宫亲探记》、《中南海史迹》被文化部选入"送书下乡工程"。

"紫禁书系"第3批《明代玉器》等5种已经出版，保持了故宫学术创新的特色。新创立的3个系列"故宫经典""故宫收藏""故宫藏品"，思路独特，装帧新颖，令人耳目一新。"故宫经典"系列第一批推出《故宫珍宝》《故宫建筑图典》《故宫建筑内檐装修》《清宫生活图典》《清代宫廷包装艺术》，广受赞誉，索求者纷至沓来。

"故宫收藏"丛书推出6种，即《青铜器》《铜镜》《佛像》《古代陶俑》《钟表》《宜兴紫砂》，受到收藏界和出版界的关注，台湾艺术家出版社已经与紫禁城出版社签订版权合作合同，前景看好。

　　紫禁城出版社是故宫博物院下属的一家专业出版社，长期以来是故宫博物院的一个部门，很少接触社会、接触市场，参与市场竞争的能力较弱。2008年才在中央机构编制委员会办公室登记，正式成为独立的事业法人单位。2010年，中央要求转企改制。出版社迎难而上，变压力为动力，利用这一契机，奋力开拓，创造了新的局面。2011年6月9日，原紫禁城出版社正式更名为故宫出版社。出版社的更名，有利于故宫出版传统的维护与发扬，为故宫出版物品牌奠定了坚实的基础。利用故宫博物院的社会影响，增强了出版社在出版传统艺术以及文化类图书方面的权威性与公信力。

　　重视自主选题。一个出版社的实力，主要看自主开发选题的能力。过去，出版社的选题更多地依靠院项目，2010年，出版社加大了自主策划选题的力度。自主开发的选题，达到院项目选题的3倍。在社项目的运作上，根据故宫文物资源的特点，以故宫为平台，整合各方资源，统筹谋划、积极运作故宫经典、书画、历史与文化、器物、学术与研究五大板块。其中，书画和器物两个板块表现最为突出。

　　广泛开展合作出版。与江苏镇江丹徒区政府合作出版了《米芾书法全集》31卷；与安徽美术出版社合作出版了《故宫博物院藏品大系》雕塑编、玉器编、珐琅器编；与紫图文化公司合作出版了《图解静心》等15种藏传佛教方面的图书；与三希堂藏书文化传媒有限公司合作出版了《故宫博物院藏石渠宝笈》原大影印版；与圣彩虹印务公司合作出版了《中国古代书画馆藏精品集》《天津博物馆藏书画精品集》。版权输入方面，购买了台湾的《清史事典》（12卷）、《郭良蕙文物散文集》（3卷）的大陆简体中文版权，丰富了出版社图书的品种；版权输出方面，与三联书店（香港）签约授权，图书包括《美国女画师的清宫回忆》、《国家艺术·十二美人》、《皇帝也是人——富有个性的紫禁城主人》（明代卷、清代卷）。

　　此外，《紫禁城》杂志分别与中国维普数据、日本寿限无公司、雅昌艺术网签订期刊电子版权合作，继列入中国学术期刊全文数据库之后，又被收入中国科技期刊全文数据库收录期刊。通过近年来开门办刊的努力，《紫禁城》已经逐渐成为社会和学界视野中既开放活泼，又不失专业严谨的高品质文化艺术期刊。

在文化产品开发方面，由院批准成立故宫文化传播有限公司，开发了一系列具有故宫特色的文化产品，并逐步形成规模。紫禁书院已经投入运行，是集商务洽谈、艺术鉴赏等功能于一体的特色故宫书店。书院经营规划主要用于展示及销售故宫出版社的图书以及公司的文化产品，如仿真书画、紫砂茗壶、故宫贡茶等产品，与故宫商店及其他营业区域形成良性互动，树立多样化经营模式。公司所开发的故宫特色产品，进入市场后，受到了各界的广泛欢迎，有的产品被农业部对台事务办指定为对台定点采购礼品。

故宫出版社2010年出书230种；2011年出书170种，其中新出版108种，重印62种，重印率达到36.5％；2012年出书170种，其中新出版125种，重印45种，重印率达到26.5％。3年共出书570种，出版社自选项目图书，超过了院项目选题的3倍。

故宫出版社的图书已产生了重大的社会影响：

1. 17种图书选题入选"十二五"国家重点图书出版规划项目。分别为《故宫经典》、"明代宫廷史研究丛书"、《赵孟頫书画全集》、"钦定武英殿聚珍版丛书"、《故宫博物院藏清宫陈设档案》、《苏轼书法全集》、《蔡襄书法全集》、《黄庭坚书法全集》、《养心殿造办处史料辑览·乾隆朝》、《故宫书画馆》、《故宫藏古代民窑陶瓷全集》、《故宫博物院藏品大系》、《明代宫廷建筑大事史料长编》、《王羲之王献之书法全集》、《故宫博物院藏中国古代窑址标本》、《中国古陶瓷研究》、"明清史学术文库"。

2. 多项图书获得国家资助。《故宫博物院藏中国古代窑址标本》、"钦定武英殿聚珍版丛书"两个项目获得2012年度国家出版基金资助；《明代宫廷建筑大事史料长编·洪武建文朝卷》图书，获得2012年度国家古籍整理出版资金资助；《故宫出版与学术数据库》项目获得文资办文化产业发展专项资金资助。国家项目的承担，标志着故宫出版社图书在文化传承和价值积累，以及弘扬民族文化方面具有重要的出版意义。

3. 20种图书入选《2012年中小学图书馆（室）推荐书目》。2012年，故宫出版社的《宫廷活计快乐学》、《故宫珍藏历代名家墨迹》、《故宫知识200问》、《皇帝也是人——富有个性的紫禁城主人》（明代卷）、《皇帝也是人——富有个性的紫禁城主人》（清代卷）、《兰亭的故事》、《书法经纬》、《书谱译注》等20种图书入选《2012年中小学图书馆（室）推荐书目》。彰显了故宫博物院书画藏品为社会公众服务、为全国中小学书法教育服务的功能，同时也有利于出版社对中小学书法培训工作的进一步开展。

4. 图书多次获奖。故宫出版社出版图书多次荣获文化遗产著作年度最佳奖、中华优秀出版物图书奖等。2012年，《国家艺术·十二美人》荣获上海市新闻出版局主办的2012年度"中国最美的书"称号，该书将于2013年春天代表中国赴德国莱比锡参加2013年度"世界最美的书"比赛。《米芾书法全集》参评第4届中华优秀出版物奖，目前已经通过初审。

故宫出版社根据党和政府的要求，利用自身优势，积极为社会进行书画教育培训。2012年8月初，经过多方努力，故宫出版社代表故宫博物院正式取得文化部颁发的专业类别为书画的社会艺术水平考级资格证书，为故宫博物院书画考级及培训提供了基础。目前，出版社正在组建故宫书画考级办公室，制订考级工作计划、管理办法，编写考级教材、拟订考级大纲，并配备相应工作人员，负责实施故宫书画考级中心的各项工作。开展考级工作，不仅在社会公众的书法教育活动中发挥主导作用，而且也可以为学校的书法教育提供有益的借鉴与支持。

实施"三希讲堂"中小学书法教师培训计划。依托故宫博物院的良好条件，策划并承担北京市教委的"三希讲堂"中小学书法教师培训项目。2012年8月，此项目通过北京市教委评审，正式实施。2012年10月，此计划获得北京市财政局的资金资助，为项目的顺利开展奠定了基础。首届计划每个区县培训40名教师，全市共培训约720名教师。目前，培训已经在西城区、海淀区和顺义区3个区开展。

"三希讲堂"中小学书法教师培训内容包含两个重点，一是培训教师的书法文化素质，二是培训教师的书写技能。即通过3年的培训，初步缓解目前书法教师紧缺的问题，以期突破当前制约书法教育发展的瓶颈。"三希讲堂"计划对贯彻国家书法教育的政策、提升北京中小学书法教师队伍的整体文化修养以及书写技能具有重要意义。

成立故宫博物院书画教育中心。为了发挥故宫博物院在书画教育领域的作用，便于书画考级和"三希讲堂"中小学书法教师培训计划的实施，2012年9月28日，故宫博物院成立了由出版社牵头的书画教育中心。该中心的成立，为今后出版社开展书画考级、书法培训等工作提供了有力保障，也是响应国家关于推动文化大发展大繁荣政策的体现。

（本文为作者2012年12月22日在北京市东城区图书馆所做的"故宫讲坛"第8讲，原题为《从武英殿修书处到故宫出版社——故宫文化传播的历史使命》。载于《紫禁城》2015年第8期学术增刊，题目改为《故宫博物院出版史略》）

"完整故宫保护"的理念与实践

　　"完整故宫保护"理念的核心，就是故宫价值的完整性保护。故宫博物院成立近90年的发展历程，是对故宫价值认识不断深入、对"完整故宫保护"不断探索的过程。故宫博物院成立初期的1930年，就提出"完整故宫保管"计划，通过不懈努力，确定了故宫博物院的管辖范围，并在民族危难时期对故宫文物进行了卓有成效的保护。"完整故宫"意识后来有所淡化，但改革开放以来重新引起人们重视，并逐渐成为一种理念得到不断提升。世界文化遗产视野中的"完整故宫"强调故宫真实性与完整性的结合，重视故宫与其周边环境的联系，对故宫进行"完整保护，整体维修"。故宫学则从"文化整体"的视野进一步认识故宫价值的完整性，"完整故宫"作为方法论和思维方式，有力地指导和推动着故宫保护和博物院建设。世界遗产视野中"故宫真实性和完整性的结合"与故宫学视野中"故宫文化价值的整体性"诸多理念是相互启发、补充甚至有所交融的关系。

"完整故宫保管"与故宫博物院管理职责
及管辖范围的确定

　　辛亥革命后，末代皇帝溥仪于民国元年（1912）2月12日宣布退位。根据《关于大清皇帝辞位之后优待之条件》第三款："大清皇帝辞位之后，暂居宫禁，日后移居颐和园。"①因此清室继续占据紫禁城后廷达13年。民国十三年（1924）9月第二次直奉战争爆发，冯玉祥发动"北京政变"，摄政内阁通过修正《清室优待条件》，并于11月5日驱逐溥仪出宫。溥仪出宫后3天，摄政内阁令国务院组织"善后委员会"，与清室近支人员协同清理公产私产，"俟全部结束，即将宫禁一律开放，备充国立图书馆、博物馆等项之用，借彰文化，而垂永远"②。经过近一年的筹备，故宫博物院于民国十四年（1925）10月10日即中华民国第14个国庆日正式成立。事实上，这一时期的故宫在空间上是明显不完整的，它为多个机构分割管理。新生的故宫博物院为争取故宫的完整做了不懈的努力。

（一）清室园囿坛庙的社会利用与没有选择的故宫博物院

紫禁城分"前朝"与"后廷"两部分。午门以北，乾清门以南，所有三大殿及文华、武英各殿廷，均为前朝；乾清门以北，则称后廷。对帝王来说，前朝是"国"，后廷是"家"。帝王及后妃等居住在后廷，处理政务在后廷，皇室的收藏也集中在后廷。溥仪出宫以后，新成立的故宫博物院的管辖范围主要是故宫的后廷部分。所谓"故宫博物院"，顾名思义应该是管辖一个完整故宫的机构名称，但事实上故宫博物院的管辖范围应该有多大，这对新成立的故宫博物院来说，似乎是没有选择的余地。

民国二年（1913）3月3日，逊清皇室将西苑三海移交北洋政府，嗣后军队进驻北海，中南海成为总统府办公处所。民国二年（1913）、三年（1914），北洋政府内务部偕同清室内务府人员，先后赴热河行宫与沈阳故宫，将各处20余万件陈设物品运京，存于太

---

① 中国第二历史档案馆编：《中华民国史档案资料汇编（第一、二辑）》，江苏古籍出版社，1991年，第74页。

② 《大总统发布清室宫禁充作博物馆令（1924年11月7日）》，中国第二历史档案馆编《中华民国史档案资料汇编（第三辑）·文化》，江苏古籍出版社，1991年，第293页。

和、中和、保和、武英诸殿。民国二年（1913）12月24日，内务部同意于京师设立古物陈列所，并公布《古物陈列所章程》，在前朝武英殿配殿设立古物陈列所筹备处。民国三年（1914）"双十节"，古物陈列所在武英殿正式挂牌，民国四年（1915）6月又扩大到文华殿等陈列室，并从美国退还庚款余款内拨给20万元，在武英殿西边修建宝蕴楼作为文物库房。[①]古物陈列所实为"明清北京皇宫成为博物院之权舆"[②]，为"紫禁城向博物馆转变的第一篇章"[③]。也就是说，在故宫博物院成立之前，故宫的"前朝"与"后廷"分别由古物陈列所和清室各自管理已达11年之久。民国元年（1912）7月，由教育总长蔡元培主持在国子监旧址筹建国立历史博物馆，是中华民国成立后的第一个博物馆。民国六年（1917）教育部决定该馆迁往故宫午门。[④]"民国七年，将端门、午门略加修葺，实行迁移。午门城楼及两翼亭楼作为陈列室，门下东西两朝房作为办公室，两廊朝房作为储藏室，端门楼上储粗重物品。"[⑤]故宫博物院成立的第二年即1926年，已筹备达13年之久的历史博物馆正式对社会开放。这样，天安门之内，从端门、午门、三大殿、后三宫乃至神武门，同时存在着国立历史博物馆、古物陈列所、故宫博物院3个博物馆。

紫禁城的空间利用已是如此，而明清皇室的许多坛庙、园囿则在民国初年被辟为公园。公园是近代发展起来，面向普通百姓的公共场所。清末民初，西方公园的概念传入中国，一些留学生和出国游历的人开始介绍西方的公园，称其是陶冶人的性情、养成文明生活习惯的好场所。光绪三十二年（1906）出国考察政治大臣端方、戴鸿慈专

---

① 《北京市志稿六·文教志·（下）》，北京燕山出版社，1998年，第340页。

② 单士元：《我在故宫七十年》，北京师范大学出版社，1997年，第383页。

③ 段勇：《古物陈列所的兴衰及其历史地位述评》，《故宫博物院院刊》2004年第5期。

④ 午门是故宫的南门，午门南为端门，端门南为天安门，天安门南为大清门（民国后改为中华门）。大清门、天安门、端门是皇城三大中门。

⑤ 《中华民国国立博物馆概略（1925年）》，中国第二历史档案馆编《中华民国史档案资料汇编（第三辑）·文化》，江苏古籍出版社，1991年，第276页。

折上奏，建议清政府仿效西方国家普及公共文化设施，开办图书馆、博物馆、动物园、公园，以"开民智，化民俗"，"先就京师首善之区，次第筹办，为天下倡"①。民国以后，皇家的园囿、坛庙移交北洋政府。民国三年（1914）市政公所成立，修建城市公园成为他们最早的工作之一。他们在《市政通告》上对修建公园进行了广泛的宣传，介绍西方各国的公园，并提出建设公园这一公共空间对于改革北京普通居民生活方式的意义。②

在北京城市的近代化建设上，朱启钤起了极为重要的作用。民国三年（1914），内务总长兼京都市政公所督办的朱启钤以都市不可无公园，乃发起联合旅京绅商捐款，主持了创建后来名之为"中央公园"的准备工作。民国三年（1914）10月10日，社稷坛辟为中央公园正式开放（1928年改为中山公园，1937年10月恢复中央公园原名），开坛庙改公园的先河。③朱启钤在《中央公园记》中回顾了这一过程，提出了社稷坛变为公园的必然性：

> 民国肇兴与天下更始，中央政府既于西苑辟新华门，为敷政布令之地，两阙三殿，观光阗溢；而皇城宅中，宫殿障塞，乃开通南北长街、南北池子为两长衢。禁御既除，熙攘弥便，遂不得不亟营公园，为都人士女游息之所。社稷坛位于端门右侧，地望清华，景物巨丽，乃于十月十日开放为公园。④

于是，一场"公园开放运动"在民国初年开始了。民国四年（1915），先农坛辟为公园。同年北海辟为公园，民国十一年（1922）正式对外开放。民国七年（1918），天坛正式对外开放。民

---

① 袁熹：《北京城市发展史》（近代卷），北京燕山出版社，2008年，第111—112页。
② 京都市政公所《市政通告》第18卷，1918年。
③ 《北京市志稿·建置志》，北京燕山出版社，1998年，第584页。
④ 沈云龙主编：《近代中国史料丛刊》（第二十三辑），文海出版社，1966年，第113页。

国十四年（1925），京兆尹薛笃弼主持将地坛开辟为"京兆公园"。民国三年（1914），北洋政府还曾与清室内务府共同制定了《颐和园等发售券试办章程》，将颐和园及静明园一并开放售票，供群众游览。民国十七年（1928），内政部将颐和园及静明园、圆明园两园一并收管，同年7月1日，颐和园正式改为公园。

将这些皇家坛庙、园囿变为公园，既具有政治意义，也具有经济价值。从政治上说，通过将皇家园林改造为公共空间，中华民国政府表明了它与中国封建王朝的旧时代决裂的决心和关心人民疾苦的承诺。从经济上说，这些皇家建筑物大多数已经具备树木花草和楼阁亭台等公园设施，将这些空间改建为供公众使用的公园可以借用已有的资源，而不必从零开始。由于这一原因，在社稷坛基础上建设中央公园要比纽约市中央公园的建设节省了相当多的资金。①笔者之所以用较多篇幅谈及皇家坛庙园囿改建公园之事，是要说明民初时期皇室宫苑走向城市公共空间的必然性，总体而言这是符合时代潮流与人民要求的。

这样一来，至故宫博物院成立时，故宫以外仍由清室管理的仅剩景山、太庙、大高玄殿、堂子、皇史宬以及颐和园、静明园、圆明园等数处了。神武门北面的景山为紫禁城的屏藩，有以寿皇殿为主体建筑的宫殿群，为供奉清代历朝皇帝御容（画像）之所。清代多朝帝后死后的梓宫均停放在寿皇殿和观德殿内。民国初期，寿皇殿内仍供奉着清代历朝皇帝的影像，皇室成员还经常前往瞻仰行礼。位于端门以东的太庙是明清皇帝的宗庙，祭祀已故帝后，并以功臣配享，在坛庙中占有特殊地位。《清室优待条件》中有"所有陵寝宗庙得永远奉祀，并由民国妥为保护"的约定，因此清帝逊位后，太庙仍归清室保管，其他坛庙交由北洋政府管理。随着溥仪出宫，太庙亦由北洋政府

---

① 史明正：《走向近代化的北京城——城市建设与社会变革》，北京大学出版社，1995年，第144页。

收回，辟为"和平公园"，于民国十七年（1928）停办。位于神武门西北的大高玄殿为明清两代皇家道观。故宫东华门外的皇史宬是明清两代皇室大量档案的"金匮石室"，明代的"实录""宝训"，清代的"实录""玉牒""圣训"等，都珍藏于此。堂子为清宫特设祭神之所。祭堂子为满族旧俗，汉官不与。皇帝出征祭告、凯旋告成亦皆于此行礼。堂子原址在长安左门外御河桥东，被八国联军摧毁，后又于皇城内东南隅南河沿路北重建。这几处之所以未被北洋政府收走，大约都因与清室关系紧密或具有特殊用途。大高玄殿为宗教场所，太庙、堂子为祭祀之处，景山、皇史宬也有专门用途。而颐和园、静明园、圆明园虽属皇家财产，但离故宫亦远，不可能使用。

倘若民国成立之初就筹划把皇宫变成博物院，或许有更为周全的考虑，宫苑坛庙应有更为合理的安排。但至民国十四年（1925），已是没有选择的余地了。而且故宫博物院成立之初就曾遭遇重重阻力，成立之后的最初几年又颇为坎坷，博物院的命运也十分危殆。民国十五年（1926）7月，清室遗臣康有为等公然以内务府名义移书国务院及吴佩孚，为谋溥仪复宫，并恢复优待条件。内务部旋即核议复宫案，决定不承认清室内务府之议。遗老请愿事，亦予拒绝。[①]民国十六年（1927）8月，张作霖就任军政府陆海军大元帅，由潘复组阁，阁议议决"清太庙、堂子两处，应归内务部坛庙管理处保管""前清军机处档案存大高殿者，应归国务院保管"。当时故宫同人认为："吾人以保守本院为原则，院外附属之太庙、堂子，苟政府欲强制收去者，似宜听之，以为和缓地步，否则政府之势力张，虑且延及本身，宜以壮士断腕之旨为当。"[②]对故宫同人来说，保守住故宫的后廷部分已是第一要务，于是乃决意放弃太庙、堂子，而争取大高玄殿的档案。

---

① 《故宫跨世纪大事录要·肇始 播迁 复院》，台北故宫博物院，2000年，第53页。
② 吴瀛：《故宫博物院前后五年经过记》卷一，故宫博物院1930年铅印本。

（二）"完整故宫保管"的提案及其实施

民国十七年（1928）6月，国民党军队"二次北伐"成功，国民政府派员接收了故宫博物院。故宫同人没有想到，在危难中挣扎过来的故宫又到了生死存废的紧急关头。此时，国府委员经亨颐乃有《废除故宫博物院，分别拍卖或移置故宫一切物品》的提案，于是博物院已定之局，又呈岌岌之势。故宫同人做了大量宣传工作，张继以大学院古物保管委员会主席名义，逐条驳斥了经氏的谬论。后经中央政治会议及中常委先后议决，维持原案，公布了《故宫博物院组织法》。

从博物院成立一直到抗战胜利后，为争取故宫的完整性，故宫博物院做了不懈的努力，最终实现了完整故宫保管的格局。民国十四年（1925）9月29日，清室善后委员会共同议决《故宫博物院临时组织大纲》，其中并没有关于博物院职能及管辖范围的规定。民国十七年（1928）10月5日国民政府公布的《故宫博物院组织法》第一条规定："中华民国故宫博物院，直隶于国民政府，掌理故宫及所属各处建筑物、古物、图书、档案之保管开放及传布事宜（按所属各处，系指故宫以外之大高玄殿、清太庙、景山、皇史宬、实录大库等）。"此中的"故宫"，也仅指故宫的后廷部分，而非整个故宫，所以以李煜瀛理事长书写的"故宫博物院"石匾，民国十九年（1930）8月也只得安装于神武门。在故宫各项工作逐步走上正轨，博物馆事业蓬勃发展之际，如何整体地保管故宫，就成为一个十分紧迫的问题。民国十九年（1930），国立北平故宫博物院理事会以理事蒋中正领衔，12位理事签名，向行政院呈送了一份"完整故宫保管计划"的提案：

> 为完整故宫保管，俾全变为文化古迹，以正观听而利处置事。
>
> 缘满清既覆，封建告终，本应将中华门以内至于景山所谓禁城或曰皇宫者，整个的废置为博物院，使夷入古迹之列，止供游观者为历史上之凭吊。乃民国十三年以前，因溥仪盘据内宫，故将外廷暂由

内部保管，然阙仍名阙，殿仍为殿，自所应当而未予以博物院之总名，至一般人尚有皇居之观念。虽如袁世凯之悖逆，竟欲修整泰和殿，妄思称帝，因属例外，然以有司典守，不正其名称，终清观听。幸十三年冬间逐出溥仪，将内宫正名为博物院，且属诸文化机关独立保管，而观念为之一清。惟因频年多故，未遑将殿廷并合，不但保管歧出，欲整理为博物院之形式，诸感困难；而且游观之人，以为殿廷仍属有司，一若将有待行民国典礼之用，观听难免淆杂。本理事会屡加讨论，并以此意商告内部要人，亦邀赞许，故今呈请钧院核议，伏求准请国府令行内政部，即将故宫外廷保管之权转移故宫博物院，使故宫博物院之牌额得悬张于中华门外，则观听正而处置为博物院之形式，亦可整个计划完全实现。①

呈文并附具办法两条，一是"将中华门以内直至保和殿所有一切庙廷向归内政部保管者，由故宫博物院接收，合并内宫一同保管"。值得引起注意的是，此处用了"向归内政部保管者"，如前所述，端门、午门已于民国流年（1917）划归历史博物馆，由教育部保管。二是故宫博物院接收外廷后，古物陈列所的文物，来自沈阳故宫的仍移归沈阳故宫，非沈阳的部分将来移送首都另设博物院，可暂借外廷原处陈列。

民国十九年（1930）10月21日，行政院第91次会议议决："故宫博物院门额不必悬中华门，余照通过，由行政院备案。"②10月25日，行政院指令，批准"完整故宫保管计划"提案，同意将设在紫禁城的外朝的古物陈列所与故宫博物院合并，将中华门以内至保和殿直至景山，以及大高玄殿、太庙、皇史宬、堂子等处一并归入故宫博物院，一同保管。11月3日接收及点验委员钱桐、廉泉（古物陈列所）、

---

① 故宫博物院 1930 年档案。

② 故宫博物院 1930 年档案。

俞同奎、吴瀛（故宫博物院）、于学忠、鲍毓麟（张学良指派）会同办理古物陈列所归并故宫博物院之事宜。11月15日，院方会同内政部及卫戍司令部、公安局各机关办理接收古物陈列所手续完毕（但实际各项管理仍旧贯，因多种原因，尚未真正合并）。[①]是年4月，接管景山，辟为公园，并整修绮望楼为考古学演讲厅。12月1日，接收太庙，并悬挂"故宫博物院太庙分院"匾额。

"完整故宫保管"的意愿在抗日战争胜利后终于真正实现。民国三十五年（1946）12月3日，行政院决议，故宫博物院改隶行政院，古物陈列所归并故宫博物院，古物陈列所留存北平文物（88202件）及所辖房屋馆舍，拨交故宫博物院。民国三十七年（1948）3月1日，古物陈列所正式并入故宫博物院；4月3日，接收古物陈列所原寄管的美籍福开森文物，代为管理；9月1日开始点收古物陈列所文物，11月22日结束。故宫院区从此完全统一，格局乃臻完整。

故宫博物院因情况变化，对原《故宫博物院组织法》进行修订，并改为《国立北平故宫博物院组织条例》，经国民政府行政院民国三十六年（1947）7月1日第10次会议通过，10月15日正式公布，其中第一条改为：

> 国立北平故宫博物院直隶于行政院，掌理旧紫禁城全部并所属天安门以内及大高殿、清太庙、景山、皇史宬、清堂子等处建筑物及古物、图书、文献之整理、保管、展览、流传事宜。[②]

（三）"完整故宫保管"的意义

"完整故宫"即故宫的完整性，包括故宫古建筑的完整性与故宫

---

① 故宫博物院编：《故宫博物院八十年》，紫禁城出版社，2005年，第44—45页。
② 故宫博物院1947年档案。

文物藏品的完整性。这一"完整"概念的形成，基于故宫同人对故宫价值的深刻认识，民国十七年（1928）张继以大学院古物保管委员会主席名义，驳斥经亨颐关于废除故宫博物院谬论中的一段话，对故宫价值特别是"世界价值"做了至今看来仍然是十分深刻的论述：

> 一代文化，每有一代之背景，背景之遗留，除文字以外，皆寄于残余文物之中，大者至于建筑，小者至于陈设。虽一物之微，莫不足供后人研究之价值。明清两代海航初兴，西化传来，东风不变。结五千年之旧史，开未来之新局，故其文化，实有世界价值。而其所寄托者，除文字外，实结晶于故宫及其所藏品。近来欧美人士来游北平，莫不叹为列入世界博物院之数。即使我人不自惜文物，亦应为世界惜之。环观海外，彼人之保惜历史物品也如彼。吾人宜如何努力，岂宜更加摧残？[①]

故宫的空间是完整的，它不能只有后廷而没有前朝，也不能只有孤立的一个故宫而没有与其关系极为重要的其他一些皇家建筑物；故宫的文物也是一体的，需要完整地保护。这种完整性是其价值的整体性所决定的。因此，争取故宫的完整并不是出于扩大自身地盘的狭隘意识，而是故宫价值自身的要求。"完整故宫"体现了故宫人守护民族文化遗产的责任感，也成了故宫保护工作的一个理念。

"完整故宫"理念转化为一种力量，促使故宫博物院在古建筑保护及文物管理、博物馆建设等方面，都尽其所能，做了大量的工作。清室善后委员会接收清宫之初，宫内建筑除养心殿、储秀宫、长春宫、永和宫、重华宫等处未至破旧外，其余各殿、各宫，多年久失修，荒芜残破。为此，故宫博物院拟具了整修计划，多方面争取支持，得到国民党驻北平总司令行营以及中华教育文化基金会、中法教

---

① 《北京市志稿六·文教志（下）》，北京燕山出版社，1998年，第357页。

育文化基金会的拨款支持[①]，有重点地先后维修了慈宁花园、咸福宫、储秀宫、景阳宫、英华殿、景仁宫、城台马道、四隅角楼、斋宫、诚肃殿及景山绮望楼等一批宫殿建筑。故宫博物院在文物清理上继续努力，认真办好各类展览，文献的整理出版更是成绩显著。20世纪30年代初期，在中华民族危急关头，13000多箱珍贵文物避寇南迁，故宫人以自己的忠诚与坚忍谱写了第二次世界大战中保护人类文化遗产的光辉篇章，闪烁着"完整保护"的信念和理想。

宫、院认识的偏颇与"完整故宫"意识的淡化

中华人民共和国成立后，中国社会发生天翻地覆的变化，故宫博物院也面临重大转折。这个转折的关键是对故宫及故宫博物院的看法，即对其性质的认识，从而决定了所采取的方针及做法。从新中国成立初期一直到"文化大革命"，党和政府对故宫保护与故宫博物院的建设是十分重视的，给予了极大支持，但由于对故宫认识及对博物院定性的偏颇，以及文物观念的局限，特别是以阶级斗争为纲指导思想的影响，"完整故宫"的意识有所淡化，这在故宫保护与文物管理上都带来很大影响。

（一）故宫博物院的新职能与所辖范围的变化

1949年1月31日，北平和平解放。2月7日，国立北平故宫博物院重新开放。1950年，国立北平故宫博物院更名为"国立北京故宫博物院"。6月13日，文化部颁发了《国立北京故宫博物院暂行组织条例》（以下简称《暂行组织条例》），规定故宫"承中央人民政府文化部文物局之领导"，负责"所有之古物、图书、文献之整理保管、

---

① 《故宫跨世纪大事录要·肇始 播迁 复院》，台北故宫博物院，2000年，第78页。

研究、展览等事宜"①。颁布这一条例，显然是循旧例。故宫博物院此前已有"临时组织大纲"（1925）、"组织法"（1928）、"组织条例"（1947）等，现在政权鼎革，万象更新，对其职能自然要有新的规定。这一规定明确了故宫博物院的职能，但未提出故宫的管辖范围。未提出的原因，应该是认为故宫博物院的范围就是故宫红墙之内的空间，而无须再管辖皇宫以外的其他建筑，这一点从故宫周边相关建筑管辖关系的变化中可以得到说明。太庙，在《暂行组织条例》发布半年之前，即1950年1月，政务院总理周恩来提议将太庙改建为劳动人民文化宫，经最高国务会议通过后，于1950年4月30日由市总工会主持建太庙为劳动人民文化宫。毛泽东主席亲为劳动人民文化宫书写宫名。②其中的文物运回故宫博物院保存，故宫图书馆太庙分馆关闭。对于太庙改为文化宫，王冶秋、马衡等都是不赞成的，他们并不是坚持太庙应由故宫博物院管理，而是认为把皇室宗庙充作文化场所是不合适的。"为保护古建筑计，似以成立博物馆为宜。总工会竟以之充作工人俱乐部，私意未敢赞同也。"③其实在1949年后半年，当时的主管部门曾拟将太庙改为博物馆，并做了一些准备工作。由于太庙历史上庄严肃穆的性质，因此，1950年10月27日，中共中央在太庙

---

① 国家文物局编：《中华人民共和国文物博物馆事业纪事 1949—1999》（上册），文物出版社，2002年，第14页。

② 北京市地方志编纂委员会：《北京志·市政卷·园林绿化志》，北京出版社，2000年，第103页。

③ 《马衡日记》1950年1月7日："太庙之改为革命博物馆，在半年前已由高教会文物处妥拟办法。文化部既成立文物局，又重申前议，编造一九五〇年概算，从事筹备。乃日前总工会于政务院召开房屋调配委员会之际，由周总理亲自主持，竟通过议案，将太庙移交总工会，作为劳动宫。王冶秋奔走数月，谓此案已无可挽回。查太庙建筑已有五百年历史，为保护古建筑计，似以成立博物馆为宜。总工会竟以之充作工人俱乐部，私意未敢赞同也。今日为文物界工会庆祝成立晚会，余以畏寒，只得请假。晚会前赴团城与冶秋长谈。"又1950年2月27日："诣太庙看迁徙情形。中殿金漆龛坐甚壮丽，暂不拆迁。东庑有天坛及堂子移来之物。闻总工会渐知不甚合用，颇有悔意，不知能有转圜余地否。"《马衡日记附诗钞——一九四九年前后的故宫》，紫禁城出版社，2006年，第107—108页、第116页。

即劳动人民文化宫为任弼时举行追悼会。以后，中国共产党和国家领导人逝世，有的也曾于太庙前殿停灵及举行公祭。①

大高玄殿。1950年被某单位借用举办展览，1956年展览结束后直接将其转交另单位使用，60年后才交回故宫博物院。

景山。1950年6月景山恢复开放，关闭后的太庙图书馆亦移至园中绮望楼开放。1950年11月，景山整个建筑拨交解放军卫戍部队使用。1955年3月，景山由北京市园林处接管。1955年8月29日，国家文化部文物局指示，将景山公园寿皇殿院内全部建筑，交北京市少年宫使用。

皇史宬。1955年8月，随着故宫明清档案划归国家档案局，皇史宬也一并划归；1969年皇史宬又随这批档案回到故宫；1980年再一次划归国家档案局。

堂子。20世纪50年代拆除，原地已建为贵宾楼饭店。

（二）"艺术性博物院"的定性及其对故宫文物藏品完整性的影响

故宫博物院的定性定位很重要，它决定着故宫的文物收藏、陈列展览、学术研究以及整个工作的重点。1953年5月，文化部文物局与故宫博物院共同研究，拟订改进计划，提出故宫博物院的性质是："文化、艺术、历史性的综合博物院，而以艺术品的陈列为其中心。这是和克里姆林宫及冬宫博物院的性质有些相同的。"②1953年12月21日，文化部第37次部长办公会讨论了《故宫博物院整顿改革方案》，提出故宫博物院的陈列方针，首先应以能充分表现中国历代艺术为主，同时注意现代的少数民族艺术品陈列，设立国际礼品馆，可

---

① 北京市地方志编纂委员会：《北京志·市政卷·园林绿化志》，北京出版社，2000年，第103页。

② 《故宫博物院改进计划的专题报告》，《郑振铎文博文集》，文物出版社，1998年，第215页。

先举办国际礼品展览。①1954年4月14日，故宫博物院试行《故宫博物院整顿改革方案》，确定故宫为"艺术性博物馆"，要在普及与提高相结合、以普及为主的方针下，首先进行中国艺术品陈列；既要组织好古代文物艺术品的陈列，也要做好宫廷史迹的陈列，在陈列展览工作中要不断提高思想性、艺术性和科学性。②

故宫博物院为艺术性博物院的定性，直接影响故宫文物的收藏。故宫的文物藏品分为两大部分，一部分为传统的古物珍玩，如铜瓷书画、各种工艺品等，另一部分是与典章制度、衣食住行等有关的物品。为了充实故宫院藏，中央政府高度重视，社会各界也积极支持。20世纪五六十年代，故宫博物院接收政府部门和各地博物馆拨交的文物约16万件（套），其中有许多是流失出去的原清宫旧藏，特别是一批书画名迹。这一时期故宫又从社会上收购了大批书画珍品，接收了社会捐赠的大量珍贵文物。这些古代书画及工艺品的充实，为故宫博物院的发展打下了良好基础。同时故宫博物院也先后把大量宫廷藏品及珍贵文物调拨给不少博物馆、图书馆及其他机构。

但是，对博物院定位及文物认识的偏颇，也给故宫文物管理的完整性带来消极影响，这主要反映在两个方面：

其一，在文物与非文物认识上的偏颇，以非文物名义处理的许多物品今天看来仍具有相当价值。20世纪50年代中后期，故宫博物院进行的清理文物、处理非文物、紧缩库房、建立专库的工作，成绩很大，使清宫堆积如山的物品得到认真清理，藏品中玉石不分、真赝杂处的状况得到彻底改变，但其中也有教训，即所处理的非文物中，有些仍有独特价值，特别是那些以年代晚近、材质不好、艺术性差或重复品太多为由被处理的不少物品，如乾隆以后的假次书画、宗教画、

---

① 国家文物局编：《中华人民共和国文物博物馆事业纪事 1949—1999》（上册），文物出版社，2002 年，第 65 页。

② 国家文物局编：《中华人民共和国文物博物馆事业纪事 1949—1999》（上册），文物出版社，2002 年，第 73 页。

近代书画，同治、光绪时期的粗制硬木家具，嘉庆后的大量瓷器重复品，民国时期的小钟表，大批八旗盔甲乃至中华人民共和国成立后的国际礼品等，今天从完整保护人类文化遗产的视角看，这些无疑都有一定的文物价值，是反映宫廷历史文化某些方面的实物见证。即使重复品多，也只是从清宫而言，如从全国范围看，又是极其少有的。当然对这些物品的处理，不只是某个部门或少数人的认识，也是当时中国文博界与整个社会文物保护认识程度的一个反映。[1]

其二，对艺术类文物与非艺术类文物认识的偏颇，把大量认为不符合艺术性要求的文物划拨了出去。故宫博物院以艺术博物院要求来对待和处理文物藏品，突出反映在明清档案和图书典籍两个方面。故宫博物院成立后明清档案一直是重要庋藏，先是在图书馆下设文献部，1928年专设文献馆，其下设大库、宫中、军机处、内务府、宗人府等档案组。中华人民共和国成立后，又接收和征集明清档案近400万件（册）。1955年8月，故宫博物院"鉴于现有附设之档案馆的重要性，以及档案工作与艺术博物馆事业不相适应"，因与国家档案局协商，"认为将我院档案馆交由国家档案局领导为适宜"，经国家文化部同意后办理了移交手续。[2]典籍图书的外拨也是如此。故宫博物院图书馆长期以来是个重要的业务部门。1949年至1953年，在国家支持下，故宫仍致力于收购清宫流失出去的珍籍，继续充实着故宫的典藏。从1955年开始，故宫将大批珍本典籍及宫廷藏书外拨到北京图书馆、国家档案局，一些省市及大学的图书馆，其中有存在柏林寺的完整的18世纪《龙藏》经书板约15万块，"四库"书板7.8万块，"天禄琳琅"图书209种2347册，另有虽非"天禄琳琅"却系宫廷珍本的宋

---

① 郑欣淼：《故宫博物院的文物清理》，《故宫与故宫学》，紫禁城出版社，2009年，第117—118页。

② 《故宫博物院档案馆移交国家档案局的拟议》（1955年8月2日），北京故宫博物院档案，引自郑欣淼《天府永藏》，紫禁城出版社，2008年，第90页。

元明清版书籍及抄本29种509册。[1]今天看，这些文物其实都是清宫历史文化的重要组成部分，都与"艺术性"文物有着密切联系。例如明清档案，它规范整肃的外形、精美的装潢、优质的纸墨等，反映了当时的文书制度和文化用品的工艺水平，特别是各种字体有很高的艺术水平和鉴赏价值，不仅其本身有着很高的艺术性，而且有着重要的史料价值，其中的内务府档案，对于研究清宫历史文化更有特殊意义。

（三）对故宫古建筑的重视与对故宫认识的偏颇及影响

对于故宫的价值，毛泽东主席有着深刻的认识。1949年1月16日，他在给平津前线总前委林彪等的电报中，专门就保护北平文化古迹问题做出指示："力求避免破坏故宫、大学及其他著名而有重大价值的文化古迹。"[2]中华人民共和国成立以来，国家对故宫古建筑的保护十分重视。故宫博物院20世纪50年代初组建了专业施工队伍，制定了修缮保护方针。人民政府逐年增加维修保护经费，除对古建筑实施正常保养之外，还完成了一大批重点修缮工程，使古建筑的整体状况大为改善。威胁故宫古建筑的三大灾害是雷灾、火灾与震灾。1957年，故宫开始在高大建筑上安装避雷针。1972年国家拨款重点解决故宫热力供应问题。1974年4月29日，国务院批准《故宫博物院五年古建筑修缮规划》，项目实施收到了明显的效果。1977年引进热力工程系统，故宫从此结束用煤取暖的状况，保障了古建的防火安全。1976年唐山地震，北京震感强烈，故宫部分古建受损，遂引起对防震的高度重视，积极研究应对措施。

但在重视古建筑保护的同时，由于认识上的偏颇，又使故宫古建筑的真实性、完整性受到影响，特别是极左思潮的干扰，甚至使故宫管理一度面临危机，这主要反映在3个方面：

---

① 郑欣淼：《天府永藏》，紫禁城出版社，2008年，第96—102页。

② 《中央军委关于保护文化古城问题的指示电》（1949年1月16日），北京市档案馆编《北平和平解放前后》，北京出版社，1988年，第40页。

其一，对古建筑的人为的不恰当改变影响了故宫的真实性。故宫一些古建筑的格局、装饰和建筑材料，甚至构造，由于种种原因改变了原状。例如，钦安殿前原有抱厦被拆除；熙和门、协和门的东西庑房和坤宁门东板房原后檐柱不知何时、何故被撤去，威胁建筑安全；乾清宫东西庑房的支摘窗改为现代玻璃窗；故宫一些室外青砖地面改为水泥砖地面等。还有一些改变是为了陈列展览的需要。1914年古物陈列所成立，武英殿、文华殿内部就改建成适合展览的场所。后来为了扩大展室面积，保和殿东西庑房的外廊被取消。1966年11月，为了展出著名的泥塑"收租院"，工字形的奉先殿被改建成了方形大殿，拆除了奉先殿前的"焚帛炉"。[①]1972年，慈宁宫大佛堂近3000件文物被运往洛阳，宫内的整个结构、设施被拆除一空。

其二，新增建筑物破坏了故宫的整体风貌和格局。1974年以故宫生活用房的名义添建了高度超过16米的5栋楼房，俗称"屏风楼"。因建楼的需要，还拆除了西华门两侧城墙的马道，对古建筑造成了破坏。更严重的是，"屏风楼"位于故宫博物院内，但从风格和内涵上与故宫博物院古建筑极不协调，严重破坏了故宫的整体风貌和格局。

其三，一些古建筑的拆除给故宫完整性带来了不可挽回的损失。主要有三次，一是解放初期，二是在1958年"大跃进"中，三是在"文革"初期；后两次都是受极左思潮的严重影响。

新中国成立初期，因院内清理及消防需要做了一些拆除。院内西河沿一带有大库形建筑100余间，小房屋亦有百余间，倒塌残毁，当时已无完整存在的房屋，于1950年4月予以拆除。[②]1951年1月为加强防火工作，开始开辟交通干线，拆除新左、右门及东筒子朱车小房。1952年7月，皮库、内务府、上驷院三处房屋300余间倒塌严重，认为无法修缮，亦无保留价值，呈请拆除。经由文物局郑振铎局长来院察

---

① 故宫博物院 1966 年档案。

② 故宫博物院 1950 年档案。

看，分别指示拆除或保留，并绘图照相，存档备查。^①1954年，内务府所留的10间房也被拆去。

1958年，故宫博物院下放北京市文化局管理。在当时的特殊形势下，故宫博物院在有步骤地实施古建维修整理的同时，也着手计划改建工程，预备对院内一些不能体现"人民性"的"糟粕"建筑进行清理拆除。1958年12月，故宫博物院向北京市文化局提交了《清理糟粕建筑物计划和59年第一批应拆除建筑物的报告》，其中说明对院内各处残破坍塌及妨碍交通道路、妨碍地下水道之小房及门座等建筑，需即行拆除。文化局对此份报告批准同意，并明确提出要求：

> 能暂时利用者，可不拆除；对过去宫廷仆役（太监、宫女等）所住房屋及值班房等，选择几处有典型性的加以保留，并标出文字说明，以便和帝王奢侈生活进行对比，向观众进行阶级教育；拆除室内墙时，应注意建筑物的安全；能用材料，拆除时应注意保护，拆除后应妥为保存和利用；拆除的建筑物应照相留影。^②

随着此计划执行，绛雪轩罩棚、养性斋罩棚、集卉亭、鹿囿、建福门等一批"糟粕"建筑，于一年之内被拆除。

1966年"文革"的风暴也在故宫博物院内刮起。当时在故宫城隍庙内的文物出版社印刷厂珂罗版车间的工人，向故宫领导提出搬掉城隍庙的泥塑神像，^③故宫博物院领导鉴于当时形势，经请示上级批准后拆除了城隍庙泥塑神像11个，泥塑马1对。^④

---

① 故宫博物院编：《故宫博物院八十年》，紫禁城出版社，2005年，第85页。

② 李盛来：《悉心经营辉煌永驻——古建中的大工小修》，《紫禁城》2005年第5期。

③ 署为"文物出版社珂罗版车间全体工人"的大字报抄件，1966年7月15日，故宫博物院档案。

④ 《拟同意除掉文物出版社印刷车间泥塑神像11个的请示》，1966年8月2日，故宫博物院档案。

（四）以"阶级斗争"为纲与"故宫革命性改造"方案

这一时期在故宫保护上出现的问题，主要是极左思潮的影响。认为皇帝、皇宫、皇权都是封建主义的，用"阶级斗争"观点来看，都是应该打倒批判的，1958年的"故宫革命性改造"方案，就是这一思潮的集中体现。根据北京市委主要领导和市委要求故宫博物院在国庆10周年前完成大革命的指示，1958年10月13日，北京市文化局党组提出了一个对故宫"进行革命性改造"的报告。报告对故宫的现状和问题进行了分析，认为"过去由于清规戒律的限制，不准动原状，不准用灯光，各次陈列迁就主要宫殿，分散零乱，多而不精，参观极不便利。而且对封建落后的陈迹不能大力铲除，保留得过多。房屋及环境的清除整理，阻力更大，至今未能脱出残败零乱的现状。库房虽然积极清除了一百多万件非文物，但尚远不彻底"。需要"坚决克服'地广物稀，封建落后'的现状，根本改变故宫博物院的面貌"。报告随后提出两个改革方案，第一个方案："将紫禁城内前后两部分划分为二，后半部分从乾清门后由故宫博物院办陈列，前半部分交园林局建设成为公园。这样博物院的陈列成一线，可以大大精干，在紫禁城东西后部开辟两个便门后，故宫可以四通八达，参观便利。"第二个方案："是按第一方案多保留从太和门起三大殿及两庑中间主要宫殿，此外交园林局管理。"①

1959年6月15日，中共北京市委文化部向中宣部报送了对故宫博物院"地广物稀，封建落后"情况进行适当改革的方案。1959年6月22日中宣部部长办公会议否定了这个方案，中宣部部长陆定一在会上说：

> 故宫改革方案文件的精神要整个考虑一下。……我们就是要保留一些封建皇帝的东西。不然的话不能古为今用。中华人民共

---

① 《关于故宫博物院进行革命性改造问题的请示报告》，1958年10月13日，故宫博物院档案。

和国成立几年以来，人们对故宫的兴趣越来越少，恐怕是因为故宫改的多了，应该再恢复一些。

什么是精华？什么是糟粕？文件中的提法值得考虑，我看冷宫应算精华，而不是糟粕。

我们对故宫应采取谨慎的方针，原状不应该轻易动，改了的还应恢复一部分。

故宫的性质，主要应该表现宫廷生活，附带可搞些古代文化艺术的陈列，以保持宫廷史迹。

讲解说明要实事求是地讲清这些史迹即可，少说一些标语口号。

关于故宫藏品的清理，不要忙于进行，外面向故宫来要东西的先压一压，不必有求必应，大量外调。仓库不够可另搞一些，仓库要现代化，以免藏品受损失。关于房子改造问题，小房、小墙可以拆一些，但要谨慎。马路可以宽一些，这是为了消防的需要，不是为了机动车进去。故宫就是要封建落后，古色古香。……搞故宫的目的就是为了保留一个落后的地方，对观众进行教育，这就是古为今用，这点不适用于其他各方面的工作。

故宫的方针，第一条是保持宫廷史迹，使人能详细地、具体地了解宫廷生活；第二条才是古代文化艺术的陈列。①

今天来看，陆定一的指示相当重要，特别是在当时"左"倾思潮泛滥的情况下，不啻当头棒喝，在故宫保护上起到了力挽狂澜的作用。这一指示也使故宫博物院领导解除了疑虑。故宫也曾受到极左思潮、"大跃进"的影响，但对故宫"大革命"还是觉得思想认识跟不上。按照中宣部的指示精神，故宫博物院重新明确了关于故宫的方针任务：

①《陆定一同志对故宫博物院改革方案的意见》，1959年6月22日，故宫博物院档案。

故宫博物院的任务是，要尽可能地保持清代宫廷原状与历史遗迹联系清史进行陈列，让人们可以从这里得到一种形象的历史知识与政治教育，因此宫廷史迹是故宫博物院的主要内容之一。

紫禁城范围内的建筑必须加以保护，保持古建筑的原有面貌。修缮以复原为原则，保持原有风格。对于与建筑正体无关之后添的附加建筑物，如小墙小屋等，必要拆除时，也须采取慎重的态度。建筑周围的空隙地点除清除积土、平整地面等工作外，要在保持古典的、民族形式的，并与宫殿建筑相协调的原则下，进行园林风景的点缀，成为观众的休息场所。①

故宫博物院的这一方案无疑是正确的，也是故宫多年保护实践的总结，从中也可见故宫人在完整故宫保护中的探索和坚守。

世界文化遗产视野下的"完整故宫保护"

1971年7月5日，关闭4年的故宫博物院恢复开放。1972年，美国总统尼克松、日本首相田中角荣参观故宫。故宫又为海内外所关注。进入改革开放新时期，特别是故宫列入《世界遗产名录》后，故宫的价值更为人们所重视，故宫研究逐步深入。"完整故宫"理念也得以恢复且有了重要提升，主要是充分认识作为世界文化遗产的故宫，它所具有的在全人类视野下突出普遍的价值要得到完整的保护。不仅仅是故宫文物的本体，故宫的人文历史环境也应该得到完整的保护。就故宫的建筑遗产进行"完整保护，整体维修"，努力恢复故宫建筑整体格局，就成为一个突出的任务。值得注意的是，"完整故宫保护"理念已在社会上达成共识，许多专家、学者及普通民众都积极投入这一行动中。

---

① 《故宫博物院的方针任务与方案（草案）》，1959年10月10日，故宫博物院档案。

（一）作为世界文化遗产的故宫的完整性与真实性

故宫是中国第一批列入《世界遗产名录》的单位，2003年沈阳故宫作为扩展项目列入。明清故宫成为世界遗产，在中国文物保护事业中有着重要意义，不仅使故宫的突出普遍价值即当年故宫人所重视的"世界价值"更为彰显，而且随着"文化遗产保护"概念的引入，对于故宫的认识、管理、保护等，都有了新的重大发展。

文化遗产的视角拓展了对故宫保护的认识。首先，可从世界文明发展历程看待作为中华文明重要载体的故宫遗产的独特价值，同时也更客观地认识不同文明的贡献与地位，并从全球化时代保持文化多元性、传续中华文脉的要求认识保护故宫的意义。其次，强化了遗产的共享意识以及全社会都必须承担管理和保护义务的理念，促使故宫博物院的管理和故宫保护更加开放。中国紫禁城学会即应运而生。再次，作为世界文化遗产，故宫保护要坚持执行有关国际公约，坚持保护故宫文化遗产信息的真实性与完整性，处理好故宫保护与周边环境保护的关系。

真实性与完整性不仅是世界遗产必须具备的基本特质，而且是遗产保护的原则与标准。也就是说，在世界遗产的评定、保护、监测工作中，真实性和完整性都具有重要的意义。真实性意味着遗产构成要素本身所具有的真实性，意味着遗产构成所表述的价值的真实性。完整性包括三个方面的内容：遗产构成要素是否能够完整地反映遗产的价值；遗产地的区划是否能够涵盖所有体现遗产价值的构成要素；遗产范围是否足以保证遗产的安全。世界遗产的真实性与完整性是相联系的。

正是在对故宫遗产真实性与完整性有了新的认识的基础上，依照《世界遗产公约》与《中国文物保护法》及《文物保护法实施条例》，故宫博物院对于故宫保护范围、重点保护区、一般保护区、地下文物埋藏区、建设控制地带（包括一类和二类建设控制地带）等保护区划与主要保护措施，都进行了认真研究，将其写入规划大纲，并要求纳入北京市城市总体规划和皇城保护规划，以加强对故宫的保护，确保故宫遗产的真实性和完整性。①

根据2011年世界遗产第二轮定期报告要求的对遗产有关表述的调整，故宫的完整性和真实性声明如下：

> 完整性。明清故宫自清王朝覆灭之后，其保护一直受到人们的重视与关注，现已划定的遗产区完整囊括了承载遗产的创造精神、影响力、历史见证和建筑典范等价值的所有元素，完整保存了历史规模、建筑类型、其他构成要素和15世纪之后，特别是17—18世纪的中国宫廷建筑的技术与艺术成就，完整保存了明清宫廷文化各类载体以及满、汉生活方式的特征与交流融合的历史信息。缓冲区则完整保存了宫殿建筑群在城市历史上的空间序列和皇城环境。
>
> 真实性。明清故宫，特别是北京故宫真实保存了中国礼制文化在建筑群体布局、形制与装饰等方面的杰出体现；真实保存了以木构为主体的中国官式建筑技术与艺术的最高成就，传承了传统工艺；真实保存了可见证明清皇家宫廷文化的各类载体，以及由此展现的中国明清时期皇家宫廷的生活方式与价值观；沈阳故宫真实保存了17—18世纪期间满族宫殿建筑的历史格局、地方建筑风格特征以及满、汉民族之间在生活方式上的交流信息。②

这一表述，反映了多年来故宫保护的成果，凝结着社会各界与故宫人的心血。

（二）百年大修与故宫的"完整保护，全面维修"

"完整故宫"理念在故宫古建筑保护中得到了充分体现，这就是百年大修中所坚持的"完整保护，全面维修"的指导思想。

---

① 《故宫保护总体规划大纲（2003—2020）》。
② 引自世界文化遗产的"回顾性突出普遍价值声明"（2012年）。

　　2001年11月，国务院召开了"关于研究故宫古建筑维修和文物保护有关问题"的会议，决定对故宫进行百年来规模最大的一次维修（2003—2020），媒体称之为百年大修。为了落实国务院的决定，故宫博物院组织制定《故宫保护总体规划大纲（2003—2020）》（以下简称《大纲》）。经过对故宫保护和管理情况的调查研究，做出评估结论，提出保护原则、对策和工程的方针，以此作为修缮工程计划安排的具体依据。

　　故宫维修，完整性、真实性、延续性是3个重要而互相联系的关键，即保护故宫本体及其环境的完整性，保存故宫本体的真实性，保持故宫本体的延续性。《大纲》确定了9项基本对策。从完整保护思路出发，百年大修必然是全面维修，因此提出了五大任务：保护故宫整体布局，彻底整治故宫内外环境；保护故宫的文物建筑，使其延缓或修复自然力和人为造成的破坏，"祛病延年"；系统改善和配套基础设施，管道入地，恢复古建筑景观；合理安排文物建筑利用功能，科学调整展陈、库藏、服务、管理等各类功能的配置和规模；提高展陈艺术品位与改善文物展陈及保护环境。《大纲》遵照文物工作方针，对故宫的保护与利用进行了科学、合理的统筹策划，指导思想正确，提出的基本对策和措施可行，是一个好的规划。国家文物局根据国务院办公厅要求，批复了《大纲》。

　　10年来，故宫维修工程坚持《大纲》要求，进展顺利，达到预期效果。例如，保护故宫真实性和完整性，必须坚持"不改变文物原状"的总原则。故宫大修中，采取具体问题具体分析的方法，对每一座建筑物的修缮，都仔细地审慎地实测、研究，从而决定维修方案。其中最重要的，是最少干预，尽最大可能保留原构件并尽可能地多保留原有建筑历史信息。故宫修缮过程中，与文物"原状"关系最大的是木结构材料、琉璃瓦与建筑彩画3个方面，故宫对此都进行了认真的探索与实践，较好地解决了碰到的问题，积累了经验。为了保持故宫的真实性，对后代人为的不恰当改变做了修复。前面说到故宫改变原状的一些问题，经过勘察调研和认真论证，加以修复。例如，保和殿东西庑房通过维修，恢复了外廊格局；钦安殿前原有抱厦被拆除，但是档案中还有20世纪中期的实测图，依据充分，因此加以修复；被撤去的协和门、熙和门的东西庑房和坤宁门东板房原后檐柱，经过论证加以修复；乾清宫东西庑房外装修把现代玻璃窗恢复为支摘窗；故宫一些室外改为水泥砖地面的，现已逐步用传统青砖替换修复。又如，太和殿的外檐旧彩画是20世纪50年代末所绘，已经非常陈旧；而且按照今天的认识，当时的彩绘并没有完全尊重历史原状。这次维修经过多方研究论证，确定了按照太和殿内檐彩画（康、乾时期）复制外檐彩画的方案。复制按照传统工艺技术操作，彩画色彩丰富，龙纹饱满，与维修后的整个太和殿，表现了恢宏富贵的皇家气势等艺术特征。

（三）恢复故宫建筑整体格局的努力

"完整故宫"的理念，必然要求全面恢复故宫建筑整体格局和历史原貌。由于历史的原因，故宫院内外的一些文物建筑被外部单位长期占用，有的长达数十年，严重影响了故宫的完整性；有些建筑未得到有效保护，状况很差，有的已成危房。故宫作为世界遗产，这种状况不能再继续下去了。可贵的是，对于收回这些文物建筑，不仅在院内，而且在社会上达成共识。从20世纪90年代以来，院内外坚持不懈，多方努力，克服困难，取得显著成效。其中大高玄殿的收回很有代表性。

大高玄殿（俗称大高殿）建于明代嘉靖二十一年（1542），为我国唯一的皇帝进行"玄修"的大型道观。位于西城区景山前街，占地13000平方米，总建筑面积5302平方米。清代因避康熙帝玄烨之讳，改称大高元殿。大高玄殿与故宫宫廷建筑为一整体，且布局严整，建筑保存明代特征。1996年被列为全国重点文保单位。1950年，大高玄殿借给某单位使用，后拖延不还，形成历史问题。大高玄殿是文物价值极高的古代建筑，但由于使用单位长期把它作为宿舍、仓库、车库和伙房使用，且有多处临时建筑，不仅对古建筑造成破坏，还留下严重的安全隐患。20世纪90年代以来，大高玄殿问题引起各界人士包括人大代表、政协委员以及专家学者、普通民众的关心，他们以保护文化遗产为己任，不遗余力地呼吁，向有关部门反映这个问题，提出解决建议。党中央、国务院十分重视，就大高玄殿回收以及故宫完整保护问题做出重要批示，协调解决具体问题。2010年6月11日，大高玄殿在60年后正式回归故宫博物院。

近几年，陆续收回的还有端门及御史衙门。

端门位于天安门与午门之间，形制与天安门相同，端门内两庑为连檐通脊的长房，各42楹，为六部九卿朝房及六科公署，现建筑完好。1917年划归历史博物馆。国家博物馆建成后，经文化部主要领导的主持协调，于2011年4月29日，端门划转故宫博物院。

御史衙门全称稽查内务府御史衙门，设于清雍正四年（1726），位于现陟山门街，大高玄殿北，与景山西门相邻。20世纪20年代辟为故宫博物院供职人员宿舍，最初主要是院级管理人员居住，以后逐渐沦为大杂院，但房屋规制、格局未变，主体仍旧是清代晚期建筑。2003年6月，北京市西城区政府决定将陟山门街作为历史文化保护区，对其环境进行整治。借此契机，故宫博物院决定对院内居民进行搬迁，对整个院落进行保护维修。稽查内务府御史衙门占地2400平方米，建筑面积2000平方米，是目前所知北京仅存的一处保留最为完整的宫廷衙门。

故宫内外还有一些建筑被外单位作为文物库房长期占用，给故宫博物院的安全管理带来一系列问题，这几年通过多方努力，也陆续收回。主要有雁翅楼、宝蕴楼等。

午门城台上东西各有长庑13间，俗称东西雁翅楼。建筑面积4400平方米，曾被外单位借作文物仓库，2011年收回。

宝蕴楼。1914年古物陈列所成立，将武英殿及敬思殿改造为陈列室，又在武英殿西边已毁咸安宫基础上，建设宝蕴楼文物库房。这是我国近代博物馆史上第一座专门用于保藏文物的大型库房，建筑面积2073平方米，西洋式样，设计者为建筑师马荣，用款29695银圆。此处为外单位借作库房，2011年收回。

这些建筑物的先后收回，不仅对故宫的完整保护有着重要意义，也极大地拓展了故宫博物院的文化空间，为更好地服务社会提供了契机。

故宫院内还有"屏风楼"，其为特殊年代的产物，而且早已失去了当初建造时设想的功能。因其严重破坏了故宫内外环境和历史景观原貌，违反历史真实性与完整性原则，社会各界与故宫仍在继续努力，呼吁早日拆除，尽快恢复故宫完整风貌。

与此同时，故宫博物院还对应归还故宫的重要文物进行了追索。故宫的文物藏品是一个整体。中华人民共和国成立以来，故宫的文物在社会支持下得到充实，故宫也把大量文物划拨给各地博物馆。故宫博物院因此与各地博物馆建立了良好的交流合作关系。但是社会有识之士与故宫博物院认为，有两批重要文物应归还故宫，以实现故宫文物藏品的完整：一是仍滞留南京朝天宫库房的2176箱104735件"南迁文物"；二是20世纪70年代迁运河南洛阳的故宫大佛堂文物。①故宫博物院与各界继续为其归还故宫在不懈地努力。

---

① 1984年8月4日，谢辰生先生致信曾任国家文物管理局副局长齐光，信中说："一九七二年，河南洛阳白马寺为了要接待西哈努克，由故宫大佛堂搬去十几尊元代夹纻罗汉。当时是作为一项临时政治任务来办的。这批罗汉为国内仅有的珍贵文物，因白马寺一直为文物部门管理，所以作为陈列展览亦无不可。但是一九八三年，为了落实宗教政策，国务院六十号文件确定了白马寺划归宗教部门恢复宗教活动。按文件规定，移交时除原来庙产外，属于原非庙产的珍贵文物应移交文物部门保管。此批罗汉原非庙产，乃故宫旧物，理应移交文物部门。然而宗教部门说此事原系先念同志所批，如不经先念同志批准，罗汉不能移交。我们考虑此批罗汉乃珍贵文物，如果任人作为焚香礼佛的对象，则极不安全。一旦出事，即成为不可弥补的损失，且将遭到社会舆论的责谴。因此，我们意见，这批文物仍以移交文物部门为宜，如需另塑金身，所需经费如有不足，我们可以考虑予以补助。以上意见，如无不妥，盼能转陈先念同志批示。"据《谢辰生先生往来书札》作者注："齐氏收到先生信后，于十二日致信李先念秘书徐桂宝，转请'李主席批示有关领导机关，限期重塑泥像，完整无损归还故宫'。8月14日，李先念作出批示：'静仁、穆之同志：十几尊元代夹纻罗汉，可否"完璧归赵"，另塑泥像，由你俩协商解决。'杨静仁，时任政协副主席，分管宗教事务。朱穆之，时任文化部部长、党组书记。"引自李经国编撰《谢辰生先生往来书札》上册，第44页，国家图书馆出版社，2010年。

故宫学视野下的"完整故宫保护"

文化遗产的完整性，不只是空间范围上的完整以及保持自身组成部分和结构的完整，还包括文化概念或文化精神上的完整。故宫学是2003年10月首次提出的学术概念，它是以故宫及其历史文化内涵为研究对象，集整理、研究、保护与展示为一体的综合性学科和学问，是基于故宫文化的整体性为基础而提出来的。故宫学所秉持的"文化整体"，观其实质是故宫遗产价值的完整性，是"完整故宫"理念的发展；作为方法论和思维方式，其所倡导的"大文物""大故宫"思路，又对故宫保护与博物院建设起着指导作用。

（一）从"文化整体"认识故宫价值的完整性

把故宫古建筑、文物藏品及宫廷历史文化联系起来，故宫就是一个文化整体。所谓故宫是一个文化整体，也就是说故宫遗产价值是完整的，不可分割的。对此，可从空间和时间两个方面来认识。从空间来看，紫禁城的千门万户，院藏的各种文物，以及宫殿与文物藏品后面曾发生过的人和事，种种秘辛内幕，宫廷的文化生活，是一个鲜活的统一体。很显然，离开了宫阙往事，没有了附着其中的历史内涵，那些宫廷旧藏的意义和价值势必受到影响。同样，要保护完整的故宫，不只是72万平方米以内的紫禁城，还要保护与它有密切关系的一些明清皇家建筑，以及它的保护区、缓冲区。从时间来看，故宫藏品虽为清宫旧藏，但其中文物包括了中国古代文化与艺术的各主要门类，反映了5000年的中华文明史。又以紫禁城为例，它虽然建成尚不足600年，但却是中国几千年来宫殿建筑的集大成者，是历史悠久的中国传统官式建筑的结晶和典范。也正是基于对故宫是个文化整体的认识，故宫学的学术概念才得以形成并提出。

把故宫当作文化整体看待，全面认识故宫的价值，在认识上有个过程。一方面，坚持唯物史观，清除极左思潮影响，认识到故宫不等于封建主义，它是中国传统文化精神的物质载体，体现了中华文明的精华，故宫文化与当代文化建设也有着深刻联系。另一方面是文物保护理念的不断提升。如对文物概念的认识，从具体的"古玩""古物"到一切历史文化遗存的拓宽，从可移动文物到不可移动的古建筑的重视，从有形文化遗产到无形文化遗产的发展，从保护文物本体到同时重视保护它的环境等，都是不断拓展、逐步提升的。对故宫人来说，还注意正确认识、妥善处理故宫保护与博物院发展的关系。在努力接受先进的文物保护理念、树立正确的文物观的基础上，认真探求故宫的价值，同时使博物院的内涵更为丰富，从而更进一步加强文物的保护，突出文物的文化价值，实现文化遗产对当代社会的重要作用。

（二）"文化整体"与故宫保护及博物馆事业发展

文化整体性是故宫学方法论的哲学基础。故宫学将故宫作为一个文化整体来研究，从文化整体的角度去评估故宫的文物价值和文化内涵。同时故宫学也从文化整体的角度来认识和理解故宫学的各个领域（如古建筑、文物藏品、宫廷历史文化和博物院史）的深刻内涵及各领域之间的紧密联系。

"文化整体"作为方法论和思维方式，对于故宫保护和博物馆事业发展具有重要意义。故宫所藏历代艺术品很多，但过去还有许多明清宫廷遗物并未作为文物对待。从故宫是个文化整体的视角看，认识到故宫本身就是个"大文物"，其中所有遗物都是反映宫廷历史文化某些方面的实物见证，具有不可替代的文物价值，都需要认真清理和保护。在"大文物"观念的引导下，从2004年至2010年，故宫博物院进行了历时7年的藏品清理工作，其中一个重要成果就是对宫廷历史遗物的彻底清理。这次清理不仅将过去从未系统整理过，既不算文物也不算资料的遗物，如13万枚清代钱币、2万余件帝后书画等进行了系统整理，而且对所有资料藏品进行了重新的鉴定、研究，完成了共计180122件资料提升为文物的工作。使大量宫廷遗存进入文物保管行列，为故宫研究提供了更为丰富、完整的资料。又如，从"文化整体"看待故宫价值，既有物质的文化遗产，也有非物质的文化遗产，非物质文化遗产主要包括传统的文物修复技术以及故宫官式建筑修造技艺。这些非物质文化遗产既是保护故宫及其文物藏品的重要手段，也是故宫文化的重要组成部分。现列入国家级非物质文化遗产的有故宫"官式古建筑营造技艺"、"古字画装裱修复技艺"、"青铜器修复及复制技艺"和"古书画临摹复制技艺"4项。故宫的这些传统工艺技术都有着清晰的传承脉络。故宫珍视这些工艺技术，对其进行着有效保护，并重视传统工艺与现代技术的结合。故宫是一个文化宝库，研究得越深入，其价值就越彰著，我们对其完整性也会有新的认识。

（三）"大故宫"与共同研究故宫的完整价值

"大故宫"概念是近年来故宫学研究中所形成的一个共识。完整的故宫遗产，既要看故宫本身，也应从故宫与北京以及北京以外的明清宫廷建筑，如园囿、行宫、陵寝、皇家寺观以及明中都、明南京故宫、沈阳故宫等联系来看待；既要看北京故宫的藏品，也要重视流散的清宫文物遗存。近代以来，由于多种原因，清宫旧藏散佚很多，海内外许多博物馆、图书馆及收藏家，都藏有故宫各类文物，也出现了"一个故宫，两个故宫博物院"的局面。"大故宫"包括与故宫有关的建筑、文物以及人和事，其实质就是要全面看待故宫遗产的价值。只有这样看故宫，才能看到一个全面的、立体的、生动的、丰富的故宫。而且，"大故宫"所涵盖的内容之间有其内在的、固有的联系，从联系中进行研究，对故宫就有了更为宽广的视野，有了更为充实、丰富、生动的内容，故宫的文化精神也就得到了进一步的阐扬。

正是从"大故宫"的理念出发，故宫学倡导"故宫在中国、在北京，故宫学在世界"的理念，认为流散世界各地的清宫旧藏有着内在的联系，故宫学是其学术上的归宿，只有在故宫学的视野中看待这些似乎互不相干的一件件孤立的文物，它们才有了生命，有了灵气。特别是近几年来两岸故宫博物院打破60年的隔绝状况而有了良好的交流合作局面，其深层动力就是两岸故宫博物院文物的不可分割的内在联系，就是"大故宫"。而国内外的广泛参与，把故宫的文物包括流散于世界各地的文物作为一个整体来研究，与故宫古建筑联系起来研究，将会进一步挖掘故宫的丰富内涵，认识故宫的完整价值。

故宫博物院在故宫学研究中负有特殊的使命。为了让海内外更多的机构和人员参与故宫学研究，共同挖掘故宫的完整价值，故宫博物院已做了大量工作。故宫博物院从本院的特点和优势出发，陆续成立了古陶瓷研究中心、古书画研究中心、古建筑保护研究中心、明清宫廷史研究中心、藏传佛教文物研究中心5个研究中心，设立古陶瓷保护研究国家文物局重点科研基地，为国内外专家学者开展合作性课题研究提供了一个"开放、流动、联合、竞争"的学术平台。同时，通过签署战略合作协议、合作开展文物保护项目和科研课题项目、合办学术会议、合办学术刊物、联合办学等方式，全力拓展与国内外知名博物馆、高等院校、科研院所及其他学术机构的学术交流与合作，拓宽学术研究的视野与渠道，并在数字故宫和信息技术方面、文化遗产保护方面、陶瓷考古发掘和藏传佛教艺术研究和保护方面以及培养人才方面取得了明显的成绩。此外，还积极推进有关故宫的大型丛书或资料汇编的编辑出版工作，为海内外故宫学研究提供方便。2004年创办《故宫学刊》。2010年成立故宫学研究所。故宫学研究的努力推进，对故宫价值认识的不断加深，也使"完整故宫"的内涵和保护增加着新的内容。

故宫遗产保护是不断发展的事业，相信随着保护实践与理念探索的深入，"完整故宫"的理念仍会有所提升，故宫保护的水平仍会继续得到提高。

（本文载于《故宫博物院院刊》2012年第5期）

世界遗产的价值与保护：以故宫为例

世界遗产新事业与故宫保护新视野

1972年11月16日，联合国教科文组织第17届会议在巴黎通过《保护世界文化和自然遗产公约》（*Convention Concerning the Protection of the World Cultural and Natural Heritage*，简称《遗产公约》）。其宗旨是为了动员全世界的力量来保护人类的文化与自然遗产，并将其看作是全人类共同的责任。导致该公约产生的直接原因是，1960年的埃及阿斯旺大坝和意大利威尼斯水城的国际救援行动。《遗产公约》被看作是联合国教科文组织最成功的公约。40年来，在众多有识之士的推进下，《遗产公约》对世界遗产的保护作用越发突出，世界遗产的保护理念不断得到更新，努力实现着建立具有代表性的、平衡的、可信的《世界遗产名录》的全球战略。截至2012年5月，已有189个国家加入《遗产公约》，153个国家的936处具有"突出普遍价值"的文化和自然遗产列入《世界遗产名录》。

在全球开展世界遗产事务，是将世界各地的文化存在和自然状貌的精华提取出来，通过法定的程序和标准，普及文明、善意的理念，从而带动各项有益于人类发展事业的展开。世界遗产是不断发展的事业。1977年，第一届世界遗产委员会大会通过《实施世界遗产公约操作指南》，此后世界遗产委员会对操作指南不断进行修订，反映了遗产概念的演变进程，就展示突出的普遍价值、完整性与真实性以及保护与管理等内容进行了详细阐述。目前最新版本的操作指南是2011年发布的。

世界遗产保护事业的深入发展也反映在多个方面：1992年，联合国教科文组织专门设置了世界遗产中心，提出了"文化景观"概念并将其扩充为世界文化遗产的新类型，这对世界遗产新类型产生关键性影响。1994年提出世界遗产"全球化战略"，这主要是针对名录在文化和自然遗产数量、地区分布和内容上，以及缔约国保护能力等方面出现的不平衡问题而提出的战略目标，使名录能够充分体现具有突出普遍价值的自然及文化的多元性。同年被认可的《奈良真实性文件》，对每一种文化背景中遗产价值的特殊属性予以承认，是《遗产公约》的重要推进。1997年11月，联合国教科文组织第29次全体会议通过了建立人类口头与非物质遗产代表作的决议，"口头与非物质遗产"的概念被确认。2002年，第26届世界遗产委员会大会通过《世界遗产布达佩斯宣言》，提出"全球战略"的"4C"战略：可信性（Credibility）、保护（Conservation）、能力建设（Capacity-Building）与沟通（Communication）作为新的战略目标。意即建立可信的世界遗产名录，加强对遗产的保护，进行世界遗产管理和保护的能力建设，促进遗产各利益相关方的沟通。2003年10月，联合国教科文组织通过了《保护非物质文化遗产公约》。2007年，在第31届世界遗产委员会大会上，又增加了"社区参与"（Community）的内容，强调了社区对遗产保护的作用，以及遗产保护本身的社会性，从而将"4C"战略调整为"5C"战略。2012年，在《遗产公约》通过40年之际，关注的主题是可持续发展与本地社区的作用。可持续发展成为世界遗产未来永恒的主题，本地社区业已成为遗产识别、保护与管理方面重要的利益相关方。

中国政府于1985年加入《遗产公约》，做出郑重的承诺，并为此付出了积极的努力。至2011年底，中国已有41处世界遗产，遗产总数在世界范围内稳居前列。2012年4月10日，中国政府在无锡举办以"世界遗产：可持续发展"为主题的遗产保护论坛。2004年8月，第10届全国人大常委会批准通过中国政府加入《保护非物质文化遗产公约》。2011年，《中华人民共和国非物质文化遗产法》正式颁布。截至2011年，中国的世界非物质文化遗产已达29项。

世界遗产保护对中国文物保护也起到了积极促进的作用，特别是保护理念的交流与保护视野的启发。2005年12月，国务院下发了《关于加强文化遗产保护的通知》（以下简称《通知》），并决定从2006年起，每年6月的第二个星期六为我国的"文化遗产日"。《通知》指出"文化遗产包括物质文化遗产和非物质文化遗产"。认为文化遗产是具有历史、艺术和科学价值的文物，其具体内容包括现在文物保护法公布的"文物"的内涵。在继续保留"文物"用法的同时引入文化遗产概念，绝不是简单的重复，而是对文物概念的丰富、拓展与提升，或者说用一种新的视角来认识文物保护。

文化遗产是一个国家或地区形象的基本元素、文化象征和主要标志之一。文化遗产构成了中华文化的内涵与底蕴，对中国文化事业发展起到了依托与推动作用。中国文化事业发展始终继承中华文化优秀传统，吸取中华文化遗产丰富养料，从文化遗产的挖掘与利用中不断创新，与时俱进，创造新的辉煌。

故宫是中国第一批列入《世界遗产名录》的项目，也是中华文明最重要的载体之一。故宫成为世界遗产为故宫保护带来了新的视野，新的机遇。首先，从世界文明发展历程看待作为中华文明重要载体的故宫遗产的独特价值，同时更客观地认识不同文明的贡献与地位，并从全球化时代保持文化多元性、传续中华文脉的要求认识保护故宫的意义。其次，强化了遗产的共享意识以及全社会都必须承担管理和保护的理念，促使故宫博物院的管理和故宫保护更加开放。中国紫禁城学会即应运而生。再次，作为世界文化遗产，故宫保护要坚持执行有关国际公约，坚持保护故宫的完整性与信息的真实性，处理好故宫保护与周边环境保护的关系。对故宫的保护是中国政府对国际社会的承诺，故宫保护也接受国际社会的指导和监督，故宫维修保护的实践也丰富着世界遗产保护的理论。

世界遗产的突出普遍价值与故宫遗产的完整性

人类社会处处存在价值观，不同历史阶段，不同地域民族，都在某种文明和文化中构建价值观，同时价值观又成为文明和文化的核心组成部分。近半个多世纪的"联合国文化"的时代，人类价值观更趋于交汇融合，更为宏观，更以全球性的视角关心历史、现实和未来。以今天的宏观理念来看，人类主体价值观是国际社会和大多数国家及大多数人民认可和追求的价值标准，是有利于全人类公正生存和健康发展的行为准则。当今世界人类主体价值观包含的基本内容是：和平文化的气氛、文化尊重的关系、全球共同的持续发展。

世界遗产起着诠释全人类主体价值观的作用。文化和自然作为全人类的遗产，具有"突出普遍价值"（outstanding universal value）。尽管所有遗产项目都有其自身独一无二的特性，而当其成为世界遗产后，就有了共同的大属性。它们都是世界遗产，都在为阐发全球性主题，为实现和平目标，为保障人权、文化尊重和持续发展，进行着充分的"表达"，所有的遗产作为具象符号汇聚成为强音。①

在20世纪20年代，故宫同人就认识到了故宫的"世界价值"。1928年，国民政府委员经亨颐提出废除故宫博物院、拍卖故宫文物的提案，张继以大学院古物保管委员会主席名义驳斥经亨颐谬论中的一段话，对故宫价值特别是"世界价值"做了至今看来仍然是十分深刻的论述：

---

① 刘红婴：《世界遗产的精神》，华夏出版社，2006年，第1、16页。

一代文化，每有一代之背景，背景之遗留，除文字以外，皆寄于残余文物之中，大者至于建筑，小者至于陈设。虽一物之微，莫不足供后人研究之价值。明清两代海航初兴，西化传来，东风不变。结五千年之旧史，开未来之新局，故其文化，实有世界价值。而其所寄托者，除文字外，实结晶于故宫及其所藏品。近来欧美人士来游北平，莫不叹为列入世界博物院之数。即使我人不自惜文物，亦应为世界惜之。环观海外，彼人之保惜历史物品也如彼。吾人宜如何努力，岂宜更加摧残？①

根据2011年世界遗产第二轮定期报告要求的对遗产突出普遍价值表述的调整，故宫的突出普遍价值为：

明清故宫是中国15—20世纪，明、清两代帝王沿用逾500年的皇家驻所，也是中国古代社会后期的国家政权中心。由1987年列入的北京故宫与2003年列入的沈阳故宫组成。其中，北京故宫又称"紫禁城"，是明清两朝皇帝的皇宫，共有24位中国皇帝先后在此登基。位于北京市中心，由明朝皇帝朱棣始建于1406—1420年间，此后一直作为中国明、清两朝的皇宫使用至1911年，历时505年。宫殿占地72公顷，内含17.97万平方米古建筑和各类宫廷遗存，建筑群体规模庄严，绚丽辉煌，是无与伦比的东方古代宫殿建筑杰作。

明清故宫，特别是北京故宫先后有明代14位和清代10位皇帝在此执政、统治中国，曾在此发生过诸多中国重大历史事件，是见证明清之际中华文明发展的重要历史场所。它们在建筑技术与艺术方面也拥有各自杰出的价值特征。

北京故宫是我国古代宫城发展史上的最高典范，是世界上现

---

① 《北京市志稿六·文教志（下）》，北京燕山出版社，1998年，第357页。

存规模最大、保存最完整的古代宫殿建筑群。它为中国古代社会的后期发展，特别是礼制文化和宫廷文化提供了独特的见证，在中国文明与文化发展史上具有杰出的历史文化价值。在建筑群体布局、空间序列设计上，它传承和凝练了轴线布局、中心对称、前朝后寝等中国古代城市规划和宫城建设传统特征，成为中国古代建筑制度的典范。其宫殿建筑技术与艺术反映了中国古代官式建筑的最高成就，对清朝300年间的中国官式建筑产生了广泛的影响。宫内的宗教建筑特别是一系列的皇家佛堂建筑汲取了丰富的民族文化特色，见证了14世纪之后满、汉、蒙、藏等民族在建筑艺术上的融汇与交流。同时，它所拥有的上百万件的珍贵皇家藏品、皇家生活用具以及大量古代工程技术的文字、图纸、烫样等档案载体，见证了中国明清时期的宫廷文化和典章制度。所有这些珍贵遗存与宫殿建筑群共同构成了突出的世界普遍价值。

对故宫价值的认识是一个不断深入的过程。从"紫禁城学"到"故宫学"，其基础是"文化整体"观。把故宫古建筑、文物藏品及宫廷历史文化联系起来，故宫就是一个文化整体，也就是说故宫遗产价值是完整的，不可分割的。对此，可从空间和时间两个方面来认识。从空间来看，紫禁城的千门万户，院藏的各种文物，以及宫殿与文物藏品背后曾发生过的人和事，种种秘辛内幕，宫廷的文化生活，是一个鲜活的统一体。很显然，离开了宫阙往事，没有了附着其中的历史内涵，那些宫廷旧藏的意义和价值势必受到影响。就是说故宫是个"大文物"。同样，要保护完整的故宫，不只是72万平方米以内的紫禁城，还要保护与它有密切关系的一些明清皇家建筑，以及它的保护区、缓冲区。就是说要有"大故宫"理念。从时间来看，故宫藏品虽为清宫旧藏，但其中文物则包括了中国古代文化与艺术的各主要门类，而且反映了5000年的中华文明史。又以紫禁城为例，它虽然建成尚不足600年，但却是中国几千年来宫殿建筑的集大成者，是历史悠久的中国传统官式建筑的结晶和典范。也正是基于对故宫是个文化整体的认识，故宫学的学术概念才得以形成并提出。

从"文化整体"看待故宫价值，既有物质的文化遗产，也有非物质的文化遗产，非物质文化遗产主要是传统的文物修复技术以及故宫官式建筑修造技艺。这些非物质文化遗产既是保护故宫及其文物藏品的重要手段，也是故宫文化的重要组成部分。现列入国家级非物质文化遗产的有故宫"官式古建筑营造技艺"、"古字画装裱修复技艺"、"青铜器修复及复制技艺"和"古书画临摹复制技艺"4项。故宫这些传统工艺技术都有着清晰的传承脉络。故宫珍视这些工艺技术，对其进行着有效保护，并重视传统工艺与现代技术的结合。故宫是一个文化宝库，研究得越深入，其价值就越彰著，我们对其完整性也会有新的认识。

故宫学促进着故宫遗产价值的挖掘，也推进着故宫知识的传播、故宫精神的弘扬。

坚持真实性、完整性原则与故宫维修及恢复"失地"

真实性与完整性不仅是世界遗产必须具备的基本特质，而且是遗产保护的原则与标准。也就是说，在世界遗产的评定、保护、监测工作中，真实性和完整性都发挥着积极的作用。真实性意味着遗产构成要素本身所具有的真实性，意味着遗产构成所表述的价值的真实性。完整性包括3个方面的内容：遗产构成要素是否能够完整地反映遗产的价值；遗产地的区划是否能够涵盖所有体现遗产价值的构成要素；遗产范围是否足以保证遗产的安全。世界遗产的真实性与完整性是相联系的。

根据2011年世界遗产第二轮定期报告要求的对遗产有关表述的调整，故宫的完整性和真实性声明如下：

完整性。明清故宫自清王朝覆灭之后，其保护一直受到人们的重视与关注，现已划定的遗产区完整囊括了承载遗产的创造精神、影响力、历史见证和建筑典范等价值的所有元素，完整保存了历史规模、建筑类型、其他构成要素和15世纪之后，特别是17—18世纪的中国宫廷建筑的技术与艺术成就，完整保存了明清宫廷文化各类载体以及满、汉生活方式的特征与交流融合的历史信息。缓冲区则完整保存了宫殿建筑群在城市历史上的空间序列和皇城环境。

真实性。明清故宫特别是北京故宫真实保存了中国礼制文化在建筑群体布局、形制与装饰等方面的杰出体现；真实保存了以木构为主体的中国官式建筑技术与艺术的最高成就，传承了传统工艺；真实保存了可见证明清皇家宫廷文化的各类载体，以及由此展现的中国明清时期皇家宫廷的生活方式与价值观；沈阳故宫真实保存了17—18世纪期间满族宫殿建筑的历史格局、地方建筑风格特征以及满、汉民族之间在生活方式上的交流信息。

这一表述，反映了多年来故宫保护的成果，凝结着社会各界与故宫人的心血。

真实性与完整性在故宫古建筑保护中得到了充分体现，这就是百年大修中所坚持的"完整保护，全面维修"的指导思想。故宫大规模修缮任务由国务院确定后，故宫博物院与中国建筑设计研究院历史研究所合作制定了《大纲》，确定了整体保护和合理利用的目标、原则，规定了故宫维修工程的方针和任务。《大纲》经国务院办公厅征求有关方面意见，由国家文物局做了批复。《大纲》是《中国文物保护法》以及《中国文物古迹保护准则》在故宫维修工程中的具体化，是故宫保护工程的指导文件。按照《大纲》要求，故宫保护工程必须完成保护故宫整体布局、彻底整治故宫内外环境、保护故宫文物建筑、系统改善和配置基础设施、合理安排文物建筑的使用功能、提高展陈艺术品位与改善文物展陈及保护环境等五大任务。

10年来的故宫维修工程，坚持《大纲》要求，进展顺利，达到预期效果。例如，保护故宫真实性和完整性，必须坚持"不改变文物原状"的总原则。故宫大修中，采取具体问题具体分析的方法，对每一座建筑物的修缮，都是仔细审慎地实测、研究，从而确定维修方案。其中最重要的，是最少干预，尽最大可能保留原构件并尽可能地多保留原有建筑历史信息。故宫修缮过程中，与文物"原状"关系最大的是木结构材料、琉璃瓦与建筑彩画3个方面，故宫对此都进行了认真的探索与实践，较好地解决了碰到的问题，积累了经验。为了保持故宫的真实性，对后代人为的不恰当改变做了修复。例如，保和殿东西庑房通过维修，恢复了外廊格局；钦安殿前原有抱厦被拆除，但是档案中还有20世纪中期的实测图，依据充分，因此加以修复；被撤去的协和门、熙和门的东西庑房和坤宁门东板房原后檐柱，经过论证加以修复；乾清宫东西庑房外装修把现代玻璃窗恢复为支摘窗；故宫一些室外改为水泥砖地面的，现已逐步用传统青砖替换修复。又如，太和殿的外檐旧彩画是20世纪50年代末所绘，已经非常陈旧；而且按照今天的认识，当时的彩绘并没有完全尊重历史原状。这次维修经过多方研究论证，确定了按照太和殿内檐彩画（康、乾时期）复制外檐彩画的方案。复制按照传统工艺技术操作，彩画色彩丰富，龙纹饱满，与维修后的整个太和殿，表现了恢宏富贵的皇家气势等艺术特征。

故宫文物保护工程的意义体现在两个方面：一是对故宫"完整保护，整体维修"理念的实践，体现出对故宫保护的文化传承意义；二是维修的思路、原则、要求、标准、方法，不但对国内，而且对国际文化遗产保护也做出了贡献。在进行中的故宫保护工程中，故宫开展了众多的科研课题，有些是博物院独立承担的，有些是与国际文物保护机构等合作进行的，都取得了具有相当价值的成果。这些技术对于更准确地记录故宫现状、文献，分析和认知故宫古建筑，补充传统技术的缺憾，筛选保护新材料、新工艺和采用新技术，发挥了重要的作用。故宫维修为今后中国传统建筑的保护性维修以及保护方式，走出了一条有中国特色的道路。

"完整故宫"的理念，必然要求全面恢复故宫建筑整体格局和历史原貌。由于历史原因，故宫院内外的一些文物建筑被外部单位长期占用，有的达数十年，严重影响了故宫的完整性，有些建筑未得到有效保护，状况很差，有的已成危房。故宫作为世界遗产，这种状况不能再继续下去了。可贵的是，对于收回这些文物建筑，不仅院内，而且在社会上达成共识。从20世纪90年代以来，院内外坚持不懈，多方努力，克服困难，取得显著成效。

世界遗产的永续利用与"宫""院"关系

世界遗产的价值、影响和魅力，都使其能够在多个方面发挥作用。我们经常看到，一些项目成为世界遗产后，一夜成名，很快成为旅游热点。不同的遗产项目都有其特点，对其利用一定要遵守有关法规，从实际出发，不可盲目开发，过度利用。我国的世界遗产地一般都是旅游热点。正确处理遗产保护与旅游发展的关系，是世界遗产面临的一个普遍问题。中国文化部公布的《世界文化遗产保护管理办法》（2006）规定："世界文化遗产开发为参观游览区，应当充分发挥文化遗产的宣传教育作用，并制定完善的参观游览服务管理办法"；"在参观游览区内设置服务项目，应当符合世界文化遗产保护规划的管理要求，并与世界文化遗产的历史和文化属性相协调"；在服务项目的设施上，要"遵循公开、公平、公正和公共利益优先的原则，并维护当地居民的权益"；等等。这些规定都很重要。

故宫是个古遗址，是古代皇宫建筑群，是国家级5A级旅游景区，又是一个博物院，是"宫"与"院"的结合。这是作为世界遗产的故宫的特殊性，"宫""院"结合的好处：第一，使一个完整的明清皇宫以博物院的形式保存了下来，是"原址保护""原状陈列"；第二，故宫许多宫殿、佛堂都有原来陈设的物品，甚至一直未动过，使宫殿、文物保留了更多的历史文化信息，宫殿与文物是一个不可分割的文化体，这才是完整的故宫价值，这也是为什么故宫文物不能简单地划拨出去的原因；第三，一些殿堂作为展厅，与古物展览相得益彰。

但是，"宫""院"之间的矛盾又很突出，主要是故宫安全的刚性保护要求与日益增长的观众数量、日益完善的观众服务标准的矛盾：第一，故宫巨大的观众量已引起人们的担忧。2002年游客700余万，2011年1400余万，2012年1月至8月底，已达1100余万人，比去年同期增加109万人，增幅11％。日益完善的服务标准和现代化设施挑战故宫真实性和保护标准及安全要求。第二，故宫有限的展览空间和受限的展览条件与观众日益增长的精神文化需求的矛盾，展览空间不敷使用，现代化展示手段受到限制。

"宫""院"关系在某种意义上也可以理解为故宫保护与利用的关系，或者说是故宫保护与博物院建设的关系。我们认为，二者之间的关系，在一些具体问题上尽管有矛盾，甚至是比较尖锐的冲突，但是作为依托故宫建立的故宫博物院，保护故宫的完整性和历史真实性，其实也是为故宫博物院发展腾飞创建平台。反过来，把故宫博物院建设成为世界一流博物馆，也必将能更全面地向公众诠释、宣扬紫禁城，更好地促进对故宫的保护。

"宫""院"结合的故宫博物院，既不能因为要确保故宫的安全而关门大吉，把观众拒之门外，如此也就谈不上文化的弘扬了；也不能完全照搬一般旅游景点的服务标准而漠视对故宫真实性、完整性的保护要求。面对世界遗产保护和对公众开放的不同要求，故宫博物院需要在多方面分析、多渠道探索中，妥善处理二者关系，兼顾故宫的有效保护与适度利用，寻求两者的最佳结合点，在保护中实现彰显价值、发挥作用的使命，促进故宫保护与故宫博物院建设协调可持续发展。过去几年采取的解决办法主要有：首先，加强基础设施建设，新建故宫综合业务基地和文物科技保护中心，筹建新的展厅。其次，在有效保护的前提下最大限度地满足公众参观要求。目前最为各界关心，甚至引起世界遗产组织密切关注的故宫游客量问题，是故宫当前和今后一段时期内要重点攻关的课题。故宫游客量的问题其实集中体现在高峰时段和热点区域观众量过于密集。在开展大量调研和试点先行的基础上，正在实行电子票务系统，进而升级开发更全面的游客管理系统，利用此系统可获悉游客进出故宫的实时数据。故宫已采取了一些新的措施，改变原有相对被动的疏导工作，强化对游客的主动引导，采用积极的工作方式分散高峰时段、热点区域的密集人流，降低局部空间的环境容量，降低人为破坏程度和减缓破坏速度，化解风险：主动与旅行社建立良好的沟通渠道，进行源头控制；采取多种内部调节手段，努力扭转观众量在时空分布上的失衡局面；实行淡季优惠措施，根据故宫实际情况实行有组织、有限度的免费开放，平衡观众流量。

　　（本文为作者2012年9月5日在全国政协北戴河干部培训中心的讲演稿）

观念的力量

——我在故宫博物院工作的体会

博物馆的规模、藏品、历史等虽各不相同，但在其发展中，都应重视观念的转变。观念就是视野、理念、思路、方法等，观念就是指导思想，就是力量。我在故宫博物院工作了10年，深感观念在实际工作中的重要作用。

"完整故宫保护"与百年大修

1925年10月10日，故宫博物院正式成立，当时的故宫博物院只有"后寝"部分。故宫作为一个文化整体和一个完整的建筑群，应由故宫博物院进行管理。从20世纪30年代起，故宫博物院提出了"完整故宫保管"的概念。"完整故宫"即故宫的完整性，包括故宫古建筑的完整性与故宫文物藏品的完整性。这一"完整"概念的形成，基于故宫同人对故宫价值的深刻认识。

故宫的空间是完整的，它不能只有后廷而没有前朝，也不能只有孤立的一个故宫而没有与其关系极为密切的其他一些皇家建筑物；故宫的文物也是一体的，需要完整地保护。这种完整性是其价值的整体性所决定的。因此，争取故宫的完整并不是出于扩大自身地盘的狭隘意识，而是故宫价值自身的要求。"完整故宫"体现了故宫人守护民族文化遗产的责任感，也成了故宫保护工作的一个理念。以理事蒋中正领衔的"完整故宫保管计划"送到行政院，行政院批准了此提案，同意将设在紫禁城外朝的古物陈列所与故宫博物院合并，将中华门以内至保和殿直至景山，以及大高玄殿、太庙、皇史宬、堂子等处一并归入故宫博物院，一同保管。完整故宫保管的意愿在抗日战争胜利后终于真正实现。1946年12月3日，行政院决议，故宫博物院改隶行政院，古物陈列所归并故宫博物院，古物陈列所留存北平文物（88202件）及所辖房屋馆舍，拨交故宫博物院。故宫院区从此完全统一，格局乃臻完整。

2001年11月，国务院副总理李岚清来故宫视察，就故宫古建筑维修等方面做出了重要指示。国务院提出整体维修故宫的历史任务，按照每年大约1亿元的资金规模，分阶段进行。按照《大纲》的规划分期，故宫保护工程从2003年至2008年为近期，2009年至2014年为中期，2015年至2020年为远期。到2020年紫禁城建成600周年的时候，全面完成故宫维修任务。

故宫百年来一直没有进行过大修，但日常维修一直没有间断过，这是故宫作为世界上规模最大的木结构古建筑群的特点所决定的。大修与岁修的不同是，过去是哪里坏了修哪里，大修是有计划地整体安排修缮。有的地方动静大一点，有的地方动静小一点，但不需要动的，绝对不动。大修不仅要解决房屋的漏雨、破败问题，还同时要考虑到基础设施的建设，以及宫殿未来合理用途的安排，等等。大修期间，故宫里面维修的工人达到过1000人，而故宫没有因为大修停止过一天开放。即便是在太和殿维修的时候，都没有谢绝游客参观。

作为世界文化遗产的故宫，大修还要符合世界遗产组织的要求。如何将《威尼斯宪章》有关最少干预的要求，与中国古建筑修缮结合起来，这里面也有着中外观念的碰撞。

武英殿是故宫大修的起点，其修好之后簇新的外观，特别是金光闪闪的琉璃瓦，引来了外界的一些批评。当时我们经验还不够，更换琉璃瓦时新旧分开，好瓦放在一起，旧瓦放一起，新的那些看起来特别亮，实际是新琉璃瓦的火气大，与旧瓦的反差太大了。等到太和殿修缮，我们就改了，10万多块琉璃瓦及构件，一个一个地编号，拍照记录，哪片瓦挨着哪片瓦，哪块需要换，哪块不需要，哪块只要上釉，哪块要连泥坯一起更换，一块块来处理。

那个时候，不光故宫，颐和园、天坛也都在修缮，一些国际组织开始质疑中国的修复方法，国内也有争议，争议的关键是我们的维修方法和工艺对不对。

2007年，国家文物局邀请有关国际组织和20多个国家的60多个专家，专门召开了一个国际性的会议，在故宫、天坛、颐和园现场观察，现场争论，现场释疑，达成了共识。油饰彩画就是一个争议点，外国专家认为彩画表面的色彩褪色和缺失后，不能再重画，重画之后就破坏了原有的文化层。经过我们的解释，外国专家了解到，东方的建筑和西方的是不一样的，材料不同，工艺不同，维修的方式肯定不同。会议通过了一个《北京宣言》，对中国的古建筑维修，对故宫的维修给予了充分肯定。

这件事之后，有些领导也说，我们中国人对于我们中国的修复工艺也要有点自信。我们是世界遗产大国，中国木结构古建作为东亚木结构建筑的代表，我们中国的维修实践，对于世界文化遗产理论，是一个丰富，也是一个发展。我个人认为，无论是国际还是国内，有不同声音也很正常，争议本身是一种压力，也是一种动力，能激励我们更好地干好这件事，提醒我们要认真干事。

"文化整体" 与故宫学

文化遗产的完整性，不只是空间范围上的完整以及保持自身组成部分和结构的完整，还包括文化概念或文化精神上的完整。故宫学是

2003年10月首次提出的学术概念，它是以故宫及其历史文化内涵为研究对象，集整理、研究、保护与展示为一体的综合性学科和学问，是基于故宫文化的整体性为基础而提出来的。

把故宫古建筑、文物藏品及宫廷历史文化联系起来，故宫就是一个文化整体。所谓故宫是一个文化整体，也就是说故宫遗产价值是完整的，不可分割的。对此，可从空间和时间两个方面来认识。从空间来看，紫禁城的千门万户，院藏的各种文物，以及宫殿与文物藏品背后发生过的人和事，种种秘辛内幕，宫廷的文化生活，是一个鲜活的统一体。很显然，离开了宫阙往事，没有了附着其中的历史内涵，那些宫廷旧藏的意义和价值势必受到影响。同样，要保护完整的故宫，不只是72万平方米以内的紫禁城，还要保护与它有密切关系的一些明清皇家建筑，以及它的保护区、缓冲区。从时间来看，故宫藏品虽为清宫旧藏，但其中文物则包括了中国古代文化与艺术的各主要门类，而且反映了5000年的中华文明史。又以紫禁城为例，它虽然建成尚不足600年，但却是中国几千年来宫殿建筑的集大成者，是历史悠久的中国传统官式建筑的结晶和典范。也正是基于对故宫是个文化整体的认识，故宫学的学术概念才得以形成并提出。

把故宫当作文化整体看待，全面认识故宫的价值，在认识上有个过程。一方面，坚持唯物史观，清除极左思潮影响，认识到故宫不等于封建主义，它是中国传统文化精神的物质载体，体现了中华文明的精华，故宫文化与当代文化建设也有着深刻联系。另一方面是文物保护理念的不断提升。如对文物概念的认识，从具体的"古玩""古物"到一切历史文化遗存的拓宽，从可移动文物到不可移动的古建筑的重视，从有形文化遗产到无形文化遗产的发展，从保护文物本体到同时重视保护它的环境等，都是不断拓展、逐步提升的。对故宫人来说，还应注意正确认识、妥善处理故宫保护与博物院发展的关系。在努力接受先进的文物保护理念、树立正确的文物观的基础上，认真探求故宫的价值，同时使博物院的内涵更为丰富，从而更进一步加强文物的保护，突出文物的文化价值，实现文化遗产对当代社会的重要作用。

提出并确立故宫学，主要有以下4个方面的意义：

第一，故宫学要求把故宫作为一个文化整体、作为一个大文物对待，同时要求把故宫作为一个文化整体、作为一个大文物来全面保护。

第二，故宫学要求把馆藏文物、古建筑和宫廷史迹作为相互联系的整体来研究，有利于打破故宫文物研究的学科界限，深化和拓展对故宫历史文化的研究。

第三，故宫学最重要的学术意义，在于可使故宫丰富的文化内涵得以探讨和挖掘。流散世界各地的清宫旧藏有着内在的联系，故宫学是其学术上的归宿，只有在故宫学的视野中看待这些"孤魂野鬼"，它们才有了生命，有了灵气。

第四，故宫学的提出有利于吸收社会上多种专业的机构与人员加入故宫研究。

故宫学的学科概念自从2003年10月提出以来，逐渐得到学界和教育界的认可和重视，故宫博物院也十分重视与各有关研究机构尤其是高等院校的交流与合作。故宫博物院于2011年9月26日举办"辛亥革命与故宫博物院建院"学术研讨会，来自北京大学、北京师范大学、中国社会科学院、河北师范大学、辽宁师范大学、香港大学等单位20名代表参加会议。故宫博物院于2011年11月11日至12日举办"故宫学的范畴、体系与方法"学术研讨会，来自国内外40余家文博机构和高等院校的90余位专家学者齐聚于此，为故宫学的学科体系建设建言献策。

在故宫学的指导下，故宫博物院积极与国外相关博物馆和科研院所合作，吸收世界最新的博物馆学理念，努力学习先进的文物保护科技，对外的交流与合作向着多方面、深层次方向发展。2007年11月，故宫博物院与德国马普科学史研究所合作开展"中国古代宫廷与地方技术交流史"科研项目，采取跨学科合作的方式，从科技史的角度来研究中国文化遗产。

"大文物"与7年文物清理

"文化整体"作为方法论和思维方式,对于故宫保护和博物馆事业发展具有重要意义。故宫所藏历代艺术品很多,但过去还有许多明清宫廷遗物并未被作为文物对待。从故宫是个文化整体的视角看,认识到故宫本身就是个"大文物",其中所有遗物都是反映宫廷历史文化某些方面的实物见证,具有不可替代的文物价值,都需要认真清理和保护。

在"大文物"观念的引导下,从2004年至2010年,故宫博物院进行了历时7年的藏品清理工作,其中一个重要成果就是对宫廷历史遗物的彻底清理。这次清理不仅将过去从未系统整理过,既不算文物也不算资料的遗物,如13万枚清代钱币、2万余件帝后书画等进行了系统整理,而且对所有资料藏品进行了重新鉴定、研究,完成了共计180122件资料提升为文物的工作。使大量宫廷遗存进入文物保管行列,为故宫研究提供了更为丰富、完整的资料。

又如,从"大文物"的角度看待故宫价值,既有物质的文化遗产,也有非物质的文化遗产,非物质文化遗产主要是传统的文物修复技术以及故宫官式建筑修造技艺。这些非物质遗产既是保护故宫及其文物藏品的重要手段,也是故宫文化的重要组成部分。现列为国家级非物质文化遗产的有故宫"官式古建筑营造技艺"、"古字画装裱修复技艺"、"青铜器修复及复制技艺"和"古书画临摹复制技艺"4项。故宫这些传统工艺技术都有着清晰的传承脉络。故宫珍视这些工艺技术,对其进行着有效保护,并重视传统工艺与现代技术的结合。故宫是一个文化宝库,研究得越深入,其价值就越彰著,对其完整性也会有新的认识。

经过清理,故宫博物院首次彻底摸清了家底,截至2010年底,故宫博物院有藏品1807558件，其中珍贵文物1684490件、一般文物115491件、标本7577件。这是故宫博物院自建院以来在藏品数量上第一个全面而准确的数字，向国家交出了一份合格的财产账。同时，随着相关工作的开展，故宫博物院的藏品还在持续增长。藏品清理之后，故宫博物院的藏品管理工作进入了一个历史性的新阶段。在继续做好日常保管工作的基础上，主要转入带有研究性质的编目工作，更加着重于藏品的科学、规范化管理和展示利用，并将以更加开放的姿态，编印《故宫博物院藏品大系》（简称《大系》）、《故宫博物院藏品总目》（简称《总目》）等清理成果，向社会刊行。

《大系》和《总目》既是藏品清理工作的延续，也是藏品清理工作的重要成果之一，体现着故宫博物院藏品管理和研究水平。藏品清理为它们的编制提供了可靠的数据基础，是开展编制的先决条件，确保了相关信息的完整和可靠。《大系》从故宫博物院180万余件藏品中精选最具典型性和代表性的文物约18万件，按照绘画、法书、碑帖、陶瓷、青铜器、玉器、珐琅器、雕塑、古籍善本等分为26编，总规模将在500卷左右。《大系》为资料性图录，力求以图片形式展示故宫博物院藏品的总体面貌，除文物号、名称、时代、尺寸、造型及纹样等基本要素外，概不做考释。《总目》是将故宫博物院藏品目录分门别类向社会公布刊行。根据故宫博物院设定的工作原则，对于较常用的藏品将编印纸质出版物，而对于那些重复率高、不常使用的，如28万多件桶瓷、22万多件书板等则采用电子出版的方式，最大限度地满足广大人民群众的不同需求。

"求同存异"与两岸故宫博物院交流

文物南迁客观上形成"一个故宫，两个故宫博物院"的局面。两岸故宫博物院同根同源，藏品都主要来自清代宫廷。北京故宫博物院现有文物藏品180多万件（套），其中130多万件（套）是清宫藏品和遗存，占藏品总数的85%。台北故宫博物院现有文物藏品65万件（套），清宫旧藏和遗存占到92%。两岸故宫博物院是专门收藏中华历代艺术品最为丰富的两个博物院，都充分反映了中华文明5000年灿烂辉煌的历史，而且都是序列完整的，在世界上都很有影响力。两岸故宫博物院藏品有着很强的互补性，既各有千秋，又不可能孤立存在。

其实两岸故宫博物院的交流，很多人一直在努力进行着。只是因为屡屡受到大环境影响，时机一直不成熟。不过，该发生的事总要发生。两岸故宫博物院的交流就是如此。2009年，"雍正——清世宗文物大展"在台北故宫博物院正式展出，隔绝了一个甲子的两岸故宫博物院，终于正式拉开了交往的序幕。雍正大展，本院借给台北故宫博物院37件文物，而台北故宫博物院有几百件文物，但是台北故宫博物院对外宣布是两个故宫博物院合办的展览，我认为这是一个很好的善意。之后他们举行的一个国际研讨会，定名为"两岸故宫博物院第一届国际学术研讨会"，我也非常感动。

现在看来，两岸故宫博物院的交流形势很好，但要有所突破，也需要智慧，更重要的是，我们是不是真心诚意地要把这件事办好。

2009年雍正大展，北京故宫博物院借出37件文物，2011年的"山水合璧——黄公望与《富春山居图》特展"及"康熙大帝与太阳王路易十四——中法艺术文化的交会"特展，北京故宫博物院又分别借出4件和14件。这里面就存在一个观念的问题。有人说，台北故宫博物院的文物来不了大陆，北京故宫博物院不断借出，吃亏吗？我认为，这是中华民族的文化财产，不存在吃亏问题，也坚信台北故宫博物院的文物迟早会到北京故宫博物院展出。

两岸故宫博物院交流有3个层面上的意义：首先，从两个博物院来说，加强交流合作是双方事业发展的需要，对两院的发展有很大助推作用。其次，两个故宫博物院的交流与合作，是两岸同胞的福祉。

通过两个故宫博物院的交流和合作，可以向两岸同胞共同展示故宫的全貌，这也是民众的文化权利。再次，两岸故宫博物院的交流与合作，对于在世界上弘扬中华文明亦有积极意义，可以使世界人民更深入、更全面地认识中华文明的丰富博大，而且，这种交流合作体现了中华文化中坚忍、包容、和合等精神内涵，显示着中华文化的旺盛生命力。

（本文为作者2012年12月8日在湖北省博物馆协会年会上的讲演，收入《湖北博物馆年鉴2013年卷》，湖北人民出版社，2013年）

钢和泰与故宫博物院

引言

　　钢和泰（Alexander Von Staël-Holstein，1877—1937）出生于俄属爱沙尼亚的贵族家庭，为世袭男爵。钢和泰从小受到良好的教育，学习过8年拉丁语和6年希腊语，又在德国柏林大学学习多种东方语言，主攻梵文和波斯袄教古经，并于1900年获得德国哈勒-威登伯格大学的哲学博士学位，后为圣彼得堡帝国大学梵文助理教授。1917年钢和泰来到中国北京，经时任香港大学校长的查尔斯·艾略特爵士推荐，被胡适聘请到北京大学讲授梵、藏文和古印度宗教史等课程。1929年，钢和泰任哈佛大学中亚语文系教授，为哈佛大学燕京学社设在北京的中印关系研究所所长，直到1937年在北平去世。在此期间，钢和泰还被聘为清华大学国学研究院讲师、北京大学讲师和研究所国学门导师、故宫博物院专门委员、北平图书馆顾问，以及中央研究院历史语言研究所特约研究员。

　　钢和泰是蜚声国际的著名学者，并对中国学术界产生过积极影响。1923年，钢和泰在《国学季刊》第1期发表《音译梵书与中国古音》（这篇英文文章由胡适译成中文）的学术论文，首先在中国提出应仿照西方学者推求印欧原始语言的方法，用比较语言学推求中国原始语言，并提出3条研究途径，提出中国学术界应注意欧洲学者伯希和、高本汉等人的研究进展，强调研究古译音对于中国音韵沿革史、印度史、亚洲史的重要意义，成为中国语言学史上划时代的一篇学术论文。①

1926年，钢氏所著《大宝积经迦叶品梵藏汉六种合刊》由商务印书馆出版，这是钢和泰到中国后出版的第一部著作。此书将《大宝积经》迦叶品的梵本、藏译本和4种汉译本进行逐段排列比较对照。这是一种看似简单实则需要深厚学术功力的研究方法。这种文献对勘研究是一切相关研究的基础，对于厘清文献的版本和内容的真伪、沿革等都是必不可少的。推荐此书的梁启超在序中说："很盼望他的精神能间接从这部书影响到我们学界。"其对佛教文献的对勘与考证，多是直接涉及藏文佛典、藏传佛教造像，以及藏梵汉文本佛教文献的对勘研究。②1934年，钢氏集中精力研究藏文《甘珠尔》，对藏汉梵等经咒的音写材料一直具有浓厚的兴趣，并做了大量的研究工作。

1926年6月，钢和泰受聘为清室善后委员会顾问，被允许进入故宫宝相楼拍摄佛像。该部分图像后来交由哈佛大学图书馆保管，并由哈佛大学语言系主任、梵文教授克拉克（Waltre Eugene Clark）整理，将该部分图像与钢氏所发现复制的《诸佛菩萨圣像赞》等一起整理出版，即*Two Lamaistic Pantheons*（《两种喇嘛教神系》），于1937年收入哈佛大学"哈佛燕京学社丛书"之卷三、卷四（1965年出版该书的合订本）。③作为藏传佛教研究领域的经典著作《两种喇嘛教神系》就是在钢和泰在宝相楼内所拍摄的700多幅佛像及带有题记的佛像基座的基础上而成的。可以说，钢和泰开故宫藏传佛教研究之先

---

① 钢和泰：《音译梵书与中国古音》，《国学季刊》1923年第1期；另参阅王启龙、邓小咏《钢和泰学术评传》，北京大学出版社，2009年，第139—140页。

② 钢和泰：《大宝积经迦叶品梵藏汉六种合刊》，商务印书馆，1926年；另参阅王启龙、邓小咏《钢和泰学术评传》，北京大学出版社，2009年，第163、166页。

③ Waltre Eugene Clark; from materials collected by the late baron A. Von Staël-Holstein. *Two Lamaistic Pantheons*. Cambridge, Mass.: Harvard University Preess, 1937.

河，其成就至今仍有着重要的价值。

事实上，钢和泰除了对宝相楼的佛像进行拍摄整理外，还对慈宁宫花园几座佛堂进行过深入研究，并联系洛克菲勒基金会[①]捐款修缮了慈宁宫花园。由于档案文献的公布问题，此事一直为外界所未知。近年，王启龙编著的《钢和泰学术年谱简编》整理公布了哈佛大学图书馆所保存的钢和泰往来书信，其中部分内容就涉及了钢和泰与故宫博物院之间的往来。受此启发，笔者遍查故宫博物院藏钢和泰档案，整理成此文，以飨学界，并借此纪念钢和泰先生对故宫博物院所做的贡献。

钢和泰与故宫博物院的结缘

关于钢和泰在故宫博物院的职衔，在王启龙编著的《钢和泰学术年谱简编》中有4次记载：其一，1931年2月18日钢和泰致哈佛大学蔡斯教授的信中，钢氏加了个注："1926年，我被选为故宫博物院委员会委员，当时我是唯一的外籍委员"[②]；其二，1928年"6月16

---

① 洛克菲勒基金会1913年在纽约注册，由约翰·D.洛克菲勒创立，是美国最早的私人基金会，也是世界上最有影响的少数基金会之一。洛氏基金会的宗旨是"促进人类福利"，最早选定的重点是发展医学、公共卫生和农业，自20世纪20年代初开始重视社会科学和人文学科。在这一发展过程中，中国一直都是重点。基金会在中国的工作可分为两部分。20世纪前半期的一大创举就是建立协和医学院及其附属医院。自1916年至1947年的32年间，该基金会用于创建、维持和发展协和的拨款总额为4465万余美元。其他方面的资助包括：帮助创建自然科学的诸学科，如生物、化学、物理、地质、考古、遗传学、农业科学和植物学；推动乡村建设，开展平民教育运动；帮助创建社会学（包括人类学），帮助中国学者与西方的交流，其持续资助的南开大学经济研究所是1949年前中国最重要的研究实际经济问题的研究所。捐资维修故宫建筑是符合洛氏基金会宗旨的一个善举，但是相对于它在华的整个事业，这只是极小的一件事，以至于在有关洛氏基金会在华活动的记述中，几乎没有被提及。参阅资中筠：《洛克菲勒基金会与中国》，《美国研究》1996年第1期。

② 王启龙编著：《钢和泰学术年谱简编》，中华书局，2008年，第154页。

日，故宫博物院致函钢和泰，聘其为古物馆宗教部审查员"[1]；其三，"1929年6月4日，故宫博物院聘请钢和泰任专门委员，时任院长易培基，聘书号码聘字第36号"[2]；其四，1932年2月25日钢和泰在致蔡斯教授的长信中，"畅谈其在北京的工作情况，包括《大藏经》的购买、教学、与北京学界的关系以及他在中国学术界的影响等"，在信的下面"粘贴着两样东西，左边是1932年1月13日国立北平图书馆给他的英文聘书；右边是故宫博物院古物馆给他的中文聘书"[3]。

关于第一种记载，即1926年6月钢和泰受聘为故宫博物院委员会委员，细查故宫博物院现存档案，有关钢和泰的最早记载是1926年9月编印的《清室善后委员会故宫博物院职员录》，其职衔是顾问，当时庄蕴宽为故宫博物院院务维持员。另据1927年6月21日《函送京畿卫戍总司令部现时本院职员名单事》所附"顾问名单"显示，钢和泰为清室善后委员会时期所聘任，确系唯一外籍顾问（此外尚有一德国人苤书，为名誉顾问）[4]，当时签署这份文件的是故宫博物院维持会会长江瀚。因此，克拉克在《两种喇嘛教神系》前言中所记录"1926年6月钢和泰得到庄蕴宽的允许，进入慈宁宫花园咸若馆及宝相楼拍摄佛像"与史实吻合。

至于克拉克所述"1926年11月至1927年1月和2月期间，宝相楼楼上所有佛像拍摄完成。为了获得一份完整的宝相楼佛像记录，钢和泰开始准备宝相楼楼下佛像的拍摄工作。正在此时，故宫博物院当局向其下发一纸公文，告知他们的拍摄工作不再被允许"，要对这一记载做出推测和解释，我们还需对故宫博物院成立前后几年的组织机构做一简要梳理和说明。清室善后委员会成立于1924年12月，其主要

---

[1] 王启龙编著：《钢和泰学术年谱简编》，中华书局，2008年，第94页。

[2] 王启龙编著：《钢和泰学术年谱简编》，中华书局，2008年，第113页。

[3] 王启龙编著：《钢和泰学术年谱简编》，中华书局，2008年，第167、170页。

[4] 《清室善后委员会故宫博物院职员录》（1926年9月），《故宫博物院·人事组织类》第12卷，第23—56页。

工作是点查清宫古物，并筹设故宫博物院。1925年10月10日故宫博物院成立后，清室善后委员会点查工作仍继续进行。但故宫博物院成立不到一年，故宫博物院组织机构及主要领导人因受政治波动而有很大变化。1926年3月18日，李煜瀛、易培基因与李大钊等组织发动北京大中学生和一部分市民举行反帝国主义干涉中国主权的示威游行运动而遭到段祺瑞临时政府的通缉，李、易被迫避居东交民巷使馆区。故宫博物院顿失领袖，遂于1926年3月26日举行临时董事会和临时理事会联席会议，决定推举卢永祥、庄蕴宽二人为院务维持员。庄蕴宽于1926年4月5日接任视事。1926年7月，直系军阀吴佩孚扶植杜锡珪内阁，召开国务会议，议决结束故宫博物院维持员方式，另设故宫保管委员会。8月2日，故宫保管委员会集会，选赵尔巽、孙宝琦为正副委员长，到故宫接事。旋因点交程序与清室善后委员会意见相左，又未获杜锡珪内阁支持，赵、孙乃愤而辞职。9月22日，代总理杜锡珪辞职，内阁解体，故宫保管委员会也随之消失。10月，汪大燮、熊希龄、江瀚、庄蕴宽等倡议组织故宫博物院维持会，由故宫博物院商请各方名流，集合群力继续负责典守，等到政府方面委派正式领导人，此会再行解散。因久未获北洋政府答复，维持会决定自动促进，并于12月9日开会，正式宣布故宫博物院维持会成立，讨论通过了维持会简章，并推举江瀚为会长，庄蕴宽、王宠惠为副会长，继续主持院务。1927年9月，奉系安国军政府打击维持会的目的未能全部实现，又成立"故宫博物院管理委员会"，取代故宫博物院维持会，直至1928年6月国民革命军第二次北伐成功后，安国军政府垮台，国民政府接管了故宫博物院。由此可知，钢和泰受聘为清室善后委员会顾问是庄蕴宽正式受任故宫博物院院务维持员之后，而钢氏拍摄宝相楼佛像半年之后被中途叫停，恐怕与当时故宫博物院所面临的复杂环境和机构人事的频繁变更不无关系。此外，关于钢氏称呼自己的职衔为"故宫博物院委员会委员"也是可以理解的，因为当时故宫博物院是收藏保管清宫古物的文化机构，清室善后委员会是负责点查清宫古物的社会组织，二者之间虽有职能上的明确差别，但二者之间的紧密联系，致使钢和泰将清室善后委员会和故宫博物院误认为同一组织，这也是十分正常的。至于"顾问"与"委员"之区别，可能是英文一词多义所产生的误译所致。

至于第二种记载，即1928年6月16日钢和泰被聘为故宫博物院古物馆宗教部审查员的记载是准确的。故宫博物院现存档案中保存有一份《为聘刚和泰古物馆宗教部审查员事》的完整文件，文件编号"管字第二十一号"。[①]查这一时期正值故宫博物院管理委员会时期，公文底稿委员长一栏"王"字为委员长王士珍所签，而副处长"宝惠"二字应是总务处副处长恽宝惠所签。再者，聘任钢和泰为故宫博物院古物馆宗教部审查员一事应是古物馆馆长江瀚、副馆长马衡和图书馆馆长傅增湘和副馆长袁同礼共同商定，该文件所附底稿"函聘刚和泰为故宫博物院古物馆宗教部审查员图书、古物两馆馆长副馆长公同议定十三"。

第三种记载即1929年6月4日钢和泰任故宫博物院专门委员也是准确的。故宫博物院于1929年始设立专门委员会，设立的依据是1928年10月5日中华民国政府公布的《故宫博物院组织法》第十七条："故宫博物院因学术上之必要，得设各种专门委员会。"1929年4月3日，故宫博物院制定《专门委员会暂行条例》（共7条），其中条例第一、二、七条明确规定："本院为处理专门学术上问题起见，特在古物、文献、图书三馆内各设专门委员会，协助各该馆馆长关于学术上一切馆务。""本委员会设专门委员若干人，由院长聘任之。本院秘书长、总务处长及各馆馆长、副馆长均为当然委员。""本委员会属名

---

① 《为聘刚和泰古物馆宗教部审查员事》（1928年6月16日），《故宫博物院·人事组织类》第35卷，第2—3页。这里特别指出的是，在故宫博物院现存档案中对钢和泰的名字有不同的记载，笔者所见有"钢和泰""刚和泰""纲和泰"三种。

誉职。"①根据现存档案记载，故宫博物院于1929年4月15日要求各馆提出专门委员会名单。院外专门委员的聘书是陆续发出的，最早的是王褆、陈寅恪、余嘉锡、卢弼，为4月22日；郭葆昌、陈垣、朱希祖、福开森等一大批是5月6日；赵万里与钢和泰是同一个文件，公文底稿有院长易培基签名"基"字及科长熊集生的签名，时间为6月4日，赵万里为聘字第35号，钢和泰为聘字第36号。此外，该文件档案还附存故宫博物院院长易培基手谕"聘赵万里钢和泰为本院专门委员六月二日"。②

故宫博物院作为当时中国学术界重要文化机构，设立专门委员会既是故宫博物院学术发展的需要，更是直接服务于当时的文物清理审查工作。故宫博物院成立之初，清室善后委员会对大部分殿堂的物品进行了清点，但这项工作并未完全结束，清点过的物品，尚需进行审查鉴定。1928年6月18日，南京国民政府派易培基接收故宫博物院，并在改组博物院组织机构之后，故宫博物院各项工作才逐步走向正轨。从1930年3月开始，清室善后委员会次第完成皇极殿、颐和轩、南三所、西所、盆库、大高玄殿，以及实录库、皇史宬、銮舆卫、帘子库等处点查，迁延数年未竣之清室物品点查工作至此告一段落。在分类集中清宫文物的同时，又全面推动文物的审查鉴识工作，以为学术研究、展览陈列的参考。专门委员会于是应运而生，例如古物馆的瓷器、书画、铜器审查委员会，图书馆的版本审查委员会，等等。审查的目的有三：鉴别文物名称与质材，考定文物时代，判定文物真伪。专门委员以自己的专业优长在其中发挥了重要作用。根据1930年3月24日故宫博物院秘书处函送古物馆、图书馆和文献馆的一份专门委员会名单显示，当时故宫博物院共聘任院内外专门委员40人，钢和

---

① 《专门委员会暂行条例》（1929年4月3日），《故宫博物院·人事组织类》第42卷，第2页。

② 《聘赵万里钢和泰为本院专门委员》（1929年6月2日），《故宫博物院·人事组织类》第43卷，第63—64页。

泰为古物馆和文献馆专门委员。①可以肯定，钢和泰自受聘为故宫博物院专门委员后，时常进出故宫。因专门委员为名誉职位，不发薪水，故宫博物院方面为专门委员考虑了一些待遇，例如1930年8月故宫博物院曾向各专门委员函送可在故宫院内使用的人力车券4张，其中钢和泰亦在其中。②据统计，截至1930年底，故宫博物院组织专门委员审查铜器345件、瓷器326件、书画956件。③钢和泰具体参与了哪些审查工作，尚缺乏具体记载，但肯定是有的，应该是在宗教文物的审查方面，例如1931年11月29日故宫博物院古物馆曾专门函请钢和泰辨释一件多心宝幢上的文字。④

至于第四种记载，说是"故宫博物院古物馆给他的中文聘书"，但因未说明聘书的内容与时间，具体情况仍有待进一步考证。但据故宫博物院现存档案，1934年马衡继任故宫博物院院长后，曾于10月间对专门委员会做了一次调整，并经1934年10月19日召开的故宫博物院理事会第3次常务理事会表决通过并函请行政院备案，正式组织9个专门委员会，分别为书画、陶器、铜器、美术品、图书审定委员会，史料、戏曲乐器、宗教经像法器审查委员会及建筑物保存设计委员会。⑤

① 《函送专门委员会名单》（1930年3月24日），《故宫博物院·人事组织类》第70卷，第9—12页。

② 敬启者：本院为便利游客起见，特设备人力车三辆，往来东西两路，除游客可以自由雇用外，○特检奉免费乘车券四张，以备来院时应用，惟以事属试办，车辆无多，有时或不免守候，果有此种情事，尚希鉴原为荷。《送人力车券四张以备来院在院内乘坐由》（1930年3月24日），《故宫博物院·人事组织类》第120卷，第241—242页；另参阅王启龙编著《钢和泰学术年谱简编》，中华书局，2008年，第158—159页。

③ 那志良：《典守故宫国宝七十年》，紫禁城出版社，2004年，第57页；庄严：《前生造定故宫缘》，紫禁城出版社，2006年，第98—99页；《北平故宫博物院报告》（民国十九年十二月刊行），《故宫博物院·计划总结类》第11卷。

④ 敬启者：兹奉上多心宝幢影片一件，其中文字是否梵文或其他文字，特请辨释全文并请见文为荷！此致钢委员和泰。附影片一件。故宫博物院古物馆。二十年十一月二十九日。载王启龙编著《钢和泰学术年谱简编》，中华书局，2008年，第160—161页。

⑤ 《国立北平故宫博物院理事会公函（理字第六十四号）》等函件，《故宫博物院·人事组织类》第125卷，第1—4页。

此时，专门委员分设两种，一为通信专门委员，共43人，钢和泰为其中一员；一为特约专门委员，共12人。特约专门委员直接参与故宫文物清理鉴定审查，通信专门委员则是给予知名学者的荣誉性职衔，主要在文物审定等工作中给予咨询和指导。根据故宫博物院历年职员录记载，自1929年6月4日钢和泰受聘为故宫博物院专门委员直至1937年3月16日去世，他一直参与故宫博物院文物审查及咨询等工作，并居住于离故宫不远的奥地利使馆。①

此外，钢和泰还有一个职衔与故宫博物院有关，但鲜为外界所知，即故宫博物院协助会常务委员。1932年2月6日，中外人士组织成立故宫博物院协助会，会议推选熊希龄、司徒雷登、吴鼎昌、福开森、钢和泰、周作民、朱桂莘、周寄梅、裴习尔、司米斯、铎尔孟、任鸿隽为常务委员，熊希龄、司徒雷登为事务会长，李圣章、庄文亚、傅泾波为秘书。②1933年初榆关沦陷后，故宫博物院协助会于1933年1月13日召开临时紧急会议，商议故宫文物南迁上海事。出席会议人员包括会长司徒雷登，常务委员铎尔孟、朱启钤、周诒春、钢和泰、周作民、任叔永、傅泾波，秘书吴瀛、李麟玉、袁同礼，以及名誉会长易培基。经会议决议：故宫物品南迁部分应在沪由故宫博物院组织分院保存陈列或俟北方大局平靖仍可运回一部分，其留北平部分仍应就地尽力设法维护。③1933年1月16日，朱启钤、司徒雷登、周作民、钢和泰代表协助会出席故宫博物院在平理事会议，提出两项请求：一、故宫文物运沪，即在沪设故宫博物院分院，整理陈列，不得分散；如迁他处，同此办理。二、所余此间物品寄存东交民巷暂行保

---

① 参阅故宫博物院有关1926年至1937年职员录档案。

② 《故宫博物院协助会成立记录》（1932年2月6日），《故宫博物院·人事组织类》第87卷，第1—3页。

③ 《故宫博物院协助会临时紧急会议记录》（1933年1月13日），《故宫博物院·章制记录类》第40卷，第11—12页。

管。①协助会人士对于文物南迁之事，一直予以高度关注，并为此召开多次会议，所存档案显示，钢氏所参与的主要是上述两次会议。

在与故宫博物院结缘的10年间，钢和泰除了参与故宫博物院文物审查鉴定及咨询指导等工作外，还对清宫藏传佛教展开了持续研究，并牵线募集资金修缮慈宁宫花园内的几座佛堂。

钢和泰与故宫藏传佛教研究

作为明清两代的皇宫，故宫至今仍完整地保留着一批清代藏传佛教殿堂及大量佛教文物。由于历史原因，这些藏传佛教殿堂长期处于封存状态，许多殿堂现在仍然较好地保存着它的历史旧貌，我们现在称之为"原状佛堂"。这是故宫古建筑群中一个重要而又特殊的部分，是世界罕见的佛教文化遗存。故宫原有独立佛堂35处、暖阁佛堂10处，其中雨花阁、宝华殿、宝相楼、吉云楼、佛日楼、梵华楼等20多处至今保存比较完好。而且更为难得的是，这些殿堂内所保留的清代匾联、供案、神佛造像、佛塔、供器、法器、唐卡、壁画等也基本维持原样。据统计，目前故宫博物院收藏有关藏传佛教的文物约5万件，主要有造像、唐卡、法器、法衣、经籍，以及与蒙藏相关的绘画碑帖书法等。这批数量巨大而极其珍贵的藏传佛教建筑和文物，是明清特别是清代民族政策、汉藏文化交流及东西交通等方面生动的见证。目前故宫博物院成立藏传佛教研究中心，以院藏文物为中心展开重点研究，取得了许多突破性的成果，并在世界藏学界产生重要影响。然而，要追溯故宫藏传佛教研究的历史，钢和泰是不可绕过的一个重要人物。

---

① 《易培基、张继致宋子文电函》（1933年1月16日），《故宫博物院·文物保管类》第52卷，第46页。

诚如前文所述，钢和泰于1926年6月被聘为清室善后委员会顾问，这是钢和泰与故宫结缘的开始，也是开启对故宫藏传佛教研究的契机。克拉克在《两种喇嘛教神系》序言中对此事有详细的记述：

> 1926年6月，钢和泰得到故宫博物院院务维持员庄蕴宽的允许参观了紫禁城内废置多年的几座喇嘛庙。在其中一座名为"宝相楼"的喇嘛庙的楼上，钢和泰发现了一组787尊铜像组成的喇嘛教众神殿。但这里似乎已遭遇过偷盗，一些佛龛遭到破坏，31尊佛像遗失。事实上，这些佛像及其基座上的同时代（即乾隆统治时期）铭文（包括这些神像和人物的中文名称）组成了这一独特的众神殿，这极大地提高这座众神殿的价值。意识到这些佛像对于喇嘛教图像研究的重要意义，钢和泰立即着手佛像的拍摄工作。此项工作得到芝加哥梅森·布罗斯夫人（Mrs. Mason Bross）的资助，照片由已故的本杰明·马奇先生（Mr. Benjamin March）拍摄，或者由中国助手监督拍摄。
>
> 1926年11月至1927年1月和2月期间，宝相楼楼上所有佛像拍摄完成。为了获得一份完整的宝相楼佛像记录，钢和泰开始准备宝相楼楼下佛像的拍摄工作。正在此时，故宫博物院当局向其下发一纸公文，告知他们的拍摄工作不再被允许。[①]

钢和泰所到的"几座喇嘛庙"即慈宁宫花园的咸若馆[②]、宝相

---

① 摘译自克拉克：《两种喇嘛教神系》，纽约：派勒根图书再版公司（Paragon Book Reprint Corp.），序言第XI页，1965年。

② 咸若馆位于慈宁宫花园北部中央，为园中主体建筑，坐北朝南，正殿5间，歇山顶，覆黄琉璃瓦。室内龙凤和玺彩画，顶部为海漫花卉天花。内明间柱子按藏式佛殿装饰。馆内为佛堂，东、北、西三面墙壁通连式金漆毗卢帽梯级大佛龛，庄严神秘。明间悬清乾隆皇帝御书"寿国香台"匾，陈设龛、案、佛像、法器、供物等。乾隆三十六年（1771）添造挂龛24座。龛内皆有涂金佛像。参阅《故宫志》，北京出版社，2005年，第110—111页。

楼①、吉云楼②和慈荫楼③，其中宝相楼为六品佛楼④。乾隆二十二年
（1757）至四十七年间（1782），清廷先后修建和装修的六品佛楼共
8处，其中紫禁城外4座，分别是圆明园梵香楼、承德避暑山庄珠源寺
众香楼、承德普陀宗乘之庙六品佛楼、承德须弥福寿之庙六品佛楼；
紫禁城内4座，即慧曜楼、淡远楼、宝相楼、梵华楼。现在紫禁城外4
楼只有承德须弥福寿之庙六品佛楼建筑尚存，但文物散佚；紫禁城内
慧曜楼、淡远楼已毁，唯有宝相楼、梵华楼建筑完好。⑤由克拉克所撰
序言可知，1926年6月至1927年初，钢和泰用了半年多的时间完成了
宝相楼楼上所有佛像的拍摄工作，即《两种喇嘛教神系》所录图像。

---

① 宝相楼位于慈宁宫花园东北部，咸若馆东侧。坐东面西，上下两层，面阔7间，卷
棚歇山顶，绿琉璃瓦黄剪边。上下层均隔为既连通又独立成室的7间佛堂，楼下明间原供
释迦佛立像，其余6间分置"大清乾隆壬寅年敬造"款掐丝珐琅大佛塔6座，塔顶直达天
井口。塔周围三面墙壁上均挂通壁大唐卡，共画护法神像54尊。楼上明间原供木雕金漆宗
喀巴像，三面墙壁挂释迦画传、宗喀巴画传唐卡。其余6间正面设供案，供显宗、密宗主
尊像，每室9尊，共54尊，与楼下6室所供54尊护法神像相对应；两侧面设壁嵌式千佛
龛，每间供小铜像122尊，6室共计732尊；千佛龛下为壁隔式紫檀木经柜，藏贮各种佛
经。宝相楼除明间外，其余6室依显宗、密宗、事部、行部、瑜伽部、无上瑜伽部父续、
无上瑜伽部母续分别配供佛像、唐卡、供器，集显宗、密宗为一体，体现了藏传佛教格鲁
派显密兼修的修持特色，成为清宫佛堂的一种重要模式，清宫称之为"六品佛楼"。参阅《故
宫志》，北京出版社，2005年，第110—111页。

② 吉云楼位于咸若馆西侧，坐西面东，面阔7间，东与宝相楼相对。楼室内上下正中
均供有大尊佛像。佛像两侧各有一个长方形底座及多层台阶的金字塔式供台，供台顶部是
一道长墙式的千佛龛。供台上层层摆放五彩描金擦擦佛母像。四壁、屋梁各处满做千佛龛，
内供相同的五彩描金擦擦佛母像。擦擦佛是藏语的音译，是一种以泥土为材料，用模具或
脱模制作的小型泥造像。体积小，重量轻。吉云楼有擦擦佛计1万余尊，是为宫内万佛楼。
参阅《故宫志》，北京出版社，2005年，第110—111页。

③ 慈荫楼是清宫内的藏经楼，位于咸若馆后，清乾隆三十年（1765）建。楼坐北朝南，
上下两层，各面阔5间，卷棚歇山顶，绿琉璃瓦黄剪边。北壁设通壁的供经龛。正中是佛
龛，供奉释迦牟尼佛等金铜佛像多尊。龛前有长供案，陈设佛塔、供器。此楼为藏经楼，满、
汉文横匾为乾隆三十六年（1771）悬挂。乾隆三十六年后曾将《甘珠尔》经一部108卷（夹）
收藏于此。参阅《故宫志》，北京出版社，2005年，第110—111页。

④ 藏传佛教格鲁派（黄教）主张修学佛法当由显入密、显密兼修，将整个修行过程分
为6个次第亦即六品，以此六品经典教义为基础，以佛造像、唐卡、佛塔等法物具象地、
立体地供奉，系统表现其修行思想的佛堂即是六品佛楼。

⑤ 王家鹏主编：《梵华楼》，第20页，紫禁城出版社，2009年。

及至1927年初，故宫博物院不再允许钢和泰继续拍摄佛像，故而宝相楼楼下佛像的拍摄计划因此搁浅。故宫由皇宫变为博物院之初，处于极为复杂的政治环境中，钢和泰在宝相楼拍摄佛像的计划也因政潮波动而受限。故宫珍藏的藏传佛教文物由此失去了一位大师进一步研究的机会，是一件憾事！

关于1926年至1927年间钢和泰入宝相楼拍摄佛像时所见室内情形，克拉克在序言中也有具体描述：

> 楼上由七个小室组成，中室内只供奉一尊真人大小的宗喀巴像。其余六室依次列于正室两侧，每侧为三室。第一侧室位居正北，第六侧室居正南。每个侧室内正中摆放一个供桌，两侧各供一个佛龛。每个供桌上供奉9尊铜佛像，每个佛龛（除被偷盗者损坏个别佛龛之外）内供奉61尊铜佛像。佛龛内排列5行格子，每行包括11至13个格子。以此推算，最初宝相楼上应供奉有787尊佛像（包括最大的宗喀巴像）。其中31尊佛像遗失，10个有题记的佛像底座尚存。因此，宝相楼楼上共计保存756尊佛像和766座有题记的佛像底座。①

笔者认为，此段关于宝相楼室内陈设及供奉佛像情况的记叙，应该是克拉克根据钢和泰的介绍或是记叙而整理的。作为一名严谨的学者，钢和泰的记叙是真实准确的。根据《故宫物品点查报告》记载，1925年12月12日至1926年1月7日，清室善后委员会对慈宁宫花园各处文物进行点查，并编列果字号文物清册，其中果字号第75号至第173号为宝相楼所藏佛像及其他物品。从这些记载中，我们还能够查对出钢氏所见宝相楼佛堂室内的陈设及佛像供奉情况，例如"果字七五"为"铜佛一尊"，"果字八一"为"铜佛六十一尊"，"果字

---

① 克拉克：《两种喇嘛教神系》，纽约：派勒根图书再版公司，1965年，序言第Ⅵ—Ⅶ页。

八二"为"铜佛六十一尊",三者构成一个钢氏所述侧室内的佛像情况,即"每个供桌上供奉9尊铜佛像,每个佛龛内供奉61尊铜佛像"。此外,"果字七六至八〇"所载的"正破木八宝""长条桌""画像屏""银八宝""藏文经"应是该室内的陈设品及其他文物。①补充说明一点,1933年故宫文物南迁时,宝相楼楼上大小佛像全部移走,而楼下的唐卡及佛塔仍存宝相楼中,目前这批佛像存于南京朝天宫文物保存库,部分佛像曾在南京博物院展览过。②查对《慈宁宫花园物品装箱簿》,1933年4月23日至29日,故宫博物院派员将慈宁宫花园宝相楼、咸若馆等处文物1046件装箱南迁,包括佛像(如铜像、带龛佛像及铜佛塔)总数为915件,其他物品(如瓷器及藏文经等)为131件。③慈宁宫花园各佛楼所藏佛像因避战火而辗转迁徙,又因多种复杂原因而至今未能回归故宫,不能为藏传佛教研究者品鉴研究,亦是一件憾事!

尽管钢和泰及其助手在宝相楼拍摄佛像的细节已无从整理,但毋庸置疑的是,钢和泰对慈宁宫花园内几处喇嘛庙的考察、对宝相楼佛像的拍摄,以及对咸若馆佛像的研究,为其故宫藏传佛教研究奠定了重要基础。而且,借助其对故宫藏传佛教遗址及佛像的考察研究,自1928年后钢和泰对清代宫廷宗教的研究逐渐增多,例如《两幅班禅达赖喇嘛先世图影评述》《乾隆皇帝与大首楞严经》《诸佛菩萨圣像赞》等等。

值得特别提出的是,《诸佛菩萨圣像赞》的发现是钢和泰对于清代宫廷藏传佛教研究的又一个重要贡献。宋元以来,内地受到藏传佛教的影响,藏传佛教图像学资料逐渐丰富起来。明代是藏传佛教图像学资料积累的重要时期。清代宫廷对藏传佛教神系做了最后的完善,

---

① 《故宫物品点查报告》第五编第二册,1925年,第4—9页。

② 根据罗文华先生介绍并参阅其专著《龙袍与袈裟》,紫禁城出版社,2005年,第140—141页。

③ 《慈宁宫花园物品装箱簿》,故宫博物院藏文物清册。

三世章嘉若必多吉在其中做出了巨大贡献。章嘉活佛有着渊博的学识，宫中很多重要的佛教建设都是在他的主持下完成的，他为清宫所编辑的最重要的图像学著作即是《诸佛菩萨圣像赞》。

1928年，钢和泰发现了这一《诸佛菩萨圣像赞》，建议国立北平图书馆收藏此书，并为其专门撰写《诸佛菩萨圣像赞跋》：

> 三十八年前德国潘德教授（Professor Engen Pandor）曾刊行《喇嘛教神像集》一书，系著名之章嘉胡图克图《游戏金刚》所作"游戏金刚"者，清乾隆皇帝所亲信之喇嘛也。潘德教授所刊行之书，即名为《章嘉胡图克图神像集》，其意盖以为章嘉胡图克图所作之《神像集》只此一种也。但今日吾人已知至少有两书可以此名名之，其第二书即未署个人名号之章嘉胡图克图所作之《诸佛菩萨圣像赞》是也。潘德氏所刊行之木刻本，于蒙藏合璧之序文外，有喇嘛教之先圣及诸天等木板印像三百幅，而此次所发现之世间唯一稿本《诸佛菩萨圣像赞》一书中，有中文序一，中文像赞三百六十节，而画像之数与像赞等。每像之名号俱有汉、满、蒙、藏四种文字标出，只此一事，已可使此书之价值，远在木刻本之上。
>
> 而此书之最足令人注意者，尚有一事，即在北京及欧西各国博物院中所见之乾隆年间所制之喇嘛教式小神像一种，显系依照此书中画像所造是也。此等像俱系泥土所造，于正面凸出，全身贴金，于背面以四种文字标出各像名号。此外每像有"大清乾隆年制"字样及标字、数字各一。标字系标明某像属某部，而数字乃表示某像在某部中之位置也，泥造神像及稿本中之画像，俱系分为二十三部，而以千字文中自"天"至"冬"之各字标之。每像在各部中之地位，以普通中文数字标之。余曾将数百泥像之形状、名号、标字、数字与《诸佛菩萨圣像赞》中画像之形状、名号等详加比较，两者几完全相合。因某神在同部中之位置改变，

致使两者发生差异者仅数像而已。但依余所知，北京故宫中有此等泥像全套若干份。[①]余曾在北京古玩商店中见制造此等泥像所用之铜模百余具，余并购得两具，各铜模上所刻之文字与《诸佛菩萨圣像赞》各画像所附之四种文字完全相同。

潘德氏所刊行之书及此书，既俱为一章嘉胡图克图所作，乍见之必以为《诸佛菩萨圣像赞》中之画像三百六十幅，即木刻本中之神像三百幅外加六十幅者，而其实不然。盖三百印像中之所有，而为三百六十画像中所无者颇多。故北京图书馆所藏之世间孤本，《诸佛菩萨圣像赞》一书中所有之画像，为西方研究喇嘛教神像学者所不知者，尚不只六十幅也，以西方之学者观之，此事更使本书之价值增加不少也。[②]

1928年，钢和泰在应邀前往哈佛大学做访问学者时，将他在故宫宝相楼所拍摄的700多张照片，以及所发现的《诸佛菩萨圣像赞》抄本交哈佛大学图书馆保管。克拉克对这批资料极为重视，并亲自潜心整理。其间钢和泰也与克拉克保持紧密联络，并给予了指导。经过克拉克两年的艰苦努力，1932年图片得到出版，藏梵文索引也以清样的形式在美术馆展览。1933年10月4日，克拉克专门致函钢和泰，报告此项工作的进展，并就封面和序言问题征询钢和泰的意见：

亲爱的钢：

您一定在想我们的喇嘛教神殿究竟怎么样了。它花了我两年

---

① 钢和泰自注："北京清故宫慈宁宫花园内咸若馆中有此种泥像四千余，惜此处之泥像俱无标字及数字，且亦不（按佛、菩萨、喇嘛、护法等）分组排列，但此外与第四图中所示者，却无甚分别，故各像之形状及名号等与《诸佛菩萨圣像赞》中之画像完全相同。"

② 参阅 Boron A. Von Staël-Holstein. "Remarks on the Chu Fo Pu Sa sheng Hsiang Tsan"，以及于道泉译《馆藏诸佛菩萨圣像赞跋》，《北京图书馆月刊》1928年第1卷，第1号，第1—9页。

时间的艰苦努力。大约在一年多前，图片部分已经出版了，藏梵文索引以清样的方式在美术馆展览，我曾经尝试通过某种雕版方式出版中文索引。后来，经过了一段长时间的拖延之后，哈佛燕京学社决定购买一套汉语活字。一年多来，一直就这样与一家日本公司交涉，似乎已经最终达成了协议。我们希望很快能够收到这批活字。这样我们就可以立即着手汉语索引的印刷，完成整部书的出版了。

"山王母"和"西王母"依然使我迷惑不解，但我主要参考了《成就法鬘》（Sādhanamālā）及晚期其他一些密教类梵文经典，在此基础上终于成功地辨识了大量奇怪、成组的神像。

关于封面您有没有什么明确的建议？我们是否把它叫作《钢和泰藏喇嘛教神殿佛像》（the Stael-Holstein Collection of Tibetan Pantheons）或者类似的什么，然后再把我的名字放在下面呢？

我是否要重新把您给我的有关故宫藏品的材料和360件收藏品写进一个简短的序言里签上您的名字？或者说这些全权交给阁下做呢？

您真挚的朋友克拉克[1]

关于此函，未见钢和泰的复函，因此有关细节仍不得而知。1937年《两种喇嘛教神系》出版时，钢和泰刚去世不久，该书署名为"哈佛大学梵文研究威尔斯讲座教授克拉克"，在作者署名之后注明"根据已故钢和泰男爵搜集的材料"。克拉克教授对这部著作倾注了极大的心血，他将故宫宝相楼佛像及《诸佛菩萨圣像赞》中的图片全部发表，为中国藏传佛教研究尤其是故宫藏传佛教研究保留了一份重要史料。同时，他根据当时的学术成果复原了相应的梵文名号，建立了对4部图像学资料（包括宝相楼照片、《诸佛菩萨圣像赞》、《三百佛像

---

[1] 王启龙编著：《钢和泰学术年谱简编》，中华书局，2008年，第206页。

集》和《五百佛像集》）中所有诸尊的梵、藏、汉尊神名号检索，是藏传佛教图像学及神系研究领域的经典著作。

此外，20世纪30年代前后钢和泰几场讲演应当引起我们的注意：第一是1928年秋在美国大都会博物馆的演讲。1928年秋，钢和泰到美国访学时期，曾受纽约大都会博物馆教育部主任艾略特（Huger Elliot）的邀请，并于该年12月14日到该馆做讲演。在1928年10月31日艾略特致钢和泰的信中特别提及"我们远东艺术馆馆长普里斯特（Priest）希望阁下讲一讲……的喇嘛庙"，在信的末尾处提到"我从普里斯特先生处了解到阁下有许多幻灯片要放映，让大家看看阁下（在皇家花园）的发现"。①在1928年11月2日艾略特特别致函钢和泰，感谢他答应来大都会博物馆做讲演，并同意普里斯特先生提出的题目。②笔者推测，1928年12月14日钢和泰在美国大都会博物馆所做的讲演内容应该涉及他在故宫所发现的藏传佛教建筑及佛像。③

第二是1928年至1929年间钢和泰在哈佛大学的演讲。由于哈佛大学所藏钢和泰档案资料未经系统整理和影印出版，钢和泰在哈佛大学期间的具体情况尚不得而知。但据1929年《哈佛校友会刊》所刊布《佛教研究》的讲演内容，钢和泰在哈佛大学曾以北平城内的北海白塔及琼华岛为案例介绍佛教对中国文化的影响，并谈及了中国哲学家、明清两朝皇室及民国政府官员在信守一些佛教理念方面的具体行为和西方社会对中国佛教艺术品的关注及研究。④

第三是钢和泰在北京大学的系列演讲。根据《北京大学日刊》记

---

① 王启龙编著：《钢和泰学术年谱简编》，中华书局，2008年，第99—100页。

② 王启龙编著：《钢和泰学术年谱简编》，中华书局，2008年，第101—102页。

③ 笔者认为，钢和泰回复艾略特的信函及钢氏在该馆讲演时所用的幻灯片极有可能尚存藏于大都会博物馆，有兴趣的学者可以关注。

④ 参阅1929年《哈佛校友会刊》第三十一卷所刊钢和泰的英文讲演《佛教研究》（"The Study of Buddhism", *Harvard Alumni Bulletin*, 1933. v. 31, pp. 639–640.）

载，钢和泰在北京大学做过多场有关藏传佛教的演讲，其中最为著名的是1922年钢和泰在北京大学成立25周年大会上发表的"近年新疆考古学上的发明"。本次演讲由胡适担任口译，并引起叶瀚教授关于般若经的两点质疑。[①]此外，1930年11月，北京大学研究所国学门重新恢复月讲，并请钢和泰担任第一讲。1930年11月20日，钢和泰在北京大学研究所国学门做题为《故宫咸若馆宝相楼佛像之考证》的演讲[②]，由此亦可见20世纪30年代钢和泰对故宫慈宁宫花园内数座藏传佛教建筑及其佛像的考察与研究已经引起了世界汉学界的重视与关注。笔者相信，随着有关档案资料进一步整理和解读，钢和泰在故宫藏传佛教研究方面的成就与贡献将会得到更为准确的界定和表述。

钢和泰与慈宁宫花园修缮

故宫古建土木结构的特点决定对其需要进行经常不断的修缮和保养，才能避免和减少建筑的损坏，防止出现大面积的损毁。因此故宫向有"十年一大修，一修要十年"的说法。自19世纪末至20世纪初，由于戊戌变法失败，八国联军入侵，打乱了正常的宫廷生活秩序，紫禁城总体修缮工程相对停止。中华民国成立后，紫禁城外朝辟为古物陈列所，三大殿等开放路线刈除荒草，揸补屋顶，改变了颓败荒凉景象。内廷仍为溥仪为首的逊清皇室居住，除他们居住使用的以外，大多殿堂年久失修，很多房屋处于危险境地。

故宫博物院成立初期，由于经费紧张，加之政治环境复杂，仅有西朝房、右翼门等处进行了修缮。1928年国民政府接管北京，并派员

---

① 参见《北京大学日刊》第 1151—1153 号，1923 年 1 月 10 日至 12 日。

② 《研究所国学门通告》，《北京大学日刊》第 2495 号，1930 年 11 月 15 日。遗憾的是，笔者遍查北京大学当时有关刊物，未曾查到有关该次讲演的具体内容。

接收故宫博物院。及至1929年2月国民政府批准李煜瀛任理事长、易培基任院长，故宫博物院迎来一个新的发展时期，故宫古建修缮工作逐步提上重要议事日程。1929年3月，乐寿堂修缮开始。1929年6月4日，美国洛克菲勒基金会捐资5000美元维修慈宁宫花园。

洛克菲勒基金会与故宫古建修缮的结缘，正是钢和泰牵的线。钢和泰之所以主动牵线修缮慈宁宫花园这几处佛堂，原因在于他认为世界各国博物院所藏的佛像，唯慈宁宫花园各佛殿所藏最为精美。而且，宝相楼内供奉的787尊铜像所组成的喇嘛教众神殿，由于其时代明确、铭文清晰，对于喇嘛教图像研究具有重要意义（参阅前文克拉克所述）。正基于这一认识和评价，钢和泰积极筹集资金对宝相楼的佛像进行拍摄。但钢氏发现，供奉如此精美而具有重要价值佛像的几座喇嘛庙却因年久失修而破败不堪。因此，尽管1927年初钢和泰拍摄宝相楼楼下佛像的计划被中途停止，他在1928年赴美访学前仍允诺故宫博物院"向美国代为募款修缮"，由此亦可见钢氏对于慈宁宫花园各佛殿及其佛像的珍视。

关于此事的前后经过，1929年6月13日俞同奎在致易培基的呈文中有详细报告：

> 慈宁宫花园有咸若馆正殿一座，宝相楼、吉云楼厢楼二座，临溪亭一座，慈荫楼一座。除慈荫外，各处均有极精工之铜佛像及画像，惟屋檐倒塌，破烂不堪，各处渗漏，尤堪痛惜。北大前教授俄人钢和泰[①]最注意此类佛像，以为世界各国博物院所藏之佛像，惟此为最精美。去岁钢和泰赴美，允向美国代为募款修缮。上月钢氏

---

① 1928 年，哈佛大学正式成立哈佛燕京学社，1928—1929 学年度钢和泰出任燕京学社讲师，1929 年 5 月被聘为哈佛大学中亚语文教授。按照惯例，当时的北京大学只有专任教授可以聘为教授，这时钢和泰已经是哈佛大学的教授，所以北京大学不能再聘他为教授，9 月 24 日聘其为讲师。

回平，报告煤油大王陆佛勒①氏允助美金六千元②，同时协和医院院长葛霖③亦得陆佛勒来电，令其代表视察一切。五月三十一号葛霖、钢和泰及协和医院工程师安纳同来本院参观，遂偕往慈宁宫花园内外视察一周。葛霖之意，因恐工程太大，疑款项不敷，主张先修屋顶一部分及将欲倒塌之处，以免夏季大雨再有渗漏。④

至于钢和泰在美国是如何筹集修缮捐款，1931年2月18日钢和泰在向哈佛大学文理学院院长乔治·蔡斯提交的年度工作报告中透露了这件事的来龙去脉：

> 伍兹⑤教授把我推荐给了他的兄弟伍兹上校（Colonel Woods），我通过伍兹上校从洛克菲勒先生那里获得一笔资助，用以修葺北京的一些寺庙。我出席了许多次与修葺相关的委员会会议，并在洛克菲勒基金会方面的美国建筑师的协助下负责监督修葺工程的实施。由故宫博物院两位领导签署的信函表明，由于我积极主动争取资助，结果其他一些平常的资助也纷至沓来，我

① "陆佛勒"是时人对"Rockefeller"的音译，此外还译作"洛佛""吴洛佛"等。

② 关于洛克菲勒基金会捐助故宫慈宁宫花园修缮款项的金额，有两处不同记载，一为该信函所记6000美元。二为1930年《北平故宫博物院报告》所载的5000美元。根据档案及汇票所记，洛氏基金会实际支付大洋11802.5元。据杨格《1927至1937年中国财政经济情况》所载资料，1929年1银圆约可兑换40美分，其所支付的大洋近乎5000美元。因此，笔者认为洛氏基金会的捐款应是5000美元。

③ 北京协和医院是洛克菲勒基金会在中国最大、最著名也是最得意的一项投资。管理协和医院的是洛克菲勒基金会设在美国的中华医学基金会，时任中华医学基金会驻华代表、协和医院代理院长的是美国人葛霖（或译葛林、格林，通译顾临）。

④《函呈修缮慈宁宫花园及各宫殿工程进行情形》（1929年6月13日），《故宫博物院·修建工程类》第23卷，第1—6页。

⑤ 伍兹（James H.woods，1864—1935），哈佛大学教授，曾任哈佛燕京学社最早的理事会9位成员之一。

在中国期间，北京古建筑文物的保护获益不少。[①]

钢和泰通过哈佛大学伍兹教授获得了洛克菲勒基金会的捐助，于1929年5月回到北京，并与故宫博物院一起对这笔捐款的使用做了认真的安排：1929年6月4日，钢和泰偕同洛克菲勒基金会驻华代表暨协和医院院长葛霖及工程师安纳等勘察慈宁宫花园工程并决定先行修理咸若馆、宝相楼、吉云楼、临溪亭、慈荫楼五处屋顶工程，并换腐朽烂柁柱[②]；6月6日，故宫博物院拟成立慈宁宫花园修缮工程委员会，并聘任钢和泰、安纳、汪申、马衡与俞同奎为委员[③]；6月7日，修缮工程委员会召开第一次会议，开标择选承修厂商，并讨论洛氏基金会捐款的支付方式，以及安排钢和泰拍摄记录修缮工程事宜。[④]

根据修缮工程委员会第一次会议意见，慈宁宫花园修缮工程第一期咸若馆、宝相楼、吉云楼、临溪亭、慈荫楼5座建筑屋顶瓦木工程，修理屋角倒塌各处，并换安朽烂柁柱、梁角、梁盖、飞椽、翼角各种头顶工程，拔草扫垄、修补天沟及渗漏处。再经修缮工程委员会开标，鸿兴木厂因估价最小（咸若馆、宝相楼、吉云楼及临溪亭4座房屋之屋顶瓦木工作需洋1196元，慈荫楼一座需洋116元，共需1312

① 信函内容转引自王启龙、邓小咏：《钢和泰学术评传》附二，北京大学出版社，2009年，第304页。

② 《北平故宫博物院总务处每周要事报告表第四号》（1929年7月8日），《故宫博物院·计划总结类》第8卷，第6页。

③ 洛克菲勒基金会驻华代表葛霖认为，安纳不适宜担任慈宁宫花园修缮工程委员会委员，可以顾问名义提供指导意见，因此故宫博物院于6月12日增聘故宫博物院图书馆副馆长袁同礼为委员。参见《故宫博物院·修建工程类》第23卷，第14—15页、第24—25页。

④ 故宫博物院总务处致马衡、汪申等人函："敬启者：兹因修缮本院咸若馆等处，组织修缮工程委员会，敬请台端加入。再，本月七日上午准十时在本处开第一次会议，审查工程做法并各厂家估价单等事，届时敬希准时莅临为荷！此致马叔平先生、汪申先生、钢和泰先生、安纳先生、俞星枢先生。故宫博物院总务处启。"参见《本院修缮咸若馆等处工程由处组织修缮工程委员会定本月七日开第一次会议函请届时莅临由》（1929年6月5日），《故宫博物院·修建工程类》第23卷，第10—11页。

元），中标承修慈宁宫花园各馆楼，该项工程工期为1个月，保固6年。目前故宫博物院保存慈宁宫花园修缮工程做法书共3份，分别是《故宫博物院内咸若馆、宝相楼、吉云楼、临溪亭各座之头顶工程做法说明书》《故宫博物院内慈荫楼一座修缮做法说明书》《咸若馆、宝相楼、吉云楼、临溪亭四座殿堂的屋顶瓦木工程、慈荫楼屋顶工程与各座建筑物外檐上下架油画活等工程做法说明书》。①

关于慈宁宫花园第一期修缮工程的筹备及进展情况，俞同奎在致易培基的呈文中亦有详细陈述：

> 总务处一面招有经验之木厂数家，专门勘估；一面呈备有做法说明书，分散各厂家（共到木厂三家，一由袁守和先生介绍，建造北海图书馆者；一由工务局华南圭介绍，曾修中山纪念堂、河北省政府办公处、中山公园、北海公园各工程）。六月七日开慈宁宫花园修缮工程委员会，拟委员先定五人：钢和泰，安纳工程师，本院顾问汪申、马叔平先生及同奎。嗣葛霖声明不愿彼处人员加入委员之列，惟对工程事务甚愿为本委员会之顾问，开会时安纳工程师亦列席。即日开标，鸿兴木厂估价最小，计咸若馆、宝相楼、吉云楼、临溪亭四座房屋之屋顶瓦木工作，照本院所发做法说明书成做，共需大洋一千一百九十六元。门口慈荫楼一座，需洋一百十六元，两共一千三百十二元。保固年限六年，一月完工。尚有第二步之外檐上下架油漆彩画及棱花槅扇槛窗修补齐整、添安玻璃、整理阶石各工程，共需洋八千六百五十元。安纳工程师主张以后再行讨论，因先看此次屋顶工程成绩为何也。安纳工程师并钢和泰允于开工后常来察看，故彼等在本院虽无名义，暂各发徽章一枚，以便出入，候完工后再行收回，兹将院中拟就之

---

① 这些工程做法说明书详细记载了慈宁宫各馆楼修缮的具体做法和操作细节，从中可见民国时期故宫古建修缮做法的严谨规范，亦可见故宫博物院在古建修缮的操作流程。

做法说明书等寄呈钧阅，大约明后日即可开工矣。[①]

　　慈宁宫花园第一期工程于1929年6月13日开工，按照工程计划于7月13日竣工。7月15日，故宫博物院总务处召开第二次慈宁宫花园修缮工程委员会，勘验第一期屋顶工程，并讨论第二期工程进行办法。经研究决定，第二期工程主要是慈宁宫花园各殿宇外檐上下架油漆彩画等工程，工期为7月16日至9月21日。配合工程进度，葛霖和安纳将洛克菲勒基金会的捐款分期拨付故宫博物院，第一笔工程款1312元大洋于6月21日拨交[②]，第二笔工程款9490元大洋于7月16日拨交[③]。9月21日，故宫博物院慈宁宫花园修缮工程委员会的汪申、袁同礼、马衡、钢和泰、俞同奎会同葛霖、安纳验收慈宁宫花园工程。因尚有余款900余元，修缮工程委员会讨论决定做屋内零星修缮之用。10月25日，葛霖将所余971.90元捐款函送故宫博物院总务处。[④]1930年上半年，故宫博物院将此款用于慈宁宫花园的全面裱糊工程。至此，钢和泰牵头筹备捐款并积极参与其中的慈宁宫花园修缮工程结束。

　　事实上，在慈宁宫花园修缮期间，钢和泰除了参与工程委员会有

---

　　① 《函呈修缮慈宁宫花园及各宫殿工程进行情形》（1929年6月13日），《故宫博物院·修建工程类》第23卷，第1—6页。

　　② 1929年6月21日葛霖致故宫博物院函："随函附上1312元支票一张，这是洛克菲勒先生赞助故宫慈宁宫花园修缮之用的第一期工程款。"参见《葛霖先生送慈宁宫花园第一期工款洋一千三百十二元正由》，《故宫博物院·修建工程类》第23卷，第26—27页。

　　③ 1929年6月21日安纳致俞同奎函："葛霖先生批准了昨日修缮工程委员会议议决办法，随函附上9490元支票一张。您的朋友安纳。"参见《安纳先生送慈宁宫花园第二期工款洋九千四百九十元正由》，《故宫博物院·修建工程类》第23卷，第33—35页。

　　④ 1929年10月25日葛霖致俞同奎函："安纳先生已告知鄙人，贵委员会将继续慈宁宫花园部分建筑的内部修缮。由于洛克菲勒先生的赞助费大部分已用于建筑的外部修缮，鄙人随函附上该资助款的余款971.90元。这项余款本为1000.5元，其差额部分鄙人用于支付向纽约发送电报的费用。恭贺委员会用如此微小的支出做出如此高效而有质量的工程！您真诚的朋友葛霖。"参见《Greene先生函送John D. Rockefeller先生捐助修理本院余款洋九百七十一元九毛正请登收由》，《故宫博物院·修建工程类》第23卷，第39—41页。

关决策以外，还对慈宁宫花园建筑修缮前和修缮后情形做了影像拍摄记录工作。为方便其进出故宫，1929年6月7日故宫博物院专门致函钢和泰，并赠送徽章：

感谢阁下出席今天的工程委员会会议，并对修缮工程给予指导。听闻阁下能够时常来视察工程，我们深感高兴。特随函附送徽章一枚。[①]

略显遗憾的是，目前笔者未能查见这套影像。但根据1929年12月12日故宫博物院院长易培基在致洛克菲勒基金会董事长洛克菲勒（即John D. Rockefeller, Jr, 今译为"洛克菲勒"）的信函所示，易培基不仅代表故宫博物院向洛克菲勒表达了诚挚的感谢，并特别附赠了钢和泰所拍摄的这套照片：

敬启者：

鄙人谨代表故宫博物院对于阁下捐款兴修慈宁宫花园一事深致感谢！兴修工作现已竣事，内储佛像亦得保存，借供此后学者之研究。不仅敝院深受其惠，凡研究佛学之人因阁下义举使此种十八世纪希有之佛像得以整理储存，同感盛德。兹谨邮寄照片两套，一系表现原来破坏状态，一系修复后所照。着色虽不甚佳，但可略见一斑，尚祈哂纳，专此鸣谢，顺颂

大安！

弟易培基谨启[②]

---

① 信函原件为英文，参见《函钢和泰先生请担任本院慈宁宫花园工程委员附送徽章一枚请查收由》，《故宫博物院·修建工程类》第23卷，第45—46页。

② 此函故宫博物院藏有中英文两份存稿。参见《致吴洛佛函译稿》，《故宫博物院·修建工程类》第23卷，第39—41页。

吴洛佛收到易培基信函及照片后，随即于1930年1月23日寄送一复函，表达他对慈宁宫花园修缮工程的认可与支持：

寅村院长钧鉴：

　　顷奉十二月十二日大札，欣悉修理慈宁宫花园工程一项业已竣事，又惠赠该花园未修理之前与修理之后各种照片装订两本。阅后比较前后状况，相去天壤。为此专函致谢，并贺修理完竣之喜。鄙人前游历贵国，目见各处庙宇规模伟丽，年久失修，不禁酸鼻。鄙见以为如贵国人民倘不知爱护伟大之建筑，等与外国人民做注重，深恐贵国建筑精华不久完全朽坏，不胜可惜。此番得与阁下等努力进行从事修理慈宁宫，不胜荣幸，满意之至。并望今后诸君尽力设法保存。肃此鸣谢，并颂

　　公祺！

弟乌约翰谨启[①]

由上可知，在慈宁宫花园修缮工程之中，钢和泰是一个十分关键的人物。对于钢和泰在慈宁宫花园修缮工程中所做的贡献，1930年3月7日袁同礼与马衡二人代表故宫博物院向其表达了感谢，并对洛克菲勒基金会捐款修缮慈宁宫花园的善举做出了高度的评价：

亲爱的钢和泰男爵：

　　我们谨代表故宫博物院，对阁下及阁下所在机构从吴洛佛先生那里得到了一份大礼，使我们能够重新修葺故宫里的四座喇嘛庙。这些喇嘛庙曾一度受到损毁命运的威胁，如今都得以保存下来，以后可供学生参观了。我们还有一个请求，烦请阁下向洛克

---

　　① 吴洛佛致易培基函原件为英文，为其亲笔署名件。另，故宫博物院藏有当时此函的中文译稿，本处所引文字，即录自该译稿。参见《译煤油大王少先生来函》，《故宫博物院·修建工程类》第23卷，第53—55页。

菲勒先生转达我们的谢意，感谢他及时的资助。

能够就吴洛佛先生礼物的成果向阁下通报，这是我们感到最惬意的事情。这是故宫博物院最早收到的一份大礼，其他朋友也因此大受感动，纷纷解囊对我们的工作给予帮助。蒋介石总统给了一大笔钱用于维修大门、塔阁等，这笔钱也大大改善了通往博物院的主干道。大维德爵士和摩登先生也为博物院瓷器和铜器藏品的保护和展览慷慨解囊。当我们想到这些先生都是在洛克菲勒先生榜样的感召下给予我们帮助，我们对吴洛佛先生的感激之情越深。给他转达我们谢意的同时，请告诉他，他的大礼不但使我们维修了喇嘛庙，而且对类似的捐助产生推动作用。

我们对阁下长期的关心和支持表示热烈的感谢。

您诚挚的朋友

袁同礼　　图书馆副馆长

马　衡　　古物馆副馆长①

从某种意义上而言，钢和泰引介洛克菲勒基金会捐助故宫古建修缮，开创了故宫博物院利用国内外资金进行维修的新路子，也加强了故宫博物院与外界的联络和影响。诚如上述信中所言，洛克菲勒基金会的捐款感召了一批中外人士，他们纷纷解囊，资助故宫博物院各项文物保护工程和文化出版事业的开展。1929年6月27日，国民政府蒋中正主席参观故宫，故宫博物院总务处处长俞同奎就故宫建筑残破、苦无经费整修现况提出简报，蒋即要求拟具整修计划，连同工程预算一并呈报，故宫博物院一周后上报整修计划及预算需求，共8个项目需洋61700元，后批交北平行营拨款6万元，以作紧急修缮之用。1929

---

① 根据故宫博物院藏民国时期档案及文献的记载，笔者对本函件中所涉人名的翻译做了一些修正。此外，王启龙在引录该信时曾有"有一署名难以辨识"的说明，其实这一难以辨识的签名是古物馆副馆长"马衡"的拼音"Ma Heng"，在此亦一并予以补译。参见王启龙编著《钢和泰学术年谱简编》，中华书局，2008年，第137—138页。

年7月24日，接受英国大维德爵士捐款6264元，修缮景阳宫瓷器陈列室，9月动工，10月完成。1929年秋，哈佛大学伍兹教授参观故宫，故宫博物院总务处处长俞同奎专门陪同并请其为故宫博物院文物库房的修建及古籍的出版募集海外基金。1930年2月29日，接受美国盐业大王摩登先生捐款3625元，修缮景仁宫铜器陈列室，3月30日该项工程开标，6月6日竣工验收。可以说，慈宁宫修缮工程为引进国内外机构与个人参与故宫古建修缮起了带动作用，也反映了早期故宫博物院锐意进取的精神状态和不断扩大的开放意识。

（本文载于《中国文化》第41期，2015年春季号）

故宫文化的当代弘扬

自从2003年提出故宫学以来，至今已有10年。10年来，故宫学获得了长足的发展。一些高校或设立故宫学研究机构，或招收故宫学方向的硕士博士研究生。故宫学已列入2013年度国家社会科学基金重大项目。随着故宫学走进高校，意味着故宫学已不是故宫人的专利，而是成为社会的显学。不忘本来才能开辟未来，善于继承才能更好创新。在国家重视利用中华民族创造的一切精神财富来以文化人、以文育人之际，笔者接受了《文艺报》记者楚昆的专访。

楚昆： 故宫学的提出不但使故宫的研究和保护跃上了崭新的阶段即从自发到自觉的发展，而且促进了故宫研究和保护的社会化。您能否谈谈故宫学的特点？

郑欣淼： 故宫学是以故宫及其历史文化内涵为研究对象，集整理、研究、保护与展示为一体的综合性学问和学科。就是说，故宫学有狭义和广义之别：狭义的故宫学是一门知识或学问；广义的故宫学是指人文社会科学的一门独立学科。

故宫学的研究对象，主要为故宫文物、故宫宫殿、故宫博物院三个方面。故宫的文物藏品有两类：一类是传统的文物，如铜、瓷、书画、文玩及其他工艺品等，它们一直是作为艺术品而收藏的；一类是反映宫廷典章制度及日常文化生活、衣食住行的物品，它们有些也有重要的艺术价值，但主要是实用之物，今天也是珍贵的文物。我们把前一类称为"古代艺术珍品",后一类称为"宫廷历史文物",再加上清宫档案和图书典籍,统称为"故宫文物"。具体来说,故宫学的研究对象则为故宫宫殿、古代艺术珍品、宫廷历史文物、图书典籍、明清档案与故宫博物院6个方面。

故宫学的基础是故宫文化的整体性。把故宫古建筑、文物藏品及宫廷历史文化联系起来,故宫就是一个文化整体。所谓故宫是一个文化整体,也就是说故宫遗产价值是完整的,不可分割的。对此,可从空间和时间两个方面来认识。从空间来看,紫禁城的千门万户,院藏的各种文物,以及宫殿与文物藏品后面曾发生过的人和事,种种秘辛内幕,宫廷的文化生活,是一个鲜活的统一体。很显然,离开了宫阙往事,没有了附着其中的历史内涵,那些宫廷旧藏的意义和价值势必受到影响。同样,要保护完整的故宫,不只是72万平方米以内的紫禁城,还要保护与它有密切关系的一些明清皇家建筑,以及它的保护区、缓冲区。从时间来看,故宫藏品虽为清宫旧藏,但其中文物则包括了中国古代文化与艺术的各主要门类,而且反映了5000年的中华文明史。也正是基于对故宫是个文化整体的认识,故宫学的学术概念才得以形成并提出。

故宫学的学术价值是由其研究对象的博大精深所决定的,是由故宫文化在中国文化史上的特殊地位所决定的。1997年,单士元先生在中国紫禁城学会第二次学术讨论会开幕式致辞中有一段话,高度概括了故宫的地位,从中也可看到故宫研究的重大意义。他说:"故宫是一部中国通史,不只是皇宫。从它的建筑布局、空间组合,从匾额楹联里,都能体现出中国5000年的社会发展史、文明史、文化史。其收藏文物是传统。不少文物,除近年田野考古发达以后出土的以外,大都是传世珍品。而传世珍品又多是来自商周及以后的宫殿、堂庙中,最后到明清两代,体现了中国文化传统。因此,它蕴藏的都是历史。"①

---

① 《中国紫禁城学会论文集》第二辑,紫禁城出版社,2002年,第386页。

故宫学关于故宫的建筑、收藏与历史文化的整体论，以及故宫学的研究对象与范围，决定了故宫学是一门新兴的综合性学科，具有多学科交叉或者说跨学科的特点。

故宫学的这种综合性特点，在故宫学研究中表现得很突出：一是需要把院藏文物、古建筑和宫廷史迹这三方面作为互相联系的整体来研究，防止孤立对待。这是最能体现故宫特色的研究。这也要求研究人员不仅具有某类文物的专业知识，而且要有与此相关的历史知识，包括宫廷史知识及其他知识。二是需要多学科协作，全方位展开，才能得出科学的结论。三是由于故宫文化的特殊性，文物藏品一般都有相当丰厚的内涵，需要不断地探求。例如武备、宫廷生活用具类藏品，既涉及工艺美术，更与宫廷史、文化史、典章制度等有关，且随着资料的挖掘与研究视野的扩大，这种研究会不断深入。从多方面去探寻文物的价值，这也是综合研究的一个方面。例如，清宫收藏的红山文化玉鹰、良渚文化大小玉琮等，则需要与对这些文化的研究结合起来。又如，乾隆年间所编《西清古鉴》，收录周代芮国钟、鼎等青铜器30余件，惜上述重器难究出处，研究价值大受影响。2005年，考古学家在黄河之滨的陕西韩城梁带村，经过5年发掘，把一个丰富而完好的芮国文化遗存展现于世，其中仅青铜器就出土6177件，具有极高的价值。《西清古鉴》中的芮国铜器就是出于此。[①]

楚昆：故宫学的提出是为了更好地研究和认识故宫文化，故宫文物是故宫文化的载体，这对故宫文物的完整保护也起了重要作用。自从故宫学提出后，故宫博物院是怎样自觉地挖掘故宫深厚的历史文化内涵的？

郑欣淼：提出故宫学，总的目的是不断推进故宫的综合研究，努力挖掘故宫文化的深邃内涵，发挥故宫在传承中华优秀传统文化、建

---

① 陕西省考古研究院、上海博物馆编：《金玉华年——陕西韩城出土周代芮国文物珍品》，赵荣"序言"，上海书画出版社，2012年。

设中华民族共有精神家园、扩大中华文明影响力与进行文明对话等方面的独特作用。

　　故宫有着壮美的宫殿建筑，有着丰富的文物藏品，有着深厚的历史文化内涵。人们都说故宫宝贝多，对所藏的书画铜瓷赞叹不已，这些藏品在中国文化艺术史上自有其特殊的地位，但故宫的价值远不止这些。故宫曾是明清两代的皇宫，当时叫紫禁城，在491年的岁月里先后有24位皇帝在此居住执政。这里是封建王朝的权力中枢，在国家历史中曾起过非常重要的作用。故宫是历史，是文化，更是政治。

　　例如故宫收藏藏传佛教文物非常多，达到3万多件，它们就具有多方面价值，特别是具有民族团结、国家统一的政治意义。作为一个多民族国家，中国历代王朝都面对着如何加强民族团结、保持边疆地区稳定的重大挑战。藏族是我国多民族大家庭中的优秀成员，藏族聚居地区比较广阔，从元代以来，藏传佛教又广泛影响到蒙古族地区。早在入关前，满族统治者就同西藏、蒙古的关系密切，在政治上予以优待，经济上予以厚赐，使之与清廷保持一致，以维护北方久安无患，这是有清一代笼络藏蒙上层喇嘛集团的传统政策。作为明清两代皇宫的故宫，是皇权的中枢、政治的核心，皇宫中收藏的许多藏传佛教文物，就是当时中央政府民族宗教政策的具体反映，有着重要的政治意义。例如原贮放于紫禁城慈宁宫花园的金嵌珊瑚松石坛城，为五世达赖喇嘛阿旺罗桑嘉措（1617—1682）所献。五世达赖喇嘛成年后任哲蚌寺和色拉寺住持，明崇祯十五年（1642）借助蒙古固始汗之力推翻噶玛政权，取得了格鲁派在西藏宗教中的统治地位。清顺治九年（1652）五世达赖喇嘛入京朝觐时将此进献给顺治皇帝，次年清帝给达赖颁发了金册金印，封五世达赖为"西天大善自在佛所领天下释教普通瓦赤喇怛喇达赖喇嘛"，从此"达赖喇嘛"的封号及其政治地位得到正式确定，由此确立了达赖喇嘛的西藏佛教领袖地位。五世达赖朝觐，是清代西藏佛教领袖人物第一次到北京朝拜皇帝，得到

115

朝廷的册封，标志黄教取得在西藏宗教中的统治地位，五世达赖此行为在加强西藏地方与清中央政府的关系方面起到了积极作用。这件文物便成为见证这一历史事件的绝佳资料。此件现存台北故宫博物院。北京故宫博物院现藏有一批与六世班禅有关的文物。乾隆四十五年（1780），六世班禅罗桑贝丹意希（1738—1780）万里跋涉，从后藏日喀则到达承德避暑山庄朝觐乾隆帝，并参加了乾隆帝七旬万寿庆典，同年因病圆寂于北京西黄寺。在京期间，六世班禅曾到紫禁城中正殿、宁寿宫等处佛堂念经、做佛事，故宫现仍保存着班禅的奏书及贺礼，奏书以藏、汉、满三种文字写成，书尾钤朱色印"敕封班禅额尔德尼之宝"，表达了六世班禅对乾隆帝的赞颂和祝愿，衷心感谢乾隆帝对黄教的扶植、弘扬，并表达了他拥戴中央政府的心情。所献马鞍做工精细，用料考究，嘉庆皇帝曾以此鞍做御用鞍。这些文物是汉藏交流、民族团结的见证。

　　清初的几位皇帝对藏传佛教尽管采取了支持和崇奉的政策，但对其消极一面也有着十分清醒的认识，特别是乾隆皇帝，对此有过精辟而深刻的论述。乾隆五十六年（1791）清军击退廓尔喀（尼泊尔）对西藏的侵略后，乾隆皇帝于次年写了《喇嘛说》一文，讲述了喇嘛教的命名、来源和发展，以及清廷予以保护的道理，总结了元朝统治者盲目信奉喇嘛教的教训，告诫子孙不要重蹈覆辙，并且讲述了他用国法惩处那些搞分裂、危害国家统一的上层喇嘛，并对活佛转世制度提出了整顿和改革的办法，从而加强了清廷对蒙藏地区的统治，加强了各民族的团结，维护了国家的统一。他说："兴黄教即所以安众蒙古，所系非小，故不可不保护之，而非若元朝之曲庇谄敬番僧也。"《喇嘛说》一文，以满汉蒙藏4种文字，勒石立碑于北京雍和宫大殿前院的"御碑亭"内，它是乾隆皇帝辑藏安边、治国安邦的重要政策和策略的体现。乾隆的这一御笔，又藏故宫博物院，上钤有清内府"石渠宝笈所藏""宝笈三编""宣统尊亲之宝"印。可见，乾隆皇帝信佛，既是一种信仰，有满足个人精神需要的一面，更是一种策略，是政治需要的表现，其核心和最终目的还在于为实现其政治统治服务。乾隆皇帝时期（1736—1795），是清朝中央政府治理西藏政策的成熟时期，清朝管理西藏地方的许多重大措施与制度都相继产生在这一时期，比如废除郡王制，出台《钦定藏内善后二十九条章程》，规范活佛转世程序的金瓶掣签制，等等。这些制度在当时及后来的历史实践中，发挥了巨大的作用。因此，清宫的这些造像、唐卡、法器等，就不能等闲视之，它们有着丰富的内涵，有着数不清的故事，需要认真地发掘。

故宫学的提出，也使流散海内外的清宫旧藏有了"学术归宿"，如一条文化链般将这些散落四海的珍珠穿起。由于历史的原因，近代以来，清宫中的不少书画、陶瓷、青铜器、典籍、档案等流散到海内外一些机构或个人手中。清宫文物在海内外的大量散佚，客观上也为更多的机构与个人参与故宫学研究提供了条件。从故宫文化是个整体的故宫学出发，这些流散文物就不是一个个孤立的东西，而是与故宫及其他文物有着一定的联系，它们的文化精神是故宫学的一部分。找到了这种联系，流散文物就有了生命，有了灵气，其内涵也才能更为深刻地发掘出来；也只有把故宫的文物包括流散于世界各地的文物作为一个整体来研究，才会更好地认识故宫的完整价值。

楚昆：博大精深的中华优秀传统文化是我们在世界文化激荡中站稳脚跟的根基。抛弃传统、丢掉根本，就等于割断了自己的精神命脉。而故宫文化在历史上是为封建统治阶级服务的，但又是中华民族文化的重要组成部分。故宫学的发展有利于发挥故宫及故宫文物在促进民族文化认同上的重要作用。在社会发展中，一个多民族国家的民族团结与和睦是一个国家强大的根本。世人相当重视文化在建构民族的精神家园和提升民族的精神素质上的重要作用，但却忽视文化在增进民族文化认同上的不可替代的作用。您是如何看待故宫文化为中国当代文化发展服务的？

郑欣淼：故宫有着深厚的历史文化内涵，人们可以从不同角度去研究和认识。但是不管怎么说，都无法回避它作为皇宫时特有的价值与意义。故宫文化就是宫廷文化，是作为紫禁城皇宫时的文化。故宫文化属于大传统，是上层的、主流的文化。中国历来讲究器以载道，故宫及其皇家收藏凝固了传统的特别是封建社会辉煌时期的中国文化，是几千年来中国的器用典章、国家制度、意识形态、科学技术等积累的结晶。但同时又应看到，它充分体现了至高无上的帝王威权、封建主义的专制统治，皇室的奢侈、腐朽及宫闱政治斗争的残酷性，等等。即如为人所称道的《四库全书》的编纂，就与"寓禁于征"及大兴文字狱结合在一起。这些都是毋庸讳言的。

随着封建帝制的推翻，故宫博物院的成立，使昔日帝王禁垣与象征君主法统的清宫旧藏为人民所共有并共享，这些凝聚着中华民族智慧和创造力的宫殿建筑与文物藏品被赋予了维系中华民族文化，传承中华文明血脉的新内涵。

故宫博物院成立80多年以来，围绕着故宫及其藏品发生过多次重要争论，例如有人提出要废除故宫博物院、拍卖故宫藏品，有的说故宫"封建落后，地广物稀"，要对它进行改造等。在这些人看来，故宫等同于封建主义，故宫文化是需要彻底打倒的。他们不懂得历史唯物主义，不知道故宫代表着我们民族的历史文化，我们的新的政权就是从这里走来的，故宫文化与今天的文化建设也有着深刻的联系。当然，也还有另外一种倾向，如盲目颂扬封建帝王，对封建等级制度缺乏分析批判，热衷于宫闱秘闻等。我们今天对待故宫文化，不能全盘否定或一味说好，而应具有清醒自觉的反省意识与批判精神，应有科学的传承观，坚持历史唯物主义，认真研究，正确对待，分清其精华与糟粕。

楚昆：您能否详细地介绍近10年来故宫学研究的发展？

郑欣淼：故宫博物院为了加强故宫学研究，于2004年创办了《故宫学刊》，从2005年至2010年陆续成立了古书画研究中心、古陶瓷研究中心、古建筑保护研究中心、明清宫廷史研究中心和藏传佛教文物研究中心，2010年成立了故宫学研究所，并制定与实施相关的科研规划。故宫博物院自1999年起，开始建立科研项目机制，至2012年，共有270个科研课题项目获得立项，立项课题的研究范围多涉及古书画、古器物、明清宫廷历史文化、古籍档案整理和研究、文物保护科技和工艺技术、古建筑保护和研究、历史研究和博物馆管理等各类学科，绝大多数属于故宫学范围。近几年来，随着故宫学概念的提出及故宫学学科的建立，涉及故宫学理论研究、故宫博物院院史研究的课题项目显著增加。自2005年以来，故宫博物院也关注国家级重大项目和省部级重点项目的申请工作，获得批准立项的课题数量逐年增多，截至2012年，共有10项国家级课题、9项省部级课题批准立项。2013年，《2013年度国家社会科学基金项目课题指南》中已列出"故宫史与故宫学研究"项目。

近年来，北京故宫博物院重视编写出版有关故宫的大型丛书或重要的资料性、工具性书籍，为海内外故宫学研究提供方便，主要有《故宫博物院藏品大系》《故宫博物院藏品总目》《故宫博物院学术成果总目（1925—2010）》《故宫研究论著索引（1914—2005）》《故宫志》《明代宫廷建筑大事史料长编》《清代宫廷建筑大事史料长编》等。故宫博物院故宫学研究所对10年来故宫学研究成果进行了梳理、总结，正在推出一批新作，属于综合研究与故宫学理论探索的有以下数种：郑欣淼著《故宫学概论》，李文儒著《故宫学十年》《故宫学研究报告（2013）》《故宫学范畴体系与方法研讨会论文集》《故宫学释义——兼论以故宫学为核心的学术振兴》，王素著《故宫学学科建设研究》，章宏伟著《故宫学的视野》，武斌著《故宫学与沈阳故宫》，等等。

重视两个故宫博物院的交流合作。北京故宫博物院、台北故宫博物院都是故宫学研究的重镇。台北故宫博物院有着良好的学术传统，与国际博物馆界及欧美汉学界联系较早，在故宫文物、明清档案、清宫典籍等方面的研究都成果显著。故宫学是两岸故宫博物院交往的深层动力。2009年两个故宫博物院开始交流，台北故宫博物院周功鑫、冯明珠两位院长都对故宫学表示赞同并积极参与。两岸故宫博物院在研究课题上的合作也提上了议事日程。

重视与高等院校的合作。故宫学的学科概念提出以来，得到学界的认可和重视，故宫博物院也十分重视与各有关研究机构尤其是高等院校的交流与合作。近年来，故宫博物院先后与中国艺术研究院联合培养研究生，协助浙江大学成立故宫学研究中心，与南开大学合作成立故宫学与明清宫廷研究中心，支持中国社会科学院研究生院、东北师大等院校招收故宫学方向的研究生，与北京工业大学在文物保护科技方面进行合作，等等。同时在陶瓷、藏传佛教及文物科技保护研究中，积极与美国、法国、日本等国家，以及中国香港的一些大学进行合作，也获得了良好的成果。目前与故宫博物院合作的高等院校大都有着先进的教育理念、雄厚的教育资源、严谨的科学态度和优良的学术氛围，而且在学科设置和发展上各具特色，优势突出，并形成各自优良的学术传统。这样的合作将极大地发挥故宫博物院和高等院校双方的优势，故宫博物院的发展将得到强大的理论支持和学术后盾，高等院校也将完善自身的学科建设和与社会的沟通，特别是故宫学进入研究生教育体系，在故宫学建设中具有重要意义。

重视社会学术团体在故宫学研究中的作用。专业性的学术团体，有着高度民主的组织程度，其成员之间的平等身份，形成了自由宽松的学术环境。一般来说，它们具有专业学科人才的荟萃、集聚功能，思想文化交流的平台功能，重大学术研究的组织协调功能，学术成果的评价功能。多年来与故宫及故宫学研究关系较多的是中国紫禁城学会、中国史学会清代宫廷史研究会、中国文物保护技术协会、中国博物馆协会、中国古陶瓷协会、中国玉文化研究会等。这些与故宫关系比较密切的学会、协会，有些在故宫学研究及故宫业务工作中发挥着重要的作用。其共同特点是：故宫的一批专家学者参加了该学术团体，不少人是其中的骨干，有些还是主要负责人；故宫博物院加强与该团体的联系，重视就业务或研究中的问题进行咨询，或委托完成某项研究任务，有些来自不同地区和单位的专家学者被聘为院内某项工作的顾问；这些学术团体的活动比较规范，进行理论研究、学术交流、业务培训及书刊编辑等，故宫的一些人在这些经常性的活动中也得到提高。

重视与国外学术力量的交流。国外学术力量参与故宫学研究，有多种形式：或是受聘于故宫博物院做特邀研究员或客座研究员；或是对与故宫学有关的课题进行独立的研究；或是参加有关故宫文物展览或专题研究的学术研讨会，提交学术论文，这是最普遍的一种形式；或与故宫研究人员合作进行某项专题研究。随着交流的深入与视野的开拓，交流合作的方式也会不断扩大。

楚昆：2013年，故宫博物院成立了故宫研究院。这标志着故宫学研究进入一个新的阶段？

郑欣淼：是的。2013年是故宫学提出的第10年，也是"平安故宫"工程全面开始实施的一年。故宫博物院顺利实施"平安故宫"工程及博物院各项工作的开展和可持续发展，需要高质量的科研学术水平和研究成果作为支撑和保障。为进一步整合故宫博物院已有的学术研究力量，合理规划本院学术研究体系，持续加强本院研究力量并提高学术水平，产生高质量的综合研究成果，单霁翔院长提出并筹划成立了故宫研究院。

2013年10月23日故宫研究院成立。故宫研究院下设"一室一站四所五中心"，即研究室、博士后科研工作站、故宫学研究所、考古研究所、古文献研究所、明清档案研究所和《故宫博物院院刊》编辑部，并联系故宫博物院的古书画研究中心、古陶瓷研究中心、明清宫廷史研究中心、藏传佛教文物研究中心、古建筑保护研究中心，在故宫博物院初步形成覆盖全面、专业突出和梯次完备的学术团队。

故宫研究院将深入开展对明清宫廷文化和院藏文物、档案的研究，组织实施国家和故宫博物院的重大科研课题项目，搭建两岸故宫博物院的科研合作平台，在国内外积极开展博物馆之间、与高等院校及科研院所的学术合作与交流，不断培植新生的学术力量，以此全面带动学术研究、展览和出版等工作的可持续发展，努力成为文博界学术研究的重镇。

单霁翔院长把成立故宫研究院作为增强故宫软实力、提升故宫影响力、建设国际一流博物馆的重大战略措施。他表示，故宫研究院的成立，既整合了故宫博物院已有的学术研究力量，使原本分散的、专业方向单一的研究机构集合起来，形成合力；又根据故宫博物院的学术发展和科研需求，创建了新的科研机构，有利于故宫博物院学术研究体系的合理规划，有利于研究力量的加强和学术水平的提高，有利于不同专业之间的沟通，产生高水平的综合研究成果。

故宫研究院的成立标志着故宫学术研究进入一个新的阶段。故宫研究院成立以来，以其开放的学术胸襟、创新的机制接纳国内外学术界热心于故宫学术研究的人才，且与院内的专家学者共同构建高端学术研究平台。2014年2月25日，故宫研究院发布了11项科研与出版项目，其中包括与港台地区及在京文博单位的合作项目，且许多研究工作在学术界具有前沿性和开拓性的特点，对今后文博界从事大型科研工作的模式具有积极的探索意义。

例如"故宫博物院藏殷墟甲骨文整理与研究"项目就很有意义。世界现存殷墟甲骨，据调查统计，共有13万片。其中，故宫博物院所藏甲骨总数，20世纪60年代调查粗估有22463片，占世界现存殷墟甲骨总数的18%，仅次于国家图书馆（34512片）和台湾历史语言研究所（25836片），属于世界第三大甲骨收藏单位。"故宫博物院藏殷墟甲骨文整理与研究"项目是由古文献研究所牵头负责、组织协调。此外，按照国际学术发展趋势，准备搭建开放型高端平台，引进或聘请院外甲骨专家参与整理研究工作。我们希望在6~10年内，不仅完成全部整理研究工作，还能借助该项目，为故宫博物院和国家培养一批甲骨研究人才。

又如"故宫藏先秦有铭青铜器研究"项目，也引起学界的关注。用青铜器标识王权及贵族身份，并在青铜器上铸刻铭文记录历史，是早期中华民族子孙所独创的文化成果，它是人类青铜时代文明达到鼎盛的伟大标志物。此后，中国历代王朝都十分重视收集保存祖先这一光辉遗物，直至明清，故宫传承不断。现已知留传至今的先秦有铭青铜器资料约有15000件，北京故宫博物院现藏1600件，是目前存世博物馆中收藏最多的，其藏品以长铭重器居多，其中包括食器、酒器、水器、乐器、兵器、杂器等品类，商、周、春秋、战国时代系列完整为其特色。该项目难度大，任务重，周期长。为取得清晰的铭文资料，该项目要求重要铭文要进行 X 光扫描成像，北京故宫博物院尚有大批器形资料需重新进行图像摄影。两岸故宫博物院核心藏品原属一家，互补性强，许多成组、成对的器物分藏两地。台北故宫博物院藏有铭文青铜器440余件，有毛公鼎、散氏盘、宗周钟和近年新入藏的子犯编钟等长铭重器。北京故宫博物院提出两岸故宫博物院合作，对2000余件青铜器及其铭文做综合考察与研究，写出新的铭文考释，共同弘扬灿烂的中华文明，这一提议已得到台北故宫博物院的积极回应。如何合作，下一步将进行具体的沟通、协商。

楚昆：故宫文化的普及有助于公众对故宫的了解，有利于故宫的旅游和可持续发展。故宫博物院是如何促进故宫文化普及的？

郑欣淼：故宫学研究目的主要是为了挖掘故宫文化内涵，让人们更好地了解中国的历史文化，在优秀的中华传统文化中受到教益和启迪。因此，故宫学研究应具有提高和普及相结合的品格，在加强学术研究的同时，重视故宫知识的普及，并在普及中提高。

陈列展览是故宫知识普及的重要形式。故宫吸引广大游客的，一是它的雄伟的古建筑，即皇宫；另一是丰富的文物展览，既有宫廷原状陈列，又有宫廷历史文化展览，还有书画、陶瓷、珍宝、钟表、青铜、玉器等专馆，另外每年还举办一些特展、大展。两岸故宫博物院及沈阳故宫博物院都重视办好多种形式的展览。这些展览能否办好，学术研究是重要基础。每次大的展览活动，同时都要举行学术研讨会。好的策划，好的选题，好的文物，就要让观众了解文物藏品的故事，知道展览的意义，从中获得丰富准确的知识，这就是普及工作。

重视故宫知识在大学的传播，扩大故宫影响，也为故宫学人才培养创造条件。从2006年开始，由故宫与北京各大高校联合主办"永远的故宫"系列讲座，至2010年，先后有25位故宫专家在北京大学、清华大学、中国人民大学、北京师范大学等13所高校讲了34场，约有5000名学生聆听讲座，内容包括博物馆研究与比较、明清古建筑、清代宫廷生活、文物珍赏等各个方面，通过专家学者深入浅出的讲授，加上电子演示文稿（PPT）的辅助，使历史、博物馆研究、建筑、文物等方面原本学术性极强的内容，易于为学生所接受，从而在学术普及的同时，扩大了故宫学的传播。台湾新竹清华大学从2009年秋季起，开设"故宫学概论"选修课程，给予学生正式学分。学生对故宫知识也很渴求，每学期约有2000名学生以电脑选课争取80位修课名额，另外未能以电脑选上课程的同学，数百人争取15位的加签名额。

重视故宫知识书籍的编纂出版。两岸故宫博物院都出版了大量介绍故宫的知识性读物，最主要的是展览图录。北京故宫博物院下属故宫出版社历年所出图书达数百种，如"故宫文丛""故宫经典""紫禁书系""收藏故宫""你应该知道的故宫""清史事典""明史事典""故宫文化"等系列图书，在社会上有广泛影响。中国紫禁城学会组织编写"紫禁城文化丛书"，已出版了《紫禁丹青》《太庙和皇帝的"家务事"》《御园漫步》《清宫戏事》等，撰写态度严谨，有一定的学术含量。

电影、电视等在宣传故宫中也发挥着重要作用。《末代皇帝》《火烧圆明园》等电影在国际上曾产生过重大影响。有关康、雍、乾三帝的电视片有多种。故宫博物院与中央电视台合拍的12集电视系列片《故宫》，在海内外影响巨大。一些名家在央视《百家讲坛》主讲明清历史、明清帝王，很受欢迎。其中阎崇年的《大故宫》更是引起很大反响。他以故宫建筑空间为顺序，以传统文化为脊梁，以同大故宫相关的典型历史、人物、事件、文物、古建、艺术、园林、哲理等为主要内容，全面展现大故宫，进而体现大故宫既是中华文化的精粹，也是世界文化的瑰宝。《大故宫》共3部64讲，《大故宫》一书亦同时出版发行。

从2012年以来，除了走进大学，故宫的专家还到一些地方举办讲座，系统地传播普及故宫知识，收到很好的效果。2012年9月，故宫博物院和东城区政府共同主办的"故宫讲坛"，面向社会公众在东城区图书馆举办，每月两讲。"故宫讲坛"旨在大力弘扬中华民族传统文化，让公众深入了解故宫文化内涵，使本院的科研成果与社会公众进行交流和共享。本年度共举办了8场讲坛，从故宫总体保护与未来规划、古代绘画艺术、古代玉器文化、古代陶瓷艺术、古书画临摹与装裱修复技艺、古建筑修缮、故宫文化传播等方面向社会公众分享传统文化的盛宴，使社会公众在故宫的文化殿堂里领悟到学术的神圣和文化的魅力。2013年7月，故宫博物院与秦皇岛市人民政府协商决定，在秦皇岛市共同举办"故宫大讲堂"，从2013年7月至2014年6月为首个合作期，每月举办一次，利用双休日在秦皇岛市文化广场举办。单霁翔院长以"把壮美的紫禁城完整地交给下一个600年"为题做了首场讲座。故宫的一批著名专家学者陆续走上"故宫大讲堂"，全面系统地介绍故宫丰富的文化资源，让公众分享他们的经验与研究成果。

2013年，根据我国博物馆和文化遗产保护事业发展的现实需要，围绕故宫博物院整体事业的发展，为博物院和文博行业提供专业人才支持，推动文博科研学术发展，践行博物馆公众教育和社会服务的使命，故宫博物院成立了故宫学院。这是国内首家以博物馆办学的模式成立的"学院"，将以开放式的平台，逐步建立规范化、多样化的培训机制，为文博界培养更多的专业人才。故宫学院的成立，对于故宫知识的普及也将起到重要的推动作用。

[本文为《文艺报》记者楚昆（熊元义）对作者的访谈，载《文艺报》2014年3月3日]

三马、三沈、三俞及四朱

——浙江籍文化家族与故宫博物院渊源初探

　　故宫曾是明清两代的皇宫，故宫博物院的成立是中国现代文化建设的重大事件，也有着强烈的政治意义。从1924年11月5日驱逐末代皇帝出宫、同年11月20日正式成立"清室善后委员会"、1925年10月10日宣布建立故宫博物院，至今已整整90年。在这一漫长的历程中，许多文化名人与故宫结缘，参与博物院的筹建与发展，留下了光辉的篇章。浙江籍文化家族就很有代表性。这里以三马、三沈、三俞及四朱为例进行探讨。

三马、三沈、三俞及四朱简介

　　"三马"是指马裕藻、马衡、马廉兄弟三人，祖籍浙江鄞县（今宁波鄞州）。马裕藻（1878—1945），字幼渔，北京大学教授。在留学日本期间曾师从章太炎学习文字学、音韵学，1913年入北京大学任教，后为国文系主任。1929年故宫博物院成立以学术活动为主旨的专门委员会，马裕藻被聘为专门委员。马衡（1881—1955），字叔平，别署无咎、凡将斋，金石考古学家、书法篆刻家，中国近代考古学和博物馆事业的开拓者。南洋公学肄业。曾任北京大学研究所国学门考古学研究室主任，参加清宫物品点查及故宫博物院筹建，初任古物馆副馆长，1933年代理故宫博物院院长，从1934年任院长直至1952年调离。马廉（1893—1935），字隅卿，近代著名的藏书家，曾执教于北京孔德学校，并受聘于北京大学文学院，继鲁迅先生之后讲授中国小说史课程。1929年被故宫博物院聘为专门委员会委员。

"三沈"是指沈士远、沈尹默、沈兼士三兄弟，皆生长于陕西汉阴，祖籍浙江吴兴（今湖州）。沈士远（1881—1955），著名学者，庄子研究专家。曾任北京大学预科乙部教授、庶务部主任、校评议会评议员，北京高等师范学校、燕京大学教授。"五四"运动中，任北京中等以上学校教职员联合会书记。后任浙江省政府秘书长、浙江省府委员兼教育厅厅长、湖北省教育厅厅长、国民政府考试院考选委员会副委员长。1952年调入故宫博物院，任档案馆主任直至去世。沈尹默（1883—1971），原名君默，号秋明。著名学者、诗人、书法家、教育家。曾留学日本。1913年起历任北京大学国文系教授兼国文门研究所主任、河北省教育厅厅长、北平大学校长等职。1929年被故宫博物院聘为专门委员会委员。沈兼士（1887—1947），名坚士，文字音韵学家、文献档案学家、教育家。1905年与兄沈尹默自费赴日本留学，师从章太炎，同时加入同盟会。归国后历任北京大学、清华大学、北京高等师范学校、厦门大学、辅仁大学等高校国文系教授。新文化运动中，倡导并写作新诗。1922年在北大创办研究所国学门。曾任故宫博物院文献馆副馆长，开保护与整理清宫档案风气之先。

"三俞"是指俞丹石、俞同奎、俞平伯叔侄三人，原籍浙江德清。俞丹石（1875—1926），名箴墀，字丹石，号德孟，是晚清著名经学家俞樾（曲园老人）的侄孙，俞平伯的堂叔。他早年毕业于北洋大学，历任无锡竞志女校教员、上海商务印书馆编辑、江苏省立图书馆主任。1919年11月至1926年7月在京师图书馆工作，任舆图与唐人写经部主任。他的名字在图书馆《工作人员名录》上被写为"俞泽箴"。其中1924年11月，他曾应京师图书馆主任徐森玉的邀请，入清宫点收书籍。1925年2月至5月，他作为清室善后委员会特聘顾问，应邀参加了故宫文物的清点工作。俞同奎（1876—1962），字星枢，号聚五，是俞丹石的堂弟。获英国利物浦大学化学硕士学位，成为我国留外学生中最早获得硕士学位的人士之一。作为著名化学家，他曾任北京大学教授，首任化学系主任兼教授会主任，教育部专门教育司司长、清室善后委员会委员。故宫博物院成立后，他以交通部技正[①]身份调任故宫博物院理事兼总务处长，不久辞技正，专司故宫博物院职。文物南迁后调离故宫，1946年又回到故宫，1947年调任教育部北平文物管理委员会秘书，1949年后任北京文物管理委员会秘书等。俞平伯（1900—1990），原名俞铭衡，字平伯，以字行。是清代朴学大师俞樾的曾孙，俞同奎的堂侄。现代著名文学家、红学家。1919年毕业于北京大学。曾在杭州第一师范学校执教，后历任上海大学、燕京大学、北京大学、清华大学教授。1925年俞平伯在北京外国语学校教书，经顾颉刚向沈兼士推荐，被清室善后委员会增聘为顾问，入宫点查书画藏品，从3月28日至9月14日，参加了15次点查工作。

"四朱"是指朱文钧、朱家济、朱家濂、朱家潜父子4人，原籍浙江萧山。朱文钧（1882—1937），字幼平，号翼盦，著名藏书家、文物收藏家，近现代碑帖鉴藏大家。光绪末贡生，实业学堂（北京工业大学前身）毕业，后赴英国留学，于牛津大学研习经济学。回国后任职度支部（即户部）。民国成立，任财政部参事、盐务署长。1931年被故宫博物院聘为特约专门委员，负责鉴定故宫所藏古代书画、碑帖及古器物。朱家济（1902—1969），字豫清（豫卿），又字虞清、余清，朱文钧先生长子，杰出的文物研究及保护专家、书画鉴定家、书法家。毕业于北京大学，曾在南开中学、杭州地方自治学校任教，1929年任故宫博物院编辑审查，同时兼任北京大学预科讲师，1932年

---

① 技正：官名。旧时中国技术人员的官职。民国时期国民政府的交通、铁道、实业、内政等部（会）及省（市）政府的相应厅（局）大多置此官，以办理技术事务。此官在部（会）中，职位次于"技监"，在厅（局）中为最高官职。其下有"技士""技佐"等。（《中国历代官称辞典》）

离开故宫，1935年又入故宫博物院南京分院工作。1938年与庄严、那志良、李光第等护送西迁的南路故宫文物到贵阳及安顺华严洞储存。1939年到重庆财政部贸易委员会任专员。1946年受聘为故宫博物院专门委员。1953年受聘为浙江省文物管理委员会委员兼研究组组长。朱家濂（1909—1997），朱文钧先生次子，字景洛，资深的图书版本专家。毕业于北京大学，20世纪30年代初进入故宫，1949年后任故宫博物院办公室副主任，在故宫工作20余年，1953年调入北京图书馆（今国家图书馆），曾任采访部副主任。朱家溍（1914—2003），字季黄，朱文钧先生四子。故宫博物院研究员，国家文物鉴定委员，著名的文物专家和清史专家。毕业于辅仁大学国文系，1946年到故宫博物院工作，历任科员、科长、编纂等职务，担任文物提集、整理、编目、陈列等工作，在多个文物领域都取得重要成就，在海内外文物文化界有着重大影响。

以上这些出自浙江籍文化家族的人士，在当时文化学术界多有相当的影响，或昆仲兰桂，或父子同辉，或叔侄争耀，风云际会，他们有缘进入古老的皇宫，投入到点查、整理、保护中华民族文化瑰宝的事业中，或偶一为之，或服务半生，或终老红墙之下，都为故宫的建设与发展做出了令人永远难以忘怀的贡献。他们的努力与业绩使故宫的历史更加厚重，也使故宫的故事更加生动。浙江籍文化家族在民国时期的突出贡献，形成了一个具有鲜明时代特征的文化现象。笔者在这里以三马、三沈、三俞及四朱为例，探讨浙江籍文化家族与故宫博物院的渊源，至少可以得到以下几点认识：

民国时期浙江籍文化人士在中国文化教育界的重要地位及与故宫博物院的缘分

浙江籍文化人群体的涌现并能在全国占据重要地位，值得认真研究。江南地区有着悠久的历史文化，很早以来就是中国经济文化发展的繁盛地区。该地区具有鲜明的地域特色，有人概括为水文化、智者文化，那里的人们处事善于发挥所长，善于把握行动时机；思维敏捷，创新进取，富有活力；浙江的发展，义利兼顾，经济与文化同步，具有多元性、交融性和互补性特征。[①]近代以来，江浙一带又是最早得以接触外来文化的地区之一。丰富的文化资源及浙江文化的特征，使得浙江文化在与外来文化发生碰撞和交流的过程中，可以迅速获得新的活力并呈现出一派繁荣景象。从晚清至近代，适应废除科举制度、建立新式学堂及新型传媒的出现等，浙江文化人或出洋学习，或进入西式学堂，他们能迅速调整自己以适应时代的变化，他们互相呼应、互相提携，使得浙籍文化人在民国时期文化教育界占有重要地位。这些浙籍文化人数量较多，已成为一个群体，也不只表现在文学艺术方面，而是几乎包括了思想学术的各个领域。

人们认为，浙江籍文人群体的形成与发展，与章太炎、蔡元培有着很大关系。章太炎1906年赴日本参加同盟会，继任《民报》主笔，并在东京开设国学讲习班，学生有钱玄同、许寿裳、朱希祖、黄侃、汪东、沈兼士、马裕藻、龚宝铨、周树人、周作人、钱家治、朱宗莱、余云岫等。除黄侃是湖北人、汪东是江苏人外，其他都是浙江人。[②]章太炎在学术上给予众弟子以坚实的基础。清末民初，康有为及康门弟子对中国社会变革和文化演变产生过巨大影响，此后以章太炎为核心的章门弟子及浙江籍文人群体就取得了文化思想界的支配地位。与此相联系的是蔡元培。蔡元培是中华民国首任教育总长，1916年至1927年任北京大学校长，因其在教育界的特殊地位，为浙江籍文人进入北大及高教界提供了机会。这一点人们都知道。其实在蔡元培之前，已有两任浙江籍北大校长调进了一批浙籍教授。他们是何燏时

---

① 王建华主编：《浙江文化简史》第 1 章，人民出版社，2009 年。
② 汤志钧编：《章太炎年谱长编》上册，中华书局，1979 年，第 289—291 页。

与胡仁源。何燏时，浙江诸暨人，1913年任北大校长，为京师大学堂改名北京大学后的第二任校长。继任校长胡仁源，浙江吴兴人，1914年至1916年任北京大学校长。在何、胡在任的1913年至1915年，陆续聘任了一批从日本留学回来、倾向革新的章太炎弟子到北大文科任教，如马裕藻、朱希祖、黄侃、沈兼士、钱玄同、马叙伦、沈尹默等人，他们注重考据训诂，以治学严谨见称。这种学风以后逐渐成为北大文史科教学与科研中的主流。

有人认为，浙籍文化群体的形成和壮大，除了和蔡元培、章太炎等领袖人物的巨大影响有关外，也与浙籍文人对当时报刊等新兴媒体的掌控及其在北大国文系占据的统治地位有关。[①]五四时期的新文学之所以得以传播并迅速扩大影响，得益于当时相对发达的现代传媒，特别是应归功于报纸杂志、新式学校及学会等现代传播媒介的大量涌现。就当时来讲，主要承担这一角色的是北大和《新青年》，它们是当时最具影响力的传播阵地和媒介，对中国新文化、新文学的发生起了根本性的推动作用。而那时北大和《新青年》的主导力量基本上是浙江文人，由此建构的人际网络对以后"浙江潮"的出现和新文化、新文学的发生产生了深远的影响。

浙江籍文人群体地位和影响的显著标志是他们在北京大学的聚集。北大是中国近代第一所国立大学，被公认为中国的最高学府，是"新文化运动"与"五四"运动的中心，在思想学术上起着引领和中流砥柱的作用。浙江籍教授在北京大学所占的重要地位，从以下两组统计数字可以看到：

其一，《北京大学史料（第二卷）上》[②]刊有1918年北京大学《职员名录》，文科学长以下、文预科教授以上的教员名单中，共有教授29人，其中浙江籍多达13人，而章氏门人就有10人，尚且不包

---

① 刘克敌：《困窘的潇洒：民国文人的日常生活》，广西师范大学出版社，2013年，第34页。

② 王学珍、郭建荣总编：《北京大学史料》（第二卷上），北京大学出版社，2000年。

括像鲁迅这样的兼职教师。鲁迅虽是兼职，只是个讲师，但他在新文化运动中的业绩与地位，则使他有着重大而广泛的影响。北大最具影响的自然是中文系，当时中文系又是"三沈（沈士远、沈尹默、沈兼士）、二马（马裕藻和马衡，后来又有马氏兄弟马廉、马准）、二周（周树人即鲁迅，周作人）"的天下。这种现象，颇为社会关注，有人称之为"某籍某系"①，"某籍"指的是浙籍，"某系"自然是指北大国文系。这种称呼，显然带着嘲讽乃至妒忌的成分。此外北大各个系的系主任，有一半多是浙江人，如数学系主任冯祖荀（杭州人）、物理系主任夏元瑮（杭州人）、化学系主任俞同奎（德清人）、地质系主任王烈（萧山人）、哲学系主任陈大齐（海盐人）、史学系主任朱希祖（海盐人）、经济系主任马寅初（嵊县人），以及后来增加的几个系的主任，如教育系主任蒋梦麟（余姚人）和以日语为主的东方文学系主任周作人（绍兴人）。②

其二，据陈万雄先生统计，在1917年3月至1920年这段时间内，《新青年》的主要撰稿人和编辑中，浙江人占近一半以上，并且都是以后新文学和新文化领域中的领袖人物，如鲁迅、周作人、钱玄同、蔡元培等。当时北京大学由蔡元培出掌，在北大的教授中无论是新派还是旧派，浙籍人均占2/3以上，特别是在对新文化和新文学起风向标作用的文学院里，可以说浙籍人占据了统治地位。③

成立于1922年的北大研究所国学门，被认为是中国第一个严格意义上的现代学术科研机构，其宗旨为"整理旧学"，即用所谓"科学"的方法对中国传统之学进行研究。国学门主任由沈兼士担任，机

---

① "某籍某系"出自鲁迅《我的"籍""系"》一文，最初发表于1925年6月5日《莽原》周刊第七期，收入《华盖集》。按：北大（和）文科在几近10年间，是浙江籍占主导地位。1922年4月胡适被任命为北大教务长，开启了英美留学生在北大占据重要地位的时期。

② 刘克敌：《困窘的潇洒：民国文人的日常生活》，广西师范大学出版社，2013年，第37页。

③ 陈万雄：《五四新文化的源流》第一章，生活·读书·新知三联书店，1997年。

构共包括委员会、三室（登录室、研究室和编辑室）和五会（档案整理会或明清史料整理会、古迹古物调查会或考古学会、歌谣研究会、风俗调查会和方言调查会），由国学门的委员、助教和干事分别担任相应职务。委员会委员有：蔡元培、顾孟余、沈兼士、李大钊、马裕藻、朱希祖、胡适、钱玄同、周作人、蒋梦麟、皮宗石、单不庵、马衡、周树人、徐旭生、张凤举、刘复、陈垣、李宗侗、李四光、袁同礼和沈尹默。这22个委员中，浙江籍11人，恰好占了一半。国学门接收并整理了历史博物馆61箱又1502麻袋内阁档案，考古学会组织并参与了一些古迹调查与田野考古活动，所收集的大量古代器物、民俗物品和明清档案，亦成一"综合的历史博物馆"并向社会开放。

故宫注定要与北京大学发生联系，而且不是一般的联系。其中的重要纽带是北京大学研究所国学门。故宫作为明清两代皇宫，其丰富的文物收藏是中华民族的珍贵文化遗产。对于以研究"旧学"即传统文化为职志的北大国学门，则一直关注着故宫，关注着故宫文物。

辛亥革命后，逊帝溥仪暂居内廷，根据国民政府所议定的《清室优待条件》，民国政府每年拨款400万元。但由于逊清皇室任意挥霍及其内务府人员的中饱和舞弊，往往入不敷出。而民国政府所负担的经费，也往往因为财政困难而不能如期按数拨给，清室只好靠借债抵押维持。为了还债，筹款的办法之一就是大量拍卖宫中的金银、珍宝、古玩等。其中最大的一次是1924年5月31日，经溥仪岳父荣源之手，向北京盐业银行抵押金钟、金册、金宝和其他金器，抵押款数80万元，期限1年，月息1分。①对于清室拍卖珍宝一事，北京大学研

---

① "合同内规定，四十万元由十六个金钟（共重十一万一千四百三十九两）作押品，另四十万元的押品则是：包括八个皇太后在内的金宝十个，金册十三个，以及金宝箱、金印池、金宝塔、金盘、金壶等，计重一万零九百六十九两七钱九分六厘；不足十成的金器三十六件，计重八百八十三两八钱，嵌镶珍珠一千九百五十二颗，宝石一百八十四块。另外还有玛瑙碗等珍品四十五件。只这后一笔的四十万元抵押来说，就等于是把金宝金册等十成金的物件当作荒金折卖，其余的则完全白送。"引自溥仪《我的前半生》，群众出版社，2007年，第111页。

究所国学门委员会于1923年9月26日发布公函，表示坚决反对，并认为这些珍宝应由民国收回并保管："据理而言，故宫所有之古物，多系历代相传之宝器，国体变更以来，早应由民国收回，公开陈列，决非私家什物得以任意售卖者可比。且世界先进各国，对于本国古代之遗迹古物，莫不由国家定有保护之法律，由学者加以系统的研究，其成绩斐然，有裨于世界文化者甚大，而我国于此，尚不能脱离古董家玩好之习，私相授受，视为固然，其可耻孰甚。况日本经此次之大地震，遗迹古物之损失极多，我国于此担负保存，及整理关于东方考古学的材料之责任，亦因之愈加重大。北京大学对于此事，似不能坐视不问，为此函请将此事递交国务会议，派员彻底清察，务须将盗卖主名者，向法厅提起诉讼，科以应得之罪。"①

在冯玉祥发动"北京政变"、驱逐溥仪出宫后，对于清室古物保管问题，以北京大学为首的知识分子群体一直极为关注。1924年11月20日国立八校联席会议专门召开会议集中讨论清室古物保管问题。北京大学代表提议："为保存历史上艺术上及国粹上之古物起见，拟要求公开，以期永远。"结果议决："关于清室古物宝器，要求绝对公开，设法完全保管，并开具清单，宣布中外。"②不久联合会再次讨论决议："清室古物，于文化上有极大关系，……希望其成立一完全美满之图书馆与博物馆，由国家直接管理，并邀集各机关参加监视，期在公开保存，俾垂久远。"③

历史给北京大学，特别是国学门提供了一个难得的机遇。成立清室善后委员会、点查清宫物品、筹建博物馆，都是前无古人的大

---

① 北京大学国学门研究所委员会：《北大请禁清室盗卖古物》，《申报》1923 年 9 月 26 日。

② 《教育界主张公开清室古物八校联席会议议决绝对公开保存》，《顺天时报》1924 年 11 月 21 日第 7 版。

③ 《教育界与清室古物无非希望公开保管尚未达到具体办法之机会》，《顺天时报》1924 年 11 月 23 日第 7 版。

事，都需要有识之士与专业人员的参与。大批北大师生于是走进了古老的皇宫，其中相当一部分是浙江籍学者教授，他们投入崭新的也是充满吸引力、发挥创造性的事业，写下了中国现代文化史上光辉的一页。

办理清室善后委员会连同委员长共15人，委员长为李煜瀛，委员有汪兆铭（易培基代）、蔡元培（蒋梦麟代）、鹿钟麟、张璧、范源濂、俞同奎、陈垣、沈兼士、葛文濬、绍英、载润、耆龄、宝熙、罗振玉（自绍英以下5人属于清室）。清室5人，4人为满人，唯一的汉人罗振玉祖籍则为浙江上虞；政府方面的10人加上作为代表的2人，共12人：李煜瀛是国民代表，鹿钟麟是京畿卫戍总司令，张璧是北京警察总监，这3人都是河北人；范源濂、易培基是湖南人；陈垣是广东人；其余的汪兆铭、蔡元培、蒋梦麟、俞同奎、沈兼士、葛文濬6人皆为浙江人。就是说，其中一半是浙江人。

在准备开展清查清宫物品时，主持其事的易培基致函清室善后委员会委员长李煜瀛，提出了一个30人的"清查干事名单"。①这30人应该是对学术文化界认真考量后提出的，具有代表性，他们是：蒋梦麟、胡适、钱玄同、王星拱、顾孟余、马裕藻、沈尹默、陈垣、马衡、皮宗石、吴瀛、朱希祖、徐鸿宝、单不庵、顾颉刚、罗宗翰、严智开、裘善元、罗庸、黄文弼、周树人、王斧、邓以蛰、陈宗汉、徐炳昶、李宗侗、胡鸣盛、欧阳道达、唐赞襄、李柏漤。其中浙江籍人士为11人，超过了1/3。后来清室善后委员会把所聘请的人统称"顾问"，这30人也以"顾问"名义受聘；但后来顾问不断增加，例如北京大学先后参与故宫工作的就超过了30人，其中有委员、导师、助手和学生等多种身份，因此开始时所拟的这个名单，值得重视。

---

① 易培基致李煜瀛的函件："迳启者，承属以清宫各处封禁之物亟待清查，以谋开放，公之全国人民浏览研究，委托敝会组织人员从事清查注册等因。兹特请订清查干事蒋梦麟等三十人并附干事名单于后。即希查照，分别接洽办理为盼。此致清室善后委员会委员长李。筹备会筹备主任易培基。"故宫博物院档案。

在本文介绍的4个浙江籍文化家族的13位人士中，三马、三沈、俞同奎等7人都是北大的名教授，俞平伯、朱家济、朱家濂等3人也先后毕业于北大，他们与故宫的关系，也是北大与故宫关系的一个见证，一个缩影。

见证了中国文化家族的风采与转型

家族是构成传统中国社会的基本单位，也成为中国传统文化的重要特征。相对于士绅家族与豪富家族，文化家族更彰显着文化的特色，即既有显赫的门庭，又有强烈的文化意识和良好的文化环境，重视教育，并有相当的文化积累。近现代以来，这些家族不仅是众多重大历史事件的亲历者，其中不少还是中国传统与现代化激荡历程的重要参与者，而其自身的坚守、转型和式微，又是"三千年未有之大变局"中的缩影。鄞县马氏、吴兴沈氏、德清俞氏、萧山朱氏都是如此。

鄞县邱隘盛垫马氏家族，据族谱记载，为汉代伏波将军马援之后，北宋末年南渡避乱，至明代永乐年间，其中一支子昌公入赘盛垫桥盛氏，遂定居于此，成为该族始祖。第三代贤庵公曾官拜兵部尚书，此后其家庭未有继任为官者，到19世纪中叶已经没落。使家族中兴的是马海曙（1826—1895）。马海曙因"科场不售"，投笔从商，尔后通过捐纳获得官职，曾在江苏南部的丹徒、吴县、金坛等地做官，擢升直隶州三品知府。马的大儿子马裕藩以科举正途入仕，充任甘肃知县；另有两个儿子早夭，一个中年弃世；其余5个，上述马裕藻、马衡、马廉为北大教授外，老五马鉴（字季明，1883—1957），获美国哥伦比亚大学硕士学位，曾任燕京大学国文系主任、香港大学中文学院教授；老七马准（字太玄，1887—1943），曾在广州中山大学负责图书馆工作，又在京师图书馆工作过6年，后出任北京大学教授，教授文字学和目录学。马衡的儿子马彦祥（1907—1988），毕业于上海复旦大学，曾在齐鲁大学、南京国立戏剧学校任教，中华人民共和国成立后任文化部艺术局副局长等，致力于戏曲改革工作。马鉴之子马临，在英国获博士学位，1978年至1987年任香港中文大学校长。

"三沈"祖籍浙江吴兴（今湖州市）竹墩村。竹墩沈氏为沈氏重要支系，延续至今已有104代，明清之际成为吴兴的名门望族，以诗礼之家传承，历代人才辈出。"三沈"祖父沈际清（1807—1873），曾考取顺天府乡试解元，后赴京参加乙巳会试，挑取誊录，遵例改归原籍补国史馆誊录，议叙知县。初任江苏盐山知县，后升任顺天府宛平县知县。同治六年（1867）随陕甘总督左宗棠赴陕，先任绥德州知州，后调任陕南汉中府定远厅（今镇巴县）同知，升任候补知府加盐运使衔，举家迁徙兴安府汉阴定居。沈际清卒于陕西汉阴，诰授朝议大夫。"三沈"之父沈祖颐（1854—1903），监生，曾任汉阴厅抚民通判、汉中府定远厅同知，在任上去世。"三沈"祖孙三代均在汉阴居住生活。沈祖颐有三子三女，他非常重视子女教育。"三沈"兄妹幼年在家塾读书，常赋诗作文，呈请父亲评定甲乙。1903年沈祖颐去世后才举家迁出汉阴，客居西安。1905年，沈尹默与沈兼士自费赴日本留学，因家庭拮据，不足一年尹默即回国，兼士则继续留日，在章太炎门下求学。

据考，德清俞氏源于山东，其远祖俞希贤曾在元代时出任提举，元末时迁居德清。近世科举，始于清乾隆年间的俞廷镳。俞廷镳是俞樾的祖父，字昌时，号南庄，一生好读书，学识渊博。俞廷镳之子俞鸿渐，字议伯，号剑花、涧花，清嘉庆二十一年（1816）乡试中举人，曾任知县。俞鸿渐之子俞樾，是德清俞氏文化名门世家中的主要奠基人。俞樾（1821—1907），字荫甫，号曲园，清道光三十年（1850）进士，授翰林院庶吉士，编修。曾任河南学政，后因御史曹登镛劾奏"试题割裂经文"而罢官，遂移寓苏州。俞樾逝世以后，被奏准列入《清史·儒林传》。俞樾生有两子，长子绍莱，英年早逝；二子俞祖仁，字寿山，生俞陛云。俞陛云（1868—1950），字阶青，光绪二十四年（1898）进士，参加殿试，以一甲三名赐探花及第，授编修。民国元年（1912）俞陛云任浙江省图书馆馆长；民国三年（1914）任清史馆协修。俞平伯是俞陛云的儿子。①

俞丹石系俞樾侄孙，为德清俞氏之一脉，少居无锡。嘉德四季第十七期拍卖会曾现俞樾为俞箴墀事致盛宣怀（盛为北洋大学堂首任督办）的手札。俞同奎的祖父俞林，字壬甫，为俞樾胞兄，清道光二十三年（1843）癸卯科举人，清同治十三年（1874）殁于福建省福宁知府任上。父名祖福，字豁堂，生前为福建盐场使。

据《萧山朱氏宗谱》记载，唐代朱瑰奉命戍婺源置制茶院，遂为茶院朱氏。茶院朱氏后代避元末乱迁居浙江萧山。第一个到萧山的叫朱寿，在萧山城东一金姓人家做工，被东家招为女婿，从此在萧山落脚，后人丁兴旺，但一直是普通农户。改变朱家命运的是朱凤标（1799—1873）。朱凤标字建霞，号桐轩，道光十二年（1832）从萧山考中一甲二名进士，后授翰林院编修。先后做过吏部、户部、兵部侍郎，起居注官，翰林院侍讲学士，体仁阁大学士等职。第二次鸦片战争时期，朱凤标作为积极反侵略的主战派，上书促咸丰皇帝发谕开战，卒后追赠"太子太保"，谥"文端"。《清史稿》卷三百九十七有传。朱凤标子朱其煊，以国子监生授工部主事，后来官至山东布政使。朱其煊子朱有基，同治十二年（1873）举人，授内阁中书。后来官至四川按察副使，兼理川东兵备。朱有基子朱文钧。朱文钧有4子，长子朱家济、次子朱家濂、四子朱家溍前已介绍，三子朱家源，字清圃，毕业于清华大学，曾在中国大学任教，教授"比较宪法""中西交通史"等课程。1949年以后任职于中国社会科学院历史研究所，是资深的宋史专家。

---

① 俞润民、陈煦：《德清俞氏》，中国人民大学出版社，1999年。

这4个文化家族，其发迹都与科考、跻身仕途有关，从家族振兴以至民国时期，都经过了三到五代，虽然其文化积累与社会影响不完全相同，但仍有一些共同的特点：

其一，重视家族教育与文化传承。

这些家族虽然都是靠科考、仕途确立社会地位，但科考、仕途并不能保证其家族的文化性质，保持家族文化生命力的是教育，是对传统诗文创作与学术传承的重视。这种传承与教育，是他们能够参与或加入故宫工作的基础与保证。

以德清俞氏俞樾、俞陛云、俞平伯为例，他们都是学问家，著述甚丰，显示了一种传承的关系。俞樾为清末一代著名学者、朴学大师，有《春在堂全书》490卷传世。俞樾在苏州、杭州讲学30余年，影响远及日本、朝鲜等东南亚国家。俞陛云幼承家学，受祖父俞樾的亲自指导，因此在文学、书法方面都有很高的建树，尤其精于诗词，有著作多种。俞平伯从事学术活动长达65年之久，他在诗词、散文、小说、词、曲、红学等方面都颇有建树。朱翼盦、朱家溍不仅学问好，著作也为世所重。朱翼盦著有《欧斋石墨题跋》等多种。朱家溍的《清宫退食录》等清宫史及文物研究著作，在学界享有盛誉。正是这种文化学术的传承，使得参与故宫工作的浙江籍文化家族具有了很好的底蕴与素养，他们不仅对所从事的事业充满着热情、热爱，而且拥有搞好工作的真本事，在工作中也注重研究积累，勤于动笔，撰写各类文章。

中国古代没有建立真正的公共教育体系，家庭教育和以家族教育为核心的私塾教育就显得特别重要。一个家族要建立起一种足以影响家风的家学渊源，需要几代人的努力。因此，文化家族共同的一点，就是重视家族的教育功能。清末民国时期，教育制度已发生根本性变化，出现了新式学堂，许多人还出国留学。但上述4个家族仍然重视家族教育，这种教育给其家族后代从小植入了中国传统文化的基因，甚至影响了他们的一生。

　　例如俞平伯，就曾受其曾祖俞樾的教诲。俞樾曾倾注全力培养孙子俞陛云，还特地写了一本《曲园课孙草》作为教育孙子读书的示范文，被传为佳话。俞平伯出生后，俞樾又专注于对他的教育。光绪二十九年正月初八（1903年2月5日），曲园老人命3岁的俞平伯于此日起开卷，因为"是日甲子于五行属金，于二十八宿遇奎，是谓甲子金奎，文明之兆也"。特赋诗一首："喜逢日吉又辰良，笑挈曾孙上学堂。一岁春朝新甲子，九天奎宿大文章。更兼金水相生妙，能否聪明比父强。记有而翁前事在，尚期无负旧书香。"寓意有一个上好的开始，能够收获一个美好的未来。有感于曾孙7岁即知跟随自己习字，曲园老人又赋诗："娇小曾孙爱似珍，怜他涂抹未停匀，晨窗日日磨丹砚，描纸亲书'上大人'（自注：僧宝虽未能书，性喜涂抹，每日为书一纸，令其描写）。"僧宝是俞平伯的乳名。俞平伯成年后曾回忆道："清光绪丙午冬，曲园公每夕口授若干字，俾我书之，旋因病中止，遂成永诀。"[1]俞平伯所受到的教育，应该不只是知识，而且是延续家族文化生命的殷切期望，是一份文化传承的责任感。俞樾对俞氏家族其他后代，也同样是倾力培养。

　　使鄞县马氏近代中兴的马海曙，15岁当学徒，决心不让自己的儿子重蹈覆辙。他有子9人，专门延请杭县叶瀚为家庭教师。叶瀚精通儒家经典，又留学日本学习师范教育，后来曾任北京大学历史系教授兼研究所国学门导师，为马氏兄弟成为既传承儒雅又富有现代精神的人才打下了良好基础。

　　处在陕南一隅、寂寂无闻的"三沈"的祖父、父亲在儿孙教育上同样认真，沈尹默对此有过回忆："我的曾祖父玉池公是前清副贡生，终身清苦，课徒为生，冬夏一床席，无钱置书，常手抄经籍，授子侄辈诵习，幼年犹得见其所写小楷《尔雅》。祖父拣泉公是前清解元。……他的诗思敏捷，酒酣辄手不停挥，顷刻成章，书法颜、董，

---

　　[1] 转引自秦敏：《德清俞氏家族文化与教育》，《河池学院学报》2010 年第 4 期。

有求之者必应，毫不吝惜。……曾任汉中府属之定远厅同知，有遗墨赏桂长篇古诗在城外正教寺壁上。……父亲亦喜吟咏，但矜慎不苟作，书字参合欧、赵，中年喜北碑，为人书字，稍不称意，必改为之。公余时读两汉书，尤爱范史。我幼年在家塾读书，父亲虽忙于公事，但于无形中受到薰育。"①

其二，生长在异地的文化家族。

这几个家族的人员虽然在署名时都要写上原籍，但由于进入上层、异地为官等原因，他们中的许多人都是在异地生长，与原籍往来并不多。但应看到，在中国古代，家族不仅具有文化传承的意义，还有情感纽带的作用。因此这种对于原籍的重视与尊崇，其实是对于家族的认同、对于祖先的思念及对于先辈功业的自豪感，这是鼓舞他们为家族争光的重要精神力量。当然，文化家族对于家族的认同，更多的是在知识与文化的传承过程中实现的。

"三沈"生长在陕南汉阴，沈尹默在《自述》中说："我是浙江省吴兴县竹墩村人，但我出生在陕西兴安府属之汉阴厅（1883），一直到24岁才离开陕西，回到故乡来，住了3年。"他们接受的虽然都是传统文化，但不可能不受到所在地文化的影响。"三沈"就很有说服力。他们所生活的汉阴县因汉水而得名，素为"安康首邑"，四季分明，物产丰饶，民风淳朴。明清湖广移民更强化了"耕读传家"的风气，民间兴私塾，官府倡书院，修葺文庙，兴建魁星楼和文峰塔，人文蔚起，呈空前之盛。汉阴县清代进士就有20人。"'三沈'在陕南生活时期，与其祖籍地江浙的诗书风气相比有较大差异，他们虽远离了烽火外患的侵扰，但同时也有'无良师请益，缺朋好往返'的不利环境，但严格的家学熏陶和多年的寒窗苦读练就了他们的'童子功'，为'三沈'打下了扎实深厚的国学功底，而温馨融洽的骨肉亲

---

① 沈尹默：《自述》，引自戴承元主编《三沈研究》，西北大学出版社，2008年，第82页。

情和南北交融的文化氛围，使 '三沈'在雄奇秀丽的自然人文环境中养成了不激不厉的个性特征、兼容并蓄的文化品格。"①萧山朱氏自从朱凤标到京城做官，举家迁至北京，至今已有六七代，朱家济、朱家潜四兄弟都喜欢京剧，也当与北京的文化氛围有关。德清俞樾被罢官后侨居苏州，俞平伯就生长于苏州，自称半个苏州人，16岁考入北京大学后才离开苏州，苏州文化对俞平伯自然也有很大影响。

其三，均为近现代转型时期的中国文化家族。

光绪三十一年（1905），清政府废除科举制度。科举制的废除是中西文化撞击、新旧文化冲突的产物。它使延续了千余年的科举考试制度与读书人的身心性命般的关联彻底终止，打破了儒学数千年独尊的地位，瓦解了士绅阶层，促进了近代学术的转型与发展，对20世纪初的中国文化演进产生了极为深远的影响。也有论者指出简单废除科举制带来的种种弊端，带来了中国文化的断层。当然这是一个可以讨论的问题。但是，科举制的废止，则意味着传统仕途之路的终结，文化家族自然面临着生存危机，到了一个转型时期。我们这里仅对4个浙江籍文化家族在新学、西学与旧学的态度上做点介绍，因为这牵涉到后来他们与故宫的关系。

清末西学影响的深入与新式学堂的大量兴办，使一些有识见的人士看到社会变化的大趋势，为了家族的继续发展，对于后代的职业选择，不能不有多种考量。朱文钧的父亲朱有基，当时属于维新派，主张君主立宪。教育儿子采取新旧双轨制：一面在家读经书，习制艺，准备乡试，另一面命大儿子朱文钧入同文馆学英语准备出国，命二儿子考入陆军贵胄学堂，命三儿子考入法政贵胄学堂。这种多方选择，可以说是面对新形势的慎重安排。朱文钧的学历也充分反映了当时新旧、中西交融的状况。他自幼在家塾中读书，受到了传统的国学基础教育，后入第一届同文馆学习英语。光绪二十七年（1901）顺天乡

---

① 沈长庆：《沈尹默家族往事》，中国文史出版社，2013年，第49页。

试中副榜，次年考入实业学堂（北京工业大学前身），光绪三十一年（1905）毕业，随驻英国钦差汪大燮赴英国，考入牛津大学，研读经济学，光绪三十四年（1908）回国，任职于度支部。

当时出国留学蔚成风气，有公费的，有自费的。如马裕藻是通过考试，获取浙江省公费留学日本，毕业于日本早稻田大学、东京帝国大学，沈尹默、沈兼士兄弟则是自费留学日本。

俞樾是名满天下的经学大师。从他对从孙俞丹石（俞箑墀）、俞同奎及曾孙俞平伯的诗中，可见他对于西学传播及出国留学的无可奈何，以及最终接受的态度变化，反映出文化家族在不可阻挡的时代潮流面前的艰难转型。俞丹石考取中西学堂，俞樾赋诗一首："百年世业守箕裘，惟有楹书数卷留。祖德衰微行且尽，儒门淡泊竟难收。遂教吾业趋新学，不及农夫守旧畴。送尔北行虽可喜，悠悠时局使人愁。"该诗有注云："从孙中习西学者，尚有一人曰同悌，今在福建。"[1]俞樾的从孙俞同奎生于福州，毕业于福州英华学校，因父母双亡，赴苏州投靠他，在他指导下攻读国文，4年后考入京师大学堂师范馆，翌年派赴英国留学，俞樾的送别之作是："一经世守又农桑，百有余年祖德长。吾道无端开别派，尔曹相率走重洋。"[2]俞平伯5岁时，也开始学习外文，俞樾有诗云："膝下曾孙才六岁，已将洋字斗聪明。"俞樾在临终前，曾写有遗言，其中有牵涉到子孙读书："吾家自南庄公以来，世守儒业，然至今日，国家既崇尚西学，则我子孙读书之外，自宜习西人语言文字，苟有能精通声、光、化、电之学者，亦佳子弟也。"[3]

20世纪二三十年代，随着现代学科的建立与分化，加上当时科

---

[1] 俞樾：《天津二等中西学堂招考学生，从孙箑墀考取第二，送之北去，为赋此诗》，《春在堂诗编》卷一六，第553页。

[2] 俞樾：《送从孙同奎游学西洋》，《春在堂诗编》卷二一，第615页。

[3] 徐雁平：《从春在堂到秋荔亭——俞樾和俞平伯诗中的家族史》，载《国学研究辑刊》2004年第13期。

学救国、实业救国思想的影响，许多具有泛文化传统的文化家族逐渐走上文理分科的专业化道路。但由于家族文化环境的影响，有的人对文科充满挥之不去的强烈的兴趣。朱家溍上高中时就向往北京大学国文系和历史系，常去北大听课。他回忆说："我虽然对于文科有兴趣，但在报考大学的时候，我的大哥、二哥一定要我报考北洋大学机械系和唐山交大水利系。我自己知道考不取，但也必须去考，结果没考上。他们又说：'你岁数还小，从现在起用一年功明年再考。'这一年因为有了时间，我仍旧到北大听课，并且扩大了范围。黄节先生已回广东，胡适先生的课还继续上。另外又选择了罗常培先生的语言学、沈兼士先生的文字学、孟森先生的清代开国史、钱穆先生的中国通史。一年之后又报考唐山交大，当然还是考不取。我的哥哥们不再坚持。于是，我选择了辅仁大学国文系，因为教授的阵容都是北大的原班人马。"[①]从这段话，我们可以悟到朱家溍何以后来能成为文博大家。

其四，民国时期文化家族普遍有着良好的传统文化素养。

如上所述，转型时期的文化家族成员，虽然多数都上过新式学堂，有大学学历，还有一部分人曾出国留学，但他们一般都受过基本的国学教育，并有文学艺术的一些爱好。这一方面得益于家族教育，同时大多数人在大学学的也是文科。这是他们中的一些人后来能喜欢并能胜任故宫工作的重要原因。

有的人原本并不学文科，对文物完全是业余爱好，但下的功夫深，则成了大专家。例如朱文钧先生，学的是经济，在财政部工作，但他致力于收藏碑版、书画，且多为罕见珍秘之本，并精于鉴别，在故宫的文物整理中发挥了重要作用。这也是文化家族长期积累的体现。俞平伯毕业于北大中文系，只参加了几个月的清宫物品点查，但他日记中对一些书画优劣的评论，颇具专业水准。这些当然不是课堂

---

① 朱家溍口述、朱传荣整理：《朱家溍传》，文物出版社，2003年，第31页。

上学来的，而是日积月累，从多方面获得的。

此外，这些文化家族的人士还有一个特点，即除了自己的专业知识外，还多才多艺，有广泛的爱好，生活有情趣。例如，马衡精研金石六书，长于篆法，故余事治印，整饬渊雅，直追周秦两汉，深于法度，继吴昌硕后被推为西泠印社社长，有《凡将斋印存》《锐庐印稿》问世。沈尹默首倡新诗，旧体诗亦颇为专家推崇，有《松壑词》《归来集》《秋明室杂诗》《秋明长短句》《入蜀词》等；尤以书法闻名，民国初年，书坛就有"南沈北于（右任）"之称，20世纪40年代书坛又有"南沈北吴（吴玉如）"之说。朱文钧的书法博习诸家，又酷嗜董其昌，而以颜书为骨，晚岁取欧书损益之，遂自成家；晚年画小幅山水，颇受好评。朱家济是杰出的书法家，擅真、行、草三体，作品俊丽清健、笔跃气振，自成风格，有《朱家济行楷六种》等出版。他对于书道，尤其是"运腕"二字，有着独到而精辟的见解，影响甚深。萧山朱氏从朱有基开始，看戏就是一种综合的教育和娱乐。朱家弟兄对于昆曲非同一般的爱好，更是为人称道。朱家济20世纪30年代初任职故宫博物院、北京大学时，曾偕兄弟家濂、家潘，与朋友陆宗达、赵元方、戴明扬、岳少白、周复等20余人，在什刹海萧寺一带举行昆曲清唱活动。赵元方曾作文回忆："冬夜歌阕，连臂履冰，月色如银，空池相照，虞卿（即家济）引吭长啸，声彻碧霄。古寺寒林，亦生回响。少年意气，颇谓无俦。"[1]

留下了故宫博物院院史上令人永远追怀的业绩

上述4个家族中13位人士都参与或参加过故宫的工作，但各人情

---

[1] 《朱家济先生年谱（长编）》，载何晓英主编《大雅久不作——寻觅朱家济先生》，中国书店，2012年。

况又不一样。在点查清宫物品、筹建故宫博物院期间，有沈兼士、俞同奎、马衡、俞平伯、俞丹石5人参与：俞丹石工作3个月；俞平伯有半年时间；马衡则长期服务于故宫，直到1952年调出；俞同奎工作到1933年，1946年又回故宫工作3个月，此后就离开了故宫；沈兼士到1937年实际上离开了文献馆。20世纪30年代故宫聘请的专门委员，有朱文钧、沈尹默、马裕藻、马廉4位。朱家济、朱家濂兄弟也是30年代前后加入故宫工作，朱家济1939年离开故宫，1946年受聘为故宫专门委员，朱家濂1952年调离故宫。朱家潘抗战胜利后进入故宫。沈士远1952年调入故宫。13人中，1952年以后在故宫工作的只有沈士远、朱家潘2人。13位人士，出生于19世纪的9人，即俞丹石、俞同奎、朱文钧及"三沈"、"三马"，年龄最长的是俞丹石，去世也最早（1875—1926）；俞平伯、朱家济、朱家濂、朱家潘4人出生于20世纪，朱家潘年龄最小，去世也最晚（1914—2003）。这些文化家族人士对于故宫的贡献，集中在民国时期，而且主要在1937年抗日战争全面爆发之前。

考察这些人士在故宫工作的经历，可以看到当时社会上及故宫在用人方面的一些特点。以朱家济为例，1928年北京大学毕业，次年即进入故宫任编辑审查，同时兼任国立北京大学预科讲师，后还在北京艺术学院教授中国艺术史；1932年入财政部任关务署计核科科员，任职约两年；1935年又到故宫博物院南京分院工作，为古物馆科员；1939年离开故宫，到重庆财政部贸易委员会任专员；1946年受聘为故宫博物院专门委员。[①]1924年11月，俞同奎任清室善后委员会委员，这一年12月，任交通部技正；故宫博物院成立，俞任理事兼古物馆副馆长，1929年后任总务处处长，1928年至1930年兼任北平大学工学院院长，1933年11月调回南京国民政府教育部，后来从事液体燃料的

---

① 据《朱家济先生年谱（长编）》，载何晓英主编《大雅久不作——寻觅朱家济先生》，中国书店，2012年。

管理和运输工作达9年之久，1946年10月回故宫工作了3个月，1947年1月调任教育部北平文物管理委员会秘书，以后再没有回故宫。如果说朱家济是才走向社会的年轻人，需要自己寻找工作，俞同奎则是有相当地位与名望的政府管理人员，他的工作变动属于上级的调动。但他们二人有相同之处：一是工作变化比较频繁，来去相对自由。清宫物品点查，人员都是互相介绍的，如俞平伯是顾颉刚所介绍，俞丹石则是徐森玉邀请。徐森玉是京师图书馆主任，他介绍的人应该不少，俞丹石1924年11月8日的日记写道："森玉来，邀馆中人同入清宫点收书籍。挟任父同去。"① "邀馆中人同入清宫"，人数肯定不少，也说明当时尚没有一定的手续。后来这些参与者被聘为顾问，有了聘书徽章。俞丹石不想干了，就写信退还了聘书徽章。②1928年以前的故宫博物院，政府不拨款，薪水微薄且没有保证。后来又是文物南迁、西迁。在这种状况下，人事方面的变动就很大，同时，那个时期整个社会在人员管理上也相对比较宽松。二是兼职多。不只是朱家济、俞同奎有兼职，马衡在当了故宫博物院院长后才辞去北大的职务，但还被辅仁大学聘为教授。沈兼士长期在故宫文献馆工作，但一直是兼职。兼职多在当时是一个普遍现象。

浙江籍文化家族人士对故宫的贡献主要在三个方面：

其一，参与清室善后委员会的领导工作，抵住各种压力，与其他有志于故宫事业的人士一起，坚持进行清宫物品点查工作，为故宫博物院的成立做了充分的准备，终于使帝王的宫殿和珍藏成为人民共享的公共文化财产。

其二，一批浙江籍文化家族的人士参与故宫工作并成为重要领导

---

① 任父即金守泫，字任父，又作壬父。时为京师图书馆职员，后被清室善后委员会聘为顾问。

② 信的内容为："石曾先生有道：前承不弃，命充顾问。勤务数月，初无建树，尸位自惭，夙夜弥宁。谨将聘书一通连同徽章奉缴，乞许引退，实深衔感。专肃谨颂公绥俞泽篪一十四年五月八日。"故宫博物院档案。

成员，如马衡、俞同奎、沈兼士等，在故宫保护与博物院发展上做出了重大贡献。特别是抗日战争中故宫文物南迁、西迁，马衡院长为了文物安全，更是竭尽全力，其功厥伟。

其三，一批浙江籍文化家族的人士把北大的学术风气、研究经验带到了故宫。故宫博物院一开始就定位于一个学术机构。北京大学研究所国学门以新的原则和方法研究国学，并扩大国学研究范围，在研究中也吸取了西方的理念和方法。马衡、沈兼士等凭借在国学门文物整理、档案整理的经验，推进了故宫的学术建设，取得了重要的学术成果，在中国现代学术转型中发挥了积极作用，同时也培养了一批中国一流的文物博物馆专家，促进了博物馆学的发展。

当然，上述13位人士，各有自己的贡献，马衡、沈兼士、俞同奎都是故宫博物院的领导人，他们的事迹已广为人知。朱家济、朱家潘兄弟的博学多才及在文物研究上的造诣，亦享有盛誉。即使短暂参与工作的人士，犹如电光一闪，也留下了光彩。

例如，俞丹石参加过3个月清宫物品点查，在工作中有一些想法，并写信给陈垣先生，这件事记在他的日记中，今天读来也觉得很有见地："民国十四年（1925）三月二十六日晴。晨起入宫，任第三组组长，偕万君华等检查毓庆宫。作一函致陈委员援庵（即陈垣），陈四事：一速事审查；一筹办图书、博物二馆；一从缓开放；一分部进行善后事宜，托陈君子文转交。"①《日记》辑注者孙玉蓉对此有个注解，认为：俞丹石在致陈垣信中所提出的这些建议，来自他在实际工作中的所感和所想，来自同人们平日谈论的积累，同时，也有社会舆论的影响。如当时就有大学师生和媒体记者提出了参观故宫的愿望，因为时间紧迫，条件不成熟，所以，他提出了"从缓开放"故宫的建议。然而，并未被采纳。为了满足民众渴望参观故宫的愿望，清室善后委员会决定，自1925年4月12日起，每星期六、日的下午，故宫的

---

① 据孙玉蓉辑注《俞丹石入清宫清点文物日记摘抄》，载《文献季刊》2006年第4期。

御花园等8处殿宇对外开放，民众可以购票参观。因此，在1925年4月11日俞丹石的《日记》中，才有了"闻清宫中路定明日开始售票"的记载。

值得注意的是，不久俞同奎发表了《对于清室善后委员会的希望》①一文，他认为"点查只是善后的第一步"，"审查与保管"则是第二步、第三步，同样是清室善后委员会不可推诿的责任；提出应即刻筹划"永久保管所有权的方法"，"不仅为清室善其后，兼为故宫房屋及点查的东西善其后"，这办法就是筹建图书、博物二馆。他还详细阐述了建议筹办图书、博物二馆的设想，包括办馆经费如何筹措等问题。他说："我们必得供献出三百余年皇帝的宝藏，为全社会所公有共享，这方含有真的革命意味，方才对得起民国政府，方才对得起清室，方才对得起委员会的本身。"俞同奎是清室善后委员会委员，他的这些重要见解反映了他的思考之深。同时我们相信，文中的观点，应该包含了俞丹石的建议，说不定还有俞平伯的意见。因为当时俞丹石、俞同奎、俞平伯一起参加点查，可谓"过从甚密"，这在俞丹石的日记中多有记载。②

俞平伯1925年在参与故宫点查工作的间隙，写了《记在清宫所见朱元璋的谕旨》与《杂记"储秀宫"》两文，前文对朱元璋的性格与治国政策进行了分析，后文将溥仪出宫前房间内的陈设摆放做了仔细描述，两文公开发表于同年的《文学周报》。俞平伯还留有点查日记，曾把所看到的书画都做了详细记录并有评骘，如"佳""尚佳""较精美""笔意极秀润""工细近俗"等，从中可见他的认真

---

① 载《现代评论》，1925年第二卷第三十二期。

② 如"与六弟（指俞同奎）约，拟星期二、四、六入内办事"（1925年2月19日）、"平伯代六弟任斋宫监视"（1925年3月28日）、"随陈希孟检查斋宫，与六弟同任监视"（1925年4月23日）等。

态度及书画鉴赏水平。①俞是文学家，但对文物也有研究。1924年就写出了《记西湖雷峰塔发现的塔砖与藏经》和《雷峰塔考略》两文，对塔砖与藏经进行了梳理与考证，时至今日，仍令业内叹服。这种人文素养与艺术情趣，不能不同俞氏世家和曲园先生联系起来。

---

① 例如，1925 年 4 月 28 日点查钟粹宫后殿，《日记》详细记录了所看到的 21 件书画，并有自己的评论：

1. 元人兰亭修禊图　绢地黑，无款，细笔（佳）。

2. 夏圭画山水　萨都剌题（至正二年作）。

3. 刘松年彻□图　绢地。

4. 恽寿平富春山图　绢地，戊申秋杪作，佳。

5. 宋李迪鸳鸯暮桂图　有篆字款，内府图书，佳。

6. 明仇英雪栈图　有仇英实父图记，佳。

7. 董其昌泉光云影图　纸本。

8. 钱选三鸟图　上有款，旁边被割，款伤。画一母三孩。

9. 李晞古乳牛图　绢地霉，无款，画尚佳。

10. 马远雪景山水人物　绢本无款。

11. 林璜双鹤图　绢地着色尚佳。

12. 商维吉写生　作一猫一狗，尚佳，无款。

13. 项圣谟蟠桃图　纸颜白，笔意极秀润。

14. 宋徽宗杏花鹦鹉图　着色，有御题诗，瘦金体，印上有花押。

15. 谢时臣青松白云图　气局颇好，惜损上半截，有拼截画上作后款，款非其笔也。

16. 文伯仁溪阁围棋图　工细而密，隆庆时作。

17. 明仇英九成宫图　着色，工细近俗。

18. 顾绣罗汉　共有数册，有带观音者凡 19 开，带韦驮观音者则为 20 开，俱匀□，较精美。

19. 梵力圆成　装订甚精，紫檀嵌银丝夹板，上缀白玉，然更有饰套五彩释佛家故实，为降龙伏虎、散花、须石、降□等事。颜色煊烂无匹。

20. 沈石田为吴宽作画册　开首有李东阳书"石翁摹古"四大字，共 20 开。苍凉秀润，乃其得意之笔。有题一段，录如下：客秋话别匏庵先生于金昌，酒酣情剧，不能作一诗一图为照，倏忽一载，阔惊如渴。暇日漫హ小帧 20 册，其间或追忆昔游，或对时景写怀，积有时日，方能成帙。远字都门，或可博一粲也。长洲沈周。又有一题为"拙作四图奉字匏公少宰"。末有吴宽跋云：石田先生绘事妙绝，天下□□。工力既到，而阅历又深，直入荆关之堂。……总李东阳、宽之题跋，共 23 开。

21. 刻（缂）丝花卉册 12 开　精美，颜色亦旧，但似非宋代物。

以上日记内容转引自李军《俞平伯〈故宫点查札记〉稿本纪要》，载《文献季刊》2011 年第 1 期。

1928年6月，南京国民政府接管故宫博物院，10月公布的《故宫博物院组织法》第十七条规定："故宫博物院因学术上之必要，得设各种专门委员会。"1929年4月故宫博物院制定了《专门委员会暂行条例》："本院为处理专门学术上问题起见，特在古物、文献、图书三馆内各设专门委员会，协助各该馆馆长关于学术上一切馆务"（第一条）。故宫民国时期聘任专门委员共三次：第一次是1929年易培基任院长时所聘。专门委员会名单一般由各馆提出，以院长名义聘任。朱文钧、沈尹默、马廉（马隅卿）、马裕藻为专门委员。第二次是1934年马衡任院长后所聘。马衡根据专门委员会成立以来的工作实践，提出设立书画、陶瓷、铜器、美术品、图书、史料、戏曲乐器、建筑物保存设计、宗教经像法器9个委员会。按文物类别分设专门委员会，既便于发挥委员的学术优长，也有利于开展文物点查及整理等各项工作。在聘任程序上，需经故宫博物院理事会常务理事会表决通过并函请行政院备案。这时的专门委员分两种：一为特约专门委员，一为通信专门委员。特约专门委员是直接参与故宫文物清理、鉴定及审查工作，通信专门委员是给予知名学者的荣誉性职衔，也在文物审定等工作中以备咨询，给予指导。这次沈尹默、马裕藻为通信专门委员，朱文钧、马廉为特约专门委员。第三次是抗日战争胜利后的1947年，朱家济（书画）、沈尹默（书画）、俞同奎（建筑）被聘任。专门委员会所聘人选都是业内公认的翘楚，聚集了一大批中国当时最著名的文史及古物研究方面的专家学者。朱文钧、沈尹默、马裕藻、马隅卿、俞同奎、朱家济等与其他专门委员一起，在故宫从事审查鉴定文物、整理明清档案、清点古籍图书、修缮保护古建及筹备文物展览等工作，做出了重要贡献。例如朱文钧除了审查鉴定书画、古器物外，还参加了征集择选文物参加"伦敦中国艺术国际展览会"的工作，与陈汉第、邓以蛰拟定书画展览标准[1]，挑选

---

[1]《伦敦中国艺术国际展览会筹备委员会专门委员会第一次会议录》，1934年11月4日，故宫博物院档案。

赴英展览的书画珍品，很好地完成了这一重要任务。马裕藻对专门委员工作很重视，故宫开始安排他在文献馆，他感到在图书馆更能发挥自己长处，就向院长写信，院里做了调整。[①]

朱文钧先生一家将全部珍藏捐献给故宫及其他单位，更显示了无比高尚的境界与收藏理念。朱先生一生殚心经史，以著述自遣，尤精于鉴别，收藏碑版、书画多为罕见珍秘之本，他的藏碑有三个特点：[②]一是名碑名帖多，如两汉碑刻近70种，当时所能见到的几乎全部收入，唐代碑版数量最多，虞世南、欧阳询、褚遂良、欧阳通、王知敬、李邕、史惟则、苏灵芝、李阳冰、张从申、颜真卿、徐浩、柳公权等名家存世碑拓皆囊括其中；二是善本精拓多，宋拓20余种，元拓4种，明拓40余种，含英咀华，孙承泽难以比肩；三是有鉴家、学者题识为多，如元拓石鼓文，孙克弘故物，附周伯温临石鼓文墨迹，翁方纲、吴云、张祖翼、杨守敬等题识。因故宫这方面的藏品是弱项，而朱先生所藏为公认的一份系统完整、拓工最古的拓本，当年马衡先生任故宫博物院院长时，拟用10万银圆收购，朱先生则表示将来要捐赠故宫。朱先生于1937年6月去世，1953年，由其夫人及4个儿子（朱家济、朱家濂、朱家源、朱家溍）将全部碑帖706种无偿捐赠故宫博物院。1976年，朱家又将明代紫檀、黄花梨木器和清代乾隆时期大型紫檀木器数十件无偿捐给承德避暑山庄博物馆，同时将家藏善本古籍数万册全部无偿捐献给中国社会科学院。1994年，朱家又将最后一批文物，包括唐朱澄《观瀑图》、北宋李成《归牧图》、南宋夏圭《秋山萧寺图》等书画作品，以及南宋王安道砚、明代潞王府制琴、明成国公朱府紫檀螭纹大画案等无偿捐赠给浙江省博物馆。

---

① 马裕藻致易培基（寅村）的函："寅村先生左右：辱荷颁赐聘书，惶愧无已。藻滥竽黉序，乏善可称，专门委员，恐难胜任。三馆之中，自以文献更饶兴趣，惟脑力较差，深以弗克从事为虑，实不敢承。无已，姑拟暂就图书馆中，勉尽绵薄，伏希鉴原为幸。匆匆不尽，敬颂箸安。弟马裕藻谨上十一月九日。"故宫博物院档案。

② 朱翼盦：《欧斋石墨题跋（上）》，施安昌《前言》，紫禁城出版社，2007年。

本文着重介绍了部分浙江籍文化家族与故宫的关系。其实在故宫博物院的发展中，还有各地相当多的文化家族也做出了贡献，他们的共同努力，成为故宫博物院在特定时代的一道亮丽风景。对于长期重视不够的文化家族问题，近年来已引起社会与学界的关注，这可能与20世纪八九十年代以来思想史、学术史研究的深化有关；从社会心理层面上看，近现代文化家族诗书传家、文明儒雅的形象，给日益浮躁和异化的现代社会带来了某种审美满足和心灵慰藉，为反思现代社会个体异化提供了一个参照物；而大学教育的工具化、商品化，人文精神的日渐丧失，也促使着人们在传统知识传承体制当中寻找资源。文化家族研究很有意义，从故宫着眼，也是一个大题目，因此我这篇文章只是个初探，还需要继续，需要更多的人一起研究。

（本文是作者为故宫学研究所于2014年10月召开的"文化名人与故宫博物院学术研讨会"提供的论文，载于《故宫博物院院刊》2015年第6期）

故宫文物藏品 7 年清理经过记

从2004年到2010年，故宫博物院对院藏文物进行了长达7年的全面清理，摸清了"家底"，首次对外宣布：截至2010年底，故宫博物院的可移动文物总数为1807558件（套）。多达500卷的《故宫博物院藏品大系》同时开始出版，《故宫博物院藏品总目》从2013年1月陆续在故宫网站向社会公布。

截至2010年底，中国文物系统博物馆藏品总量为1755多万件（套），一级品58649件，故宫藏品占总数的1/10多，故宫在文物清理前的一级文物8272件（套），已占到全国文物系统一级品的1/6。由于故宫文物的特殊价值及其数量的巨大，它的彻底清查，不仅是故宫博物院发展史上的标志性事件，对于中国文化遗产保护、中华历史文化研究也都具有重要意义，并为从2012年开始的全国国有可移动文物普查工作起了示范作用。

一个展览引起我对故宫文物的关注

故宫文物清理开始于2004年，但引起我对故宫文物最初的关注始自2000年初春的一个展览。当时我在国家文物局工作，故宫斋宫正在举办"清代宫廷包装艺术展"。这是故宫博物院与法国集美博物馆合办的展览，展品除了故宫的包装物外，还有集美博物馆收藏的反映中国包装的8件文物，以及一位法国收藏家所收藏的中国民间传统包装物。展出的清宫包装物都十分精美。

我认真看了这个展览，感到把清代宫廷包装定位在"艺术"的角度来展示欣赏，反映了主办者对包装认识的深化。好的包装不仅讲求实用，而且注重美观，把科学与艺术结合了起来，是创造性劳动的结晶。这一展览所选器物以康熙、雍正、乾隆时期的较多。这一时期由于政局比较稳定，经济迅速发展，财富大量积聚，各类工艺美术品均达到精益求精的水平，宫廷用品的包装亦复如是。包装材料多为紫檀、漆器、珐琅、竹雕、银累丝、织绣品等，包装物的制作则采用雕刻、绘画、镶嵌、烧造、编织等诸种工艺，器物与包装可谓红花绿叶，相得益彰，处处体现出皇权思想和皇家气派，同时氤氲着深厚的中华文化底蕴，反映了中国人特有的审美情趣。

印象最深的一件展品是乾隆"一统车书"玉玩套装，它利用日本漆匣作为外包装，匣内错落有序地摆放10层锦盒，锦盒内有造型各异的古玉及为之彩绘的山水、花鸟、诗词咏颂。为防止套匣置放顺序混乱，特将层数顺序与吉祥祝愿的名字合二为一，如一统车书、二仪有像、三光协顺、四序调和、五采章施等，使枯燥的数字成为体现美好意境的重要角色，把实用与博大精深的中华文化底蕴结合起来。我了解到，故宫只是把匣中的玉器作为文物保藏，而把这件套匣弃放他处，这次为了搞展览，费了好大劲儿才让它与玉器合在了一起。

这件精美的套匣应不应当作文物，或作为文物的一部分？这引起我的思考。我又进一步在想，那么什么是文物呢？或者说，以今天的认识，应该怎么看待文物呢？我把这个思考写成《我看"清代宫廷包装艺术展"》的文章（载于《中国文物报》2000年3月19日），说到这个展览对我的一个重要启发，就是"加深了对文物内涵的了解，拓宽了文物的概念"。我在文章中说："故宫藏品中不少是稀世珍品，据故宫同志介绍，由于认识上的原因，过去往往把文物与其包装物区分开来，对包装不甚重视"，今天来看，这套精美的套匣，无疑也是文物，"举一反三，我们应该扩展文物的概念。文物不只限于传统的青铜器、瓷器、玉器、字画等方面，也不应简单地按某一年代作界限。近年来我们对文物的认识在深化，许多具有科学、艺术、历史价值的东西，或是反映当代某些重大历史事件的物品，以及反映特定地区、时代、民族的图片、实物，当代的一些有代表性的艺术品等，都应作为文物开始收藏、抢救。这是个大问题，可做的工作很多，我们的思路应该更开阔，早一点动手去抓"。

在国家文物局的数年间，我一直关注故宫文物藏品的状况，感到从今天对文物的认识出发，故宫还有一些物品应作为文物对待。

《关于故宫博物院彻底清理文物藏品的研究报告》

也真是有缘，2002年9月我调到故宫工作。当时我面临的主要任务是故宫建筑的百年大修，我从自己所了解的情况向文化部孙家正部长汇报，提出故宫的文物应该彻底清理，得到了他的支持，嘱我要弄清故宫文物的"家底"。

故宫的文物藏品到底有多少，是必须查清楚的。这是我们这代人的责任，有两方面的原因促使我下这个决心：

一方面，文物藏品是博物馆赖以存在及开展业务活动的基础，藏品质量的高低和数量的多少是衡量一个博物馆地位及其作用的主要条件。弄清了故宫博物院藏品的种类和确切数量，才能对其有效地实施保护，才能对它的内涵、特点及价值有更为全面、准确的认识，也才会对它进行更为深入的研究和挖掘。这是博物馆的基础工作，是科学管理的前提，是向世界一流博物馆大步迈进的故宫博物院首要的而且务必搞好的一项工作。也就是说，这是故宫博物院自身发展的必然要求。

另一方面，故宫的丰富藏品是中华民族珍贵的文化财产，故宫博物院代表国家进行保管，弄清这些财产的底数并认真妥善地加以保管，是对国家对民族负责任的表现，是不容许有半点疏忽与懈怠的。

故宫文物清理毕竟是一件大事，不能仓促进行，必须做好充分的准备，首先要弄清文物藏品的历史现状。我为此专门进行调查研究，翻阅档案，深入库房，并向有关专家与管理人员请教，写出了《关于故宫博物院彻底清理文物藏品的研究报告》，9000余字，分4个部分：一、故宫历史上文物藏品的4次大清理；二、彻底清理文物藏品的条件已经具备；三、彻底清理文物藏品的9项工作，即继续完成90余万件文物账、卡、物的"三核对"任务，审慎地整理"文物资料"，对未登记、点查的藏品彻底清理，在全面清理中重视发现文物藏品，把图书馆应列为文物的善本、书板等归入文物账进行管理，对古建部收存的大量资料及古建筑修缮工程档案也要重视整理、保管和利用，解决文物藏品的统一管理问题，编印文物藏品总目及珍品图录，结合清理做好文物的鉴别定级等；四、彻底清理文物藏品与全面提升文物管理水平相结合，包括提高文物管理的信息化水平、重视文物藏品的修复与抢救、加强对文物库房的建设和管理、探索并完善文物管理新体制等4个方面。报告初稿广泛征求了各方意见，经多次修改定稿。

2004年8月31日，我把这个报告上报给孙家正部长："我来故宫，您嘱要弄清家底。近两年了，越来越感到这一指示的适时与重要。为了更好地开展这项工作，我今年用3个月时间进行调查研究，写出了《关于故宫博物院彻底清理文物藏品的研究报告》，8月27日我在院里作了'文物清理工作7年规划'动员报告。现院文物管理部门及各业务部门正据此制定7年清理规划，并作相应的准备，拟10月召开清理工作会，全面部署。具体工作已开始启动。这是一项大的基础性工程，我们决心完成。先送上这个报告，请便中一阅，并给予指示为盼。若您有时间，请来故宫视察需要清理的文物的状况，亦指导我们的工作。"

孙家正部长于9月2日做了批示："故宫文物的清理是一项基础性

浩大工程，是加强保护、陈列、展示、研究等各项工作的前提。意义重大，责任重大。要有全面的规划、科学的操作程序、明确的责任和严格的纪律。此项工作与古建的维修结合进行，工作量巨大，同志们会很辛苦，但意义深远、责无旁贷。此件可改写成一份《文化要情》上报党中央、国务院领导同志知悉。"

这份报告成为制定故宫文物7年清理工作规划的基础和依据。

故宫文物清理的契机

故宫当时的文物总数是截至1994年底的统计，共934258件，其中属于清宫旧藏的711338件，1949年以后入藏的222920件，对外宣布一般说是近百万件。

故宫博物院的文物藏品最初全部来自清宫。清宫的物品有两类：一类是传世的铜、瓷、书、画及供赏玩的工艺品等，这些当时都是公认的文物；另一类是与衣食住行、典章制度及文化活动有关的物品，如宫廷家具、帝后服饰、皇帝玺印及唱戏用的戏衣道具剧本，宗教活动的法器造像，等等，这些当时都不是文物，而是实用之物。对传世文物及工艺品等，一般来说，账目是比较清楚的，所谓底细不清楚，主要是指第二类。故宫博物院成立以来，故宫文物经过多次清理，重点也在这些宫廷遗存。

我算了一下，故宫博物院的文物清理、点查，从博物院成立前到21世纪初，大致有4次，每次都持续在10年左右。第一次是1924年底至1930年，其后又用四五年时间进行点收；第二次是1954年至1965年；第三次是1978年至80年代末；第四次是1991年至2001年。现在要进行的文物藏品清理，在故宫博物院历史上是第五次。这应该是一次彻底的全面的清理，是必须完成、经过努力也能够完成的工作，因为它不仅总结了过去的经验教训，而且在思想认识上有了新的提高，并具备了一些必要的物质条件。

我在故宫调研中感到，对于文物藏品价值的认识，故宫已有了重大的提升。2003年3月26日我在上海博物馆做了题为《故宫的价值与故宫博物院的内涵》的讲演（载《故宫博物院院刊》2003年第4期），讲到对故宫价值认识深化的4个方面，第一个就是对文物认识的深化，认为故宫文物的价值是客观存在的，也是多方面的，对这些价值的理解要随着人们认识的提高而有所发展，今天就要从文化遗产的视角来看待，更应重视文物的社会文化价值。

这次文物清理，同以往的一个重大区别，就是强调用"故宫学"作为指导思想。2003年10月，我们提出了故宫学的学术概念，主张对故宫及其丰富的历史文化内涵进行深入、全面的发掘。从故宫学的角度看待故宫，我们对故宫的价值有了更加充分的认识，不仅认识到故宫古建筑、宫廷文物珍藏的重要价值，而且看到了宫廷历史遗存也有着同样重要的意义。故宫博物院过去曾处理过大批的宫中物品。除20世纪50年代处理过上百万件/斤外，70年代初又处理了近37万件。处理前都履行了严格的审批程序。现在看来，绝大部分确实应该处理，例如1955年第一次处理中仅皮货就10万余件。但其中相当一部分还是有独特价值的，特别是那些以年代晚近、材质不好、艺术性差或重复品太多为由处理的不少物品，如乾隆以后的假次书画、宗教画、近代书画，同治、光绪时期的粗作硬木家具，嘉庆后的大量瓷器重复品、民国时期的小钟表、大批八旗盔甲乃至中华人民共和国成立后的国际礼品等。宫廷遗存中有的重复品多，一般来说，文物的存量与价值成反比，一类文物的存量越少，每件文物的价值就会相对提高。但是，这个"多"，是就皇宫而言，从全国来说，则是相当少的。例如，当时有大量八旗盔甲，现在保存下来的很少，当时人们以为保存大量的重复品对个体的认知并无意义。今天看来，正是有大量的重复品，才能体现出八旗的军威和气势。当然对这些物品的处理，不只是某个部门或少数人的认识，而是当时中国文博界与整个社会文物保护认识程度的一个反映。

从20世纪80年代后期，故宫对此开始了反思，陆续将院里现存的原已注销的一些文物又收库保存。

随着全社会文物保护意识的空前提高，故宫人的文物观念不断在拓宽和深入，认识到宫廷遗存是反映故宫历史不可分割的见证，与古建筑、宫藏历代文物密不可分并具有同等的重要性。这一共识是搞好清理工作的重要的思想基础。在故宫学的影响下，我们对文化遗产概念的理解逐步深化，文物保护观念有了新的变化，认识到原来众多不被重视的宫廷遗物无疑具有一定的文物价值，是反映宫廷历史文化某些方面的实物见证。同时，故宫学所体现出的故宫博物院对传承弘扬中华文明的强烈责任感、使命感，也要求我们更加自觉地对故宫进行全面的保护。可以说，这次藏品清理是在文物认识视野不断开阔并日益取得共识的基础上，是在故宫学理念的指导下具体进行的。当然，这次藏品清理也是故宫学自身深入发展的需要，对故宫学研究必将起到有力的推动作用。

从2003年开始的故宫古建筑大规模修缮是促进文物清理的一个契机。这种促进体现在两个方面：一是调整并确定地面文物库房。过去故宫文物都在地面库房存放，库房不固定且条件不好，文物经常搬来搬去，影响了文物的管理与核对工作。地下库房建好后，60％的文物有了稳定的栖身地，但地面库房尚须认真解决。这次修缮不仅要解决殿堂的破败问题，而且与它的使用功能结合起来一并考虑。修缮规划中已包括了地面库房的设置，并将根据不同文物的特点要求进行设计修建。有了固定的且设施条件良好的库房，就为文物清理创造了必要的条件。二是在修缮过程中，对宫殿内的物品要搬迁，许多几十年未动过的物品也要动动，这就促使人们对这些物品进行整理、清点。

当然，以前4次文物清理的成果与经验都十分珍贵，是第五次文物清理的重要基础。

准备与部署

首先是成立文物管理处。我国博物馆一般都设有陈列部和保管部，专事文物的陈列和保管工作。故宫博物院在以往改革中取消了这两个部门，而由新成立的专业部门（古器物部、古书画部、宫廷部）承担上述职责。这种管理体制有明显的优点，但因没有了原来的制约、监督，尽管强调提用文物方和库房保管方应是不同的人员，但往往难免混岗，同是这些人一起干同一件事，容易产生管理漏洞。为了完善这个新体制，故宫博物院于2004年专门成立了文物管理处，统管文物总账及出入库管理，账物分管，并总结以往工作，制定有效的管理办法，杜绝存在的问题。

接着进行动员与部署。2004年8月27日，故宫召开第五次文物清理专题会议，其实就是动员会，我在会上就这次文物清理的意义、任务、目标及工作要求等做了报告。会后各业务部门据此做出具体清理进度表。有的部门清理任务较重，有的部门相对较轻，综合下来，完成全部清理任务需要7年，于是制定了《故宫博物院2004—2010年文物管理工作规划（讨论稿）》。这里的"文物管理"，就是"文物清理"。10月29日至30日，又召开了文物管理工作会议，对《故宫博物院2004—2010年文物管理工作规划（讨论稿）》进行了充分讨论，明确了故宫文物清理工作的目标、任务及具体要求。我在会上强调，在文物清理过程中，要认识到任务的复杂性和艰巨性，要始终以"坚持质量、保证安全、常抓不懈、努力推进"为指导思想，发扬愚公移山的精神，实事求是，扎扎实实地做好各项工作。故宫文物7年清理工作全面展开了。

文物清理的目标是家底清楚、账物相符、科学管理。按照7年规划，第一，完成在册近百万件文物的账、卡、物三核对，完善名称、定级、计件及统计工作，解决历史遗留问题，确立准确的文物数量，更换院在陈文物的提单，建立定期审核和更换提单的制度。第二，对在册或不在册的文物资料进行认真整理，根据文物保护法给予登记，造册、统管起来，符合文物标准的要提升为文物，仍为资料的，也应予建账，妥善保管。第三，对近20万册古籍善本、特藏及院藏20多万块珍贵的书板，逐步完成整理、核对、定级、编目，登录文物信息系统，使之纳入全院文物管理。第四，在认真清理的基础上，搞清家底。适时编印《故宫博物院藏品总目》和《故宫博物院文物珍品分类大系》（后来出版时定名为《故宫博物院藏品大系》），向社会发行。在搞好文物藏品清理的同时，还要提高文物管理的信息化水平、重视文物藏品的修复与抢救、加强对文物库房的建设与管理、探索并完善文物管理新体制等。

同时成立了以李季常务副院长为组长的"故宫博物院藏品清理工作审核组"，以研究解决文物藏品清理工作中遇到的重大问题。审核组的工作程序进一步细化了验收工作的具体步骤和要求，明确每份清理报告由科组、部门及文物管理处三级审核，并最终由院藏品清理工作审核组成员到待验收库房实地考察、审核的验收程序。科学的规划部署及严格、规范的审核验收程序，从根本上确保了本次藏品清理工作的质量。

7 年之路

7年时间，回头看似乎很快，但对于故宫博物院具体参与文物清理工作的员工来说，那其中的艰辛、困难、挑战及他们付出的心力，是别有一番体会的。

故宫大修需腾移库房，这是文物清理的一个机会，但文物的搬迁又颇为不易。宫廷部从2004年至2006年搬过50个库房。地面库房条件较差，没有任何取暖、降温设施。三伏高温季节，有的人连续工作，以致中暑虚脱；三九寒天，更意味着难度和风险。搬迁体仁阁的乐器编磬时，因搬玉器不能戴手套，大家就用冻僵的双手极其小心地呵护着搬送。这种搬迁，往往是先找个临时放置的库房，但有时原来的库房未修好，临时的库房又要维修，只好再找临时的库房。宫廷部在整理车马轿舆等文物时，来回大规模搬迁文物不下8次。

武英殿书板分散存放于东华门城楼和角楼等处，清理的第一步，是把书板运到慈宁宫。东华门城楼上的书板有数十年没有整理过，上面落满了厚厚的灰尘，一动就是一片烟尘。因为工作量大，雇用了汇中公司的40个清洁工，集中抢运。存放在戏衣库的书板，因戏衣库要维修，又搬到毓庆宫。这些书板在慈宁宫除尘、登记、分类、组目，共计244107块，最后又搬运到角楼存藏起来。

图书馆书板搬运还可以雇人帮忙，而宫廷部宗教组原状摊4个人，却管理库房61处，他们的工作谁也不能代替。原状摊的基础条件可能是全院中最差的。由于古建修缮、库房功能改变等原因，文物存放地点数次变更，账、卡登记有很多不清楚之处，库房里的文物错综复杂，库房交叉存放文物的现象极为严重。账上所记文物的状态与实际库房中的文物有很多是不相吻合的，不少文物没有写号、做卡片，更没有文物方位的注明，这给他们的工作带来很大的困难。加上库房数量又多，为寻找一件文物常常需要付出极大的努力。在核对文物的过程中，他们所承受的劳动强度远比想象的还要大，除尘和清理建筑渣土，有时一干就是数天，所清除的建筑渣土不知运了多少车，而这些渣土还要用筛子筛选，以检查其中是否含有文物散件。咸若馆的擦擦佛有4000余件，都是泥做的，易碎，每一件都要从箱子中拿出来，写上号，挂上签，测量尺寸，注明伤况，然后再包好放入箱中，最后一箱一箱地码好。重复地做这样的事情，既要克服身体上的疲惫，又要保持高度的谨慎与小心，这无疑都是对他们身心的一种考验。

故宫文物清理又是极具挑战性的事业。面对百万件藏品的核对，数字统计要精确到个位，要与历年统计相吻合，谈何容易！核对中出现的诸多问题，既有管理的体制制度问题，也有藏品保管者工作中的问题。因此，清理文物不仅需要吃苦精神，还要有足够的耐心，要有不解决问题不罢手的毅力。宫廷部白寅生同志虽即将退休，但并未因此而降低对工作的标准。为了核对上借出文物的具体数字，他不仅反复核对账、卡、物，还一趟趟地到档案室查阅往年档案，直至查到了1958年的档案，才查出这件文物的下落。有的同志为了查找一件文物的信息，往返库房几十次。古器物部2万余件银器资料，自1964年到2009年的45年之间，封存于6个大木箱子里，从未系统整理过。2009年7月至8月间，张丽与杨勇同志接到任务后，没有畏难、推脱，在地面库房连电风扇都未有的情况下，冒着酷暑，用了不到2个月的时间，按照要求完成了这批银器资料的整理工作。这样的人和事不胜枚举。

7年来，按照"坚持质量、保证安全、常抓不懈、稳步推进"的方针，各业务部门始终将文物清理作为本部门的核心工作真抓实干，稳步推进，绝不以任何借口拖沓延期，更不允许因本部门的滞后而影响到全院的工作步调。2009年，文物清理工作进入最后攻坚阶段。为了确保完成任务，有的部门将工作计划细化至每个工作日。同时，充分预估可能遇到的困难，及时召开进度交流会，使每个人都在整体大目标下明确自己应完成的小目标。有的部门工会适时配合清理工作开展劳动竞赛活动，对竞赛的内容、要求和应该达到的标准都做了具体制定，真正使工会工作与院中心工作紧密结合，不做表面文章。

2004年文物清理工作开始时，文物管理处处长是梁金生，他长期负责管理故宫藏品总账，从事文物藏品的保管、管理和研究工作。他于2007年退休后又被院里返聘，继续承担各库房清理核对验收报告的审核工作，这是文物清理的最后一个环节，也是极为重要的责任。2010年12月14日，他走出清史馆瓷器库房，完成了最后一次审查，长舒了一口气，这也标志着7年清理工作的结束。

在全院文物清理工作总结表彰大会上，梁金生的一个发言，最后一段充满抒情的话语表达了故宫同人的心声："身历藏品清理核对过的同志都认为这个工作是个'苦差事'。要说苦，真是苦，寒冬酷暑，一件件藏品，一张张卡片，一页页账目，一座座库房，一件核对不上，再对一遍，不知核了多少遍，对了多少遍，真叫苦；这苦中是有乐的，当你游历于各种数字中和各类档案的字里行间，追逐历史，去与先人对话，去与已过去时空的事、物交流，求索，获得硕果而解决了现实中疑难时，愉悦的心情是难以言表的。你，有过这种感受吗？"

一份合格的故宫财产账

故宫的文物清理，到底做了哪些工作，解决了哪些问题？概括起来，有以下4点：

首先是解决总账与分类账不一致的问题。文物管理处所管全院文物藏品总账与各部门所管各自门类的分类账存在部分不一致的情况。解决这些问题，库房人员需要根据总账、分类账的记录，与库房卡片、实物进行核对，之后查阅相关单据，找出差错的原因，核实后对总账或分类账进行相应修改。具体来说有4方面问题：

第一，藏品管理权限移交、提陈手续不清的问题。如毛泽东主席委托中办转交故宫收藏的《钱东壁临兰亭十三跋》卷，先由保管部工艺组的国内礼品库保管，后移交至书画组管理。移交时，老号未销，又冠了新号，导致总账与分类账数字不符。

第二，数字、计件不一致的问题。如"清乾隆点翠嵌珠钿花"，总账为4件，而分类账则为1份。经过核实，统一了计件。

第三，类别错误。类别错误主要是由于藏品号登录错误而产生。九龙壁瓷器库有不少类别错误的情况，如总账记为铜镜的文物，分类账记为"清雍正青花山水人物罐"等。经过核对，找出错误原因，对账目进行了修改。

第四，拨、销情况不一致的问题。此问题多发生在总账与分类账重复品撤销分号上。"明黄团龙缎"，总账记录拨出的为分号217，而分类账记录拨出的为分号271。经核实，分号217仍然在库，属调拨错误。又如"楠木边油画山水围屏"，分类账上记录拨给了民族文化宫，但总账未有记录。为此，专门到民族文化宫查找到了该件文物，证明是总账漏登了拨交记录。

其次是解决账、物不符的问题。故宫博物院建院80多年，历经坎坷，其间文物藏品拨入拨出、借入借出、销号处理、文物资料提级和降级等等，多有反复，情况极为复杂。在此过程中，库房人员任何一点的疏漏或登记报批不规范都可能造成账、物不一致。同时，很多账、物不符的现象都是由于账目统计标准不一致造成的。解决账、物不符的问题，是本次清理验收工作的重点，也是最大的难点之一。任何一个问题的解决，都离不开库房人员耐心细致、坚持不懈地查找。其中的工作，既包括对库房内文物的仔细核对，也包括对相关文物、账目单据的追查。有时还需要库房人员根据有限的线索，进行缜密的分析和推论，才能得出准确和令人信服的结论。具体来说解决了有账无物、有物无账、登记错误、调号及调拨错误4个方面的问题。

再次是完善文物管理体制。主要是解决个别门类文物交叉管理问题。由于历史上形成的文物分类不完善，故宫个别同一门类的文物分散于不同的科组或部门进行管理，给账、卡、物三核对造成了困难。这一问题的解决仅靠本类库房、本科组甚至本部门的努力，运作起来也很费劲。因此我们确定了由相关部门或科组作为牵头单位，组织跨组、跨部门的力量协同查找，收到了成效。同时为了完善文物管理体制，由院里统一协调，根据文物藏品的属性，对于相关科组和部门文物交叉的问题统一进行了管理归属权的变更。

文物管理处作为全院文物总账的管理者，之前也一直管辖着一些珍宝等门类的文物和资料，账物未能实现分离。此次清理，文物管理处将原来所辖文物和资料，根据文物属性，分别移交给了宫廷部、古器物部、古书画部、古建部，共计131962件，实现了文物账、物完全分开管理。

最后是彻底清查全院文物藏品。过去，由于认识的局限性，许多珍贵的宫廷遗物长期被忽略，从未进行过系统点查与整理，或没有真正纳入文物账进行管理。这次把这一类文物和资料全部纳入清理范围，在清理过程中不放过库房的任何死角，逐一进行登记，对于以往作为资料或"非文物"的藏品，根据重新鉴定，已有相当数量被提升为文物，统一进入文物管理系统。不仅将过去从未进行过系统整理的如13万枚清代钱币、22703件清代帝后书画等进行了系统整理，而且对所有资料藏品进行了重新的鉴定、研究，完成了共计180122件资料藏品的提升工作。

新提升的文物中，如织绣类文物里有来源于"文革"时期北京房山上方山、云居寺中的数千件经书的封面，它们绝大多数是纪年准确的明代织物，且品类众多，织工精细，纹样精美，保存完好，这在全国博物馆同类藏品中也十分罕见和难得，对于研究明代丝织品具有重要意义。又如888件盔头、鞋靴，过去未当作文物管理，从戏曲演出看，盔头和鞋靴与身上的戏衣一样，都是传统戏装"行头"的有机组成部分，同样具有历史价值，这次列入了文物。还有反映清代官员觐见皇帝制度的近万件红绿头签，反映皇宫警卫制度的上千件腰牌，等等，也在本次清理中提升为文物。

古籍、古建类藏品首次纳入文物管理序列。古籍类藏品之前虽得到妥善保管，但在保管形式上沿用了图书馆界的做法，未按文物要求管理，也是故宫唯一没有定级的藏品。图书馆将这些古籍、善本、书板按照文物管理要求进行了清点。19个文物库房的564713件文物、38348件资料，共计603061余件（册、块、幅、包等）藏品终于全部清点完毕，并按照文物要求完成了相应账目的编制和录入工作。这是自1925年故宫博物院图书馆建立以来最全面、最彻底的一次大清点。

古建部的文物库房是在原古建部实物存放地的基础上，于2004年文物建档工作开始后建立的，起初只有一本简单账目，基础工作非常薄弱。通过此次清理，古建部不仅完全按照院里对文物核对工作的要求，完成了古建实物4180件的清理核对，而且还对所核查文物进行了信息收集，对每一件核查过的藏品都按照要求冠以文物资料号，增写了卡片，形成了一套较为完整翔实的、便于增添和调用的古建文物资料电子账目。

2010年12月28日，"故宫博物院2004—2010年藏品清理工作总结表彰会"隆重召开。我代表故宫博物院在会上郑重宣布："历时7年之久的故宫博物院藏品清理工作终于圆满结束了。经过清理，故宫藏品总数达到了1807558件，其中珍贵文物1684490件、一般文物115491件、标本7577件。这是故宫自建院以来在文物藏品数量上第一个全面而科学的数字。"这是故宫博物院向国家、向社会交出的一份合格的财产账。

故宫博物院拿出27万余元，对文物清理中的优秀个人和集体给予表彰奖励：38位优秀个人、160位各种参与者、8个优秀集体、7位优秀部门领导、1位杰出贡献者。王子林作为获奖代表发言，他介绍了其所在的宫廷部宗教文物科原状摊成员用汗水和辛劳换来了文物账目清楚、库房秩序整洁；他还特别提到，这7年恰恰也是学术成果爆发的7年：原状摊成员出版的著作不下7部，还发表了多篇学术论文。文物清理工作带给大家的，是大量一手资料的收集和研究深度、广度的推进。获得唯一一项"杰出贡献奖"的是梁金生。他饱含热泪深情回顾了与所有文物清理参与者共同体会到的"苦"与"乐"，并谦虚地表示，只是因为职责所在，"做了一个故宫人应该做的事情"。主管过文物清理工作的肖燕翼副院长2007年退了下来，他等到了这一项工作的完成，他在会上激动地说："清点工作结束的今天，是一个应当载入故宫博物院史册的日子！我们终于能对国人、对海内外、对于我们所典守的文物有了完整的交代。"

文物清理的另一方面成果

故宫文物清理工作，不只完成了摸清家底任务，在故宫学整体保护、全面保护理念的指导下，与加强文物的安全管理、科学管理等工作相结合，使文物管理水平得到很大的提高。这突出反映在文物信息化管理日渐成熟。

文物管理系统在本次核对中发挥了重要的作用，原本一些通过人工不容易发现或解决的问题，借助电脑信息化系统即可得到很好的提示和帮助。库房人员逐步改变了以往对纸质单据的依赖，已经开始主动适应文物信息化管理的要求，积极开展各项工作。通过本次清理，文物管理系统中文物藏品的收藏位置数据和文物档案影像等信息得到了进一步充实、完善，且更加准确。通过引进计算机"流程管理"理念，实现了馆藏文物流通的全面信息化管理。现在，全院文物流通的全过程，包括院藏文物的账目管理、库房管理、文物修复管理及展览信息、文物利用信息均可通过系统直观、实时地反映出来。

故宫人感受深刻的还有文物库房整体面貌的重大变化。配合古建大修，合理调整库房布局，解决了开放区与库房区重合的现象。部分地面库房和殿堂年久失修，密封防尘条件不好，大量的除尘和搬库工作，业务人员为此付出了超常的辛劳。2008年"5·12"汶川大地震对文物防震提出了新的要求。有关部门按照院里的要求，结合文物清理，进行文物的防震加固。宫廷部还与目前国内在防震、抗震方面最权威的中国地震局工程力学研究所合作，联合开展"雨花阁瓷塔木塔防震装置项目"的研究，设计研制出4套雨花阁瓷塔木塔"弹性滑移减隔震系统"，经受住了"模拟11级地震"的考验，解决了长期困扰我们的高塔无法陈设防震装置的困难。

文物清理要靠人来完成，人员在这一工作实践中也受到锻炼、得到提升。团队意识的增强就是显著一例。清理工作是一项整体性的工作，缺少任何一个环节或个人，工作的进度都会受到影响，甚至停滞。连续7年的大规模清理工作，极大地增强了库房人员的凝聚力和集体荣誉感，培养了团结合作的工作氛围。

实践是最好的老师。清理工作也促进了故宫人才的培养和科研水平的提高。文物藏品保管是一项专门的学问，不仅需要相关的专业知识，更需要日积月累的经验。这次清理工作是难得的机遇。故宫业务人员对文物保管的各项工作有了更加深入了解，发现问题和解决问题的能力有所增强，业务水平也得到了提高，已经产生了一批学术成果，在未来的研究工作中也必将发挥更大的作用。

《总目》《大系》：成果与责任

编辑出版《故宫博物院藏品总目》与《故宫博物院藏品大系》，这是文物清理工作开始时就明确提出的任务。

故宫的文物藏品是否需要向全社会公布？即使在故宫内部，也有不同看法，有人不赞成。我认为这是个理念问题。其实，及时、全面公布藏品，是清室善后委员会点查清宫物品时形成的优良传统。清室善后委员会的点查工作，从1924年12月24日开始，至1930年3月基本结束，其间先后公开刊行了《故宫物品点查报告》6编28册，共统计物品9.4万余号117万余件。故宫文物在南迁存沪期间，还进行了一次逐件点收，详细登记，油印了《存沪文物点收清册》。前人已经做了，实践证明它的效果是好的，今天我们理应继承并发扬光大。

故宫文物目录向社会公开，从根本上说，是基于故宫作为公益文化机构的性质、作为世界文化遗产的地位及以学术为公器的理念。故宫学的研究不只是故宫博物院的事，而是学界的共同事业，需要社会上、海内外多方力量的广泛参与。故宫博物院要突破传统的宣教观念，以多种形式和多种层次服务于社会，以使世人了解故宫藏品的奥妙，更好地为各界人士提供观赏、研究等不同需要的服务。《故宫博物院藏品总目》的公开就是适应了这种需要。同时，公开故宫藏品总目，有利于接受社会的监督，也是故宫人典守国家文化财产的一种负责任的态度。

《故宫博物院藏品大系》的编辑出版也很有意义。过去故宫出版过一些展览图录等，比较零散。用10多年时间编印的60卷本的《故宫博物院藏文物珍品全集》，遴选12000件文物，比较概括地介绍了故宫的文物精华。但由于篇幅的限制，以及受故宫在文物整理研究工作进展方面的影响，一些文物门类未能包括，大量应向社会介绍的精品尚未披露，精美的故宫古建筑及其彩饰壁画与大量不可移动文物等都未列入。现拟在60卷基础上，编辑出版《故宫博物院藏品大系》，从故宫博物院180万件藏品中精选最具典型和代表性的文物15万件，按照陶瓷、绘画、法书、碑帖、青铜、玉石、珍宝、漆器、珐琅器、雕塑、铭刻、家具、古籍善本、文房用具、帝后玺册、钟表仪器、武备仪仗、宗教文物等，分为26编，总规模预计500卷，如此浩大的出版工程，世所罕见，被誉为"纸上故宫"。

这两部书是故宫文物清理成果的体现，都被列入"'十一五'国家重点图书出版项目"。但是它们的编制与出版也遇到很多困难，如藏品信息、藏品命名及有些藏品的断代等都存在一些问题；文物照片拍摄的任务艰巨，特别是人力不足，参与编制的人员又多是文物清理的骨干，他们平时还有日常的业务工作。在文物清理工作开始不久，这两部书的编制就提到了议事日程，故宫成立了专门的领导小组，统筹协调相关工作，克服困难，解决具体问题。两套书都制定了《编辑则例》，设立逐级审查制度，层层把关，保证了质量。

2010年8月10日召开了《故宫博物院藏品大系》编撰方案专家论证会，任继愈、徐苹芳、张文彬、王宏钧等学者专家提出了多项中肯意见。2011年12月7日，召开了《故宫博物院藏品总目》出版论证会。与会者充分肯定了故宫的文物清理和后续的编目、出版工作，认为这是故宫工作"关键的关键、核心的核心、基础的基础""是管理到位的表现"（张忠培先生语），对于其他业务工作将起到极其重要的作用；故宫"真正做了一件大事情"，"是很了不起的"（傅熹年先生语）；"对于其他博物馆也是很好的启示"，"应当好好宣传"（谢辰生先生语）；等等。他们对于《总目》出版的形式及内容设置等也提出了一些具体建议。

《故宫博物院藏品大系》于2010年开始问世，绘画编（5—6卷）、玉器编（1—10卷）、珐琅器编（1—5卷）和雕塑编（4—9卷）等，煌煌23册摆到了世人面前。至2013年，书法编（1—4卷）、绘画编（1—4卷、7—12卷）、雕塑编的其余各卷等已相继出版。陶瓷编的5卷、古籍善本编的10卷也已编好。这一规模巨大的出版项目正在扎实地推进着。

《故宫博物院藏品总目》经反复研究审定，于2013年1月在故宫博物院网站首次公布。此次公布的目录为简目，内容包括藏品编号、名称、时代等，范围涵盖故宫一、二、三级珍贵文物，以及一般文物和陶瓷标本。首批公布的文物类别包括铜器、金银器、珐琅器、玉石器、雕塑、织绣、雕刻工艺、其他工艺、文具、生活用具、钟表仪器、珍宝、宗教文物、武备仪仗、帝后玺册、铭刻、外国文物、其他文物等18大类66万件，其他类别文物将在今后陆续公布。故宫博物院表示，对于所公布藏品信息的不完善之处，将随着该项工作的深入逐步修订和完善。

故宫博物院文物藏品是一个动态的概念。故宫的文物管理是一个不断接续的永无止境的事业。2010年以后的文物管理工作，依然任重而道远。《故宫博物院藏品总目》和《故宫博物院藏品大系》作为清理工作的继续，彻底完成还需要花费更多的精力与时间，部分文物还要进一步整理、鉴别、定级，伤损文物需要维修保护，文物管理体制还需进一步完善，等等。近年来，故宫博物院已在这些方面做出了更大努力，取得了显著成效，展现了令人鼓舞的前景。

一代又一代故宫人的接力奋斗，目标只有一个：国宝长存，文脉永续！

（本文载于由全国政协文史和学习委员会主办、中国政协文史馆主编的《文史资料选辑》第164辑，中国文史出版社2014年出版）

清宫文物的散佚与征集

中国历代王朝都重视文物珍宝的收藏，这些收藏不只因其珍稀宝贵，而且与政权继承及其合法性有关。清代帝王重视文物收藏，特别是乾隆皇帝，更使宫廷收藏达到了极盛。清宫收藏除承袭前朝皇室收藏外，还通过征求、进贡、抄没、制作等方式，积累了宏富无比的珍贵文物。然而，自近代以降，清宫文物的聚散存藏与国势盛衰和民族荣辱息息相关。19世纪中后期，英法联军对圆明园的劫掠和焚毁、八国联军对皇室财宝的抢劫与破坏，成为中华文化史上令人痛心的一页。辛亥革命后，逊帝溥仪暂居宫禁，大量清宫文物以各种形式流出紫禁城，散佚于国内外。故宫博物院成立后，清宫文物公之于世。20世纪三四十年代，故宫文物南迁及部分文物运台，最终形成了"一个故宫，两个故宫博物院"的局面。抗日战争胜利尤其是中华人民共和国成立后，在国家财政支持下，故宫博物院在清宫文物的征集、回购和追索方面做了极大努力。而与此同时，超过850万件的清宫文物经由国家主管部门的调拨，也散藏于国内众多档案馆、博物馆、图书馆及其他机构。作为中华文明的重要载体，清宫文物被赋予了民族文化命脉的意义。笔者谨就10余年来日渐累积之资料，对清宫文物存藏散佚情况做一概述，希望此文能够为相关研究提供一个大致的脉络。

关于清宫文物散佚概述，笔者需对几个关键性概念及问题略做解释及界定：

第一，"清宫"，指清代宫廷。宫廷古时也称宫庭，是君主制的产物，原来指宫殿所在地，即帝王的居所，至清代又指与外朝相对的内廷或内庭，仍是皇帝、后妃起居的处所。现在所说的宫廷，既有地域的含义，更演变成一个政治性概念，即以皇帝的活动为主体，并包括皇室、亲近大臣及为皇帝皇室服务人员的活动。作为与清内务府管理的文物收藏有关的概念，此处的宫廷有狭、广二义：狭义的宫廷指紫禁城以内，广义的宫廷指以紫禁城为主体的整个明清皇家建筑。明清皇家建筑是一个整体，宫室、园囿、坛庙、寺观、行宫、陵寝、藏书楼等，是一个有统一规划、统一规制、统一管理的庞大的体系。如承德外八庙就因为都属皇宫内务府直接建造、管理又地处京城之外而得名。这些建筑物所存藏的文物，都与宫廷有关，或是由宫廷直接移送来的。例如，沈阳故宫的文物，就多是从北京皇宫运去的。乾隆年间，不断地由北京向盛京运送宫廷珍品。如乾隆八年（1743），拨送大小金碗、金盘、金碟等160余件，铜盘、铜碗1300余件；十年（1745），拨送玻璃器、玉器、瓷器、雕刻品、文房用具数十件；十二年（1747），拨送珐琅器、殿上陈设品等近百件；三十五年（1770），拨送御制墨100余件，编钟及编钟架子等配件4套；四十二年（1777），拨送康、雍、乾款珐琅器40匣，金龙袍、金龙挂各10件等；四十四年（1779），拨送康、雍、乾年款各色瓷器10万件；五十二年（1787），拨送御制书画、历代名家书画数百件；等等。[1]在乾隆帝下令编纂的"西清四鉴"中，就收录了盛京故宫的900件青铜器。因此，与清宫有关的许多皇家建筑，一般都有过丰富的文物收藏，主要有沈阳故宫、承德避暑山庄、圆明园、颐和园等处。

但是，清宫文物收藏最集中、最丰富、最重要的地点还是紫

---

[1] 武斌主编：《清沈阳故宫研究》，辽宁大学出版社，2006年，第209页。

禁城，紫禁城又集中在内廷。①清宫藏品由内务府总管。内务府全称是总管内务府衙门，其职责是管理宫禁事务。在本文中，"清宫"一般指紫禁城皇宫，有时也涉及其他收藏宫廷文物较多的皇家建筑。

第二，"文物"，清宫文物包含两类：一类是传统的古物珍玩，如铜、瓷、书、画、各种工艺品及图书典籍等；另一类是反映宫廷典章制度及日常文化生活、衣食住行的物品、明清档案等，它们大多是当时的实用之物，但也有重要的历史文化价值，在今天也是珍贵的文物。我们现在把前一类称为"古代艺术珍品"，后一类称为"宫廷历史文物"，统称为"清宫文物"。但是，人们常说的清宫文物，一般是指清宫收藏的传世的铜、瓷、书、画等各种艺术品，对许多宫廷历史文物，过去则长期不作为文物对待，或仅列为"文物资料"，其原因主要是考虑到这些遗物存在缺乏艺术性、不完整性、大量重复性、时代晚近性、材质普通性等问题。宫廷历史文物是清代典章制度和宫廷生活的载体和反映，有着独特的历史文化内涵和认识作用，是故宫遗产的一个部分。在本文中，"清宫文物"既指古代艺术珍品，也包括宫廷历史文物。

第三，"散佚"，散失之意。在本文中，散佚特指清宫文物离开紫禁城及原来存放的皇家建筑物，亦包括这些文物的损毁、流散于海内外公私机构与个人手中，以及下落不明等多种情况。文物的散佚，既有战争抢掠、偷盗等非正常形式，也有特殊条件下的一些形式（如逊帝溥仪对文物的拍卖、抵押），还有文物的正常调拨（1949年以后

① 例如，《石渠宝笈》所著录的作品汇集了清皇室收藏最鼎盛时期的所有作品，当时就全部庋藏在后廷约40处殿阁，最集中的是乾清宫、养心殿、重华宫、御书房等；《四库全书》、《四库全书荟要》、"天禄琳琅"等典籍图书，收藏于文渊阁、摛藻堂、昭仁殿、内阁大库、凝道殿、宛委别藏等处；收藏皇室藏品的殿阁还有古董房（专司收贮典籍、古玩器皿）、建福宫花园（收藏乾隆帝的珍奇文物）、懋勤殿兼本房（入藏明清宫私刻和抄本）、端凝殿（御用冠袍带履贮放处）、南薰殿（尊藏历代帝后暨先圣名贤图像）、交泰殿（收藏御用二十五宝）等等。

故宫博物院的文物外拨）。因此，清宫文物散佚的性质，有合法流转与非法流转之分。从散佚文物的流向看，又可分为流散于国内的清宫文物与流散于国外的清宫文物两类。

第四，清宫文物散佚的时间，本文是从近代开始计算，直至现当代；具体来说，始自1860年第二次鸦片战争，结束于1990年，时间长度约130年。根据时代特点，本文将其划分为清代末期、民国时期与中华人民共和国成立后三个时期。清宫对玉器、瓷器等的赏赐与变卖，则追溯到乾隆时期。

第五，本文重在勾勒散佚的过程，同时特列专节介绍青铜器、古陶瓷、古书画、图书典籍、明清档案等5类文物的散佚情况。

第六，故宫博物院成立以来，对清宫散佚文物的征集回购做了极大的努力，亦设专节介绍。

清代末期宫廷文物的散佚

（一）第二次鸦片战争中英法联军对圆明园的劫掠和焚毁

圆明园不仅以园林著称，而且收藏有许多稀世文物。《石渠宝笈》记载的历代书画收藏于圆明园的有200多件，同时珍藏有《四库全书》《古今图书集成》《四库全书荟要》《淳化阁帖》等珍贵图书文献与清代文书档案，还有大量的鼎彝礼器及各种珍贵工艺品。咸丰十年（1860），在英法联军发动的第二次鸦片战争中，侵略者占领圆明园，开始了肆无忌惮的大洗劫。他们把那些最珍贵的物品保管起来，由联军双方平分。法国侵略者将物品的大部分作为礼品送给拿破仑三世皇后欧仁妮，因为是她支持了这次中国"远征"。英国侵略者将其所得，部分进献给维多利亚女王，其余则按英军传统进行拍卖。这些"战利品"摆放在英军司令部驻扎的大喇嘛寺的正殿里，有玉器、瓷器、铜器、雕塑品及金银雕像、大批优质皮货等。拍卖会进行了两天。据估计，拍卖收入可达12.3万美元。①这个清廷经营了150多年的东方艺术之宫，被英法联军洗劫一空之后，在英军统帅额尔金的批准下，又被放火烧毁。大火焚烧了三天，号称"万园之园"的圆明园化成了一堆堆败瓦颓垣。不仅是圆明园，当时的"三山（万寿山、玉泉山、香山）五园（圆明园、畅春园、清漪园、静明园、静宜园）"都受到侵略者的洗劫。"三山五园"损失陈设之物，仅有据可查的就有124568件。英法联军撤出北京时，勒迫北京地方政府备办大批车辆，装载抢掠的珍宝，仅法军就装满了300多辆。②在伦敦，从1861年4月起，就有来自圆明园的大批物品，包括玉器、珐琅、瓷器、丝绸和钟表，被一次次拍卖。美国历史学家詹姆斯·海维亚统计，1861年至1866年间，伦敦进行了大约15次包含从北京掠夺物品的拍卖。雷吉纳·蒂里埃统计，1861年至1863年间，在德鲁欧拍卖行就进行了20多次拍卖。③直到今天，在巴黎、伦敦、纽约、中国香港等地，仍有圆明园流出的物品在拍卖。据估计，流失在海内外的圆明园文物约100万件。英法等国一些博物馆、图书馆现收藏有大量从圆明园劫掠去的珍贵文物。英国伦敦大英博物馆收藏有3万多件中国文物，包括书画、古籍、玉器、瓷器、青铜器、雕刻品等，其中直接从圆明园掠夺的文物就达2万多件，包括唐人所摹晋代著名画家顾恺之的《女史箴图》。法国收藏圆明园文物最为著名的是枫丹白露宫的中国馆，达到3万多件，多是珍贵无比的中华民族历史文化的精华。④康有为1904年游历法国，在巴黎乾那花利博物院看到了从圆明园掠

---

① ［法］伯纳·布立赛著，高发明、丽泉、李鸿飞等译：《1860：圆明园大劫难》，浙江古籍出版社，2005年，第225—226页。

② 北京市地方志编纂委员会编：《北京志·市政卷·园林绿化志》，北京出版社，2006年，第37页。

③ ［法］伯纳·布立赛著，高发明、丽泉、李鸿飞等译：《1860：圆明园大劫难》，浙江古籍出版社，第340—341页。

④ ［法］萨莫佑、戴浩石、贝甘著，王眉译：《枫丹白露城堡：欧仁妮皇后的中国博物馆》，中西书局，2011年。

夺去的文物，痛心疾首，感慨万端。^①

（二）1900年八国联军对皇室财宝的抢劫与破坏

清光绪二十六年（1900），八国联军攻占了北京，不仅大肆杀戮义和团民，还大掠三日，更继以私人抢劫。特别是各国占领区迅速确立之后，被用于驻兵宿舍的宫殿、行宫、坛庙、公署和有名的寺院等，都成了掠夺的对象。日本在顺天府、英国在天坛、美国在先农坛、法国在西什库、俄国在南海、德国在社稷坛等驻扎，这些驻兵进行着长期不断的抢夺。颐和园、三海（南海、中海、北海）等地遭到抢劫。颐和园为清宫避暑游乐之地，陈列着大量的历代珍贵文物、图书字画和金银珍宝，尤以碧玺、宝石、翡翠居多，大多是各地进呈给慈禧太后的寿礼，都被掠走。

紫禁城是皇宫，自然是各国侵略者抢劫的重点目标。但侵略军总部怕各国在抢劫中产生矛盾和冲突，另外他们还准备继续承认清政府，于是决定不占领紫禁城。但事实上各国侵略者都曾利用各种机会进入皇宫进行抢劫，部分档案对此有所记载，如八月初四日，"洋人拿去乾清宫等物品清单"中记载有：玉器163件、玛瑙44件、瓷器3件、笔16支、核桃珊瑚20件、扇子5把、扳指6个、竹木器7件、玩器35件、册页14册、手卷4轴、挂轴2件、铜器8件和石器墨纸4件，以上共331件。乾清宫内的青玉古稀天子之宝1方、青玉八征耄念之宝1

---

① "内府珍器，陈列满数架，凡百余品，皆人间未见之瑰宝，精光射溢，刻镂精工。有碧晶整块，大五六寸。一白玉大瓶，高尺许。一白玉山，亦高尺许，所刻峰峦楼阁人物精甚。其五色玉盘、玉池、玉屏、玉磬、玉罗汉、玉香橼，皆精绝，亦多有刻字者。玉瓶凡十一，大小不一，皆华妙。有玉register春园记十简，面底皆刻龙，精绝。一白玉羊大三寸许，尤华妙。如意亦百数，以红玉镶碧玉及白玉者佳；有一纯白玉者，至清华矣。其他水晶如意、磁如意，亦极清妙。其铜铁如意尤多，不可数。其刻漆、堆蓝、雕金之屏盘杯盂百器甚多，皆非常之宝也。""其御制磁有字者甚多。有御书'印心石屋'墨宝六幅，金纸《印心石屋图》三幅，亦刻龙。斋戒龙牌一。封妃嫔宝牒一。其他晶石漆瓶盘、人物无数。皆中国积年积世之精华，一旦流出，不痛甚哉！"康有为：《欧洲十一国游记二种》（"走向世界丛书"X），岳麓书社，2008年，第220页。

方、铜镀金佛2尊、碧玉双喜花觚1件和碧玉英雄合卺觥1件等珍贵物品，也被洋人相继抢去。另外，八月初六日、十二日、二十七日，九月初一日，十月初三日、初七日和初十日等日的档案中，也有洋人抢劫东西的类似记载。[①]

光绪年间，中海西岸修建了慈禧太后的寝宫和归政后的颐养之所，称为仪鸾殿。据《仪鸾殿陈设账》记载，其内陈设着近千件珍宝，有玉器、瓷器、玻璃器皿，还有各式各样的钟表和宝石。八国联军总司令瓦德西挟名妓赛金花住仪鸾殿达半年之久。一天深夜，仪鸾殿突然起火，瓦德西狼狈逃出，联军参谋长则烧死殿内，殿内珍宝化为灰烬。文献和典籍的损失也很严重。本来已残缺很多的《永乐大典》又失去了307册。《宫中失去秘籍》中有《历代帝王后妃图像》120轴、《玉牒》草稿76册、《穆宗实录》74册、《今上（光绪帝）起居注》45册等，以及宋元明的珍籍，"皆人间未见之本"[②]。侵略军在天坛大肆搜掠存放的珍贵物品，搜掠的东西装了200多箱，同时毁坏了大量瓷器、石雕、书画、木器等等。"英军驻军……撤离后仅存镈钟、特磬、编磬，其余全部遗失。"[③]与1860年英法联军的侵略所不同的是，那次只是两个列强，占领北京仅两个月，这次是8个列强占领北京长达1年，皇家的文物珍品受到空前的劫掠和破坏。正如时人所言，经过这场浩劫，"中国自元明以来之积蓄，上自典章文物，下至国家奇珍，扫地遂尽"[④]。

① 转引自万依、王树卿、刘潞著《清代宫廷史》，辽宁人民出版社，1990年，第542页。

② 转引自章乃炜、王霭人编著《清宫述闻》初续编合编本，紫禁城出版社，1990年，第516页。

③ 内政部北平坛庙管理所编印：《天坛纪略附祭器乐器说明》，1932年10月。1994年，印度陆军参谋长乔希上将来华访问，向我国交还了1枚由英军少校道格拉斯于1901年从天坛掠走的"明代镏金铜编钟"。这套编钟共16枚，天坛目前仅存此1枚。参阅《北京青年报》2015年11月15日。

④ 柴萼：《庚辛纪事》，《义和团》第1册，上海书店，2000年，第316页。

（三）皇帝的赏赐以及宫廷物品的变卖处理

清宫文物流散民间，还有其他原因，例如皇帝的赏赐及宫廷物品的变卖处理。乾隆时期，宫廷存贮的本朝及前朝遗留的物件越来越多，乾隆帝就先后变卖了一大批。乾隆二十一年（1756）变价"汉砚一方、黑漆有屉春盛一件、红玛瑙镶嵌一块"，这是乾隆朝宫廷变卖文玩器物的第一次记载。变卖玉器，最初是残破、质次的，且数量有限，而后则逐年上升。乾隆五十年（1785），宫廷造办处奉旨进行了乾隆朝规模最大的玉器变卖活动，从年初开始，历时12个月，共进行了24次，变卖各类新旧玉器1968件，这些玉器主要来自圆明园、淳化轩、清漪园、静明园、九洲清晏、秀山房、乐善园、寿康宫、香山等处撤换下来的玉器，以及内库旧存。这一年同玉器一起变卖的，还有玛瑙、象牙、牛角、玻璃、绿苗石、绿晶石、牛油石、绿猫石、白石、绿石、木变石、画石、西洋石、玛瑙器等679件，象牙器30件等。[①]宫廷对瓷器的变卖则更为突出，数量也最多。

民国时期清宫文物的散佚

（一）逊帝溥仪在内廷13年中清宫文物的损失

辛亥革命后逊帝溥仪"暂居宫禁"时，大量清宫珍藏以各种方式流出并散失在国内外。

为了满足庞大的开支，维持小朝廷的局面，他们便大量拍卖宫中的金银、珍宝、古玩等。民国十一年（1922）1月，内务府在一份公开出售珍宝古物的招商广告上写道："兹因经费拮据异常，现将库存古瓷、玉器、古铜约五百余件，招商出售，藉资补助。凡属殷实商

---

① 李宏为：《乾隆与玉》，华文出版社，2013年，第431—433页。

号，有愿承购此项物件者，由一月七日起至十一日止，赴景山西门内务府筹备处检阅详章，交纳保证金一万元，应以本京股实银行现银元存单为适用，发给估价物类单一份，听候定期看物估价。"①拍卖珍宝仍满足不了所需，还经常拿出一些金银珍宝抵押和变价，每年都有好几宗。1924年5月31日，经溥仪岳父荣源之手，向北京盐业银行抵押金钟、金册、金宝和其他金器，抵押款数80万元，期限1年，月息1分。

> 合同内规定，四十万元由十六个金钟（共重十一万一千四百三十九两）作押品，另四十万元的押品则是：包括八个皇太后在内的金宝十个，金册十三个，以及金宝箱、金印池、金宝塔、金盘、金壶等，计重一万零九百六十九两七钱九分六厘；不足十成的金器三十六件，计重八百八十三两八钱，嵌镶珍珠一千九百五十二颗，宝石一百八十四块。另外还有玛瑙碗等珍品四十五件。只这后一笔的四十万元抵押来说，就等于是把金宝金册等十成金的物件当作荒金折卖，其余的则完全白送。②

当时紫禁城偷盗成风。最大的监守自盗者是溥仪。时值内务府大臣和师傅们清点字画，溥仪就从他们选出的最上品中挑最好的拿，以赏赐溥杰为名，运出宫外，存到天津英租界的房子里。溥杰每天下学回家，必带走一个大包袱，这样的盗运活动，历时5个月。运出去的字画古董，有王羲之王献之父子的《曹娥碑》《二谢帖》等，有钟繇、僧怀素、欧阳询、宋高宗赵构、米芾、董其昌、赵孟頫等人的真迹，司马光的《资治通鉴》原稿，有唐王维的人物画、宋马远和夏圭及马

---

① 见中国第一历史档案馆藏溥仪全宗档案一二一六号，转引自叶秀云：《逊清皇室抵押、拍卖宫中财宝述略》，《故宫博物院院刊》1983 年第 1 期。

② 溥仪：《我的前半生（全本）》，群众出版社，2007 年，第 111 页。

麟等画的《长江万里图》、张择端的《清明上河图》，还有阎立本、宋徽宗等人的作品。古版书籍，是把全部宋版明版书的珍本运走了，运出总数有1000多件字画、乾清宫西昭仁殿的200余种宋元明版书[①]。宫中偷盗已成为一种公开的秘密。在地安门大街上，新开了一家又一家的古玩店，他们都是太监或者内务府的官员们开的。店内卖的古玩，许多都是货真价实的内府珍品。

建福宫是乾隆时期建造的一处自成体系的大型宫殿花园式的院落。宫室内收藏着十分丰富的文物珍宝，有皇帝行乐图、帝王御容写真、名人字画、佛经、书籍、金佛、金塔、金银法器及珍贵铜器、稀有瓷器等，收藏较为全面和系统。溥仪大婚时用的物品和全部礼品，也都存放在这里。1923年溥仪决定整顿内务府，清点库房。建福宫的清点刚开始，6月27日深夜，一场大火将建福宫花园及其附近的宫殿建筑化为焦土，大量文物珍宝付之一炬。据内务府所说，烧毁金佛2665尊，字画1157件，古玩435件，古书几万册。究竟烧了多少东西，至今还是一个谜。[②]

逊帝溥仪经常拿一些名贵的字画珍籍赏人，主要是他身边的"师傅们"。此外，溥仪对于北京城里掌握实权的人物，遇到他们的生日或新年，都免不了送古玩字画等作为贺礼，以为巴结、笼络。如1923年曹锟当了大总统后，溥仪送给他一份丰厚的生日礼物：哥窑天盘口大瓶2件、嘉靖青花果盘2件、玉雕云龙大洗1件、白玉双管甲扁瓶1件、白玉诗意山子1件、碧玉仙人山子1件、古铜三足朝天耳炉1件、古铜鼎1件、古铜镏金双鹿耳尊1件、古铜提梁卣1对、珐琅葫芦瓶1对、珐琅宫薰1对、红雕漆格1对、红雕漆双耳尊1对。吴佩孚、徐世昌、张作霖等人的生日或新正度岁，溥仪都曾以古玩充作贺礼。1923年9月，日本东京发生大地震，溥仪也选了一批约价值美金30万元的古

---

① 溥仪：《我的前半生（全本）》，群众出版社，2007年，第104页。
② 溥仪：《我的前半生（全本）》，群众出版社，2007年，第108页。

物、字画、珍宝，送交日本驻华公使芳泽谦吉，以代现金作为赈灾之用，向日本示好。[①]

溥仪被逐出故宫后，在天津住了7年，偷运出宫的这批书籍、字画，存放在天津英租界戈登路的一栋楼房里。在天津期间，这批文物被卖了几十件，也拿了一些送人。后溥仪到长春的伪"满洲国"当"皇帝"，他偷运出宫的这批古物就存放在伪皇宫东院图书楼楼下东间，即所谓的"小白楼"。1945年8月10日，日本关东军司令小田乙三宣布伪满洲国迁都通化，溥仪出行时除随身携带的珍宝外，其一行还带着最珍贵的57箱文物，后溥仪在沈阳机场被苏军所俘，其他留在大栗子沟的人所携带的珍宝、古文物及手卷，绝大部分交给了前来接收的东北民主联军的代表，但也有个别人没有全交[②]。储放古籍及书画的小白楼，在溥仪一行匆匆出逃长春之后，遭到了守护伪皇宫"国兵"的哄抢，大批书画被偷运。为了争夺国宝，有的大打出手，一卷画被撕成几段。例如米芾的《苕溪帖》，包首锦一段不知去向，引首是明代李东阳70岁高龄的绝笔手书篆文"米南宫诗翰"5字，被人撕去，帖心、前隔水、后隔水，被揉成一团，完全变形，书心被撕毁了一大块，残缺10字。溥仪盗运出宫的这批国宝，成为有名的"东北货"。这些书画流散出来，大部分流往关内，一部分再经香港等地流往国外。

（二）故宫博物院文物南迁与部分文物运台

1925年10月10日故宫博物院成立。1931年"九一八"事变，日本侵略者的铁蹄蹂躏着我东北三省，平津震动，华北告急。1933年为了保护中华民族的珍贵文化遗产，故宫博物院将院藏文物精品装箱南迁。古物集中装箱的以书画、铜器、瓷器、玉器为主，象牙雕刻等工艺类文物也不少；图书方面，可以说宫中所存值得运走的全部装

---

① 溥仪：《我的前半生（全本）》，群众出版社，2007年，第119页。
② 参阅爱新觉罗·毓嶦：《伪满洲时代的溥仪》，载《溥仪离开紫禁城以后》，文史资料出版社，1985年。

了箱；文献方面，主要有档案、册宝、舆图、图像、乐器、服饰等。数十万件文物，装了13491箱又64包。同时，还附运了古物陈列所（5414箱）、颐和园（641箱又8件）、国子监（石鼓10件碑1件）、先农坛（88箱）等处的文物珍品，合计达19492箱72包8件。先存上海，后转运南京朝天宫新库房储放。抗日战争全面爆发后，这批文物又先后分三批避敌西迁，水陆辗转，最后存放在四川的巴县、乐山、峨眉。这批文物从1937年11月开始西迁入川储存，到1947年6月全部东归南京，在后方整整过了10年。在这10年间的分散保存时期，文物没有大的损失，创造了第二次世界大战中保护人类文化遗产的奇迹。

故宫文物南迁中的损失反映在两方面：一是1937年"七七"事变后文物由南京向西部疏散即西迁中因一些事故带来的损失；二是未来得及运走仍留存南京的故宫文物。据欧阳道达先生在《故宫文物避寇记》中记述，西迁文物损失有3次：（1）1937年12月7日，由南京运往陕西宝鸡的文物，在宝鸡车站卸车时，突遇机车互撞，"致车中公字第六五三号（宁一〇六〇号）黄瓷大碗一箱与第二五四〇号（和一三五号）钟表玻罩一箱，因震破碎"。（2）1938年2月23日，一部分寄存重庆合记堆栈的文物，在卸存时因楼板塌陷，压损文物7箱，"除有所字第四二七二号（即瓷字二六七九号）箱装的瓷爵八件内二震碎又一件震损一足外"，其余6箱除箱板有擦损，但箱内文物均幸无恙。（3）1938年6月26日，西迁文物在陕西汉中褒城县暂存时，驻守褒城马祠警卫士兵所佩带手榴弹因失慎坠地而爆炸，弹片四射，致损及储存祠内文物4箱，并死伤士兵3名，"炸损箱件，经开箱检视，计有公字第一〇八〇号箱内号字二〇二三号乾隆款白地青花瓷碗一件被炸碎，一五五七号箱内失号彩花大瓷瓶一件瓶口炸缺二寸许，并有裂痕；另有公字第一三八九号及一八五〇号二箱，仅伤及箱件外表，而箱内文物均幸无恙"。①

---

① 欧阳道达：《故宫文物避寇记》，紫禁城出版社，2010年，第82、61、84页。

故宫文物分三路西迁，尚有未及疏散的2954箱文物仍存放于南京故宫分院朝天宫库房。1937年12月12日，南京沦陷后，日军占用朝天宫，将其改为"伤兵医院"，文物库房内的空气调节设备及由北平转运而来的最新照相、印刷器材悉遭劫掠，文物箱件则分散移存于北极阁、中央研究院、地质调查所、东方中学等4处。抗战胜利后，教育部组织成立南京区清点接收封存文物委员会，各有关机关分成7个组，以"清点文物委员会"7字分编各组清点文物字号，于1946年1月25日开始清点北极阁等4处，至5月10日结束。"其属于文物类者，都凡二七七六箱，实包括原未装箱之捆包而并计，为便综合统计也。其与原封存文物箱件相差一七八箱者，以在敌伪时期有并装、移装情况而使然也。经八年沦陷，文物损失，幸不甚大"。当时还有进一步详细整理的计划：

> 一九四八年春，曾复按册载做一番清厘，其足凭以是正京字号箱原册者甚多。除已编陷京文物损失清册外，原拟另编京字号箱文物残损清册，失号文物清册，查缺文物清册，失号文物类似查缺文物对照册，京字册漏文物清册，文物品件及原点查号记载勘误册等，以资编造文物损失之精密统计，但因环境变迁，迄未着手，将于今后开箱检视及整理编目工作计划推进中，次第完成之。[①]

可惜这项工作以后未再做。

故宫博物院在北平沦陷期间，留守人员虽遭受到种种压迫与困难，仍然贯彻行政院"令于可能范围内尽力维护"的指示，度过了处境极为艰难的8年。在这8年中，前5年完全由留守人员苦心孤诣地妥为应付。后3年，伪政府虽派有主持的人，实际上仍由留守人员保管，不

---

① 欧阳道达：《故宫文物避寇记》，紫禁城出版社，2010年，第120页。

幸有一部分铜缸、铜灯柱被敌伪劫掠而去，其余文物幸得安全。①

1948年9月下旬，中国人民解放军发动的辽沈战役行将解放东北全境，全国战局发生根本变化，南京国民政府准备撤往台湾，也决定选运南迁文物精品到台湾。1948年12月21日、1949年1月6日与29日，南迁文物分三批运台：第一批文物由海军部"中鼎轮"载运，共计320箱；第二批为招商局的"海沪轮"载运，共计1680箱；第三批由海军部"昆仑号"运输舰载运，由于舱位有限及军舰停留时间短等原因，已装箱的1700箱文物，仅运走972箱。②

故宫运台文物2972箱，约占故宫南迁文物总数的1/4，文物总数为597423件。其中古书画、青铜器、古陶瓷、珐琅、玉器、图书典籍、文献档案等，颇多精品珍品，海内外瞩目。部分南迁文物运台，形成"一个故宫，两个故宫博物院"的局面。中央博物院筹备处迁台文物11562件，主要为当年古物陈列所的南迁文物，而古物陈列所的文物又来自清沈阳故宫及热河避暑山庄，因此也属于宫廷文物。中央博物院筹备处迁台文物一直与故宫文物一起保存，现在台北故宫博物院的文物藏品，就包括这两个机构的藏品。截至2015年底，运台文物加上到台湾后征集的各类文物，台北故宫博物院典藏文物总数为696373件。

（三）沈阳故宫、承德避暑山庄文物藏品与古物陈列所

清定都北京后，盛京（即沈阳）故宫藏有清入关前的一些宫廷文物，乾隆年间又从北京移送了大量珍贵的文物及用品，主要有清帝及后妃祭祀、庆典活动所用的各类物品，帝后宝册、典章文物和皇家档案，历代艺术珍品和新造的各类皇家御用器物等，以此来提高盛京故

---

① 《国立北平故宫博物院北平本院八年工作报告（二十六年七月至三十四年九月）》，故宫博物院档案；该报告又以《沦陷期间北平故宫博物院工作概况史料》为题，刊登于北京市档案局编《北京档案史料》2002年第1辑，新华出版社，2002年。

② 《运台文物分类统计表》，1949年9月1日，故宫博物院档案。

宫的尊贵地位。为了贮存这些宝物，乾隆时还曾大规模增建、扩建盛京故宫内的建筑，例如修文溯阁以贮存《四库全书》。盛京故宫的文物都载在清末道光年间《翔凤阁存贮器物清册》《西七间楼恭贮书籍墨刻器物清册》等中。其中历代名人书画尤为珍贵，有阎立本、释智永、周昉、巨然、黄筌、李唐、马远、夏圭、米芾、蔡襄、苏轼、李公麟、赵孟頫等100多位书画名家的作品330多幅（册）。这批书画艺术品与飞龙阁所贮之古铜鼎彝，堪称盛京皇宫藏品中的"双璧"。[①]

清帝北巡塞外避暑、理政，届时举行木兰秋狝，这是有清一代极为隆重的礼仪典制。避暑山庄与其结为一体的外八庙经过康、雍、乾三朝的尽力营构，成为重要的政治舞台，谱写了政治智慧和民族统一的篇章。至乾隆时期，山庄及寺庙的文物陈设相当丰富。道光时，国势日渐衰微，内忧外患丛生，再无力举行巡典，绵延一个多世纪的北巡不得不告停止。道光五年（1825），开始大规模清理、归并热河宫廷及皇家寺庙陈设器物，部分陈设开始解送北京。热河的宫廷陈设品，经过道光、咸丰和同治三朝的清理、撤运，其中避暑山庄内各类库房存储的银两、备赏器物、宴筵器皿、宫内唱戏所用戏衣、砌末、礼乐大典所用丹陛大乐、中和韶乐的乐器和收藏的藏香等项，大部分运送北京。其余陈设品，包括金银珠宝及周围皇家寺庙陈设器物，皆集中于避暑山庄内保管。至清朝覆亡时，避暑山庄内贮陈设仍然数量巨大，品类贵重多样，尤以康熙、乾隆盛世精品官窑瓷器、精木家具、古铜器物、名人字画、文房四宝为珍贵，其中还有古北口以外诸行宫的大批陈设和帝后生活用物。

从清末至民国时期外八庙发生多起陈设被盗案。1914年，热河都统姜桂题盗走溥善寺、普乐寺、殊像寺200多件文物，拆掉了溥仁寺后配殿及廊房共32间。1928年，军阀汤玉麟在避暑山庄内大肆攫取文

---

① 武斌主编：《清沈阳故宫研究》第五编文物收藏，辽宁大学出版社，2006年，第200—227页。

物，拆毁古建筑，砍伐树木。1933年3月4日，侵华日军3万余人占领承德。避暑山庄德汇门前竖起两座炮台和碉堡，德汇门内成为日军盘踞的大本营，日军司令部设在东宫。日军拆毁、烧毁了一批古建筑，抢劫普宁寺用金字写成的珍珠装饰的《甘珠经》《丹珠经》；将殊像寺会乘殿内由乾隆皇帝主持历时十八载才完成的《满文大藏经》劫掠一空；从外庙抢劫各式镀金、银佛像143尊，以及殿内陈设文物200余件。"文化大革命"初期，避暑山庄与外八庙文物也受到一定毁损。①

1913年，中华民国内务总长朱启钤呈请大总统袁世凯，拟将沈阳故宫、热河行宫两处所藏各种文物集中到北京故宫，筹办古物陈列所，获得批准。1913年10月，内务部派员，并会同清室内务府人员赴热河清理热河行宫各处陈设物品。从1913年11月到1914年10月，前后运送7次，共计1949箱，文物117700余件。主要有玉器、瓷器、大臣书画、围屏、珠宝器、书籍、古铜、珐琅、佛供、扇子、字画、盆景、文玩、钟表、竹木漆器、戏衣、如意、插挂屏、铺垫等。1921年，又由热河运来一批文物。由避暑山庄运京的文津阁《四库全书》，后移交京师图书馆即今国家图书馆。起运盛京故宫文物，从1914年1月23日开始，到3月24日结束，前后运送6次，计1201箱，约114600件。主要有瓷器、古铜、字画、珠玉文玩、书籍等。

1933年故宫文物南迁，古物陈列所保管的文物，也奉命装箱随同故宫博物院第二批南迁文物装运火车南迁。古物陈列所先后南迁的文物共4批，计5414箱111549件。这批文物一直随同故宫南迁文物保存，抗战胜利后东归南京。

民国三十五年（1946）12月3日，行政院决议，古物陈列所归并故宫博物院，古物陈列所留存北平文物（88202件）及所辖房屋馆舍，拨交故宫博物院。古物陈列所南迁文物，全部拨交中央博物院筹

---

① 参阅韩利撰：《北巡礼仪废弃后的热河文物》《避暑山庄三百年大事记》《避暑山庄及周围寺庙文物现状》，俱为未刊稿。在此亦向韩利女士致谢。

备处保管，其中的848箱11562件后来运往台湾，现为台北故宫博物院藏品的一部分。

当年古物陈列所拨交中央博物院筹备处的南迁文物，除过上述小部分运台外，其余的4562箱约93700件全部留在了南京，成为后来南京博物院的主要存藏。这些宫廷文物种类多，精品也多，如宋钧窑三足瓷洗、明洪武官窑釉里红寿石花卉纹瓷盘、明永乐青花云龙纹扁瓶、清康熙青花万寿纹尊、清雍正《钦定古今图书集成》、清艾启蒙的《八骏图》、明景泰蓝云龙纹瑞兽火炉、清乾隆铜镀金垂恩香筒、英国造铜镀金鸟笼钟、清乾隆铜佛像、清嘉庆"和硕智亲王宝"金印、清穆宗毅皇帝金发塔、清金坛城、清高宗纪绩嘉诚碧玉册、清乾隆玉根龙云洗、清紫檀边铜珐琅渔樵耕读挂屏、清雕漆描金宝座等等，都是稀有的珍品。[1]

故宫文物藏品 1949 年以后的外拨

1924年11月5日，逊清皇帝溥仪被逐出紫禁城。1924年11月20日，清室善后委员会正式成立，宣布紫禁城完全收归民国政府。并着手对清宫文物进行系统查点，直至1930年3月，清宫物品点查方告结束，登记造册，出版了《故宫物品点查报告》6编28册，清宫遗留文物共计117万余件，包括三代鼎彝、远古玉器、唐宋元明各代的书法名画、宋元陶瓷、珐琅、漆器、金银器、竹木牙角匏、金铜宗教造像，以及大量的帝后妃嫔服饰、衣料和家具等。除此之外，还有大量图书典籍、文献档案等。这些文物就成为1925年成立的故宫博物院的藏品。当然，清宫旧藏的数量远不止这些，当时有些殿堂尚未清点，清点过的一些物品，因计算方法的原因，与实际数量亦有不少出入。例

---

[1] 南京博物院编：《南京博物院八十年院史》，内部印行，2013 年，第 20 页。

如故宫的一些档案，原来是按包扎，以一包为一件的，实际上一包之中所含的物件等，多者竟达一二百件。运台的档案文献，按原来统计办法是26920件，后重新按件整理，则变成了393167件，是原来的10多倍。

20世纪30年代离开故宫的南迁文物，除过2900多箱运往台湾外，其余文物中的5982箱分三次返回北京故宫博物院。第一次，1950年1月，运回1500箱，其中文物1283箱，器材217箱。第二次，1953年6月，挑选文物分两次由火车运回，合计716箱。第三次，1958年9月，运回4037箱件，有玉器、瓷器、铜器、金器、书画、珊瑚、服装、陈设、武备、图书、戏衣、仪仗及实录圣训。

根据档案资料，1958年部分文物北返后，南京库房原存2422箱，1959年处理花盆246箱，现仍存2176箱104735件。绝大部分是瓷器，有康、雍、乾以至宣统九朝与大雅斋的青花、各色彩釉、一色釉、黄釉及加彩等盘碗杯碟97000多件，瓶盘壶爵盆3460多件；另有其他文物4250多件。[①]故宫博物院一直努力争取这批仍滞留南京朝天宫库房清宫旧藏的回归。

故宫博物院现存藏着最为丰富的珍贵的清宫文物，且品类众多，体系完备。故宫文物依据不同质地、形式和管理的需要，共有25大类。截至2010年12月15日，珍贵文物、一般文物和标本共计1807558件（套）。在这180多万件（套）文物藏品中，约155万件（套）是清宫旧藏和遗存，占藏品总数的86%，其余约25万件（套）为建院以来的新收藏，占藏品总数的14%。

实际上故宫博物院的清宫文物应该更多，但是中华人民共和国成立后院藏文物曾大量被调拨出去。这种调拨是在国家文物主管部门批准协调下进行的，种类多、数量大、持续时间长。所拨出的主要有档

---

① 《故宫博物院南迁文物统计表（留宁部分）》，《运回院址南京寄存文物事（附件）》（1978年12月13日），故宫博物院档案。

案文献、典籍图书及古代艺术品与宫廷历史文物，其中档案文献820万件，典籍图书数10万册，陶瓷书画珐琅织绣等艺术品、宗教文物及宫廷历史文物共8万多件，总数超过850万件，散存于国内许多档案馆、博物馆、图书馆及其他机构。这也是清宫文物1949年以后的散佚。

（一）明清档案部门的整体划出

清宫的明清档案一直是故宫博物院的重要藏品。中华人民共和国成立后，十分重视明清历史档案，宣布档案为国家财富，实行集中统一管理的原则，又陆续接收和征集散失在有关机关单位及私人手中的400万件（册）明清档案。1955年，故宫博物院的明清档案划归国家档案局，包括清代内阁、军机处、宫中、内务府、宗人府、清史馆等处所藏档案文件及明末档案文件，共计644架、1167箱、1694麻袋，约430万件，加上南迁档案2608箱150余万件，共约580万件。[①]1969年，这些档案又回归故宫博物院管理。经过10年，即到1980年，合计已有820万件明清档案连同保管的10万册（函）图书资料再一次拨交国家档案局，后者改称中国第一历史档案馆。北京故宫博物院现仅留有少量清宫档案，以及实录、圣训、本纪、历书、则例、舆图、书板、陈设档案、服饰画样等。故宫博物院曾保存宫中舆图5900多件。随着明清档案的拨交，遂把其中与清宫历史有关的158件保存下来，其他5747件舆图则移交国家档案局。

明清档案部门的整体划出，是1949年以后故宫博物院在机构及业务上的最大变化。

（二）典籍图书的外拨

故宫博物院图书馆长期以来是个重要的业务部门。1949年至1953年，在国家支持下，故宫博物院仍然致力于收购清宫流失出去的珍

---

① 《档案馆所藏各系统档案种类清单》（1955年12月29日），故宫博物院档案。

籍，继续充实着故宫的典籍收藏。

20世纪50年代初，故宫已将190部40000余册宫中书籍拨给了中国科学院、北京图书馆、吉林省图书馆、中国人民大学、北京大学及部分省市大学等23个单位。后来还先后将不少宫廷藏书拨交给一些省区市图书馆等单位，如中国科学院新疆分院（14种3196册）、内蒙古大学（蒙文书籍2部36册，其他书籍93部9451册）、河北省博物馆（747部24548册）、河南省博物院（20部635册）、河南省图书馆（54部2184册）、天津市图书馆（94部3544册）等。

接收故宫外拨书籍数量最多、质量最好的是北京图书馆，即今天的中国国家图书馆。1955年，故宫将存在柏林寺的完整的18世纪《龙藏》经板外拨北京图书馆，计100架78289块。1982年，这批经板又移交北京市文物局，现由云居寺收藏。1958年9月，故宫拟将藏书中的重复本及与业务无关的书籍约23万册拨给北京图书馆，并由北京图书馆把其中一部分分配给需要这些书籍的机关、单位。北京图书馆则提出要"天禄琳琅"图书，故宫也答应了。"天禄琳琅"是清宫秘藏善本书中的精华。清室善后委员会当年查昭仁殿存书时发现，属于"天禄琳琅"藏书者仅得288部，不到《天禄琳琅续编》所著录的一半。原来逊帝溥仪暂居内廷期间，把其中200余种珍版书偷运出宫外。后来这批书籍散落在东北，1949年以后，逐渐收回，重聚于北京故宫博物院。1959年5月，故宫博物院移交北京图书馆天禄琳琅书目续编中的共209种2347册，另拨交非天禄琳琅却系宫廷珍本29种509册。①

（三）器物的外拨

阅故宫博物院的文物调出档案，首次调拨文物是1954年。从1954

---

① 《拟将院藏天禄琳琅等书籍拨给北京图书馆报请批示》（1958年10月29日），故宫博物院档案。

年至1990年的37年中，除过1967年至1970年及1988年、1989年没有拨出外，其余31年每年都有向外调拨的文物。最后的记载是1990年，给上海中医学院医史博物馆调拨清代青花瓷研钵（故字号）1件，杭州的中国茶叶博物馆瓷器、生活用具8件（故字号）。调出文物最多的一年是1959年，达23955件，1974年也多达11382件；最少的是1987年，给苏州丝绸博物馆调拨清代苏州造织绣材料4件。一些属于借出的清宫文物，以后则改为调拨。截至1990年，故宫博物院调拨出的文物共84000件另87斤1两，其中有2400多件不属清宫旧藏（1336件为国礼）。

故宫器物的拨给单位，包括国内外的博物馆、事业单位、企业、人民团体、科研机构、寺院、学校、国家机关、电影厂等。根据档案记载，其中拨往文物最多的单位是现在的国家博物馆，即原来的中国革命博物馆和中国历史博物馆，多达7970件。1959年中国历史博物馆成立，北京故宫博物院曾把包括虢季子白盘、《乾隆南巡图》等在内的3881件珍贵文物拨了过去。北京故宫博物院拨出文物涉及10个国家及国内27个省、自治区、直辖市和部队单位。其中，国内共82999件另87斤1两，拨往国外文物1001件。拨给文物数量超过2000件的单位有以下11个：国家博物馆（7970件）、沈阳故宫博物院（7546件）、承德外八庙（5968件）、民族文化宫（5519件）、湖北省博物馆（3367件）、洛阳市文化局（3361件）、清东陵管理所（保管所）（2966件）、北京电影制片厂（2510件）、中国工艺美术学院（2356件）、国庆工程各单位（2534件）、中国佛教协会（2015件）；超过1000件的机关单位有：外交部（1962件）、黑龙江省博物馆（1812件）、广东省博物馆（1647件）、轻工业部美术工艺管理局（1614件）、承德避暑山庄（1551件）、景德镇陶瓷馆（包括景德镇陶瓷研究所）（1217件）、文化部（1213件）、外贸首饰公司（1173件）、解放军八一电影制片厂（1130件）、湖南省博物馆（1088件）、长春电影制片厂（1000件）。拨给国外的共1001件：

保加利亚博物馆（35件）、德意志民主共和国（251件）、哥斯达黎加（6件）、捷克斯洛伐克国家博物馆（65件）、毛里求斯（2件）、日内瓦人类博物馆（46件）、苏联东方博物馆（550件）、苏联特列恰可夫画馆（23件）、新西兰坎特伯雷博物馆（21件）、伊朗（1件）、日本（1件）。

故宫外拨藏品的类别有：陶瓷、铜器、玉石器、漆器、珐琅器、织绣、绘画、法书、铭刻、雕塑，以及其他工艺品、文具、生活用具、钟表仪器、宗教文物、武备仪仗、古籍文献、外国文物、其他文物等。①

故宫博物院外拨的文物，有些是在特殊历史条件下形成的。1973年，故宫大佛堂的2900余件佛教文物迁运河南洛阳，佛像被安置于某寺院，其余文物如两座九级木塔等则为其他文物部门分别占用。大佛堂是故宫西路慈宁宫后殿，明嘉靖十五年（1536）建成，为后妃礼佛之所。该殿面阔七间，进深三间，殿宇宏敞；直至1973年佛堂被拆之前，仍完整地保持着明清皇宫内佛堂的历史原貌。佛堂中有目前国内仅存的整堂元代干漆夹纻十八罗汉像、三世佛像、天王像、韦驮像等23尊，均属一级文物。干漆夹纻像是佛教造像中最珍稀的品类，它靠多层麻布、彩漆成型，重量较轻，造型精美，但因不易保存，存世极少，堪称国宝。根据故宫整体维修的规划，恢复大佛堂是其中的重点项目，而且于明清宫廷藏传佛教研究及故宫的完整保护，都具有极为重要的意义。多年以来，为实现故宫文物藏品的完整性，故宫博物院与文博界为外拨文物归还故宫仍在不懈地努力着。②

---

① 郑欣淼：《天府永藏——两岸故宫博物院文物藏品概述》，紫禁城出版社，2008年，第96—107页。

② 1984年8月4日，谢辰生先生致信曾任国家文物管理局副局长齐光，谈了这批文物当年迁运洛阳的来龙去脉及文物界多年来争取归还故宫的努力。参阅李经国编撰：《谢辰生先生往来书札》上册，国家图书馆出版社，2010年，第44页。

几项主要清宫文物的散佚

清宫艺术品收藏，以青铜器、瓷器、书画为大宗，同时图书典籍十分丰富，还有大量明清档案，共同构成清宫文物的主体，它们散佚的影响也比较大。现对这五项文物散佚状况做一简介。

（一）清宫青铜器的散佚

清代乾隆年间，宫廷青铜器收藏相当丰富。乾隆十四年（1749），乾隆皇帝命将宫廷收藏的鼎、尊、彝、罍等古青铜器，仿宋代《宣和博古图》样式，编成《西清古鉴》40卷，收铜器1529件，其中有铭铜器586件，绘制器型、款识，并援据经典，一一考证，十六年（1751）成书，收入《四库全书》。后又编有《宁寿鉴古》（收铜器701件，其中有铭者144件）、《西清续鉴甲编》（为内府续得诸器，共975件，其中有铭铜器257件，另附录唐以后杂器31件）、《西清续鉴乙编》（收盛京铜器900件，其中有铭铜器192件）。"西清四鉴"共收录铜器4074件（另附录31件），其中有铭铜器没有发现重出者，共计1179件，此外有铭铜镜114件。清宫藏铜器当然不止这些，嘉庆以后宫中所收的未再著录，热河行宫、颐和园等处也有不少存藏。

故宫博物院成立后，由古物馆从各宫殿所集中的青铜器只有700余件，另外有汉及唐、宋铜镜500多件，汉及汉以后铜印1600多件。民国初年政府在故宫前朝部分开办古物陈列所，运来沈阳故宫及热河行宫的文物，其中沈阳故宫铜器788件，热河行宫铜器851件。故宫还有一批旧藏铜器后来得到了彻底清理。这些青铜器，现主要存藏在台北故宫博物院与北京故宫博物院。台北故宫博物院所藏铜器现有6192件，包括历代官私铜印1600多件、镀金铜器700余件，先秦有铭文的约440件，除其中抵台后陆续收购的816件外，其余5346件基本上都是清宫旧物。北京故宫博物院的藏品也是以清宫旧藏为主，辅以历年收购、私人捐献及考古发掘之器。计藏历代铜器15000余件，其中先秦铜器约10000件，有铭文的1600余件，这3个数量均占中外传世与出土青铜器数量总和的1/10以上，是国内外收藏中国青铜器数量最多的博物馆。另有清以前的历代货币10000余枚、铜镜4000余面、印押10000余件，还有一些仿古彝和古金属，以及清宫原存从康熙至光绪各朝未曾流通的钱币13万余枚。总体数量恢宏庞大，品类具备。

"西清四鉴"所著录铜器，到清末流失严重，现仅195件可知下落，其中台北故宫博物院148件，北京故宫博物院17件，北京某单位1件，天津市艺术博物馆1件，上海博物馆7件，广州市博物馆1件，美国12件，瑞典斯德哥尔摩1件，丹麦哥本哈根1件，日本6件。[①]

未为"西清四鉴"著录的铜器，沈阳故宫、南京博物院、颐和园、天坛等都有一些收藏，有的藏品甚至还很重要。例如颐和园1970年清查，得铜器文物515号。时限上至商周、下迄晚清，种类上有尊、爵、卣、觥、盉、壶等酒器，鼎、鬲、豆、簋、敦等食器，盘、罍、缶、瓿等水器，钟、鼓等乐器，构成了较为完整的礼器体系。其中西周时期的虢宣公子白鼎、商代的饕餮纹三牺尊，都是见诸历史著录的传世重器和稀世珍品。[②]

（二）清宫瓷器的散佚

宫廷使用和收藏陶瓷器至迟可上溯至唐朝。至明代初期，皇室已收藏了数量可观的宋代名窑瓷器。明清两代朝廷均在景德镇设御窑厂，并选派督陶官驻厂专理或命地方监造，不惜工本，大量烧造宫廷用瓷。清代的帝王，特别是康熙、雍正、乾隆三帝都爱好瓷器，参与

---

① 刘雨编纂：《乾隆四鉴综理表》，中华书局，1989年，第35—36页。

② 颐和园管理处编：《颐和园志》，中国林业出版社，2006年，第264—265、272页。

瓷器的制造。这些都使官窑瓷器的生产得以迅速发展。

由清宫传承下来的瓷器，大致有四个部分：一是为明代或清代宫廷烧造的御用器，即学术界所说的明清御用瓷器，也有称之为明清官窑瓷器的。二是同时代的民窑产品。通过对故宫博物院院内西河沿考古发掘[①]和对南三所门外东西侧的考古发掘[②]，以及对出土文物研究表明，无论是明代宫廷还是清代宫廷都曾大量使用民窑瓷。对这些出土于明清宫廷内的民窑瓷的认知，对研究明清宫廷用瓷及明清宫廷陶瓷史均具有重要的意义。三是对明清来说已经是古董的汉唐宋元名窑瓷器。四是数量不多、在明清两代输入宫廷的外国瓷器。

清宫遗留下来的明代宫廷瓷器，绝大部分收藏在北京故宫博物院和台北故宫博物院，海内外许多博物馆和私家收藏的明代宫廷瓷器数量也不少，但至今没有一个明确的统计数。同明代一样，清代宫廷藏瓷器也是以景德镇御窑厂的产品为主，除散佚无法统计外，确知的这类清代御用瓷器总数应在40万件以上。至于宋元明瓷器，到乾隆时期宫中瓷器库中已收藏多达数十架，品种包括汝窑、官窑、哥窑、钧窑、定窑、元青花、枢府釉、釉里红等宋元瓷器及大量的明代御窑瓷器。清宫所藏瓷器现主要收藏在北京故宫博物院与台北故宫博物院。在北京故宫博物院1807558件的文物藏品中，陶瓷器占375091件，是以材质分类所占比例最多的文物。如果再加上暂存南京博物院的近10万件清代御窑瓷器，北京故宫博物院的藏瓷总数超过47万件。其中明清历代官窑瓷器超过40万件，明以前的陶瓷器与明清民窑约5万件。台北故宫博物院收藏瓷器25422件，其中23780件为故宫及原属中央博物院接收的古物陈列所的瓷器，主体来自清宫旧藏。

清代景德镇御窑厂烧造的瓷器是皇家专用的，按理说，所有官窑瓷器都要送到皇宫。可是，一直以来，民间确实留存着大量的官窑瓷

---

① 北京市文物研究所编著《北京皇家建筑遗址发掘报告》，科学出版社，2009年。

② 此项目由故宫博物院考古研究所主持。

器，有人通过对《清宫瓷器档案全集》研究，发现流散民间的官窑瓷器大约有这样几种来源[1]：

一是御窑厂次色瓷器的处理。次色瓷器变价是清代御窑厂特有的一种瓷器处理办法。官窑中的次色瓷器，在雍正六年（1728）之前是散贮在御窑厂的库房里，雍正七年至乾隆七年（1729—1742）这段时间是解送京城。到了乾隆七年以后，就奉旨将次色瓷器在景德镇就地变价。道光以前的黄釉瓷和祭祀用瓷，即便是次色，也是不能变价的。道光以后，所有次色瓷器都在景德镇变价处理了。所以，在民间见到的有些瑕疵但却印有清代皇家落款的官窑瓷器，大多是景德镇御窑厂变价处理的次色瓷器。

二是皇宫库储瓷器的变卖。在乾隆早期，曾将库储康、雍、乾三朝有款瓷器中破损的或釉水不全的14万余件变卖。乾隆中期，又将康、雍、乾三朝无款瓷器8000余件变卖。乾隆皇帝还将存量过多并无用项，或釉水浅薄，或花纹不全，或式样平常的11万余件瓷器也拿出皇宫变卖。在嘉庆时期，共变卖康熙、雍正、乾隆、嘉庆四朝的瓷器多达44万余件。

三是皇帝赏赐出去的瓷器。官窑瓷器是皇帝常常用来赏赐的物件，赏赐的对象既有王公大臣、封疆大吏，也有皇子公主、贵族命妇和身边的侍卫，此外还有蒙古王公和西藏喇嘛等。每次赏赐瓷器的数量多寡不一，少则一两件，多达数千件。

四是洋人抢掠走的皇家瓷器。1860年英法联军火烧圆明园，根据景德镇官窑的进贡清单，乾隆、嘉庆、道光、咸丰四朝，督陶官进贡陈设在圆明园的瓷器分别为1746件、2015件、2452件、152件，共计6365件瓷器。这些瓷器都随着英法联军火烧圆明园一并遭劫，或被砸碎，或被劫掠而流散到世界各地。

---

[1] 李国荣：《清宫瓷器档案的历史隐秘》，载《清宫史研究》第11辑，文化艺术出版社，2013年。

辛亥革命后逊帝溥仪"暂居宫禁"时，拍卖或典押了大量珍贵的瓷器。1927年北京盐业银行出售溥仪1924年抵押在那里的清室珍宝，英国人帕西瓦尔·大维德（Perciva David，1892—1964）购买了其中40多件。这40多件大部分为宋代名窑瓷器，其中官窑、哥窑瓷器居多，近20件，很多瓷器上有乾隆御题诗。据郭葆昌辑《清高宗御制咏瓷诗录》，清宫旧藏中有乾隆御题的瓷器大约有199件。在大维德的收藏中，有乾隆御题的瓷器20件左右，大部分御题藏品出自这批盐业银行出售的清宫旧藏。藏品中宋代其他名窑瓷器也不少，还有少量明、清官窑精品。这些不仅构成了大维德收藏中最精彩、最有代表性的部分，也使他后来的收藏带上了浓厚的"皇家情结"，注重以中国宫廷特别是乾隆皇帝的欣赏趣味和眼光来建立他的个人收藏。大维德收藏的中国瓷器达到1400多件，绝大多数为历代官窑中的精品和带重要款识的资料性标准器，所藏汝窑、官窑和珐琅彩瓷器均甲于海外藏家，名重天下的元青花标准器——至正型青花瓶更是被陶瓷界命名为大维德瓶。[①]

20世纪50年代至80年代，故宫博物院调拨出去的8万多件清宫旧藏，其中陶瓷是大宗，约2万件，占到总数的1/4。

（三）清宫书画的散佚

清自入关后经四代积累，宫廷书画收藏在乾隆朝蔚为大观，并进行了全面的整理与分类编目，数次组织书画名家和鉴赏家对藏品进行鉴定和品评，编纂为《秘殿珠林》《石渠宝笈》初、续及三编。《秘殿珠林》专记内府各宫所藏属于佛道经典的书画和石刻、木刻、织绣等，《石渠宝笈》专记内府藏非宗教题材书画。全书编纂过程长达74年，共收录上起魏晋下至清代中期近2000年书画作品1万多件，其中除了当朝皇帝、大臣作品外，唐宋元的书法名画近2000件，明代作品

---

① 胡健：《大维德与他收藏的中国文物》，《东方收藏》2011年第11期。

亦存2000件左右，可见清以前的传世书画占了相当的比重，但后来清宫所藏书画因各种原因散佚甚多。

　　这些频遭劫难的清宫书画，有些已损毁，部分散佚海内外。例如，乾隆皇帝十分钟爱的晋顾恺之《女史箴图》和传为宋李公麟的《潇湘卧游图》《蜀川胜概图》《九歌图》，皆收入《石渠宝笈初编》，珍藏在建福宫花园静怡轩，并将该室命名为"四美具"。现在"四美"则分藏于中、美、英、日四国博物馆。^①一些散佚的清宫书画，多年来不知下落。世人以为已不存于世，实则密藏在私人之手。近年来，在海外多种拍卖会上，不时有惊人藏品出现。据统计，嘉德拍卖公司在1993年至2013年这20年中拍卖成交古代精品书画500余件，部分为清宫旧藏书画，其中《石渠宝笈》上著录者47件，包括王羲之、米芾、宋徽宗、宋高宗、赵孟頫、文徵明、仇英、董其昌等人的名作。此外，康熙、雍正、乾隆、道光等皇帝的书画作品计达20余幅，其中乾隆皇帝所画"金盏花"（水墨纸本）在2010年嘉德拍卖中以1008万成交。^②

　　清宫书画在国内一些博物馆多有存藏，有些藏品还十分珍稀。例如庋藏辽宁省博物馆的清宫书画约150件，其中有一批书画巨品；吉林省博物馆40余件；上海博物馆也有多件名品；国家博物馆的藏品多由故宫博物院所调拨；旅顺博物馆也有收入《秘殿珠林》的1件，收入《石渠宝笈》的8件。此外，沈阳故宫博物院、天津市艺术博物馆、国家图书馆、南京博物院、黑龙江省博物馆、无锡市博物馆、首都博物馆、中国美术馆、广西壮族自治区博物馆及广东省博物馆、荣宝斋、天津市历史博物馆、贵州省博物馆、重庆市博物馆、丹东市博物馆等，都或多或少有所收藏。在内地（大陆）以及香港、台湾，一些私

---

　　①《九歌图》现藏中国国家博物馆（调拨自北京故宫博物院），《蜀川胜概图》现藏美国史密森尼博物研究院亚洲艺术馆（即弗利尔美术馆和赛克勒美术馆），《女史箴图》现藏英国大英博物馆，《潇湘卧游图》现藏日本东京国立博物馆。

　　②《嘉德二十年极品录（1993—2013）·古代书画卷》，故宫出版社，2014年。

人收藏家也藏有清宫书画。

关于包括清宫旧藏在内的中国古代绘画在海外的存藏，从日本学者铃木敬编的《海外所存中国绘画目录》中，可以大致看到其基本状况^①。浙江大学编印的《宋画全集》《元画全集》，则反映了存世宋元书画的总体风貌。^②20世纪以来，特别是第二次世界大战以后，美国逐渐成为国外中国艺术藏品最丰富的地区。这些艺术品主要集中在各大博物馆和大学美术馆。其中的中国古代书画收藏，有一批是清宫散佚出去的，不少收录在《故宫已佚书籍书画目录四种》中。据杨仁恺先生研究，约有50~60件之多。^③波士顿艺术博物馆、弗利尔美术馆和阿瑟·M.赛克勒美术馆、大都会艺术博物馆以及纳尔逊-阿特金斯艺术博物馆、克利夫兰艺术博物馆、普林斯顿大学博物馆等，都以收藏清宫书画著称，其中多有精品、巨品或孤品。^④在欧洲及日本，也有散佚的清宫书画。

清宫珍藏书画虽然有所散佚和损毁，但其相当重要的部分却保存在北京与台北两座故宫博物院中。北京故宫博物院现在共有绘画、壁画、版画、书法、尺牍、碑帖约15万件。其中，绘画4.7万余件，清宫旧藏1.5万余件；书法近7.4万件，清宫旧藏2.2万余件；碑帖2.8万余件，清宫旧藏5800余件。北京故宫博物院所藏清宫书画包括碑帖合计4.28万余件。台北故宫博物院现藏书画总计1万余件。据介绍，运台的故宫书画共5760件，除去墨拓、缂丝及成扇外，总数为4650件。经审查，精品1471件，其中法书237件，名画1234件^⑤。

---

① 铃木敬：《海外所存中国绘画目录》，《东京大学东洋文化研究所附属东洋学文献中心丛刊》别辑3，1981年。

②《宋画全集》，浙江大学出版社，2008年；《元画全集》，浙江大学出版社，2013年。

③ 本节所引有关资料，多依据杨仁恺：《国宝沉浮录》第四章第四节《国外公私庋藏〈佚目〉书画概况》，上海古籍出版社，2007年，第138—147页。

④ 参阅徐敏：《北美中国艺术史研究文献资源概述》；载张海惠主编：《北美中国学——研究概述与文献资源》，中华书局，2010年。

⑤ 台北故宫博物院编：《故宫七十星霜》，台湾商务印书馆，1995年，第184—185页。

（四）清宫图书典籍的散佚

中国古代皇家藏书历史悠久。清代皇家藏书以元明两朝皇室遗存为基础，囊括了自宋迄清6个朝代900余年间的传世典籍，其收藏之富超越以前各代。溯其源流，主要来自前代皇室遗存、搜采购求和编纂新书。清宫藏书之盛，主要反映在四个方面：

（1）以天禄琳琅藏书、宛委别藏丛书、内阁大库藏书为代表的宋元明善本的珍藏；（2）以明抄本《永乐大典》及清抄本《四库全书》《四库全书荟要》为代表的抄本书；（3）以《古今图书集成》为代表的清代历朝内府纂修刊刻的图书，包括武英殿刻本、扬州诗局、扬州书局刻本和六部、院、监刊印的各种图书；（4）以《龙藏经》《清文翻译全藏经》为代表的满、蒙、藏等少数民族文字图书。清代中期宫廷藏书，其数量超过以往任何一朝。清宫藏书的总数，尚未有确切的统计数字。清代前期并未设专门的藏书机构，清宫藏书地点有两类，一类是专门藏书地，另一类是在皇帝、皇妃、皇子生活的居所及其常临之处，陈设数量不等的书籍。大小藏书处约有数百处。清朝后期，国事多端，战乱、火灾及偷窃致使清宫藏书锐减。[①]

1925年故宫博物院成立，就致力于清点整理清宫的各处藏书。1930年奉命拨交给中央图书馆满、汉文《清实录》（自太祖迄文宗）各一部及《古今图书集成》一部，共计11901册。此时故宫图书馆藏书多达52万多册，为故宫博物院藏存清宫秘籍最富时期。先后编印有《故宫方志目》《故宫所藏观海堂书目》《故宫所藏殿版书目》《国立北平图书馆故宫博物院图书馆满文书籍联合目录》《故宫殿本书库现存目》《故宫普通书目》《故宫善本书目》《内阁大库书档旧目

---

① 齐秀梅、杨玉良等：《清宫藏书》第四章第一节，紫禁城出版社，2005年；张升：《明清宫廷藏书研究》第三章，商务印书馆，2006年。

补》《清内务府造办处舆图房图目初编》《故宫方志目续编》等。20世纪30年代，故宫文物避寇南迁，其中包括1415箱157000余册善本书。中华人民共和国成立前夕，南迁图书中的1334箱156000余册运往台湾。

清代宫廷图书现主要收藏在台北故宫博物院、北京故宫博物院。台北故宫博物院现藏图书类文物214503件，绝大多数为清宫旧藏，编有《"国立"故宫博物院普通旧籍目录》、《"国立"故宫博物院善本旧籍目录》（上、下册）、《"国立"故宫博物院所藏族谱简目》等馆藏目录，编纂了《"国立"故宫博物院宋本图录》、《故宫图书文献选萃》（"故宫文物选萃"系列之一）等善本图录。北京故宫博物院对清宫留存的善本旧籍进行认真清查、整理、编目，藏书已达40万册，清宫旧藏约占4/5，另有书版24.4万块，材质讲究，雕刻精美，具有重要的文献与文物价值。2014年，20卷的《故宫博物院藏品大系·善本特藏编》已出版18卷。此外，国家图书馆也藏有大量清宫图书。宣统元年（1909）学部奏请筹建京师图书馆，获得清廷批准，将热河文津阁《四库全书》、避暑山庄各殿藏书籍，以及内阁宋元旧刻的大部分，一并送交京师图书馆（国立北平图书馆之前身）储藏，成为京师图书馆筹建之初的基础藏书及其渊源。民国年间，国立北平图书馆将该馆所有图书分为甲、乙两库庋藏，甲库所存于抗战期间运往美国国会图书馆，1965年11月由美国运到台湾，现藏台北故宫博物院，共3240部（种）21602件（册）。乙库各书仍庋藏于国立北平图书馆（现改为中国国家图书馆），其中不仅有宋、元旧刊，还有数百部地方志。

几部巨帙的存藏。《永乐大典》只抄正本一部，未刻印，抄成后藏于南京文渊阁。明嘉靖、隆庆年间又依永乐原本摹写副本一部。正本约毁于明亡之际，副本在清乾隆、咸丰时也渐散佚。据统计，现存于中国与世界各地的《永乐大典》400余册，共800余卷，散存在10多个国家的30余个公私收藏家手中，其中中国国家图书馆有222册，台北故宫博物院60册（为国立北平图书馆抗战期间寄存美国国会图书馆的甲库书籍）。[①]《古今图书集成》，初印64部铜活字原印本，保存至今20多部，北京故宫博物院1部、台北故宫博物院3部，北京国家图书馆、甘肃省图书馆、浙江省图书馆、陕西省图书馆，以及北京大学、清华大学、国家博物馆、中国科学院等各1部；国外已知有英国伦敦、法国巴黎、德国柏林各1部。[②]"四库七阁"之书，迄今存毁各半。文渊阁藏书随文物南迁，现存台北故宫博物院。文溯阁藏书现由甘肃图书馆保管。文源阁藏书在英法联军攻占圆明园时被焚毁，文津阁藏书现在中国国家图书馆。江南三阁，文宗阁、文汇阁藏书俱毁于太平天国战火，文澜阁藏书当年亦损失大半，后经抄补缺失部分，得复旧观，今藏浙江图书馆。《四库全书荟要》当年抄成两部，分别贮于故宫御花园的摛藻堂与圆明园的味腴书室。味腴书室的藏本与文源阁《四库全书》均遭英法联军烧毁，摛藻堂的藏本今存台北故宫博物院，《宛委别藏》现也藏台北故宫博物院。[③]天禄琳琅藏书，据调查，台北故宫博物院有317部、中国国家图书馆有291部[④]、辽宁省图书馆有35部。此外，其他零星分散于海内外数十个公私藏家之手。[⑤]

　　清内府刻本的存藏。清内府刻书多达千余种，目前主要存藏于中国大陆和台湾两地，外国也有少量存藏。北京故宫博物院图书馆与辽宁省图书馆共同合作编印了《清代内府刻书目录解题》（紫禁城出版社1995年），其中正文解题部分著录汉文刻本、铜、木活字、套印本书共713种（经55种、史263种、子309种、集84种、丛书2种），另

　　① 张升：《〈永乐大典〉流传与辑佚研究》附录一《〈永乐大典〉现存卷目表统计》，北京师范大学出版社，2010年。

　　② 齐秀梅、杨玉良等：《清宫藏书》，紫禁城出版社，2005年，第94—95页。

　　③ 冯明珠主编：《故宫胜概新编》，台北故宫博物院，2009年，第207页。

　　④ 此为作者询问中国国家图书馆所提供的数字，刘蔷《天禄琳琅研究》第82页提供的数字为270部。

　　⑤ 刘蔷：《天禄琳琅研究》，北京大学出版社，2012年，第82—83页。

附录补遗汉文刻本155种，以及满、蒙、藏等少数民族文种刻本114种，共计982种。为目前所收清内府刻书种数最多的目录书，反映了清代内府刻本书的基本情况。台北故宫博物院共有殿本书53221册，大都是初印精装的珍品。北京故宫博物院所藏的种类和数量仍位居国内之首。仅《清代内府刻书目录解题》一书著录的汉、满文等刻本、铜、木活字本就有680余种，且大多是供皇帝阅览的呈览本和陈设本，纸墨装帧精美，清历朝所刻的重要典籍，皆有收藏。辽宁省图书馆存藏殿本数量约有568种，其中汉文刻本354种。这些书原属沈阳故宫的陈设书，其中不少是尚未裁切、装帧的毛订本，极具特色。如顺治七年（1650）内府刻本满文《金瓶梅》、《三国演义》、聚珍版《吏部则例》等都是珍稀罕见之书。其他如北京国家图书馆、第一历史档案馆、北京古籍书店、台北中央图书馆等，也多有收藏，但数量不及上述三家。

清内府抄本的存藏。现收藏原属清宫抄本图书较多的有台北故宫博物院、北京国家图书馆和北京故宫博物院。台北故宫博物院存藏清宫抄本书，除文渊阁《四库全书》、摛藻堂《四库全书荟要》外，还有《天禄琳琅续编》《宛委别藏》中的抄本，以及宋元明各代善本中的抄本、清内府抄本书等。北京国家图书馆存藏主要有明嘉靖年内府抄本《永乐大典》221册、文津阁《四库全书》，据《北京图书馆古籍善本书目》等有关书目所载，另有内府抄本千种以上。北京故宫博物院现藏清宫抄本书，以清内府抄本为最多，计有清内府抄本书、清内府抄本满蒙文图书、清宫旧藏，以及采进的抄本、晋唐以下各代名人的写经，另有修书各馆在编书过程中形成的稿本、修改本、清本、呈览本和付刻底本等。

清宫剧本、满、蒙、藏等少数民族文字图书、清宫旧藏佛道典籍等，主要存藏于北京故宫博物院、台北故宫博物院、北京国家图书馆等。此外，沈阳故宫博物院、辽宁省图书馆、辽宁省博物馆、第一历史档案馆、南京博物院、上海图书馆、中国艺术研究院，以及其他公、私藏家，国外日、俄、法、德、英、美等国，也都有不少存藏。

（五）清宫明清档案的散佚

本文中的"清宫明清档案"，指的是清廷中枢国家机关档案，它们当年主要存藏于紫禁城内。明清档案现存于世的约2000万件，其中绝大部分是清代档案，清档中又以中央国家机关的官文书为主。

清宫档案为世人所知，始自清末内阁大库的流散。内阁大库位于故宫东华门内旧内阁衙门东，所藏主要为清代为编纂明史而收集的明代档案及盛京旧档、清代历朝诏令题奏科举殿试卷子等档案，以及图籍等。宣统元年（1909），清宫内阁大库库垣大坏，档案移存于文华殿两庑。大学士管学部事务的张之洞奏请以大库所藏书籍，设学部图书馆藏之，其余档案则奏请焚毁。当时学部参事罗振玉被派赴内阁接收书籍，见到奏准被焚之物都是宝贵的史料，于是请张之洞奏罢焚毁之举，将所有档案运归学部，藏于国子监南学和学部大堂后楼两处。民国初年，这部分档案由教育部历史博物馆筹备处管理，并移于端门门洞中存放。1921年，历史博物馆因经费困难，除拣出一部分较整齐的外，将其余档案装8000麻袋计15万斤，以4000元价钱卖给同懋增纸店，以做"还魂纸"的原料，幸被罗振玉所知，以三倍价钱将此购回。这就是有名的"八千麻袋事件"。罗氏后因无力保管，自己仅留一小部分，其余转售于李盛铎，中央研究院历史语言研究所成立后，始购为公有，后来运到了台湾。这些档案几经易手，时达六七年之久，损失了约2万斤。罗振玉自己留存的那部分档案，后运到旅顺，并成立大库旧档整理处进行整理，1936年捐赠给奉天图书馆，其中一部分后来移交满铁图书馆，即今之大连图书馆，大宗则归于沈阳博物院，1948年又转移到东北图书馆，1958年被第一历史档案馆接收。

内阁大库档案原来深藏皇宫，秘不示人。其中一部分自1922年散出民间，轰动社会，被视为"大发现"。正如有的论者所说，其实所谓"发现"，不如说是流散。①其流散的过程，与敦煌藏经洞之发现同样是历史的憾事之一。

故宫博物院自明清档案部划归国家档案局后，现仅藏清代《内务府陈设档》，是清宫内务府每年对其所辖各处殿堂陈设物品进行清点时所立的陈设清册，共含康熙三十三年（1694）至"宣统十四年"（1922）陈设档682册。另有雍正八年（1730）至"宣统十四年"陈设档1万余册，仍存于中国第一历史档案馆。

明清中央国家机关档案现主要保存在中国第一历史档案馆，台北故宫博物院及台湾"中央研究院"也有一部分重要收藏。

故宫博物院明清档案部1980年再次划归国家档案局，改为中国第一历史档案馆。该馆现藏有明清档案1000多万件（册），其中明朝档案3000多份，其余全是清朝档案。清档中满文档案又约占1/5，即200万件。这些明清档案按全宗划分，可分为74个全宗。其中明代档案绝大部分是清初修《明史》收集的，由内阁保存至今，后又收集了一些散存的明档，共3647件（册）。文件起于1371年，迄于1644年，主要为明朝内阁、兵部、礼部等机构的档案。所藏清代档案，尤以清内阁、军机处、宫中、宗人府、内务府五个系统的档案为最多，约占一史馆全部档案的78％。其中内务府档案起于顺治十一年（1654），迄于宣统三年（1911）共有180多万件。再加上清帝退位，溥仪小朝廷时期的内务府档（1912—1924）39万多件，共计220多万件，排架长度2782米。一个宫廷机构的档案如此大量、完整地保存下来，这和它产生于故宫，典藏于故宫，从未发生过档案流出故宫遭遇损失的这一历史机缘有关。②

1933年故宫文物南迁，其中档案文献有3766箱。1949年初，

---

① 黄爱平主编：《中国历史文献学》，中国人民大学出版社，2010年，第382页。

② 以上参阅中国第一历史档案馆编著：《中国第一历史档案馆馆藏档案概述》，档案出版社，1985年；秦国经：《明清档案学》，学苑出版社，2005年；邢永福主编：《明清档案通览》，中国档案出版社，2008年。

南迁档案204箱约40万件册运到台湾，现由台北故宫博物院保存。台北故宫博物院所藏清代档案，其种类大致可分为宫中档、军机处档、内阁部院档、国史馆及清史馆档案等，共约40万件（册）[1]，其中宫中档以原藏懋勤殿、大臣缴回的朱批奏折为主，计15万余件；军机处档折19万余件；内阁部院档，其中《满文原档》是清内阁最早的档案，共40册，太祖、太宗两朝各20册；史馆档，包括清国史馆纂修国史所形成的档册及民国清史馆为纂修《清史稿》所形成的史稿。

台北"中研院"史语所现藏明清档案约31万件，来自内阁大库，内容十分丰富，明代档案有3100多件。清代档案可分五类：（1）内阁收贮的各项档案，如题奏、制诰、史书、录书、黄册等；（2）内阁本身的各项档案；（3）修书各馆的档案；（4）试题、试卷及其相关之档案，其中比较罕见的是一些未经誊录的会试、殿试卷原本；（5）沈阳旧档，重要的有袁崇焕致金国汗书、金国汗答袁崇焕书、毛文龙致金国汗书等。[2]

国内还有一些图书馆、档案馆藏有清宫明清档案，比较突出的是辽宁省档案馆和大连市图书馆。

辽宁省档案馆除1000余件明代档案外，清代档案达20万卷册，其中一批原存沈阳故宫崇谟阁，如顺治十八年（1661）至光绪三十四年（1908）的玉牒，共有1070册；《满文老档》重抄本及转抄本各一部，共360册；历朝的《实录》《圣训》，其中大红绫本《实录》7898册，大红绫本《圣训》1727册，还有《实录》《圣训》稿本23册；盛京内务府档、黑图档、东北各旗署档和八旗兵丁、地亩、户口册等。

---

① 以上参阅冯明珠：《清宫档案丛谈》，台北故宫博物院，2011年；《故宫胜概新编》，台北故宫博物院，2009年。

② 刘铮云：《旧档案、新材料——中研院史语所藏内阁大库档案现况》，载《新史学》九卷三期，1998年9月。

大连市图书馆所藏清代档案，有一部分原存于清宫，主要是清朝总管内务府的题本，共2000余件，残件600余件。其中满文题本800多件，满文残题本500余件；满汉合璧题本1100余件，满汉合璧残题本100余件。[①]美国、英国、俄罗斯、日本等国家的一些机构，都有明清档案包括满文档案的存藏，有一些曾是宫廷档案文献。[②]

清宫散佚文物的征集、追索

清宫文物，除过故宫收藏最为集中、最为丰富外，其余收藏较多的有沈阳故宫、承德避暑山庄、颐和园等处。[③]民国初年政府办古物陈列所，沈阳故宫与承德避暑山庄的20余万件文物运到北京故宫，精华尽失。现在这两处都重视收集散佚文物，故宫博物院又调拨了大量文物，充实了藏品。八国联军1900年侵占颐和园，使其陈列文物受到重大损失，此后颐和园建立了新的清册，管理也比较规范，当年有一批

① 王多闻、关嘉录：《大连市图书馆藏清代内阁大库档案的发掘和整理》，载《故宫博物院院刊》1987 年第 1 期。

② 李宏为、刘兰青、陈宜耘：《境外中国明清档案文献目录一瞥》，《历史档案》1998 年第 3 期；赵彦昌、王红娟：《中国流失海外的满文档案文献及其追索》，《山西档案》2010 年第 6 期。

③ 故宫与这三处的文物，不仅有着历史渊源，同为清宫收藏，进入民国乃至中华人民共和国后四单位之间互相调拨文物也很多。如故宫接收了古物陈列所未南迁的来自沈阳故宫与避暑山庄的文物，而故宫也从 1959 年至 1981 年 18 次调拨给承德市相关单位清宫文物 7723 件，从 1954 年至 1980 年 17 次拨给沈阳故宫清宫文物 7546 件。见故宫博物院档案。又如，1950 年 1 月，随着故宫博物院首批运回北京的 271 箱颐和园南迁文物，由颐和园和故宫派人共同清点、鉴定，并确定了分配原则：有关清代艺术品，如慈禧生活有关之器物，尽量分配颐和园；有关历史考古器物，可分配故宫方面，补充有系统的陈列。分配时，书画凡见诸《石渠宝笈》著录者归故宫；瓷器 95 箱归故宫，有重复者归颐和园，清代瓷器部分，如非特殊品，尽量拨归颐和园；铜器 112 箱明清品归颐和园，其余归故宫。参阅颐和园管理处编：《颐和园志》，中国林业出版社，2006 年，第 45 页。

文物南迁，多有失散，现在也在努力搜求流散的文物。①故宫博物院成立以来，在征集清宫散佚文物上下了很大功夫，取得了重大成果，但目前在追索被掠夺到国外的清宫文物上仍然阻力重重。

（一）民国时期清宫散佚文物的征集

对清宫散佚文物的关注与征集，是在故宫博物院成立以后。1925年7月31日，清室善后委员会在点查养心殿时，发现了一束《赏溥杰单》和一束溥杰手书的《收到单》。故宫博物院后来将此密件及此前发现的《诸位大人借去书籍字画玩物等糙账》编辑成书，取名《故宫已佚书籍书画目录四种》，向社会公开发行。弁言中称，被溥仪兄弟盗运出的书籍字画，"皆属琳琅秘籍，缥缃精品，天禄书目所载，宝笈三编所收，择其精华，大都移运宫外。国宝散失，至堪痛惜！兹将三种目录印行，用告海内关心国粹文化者"②。抗战胜利后，故宫博物院北平本院接管和收购了一批散失在外的故宫旧有文物和物品。主要有以下几批：

一是收回被日军劫走的铜灯亭、铜炮。日军1944年6月22日从故宫劫走铜灯亭91座，铜炮1尊，作为其推广"献铜运动"的成果。这批物品运到天津，还未来得及运往日本，日军就投降了。故宫博物院于1946年从天津运回铜灯亭、铜炮，有的已残破、毁坏，共重4460公斤，较劫走当时短少971公斤。被日军劫走的54个铜缸则遍寻不见。

二是接收溥仪天津旧宅留存的文物和溥修宅中留存的溥仪物品。溥仪宅中文物计1085件，分藏于19个小铁匣和2个皮匣中，多为玉器及小件什物，书画5件，其中有见于《故宫已佚书画目》中的作品。小件

---

① 例如，1975 年，英国哈丁博士无偿送还 1860 年英法联军掠自清漪园的清代铜鹤及石雕插屏 3 件。颐和园宝云阁有 10 扇铜窗，清末流失到上海，1911 年为一法国人购去，1993 年美国工商保险公司董事长格林伯格出资 51.5 万美元将 10 扇铜窗购买，无偿赠还。运回的铜窗上有隔扇心 20 页，颐和园库存有 39 页，尚缺少 11 页，遂由颐和园照原样补制，使宝云阁终于恢复原状。

② 清室善后委员会：《故宫已佚书籍书画目录四种》，1926 年 6 月。

什物上大多有黄色号签，与故宫博物院所存同类物品的号签完全相同。在溥修宅中发现的溥仪物品共222件。这两批文物与物品发现后，由河北省平津区敌伪产业处理局查封，经国民政府行政院批准由故宫博物院于1946年7月接收，运回北平。溥仪这些文物，其中珍品古玉达数百件之多，如商代鹰攫人头玉佩即为无上精品；宋元人手卷4件，宋马和之《赤壁赋图》卷、元邓文原《章草》卷、元赵孟頫设色《秋郊饮马图》卷及《老子像道德经书》卷；此外有古月轩珐琅烟壶、痕都斯坦嵌宝石玉碗、嵌珠宝珐琅怀表等，至于黄杨绿翡翠扳指等，更是价值连城。[①]

三是接收清宗人府余存玉牒等。北平孔德学校于1947年3月6日，将清宗人府原存满汉文玉牒74册、清代八旗户口册690册、档簿70册，共834册，交给故宫博物院。

四是对于"故宫已佚书籍书画"的收集。如前所述，1945年8月10日，溥仪一行带着精选的珠宝书画等逃到了与朝鲜仅一江之隔的通化临江县的大栗子沟，后溥仪在沈阳机场被苏军所俘，东北民主联军派代表缴收了其随行人员所带的文物，交东北银行保管。这批文物，有100余卷法书名画，包括晋、唐、五代、宋时的名家佳作，大多数是《石渠宝笈》所著录的乾隆皇帝鉴赏的名品，其余珠宝玉翠之类，也都是宫中的上乘珍玩。例如，王羲之书、宋高宗题跋的《曹娥碑》，唐阎立本画的《步辇图》《萧翼赚兰亭序》，唐欧阳询的《梦奠帖》《行书千字文》，唐张旭的《草书四帖诗》，唐怀素的《论书帖》，五代黄筌的《写生珍禽图》，南唐董源的《溪山积雪图》《潇湘图》《重溪烟霭图》《夏景山口待渡图》等，以及赫赫有名的宋张择端的《清明上河图》等等。1948年，东北银行将这批文物移交东北行政委员会的东北文物保管委员会。[②]

溥仪一行逃出长春时，贮放古籍及书画的小白楼即遭到守护伪皇

---

① 参阅王世襄：《锦灰不成堆》，生活·读书·新知三联书店，2007年，第71页。

② 王修：《东北文物保管委员会成立前后》，《中国文物报》2008年4月23日。

宫"国兵"的哄抢，大批国宝秘籍书画流散，政府方面和关心国宝命运的有识之士，一直采取积极措施，千方百计进行征集和收购。根据1946年10月21日故宫博物院第六届第二次理事会做出的"溥仪赏溥杰书籍书画如有发现，即由马院长商请在平理事决定后设法收购"的决议，从1947年1月至8月，对于发现的散佚书籍书画，均系先由专门委员会审查、选定精品、评定价格后，再经在平理事谈话会决定，总计6次收购书画书籍14种，用掉收购专款26770万元。重要的有宋版《资治通鉴》1部（共100册，另目录16册）、米芾《尺牍》1卷、唐国诠写《善见律》1卷、宋高宗书《毛诗闵予小子之什》（马和之绘图）1卷、《明初人书画合璧》1卷、宋版《四明志》1册、元人《老子授经图书画合璧》、龙麟装王仁昫书《刊谬补缺切韵》1卷及雍正、乾隆等朱批奏折41本等。这批书籍书画都是从东北流入北平的清宫藏品，合浦珠还，回归故宫。相对于古书画，贮藏在长春小白楼的古籍基本上保存完好，损失不大。1948年4月13日，故宫博物院接收了由沈阳故宫博物院转交的这批珍籍82种1241册，又接收了文管会和北平图书馆送来的《天禄琳琅》旧本《经典释文》23册。[①]

（二）中华人民共和国成立以来清宫散佚文物的征集

中华人民共和国成立后，十分重视清宫散佚文物的征集。文化部于1952年向全国发出收回故宫文物的通知，通知要求：

> 为了保存这些古代最优秀的文化遗产，经报请政务院文教委员会批准，凡在各地"三反""五反"运动中发现的故宫古物，其已判决没收和已由当地政府收回的，均应及时送缴中央，拨还故宫博物院集中保管。[②]

---

① 《故宫博物院公函》（1948年4月15日），故宫博物院档案。

② 转引自《中华人民共和国文物博物馆事业纪事》（上），文物出版社，2002年，第44—45页。

故宫博物院清宫文物征集的途径，主要是国家拨交、文物收购、接受捐赠等三个方面。

一是国家拨交。由国家有关部门拨交给故宫博物院的文物中，有许多是原清宫旧藏后来流失出去的，如当年溥仪抵押给盐业银行的玉器、瓷器、珐琅器、金印、金编钟等，就是由国家文物局于1953年拨交给故宫，并由故宫博物院工作人员到储藏地点收运回故宫的。1965年，故宫从溥仪等人交出的1194件物品中，挑选接收了245件溥仪的物品，包括古文物、稀有珍宝、宫廷用品及价值很高的艺术品等，绝大部分是溥仪留居紫禁城内廷时期，在1924年以前以赏赐名义携出宫外，并由溥仪在服刑期间随身所带，后向政府主动交代的。其中贵重的有：康熙皇帝用过的金镶猫儿眼宝石坠；乾隆皇帝搜集的六朝小玉璧、周朝青玉子、黄玉子、汉玉饰、清朝白玉龙纹佩等；特别是乾隆皇帝用的田黄石三联章（溥仪在《我的前半生》中误写为"三颗田黄石刻印"）；慈禧太后的贵重装饰品有白金镶钻石戒指、白金镶蓝宝石戒指、祖母绿宝石白金嵌钻石戒指、碧玺十八子手串、珊瑚十八子手串、金镶翠袖扣、金镶祖母绿宝石领针等。还有隆裕太后用过的宫廷用品6件。另接收了伪满洲国张景惠等9名战犯的14件文物珍宝。20世纪50年代，国家文物局把五代黄筌《写生珍禽图》卷及北宋张择端《清明上河图》卷、李公麟《临韦偃牧放图》卷、赵伯驹《江山秋色图》卷4件绘画作品由辽宁省博物馆拨交故宫博物院。

二是文物收购。从20世纪50年代以来，故宫博物院确定了以清宫流失出去的珍贵文物为主，兼及中国历代艺术珍品的文物收购方针，国家在资金上给予支持，购回了大量珍贵文物。收购的途径主要有文物商店、古玩铺、文物收藏者和拍卖公司等。50年代初，国家花了大量外汇，从香港购回"三希堂"中的二希——王献之《中秋帖》和王珣《伯远帖》，以及唐代韩滉《五牛图》、五代南唐顾闳中《韩熙载夜宴图》、五代南唐董源《潇湘图》、宋徽宗赵佶《祥龙石图》、南宋李唐《采薇图》、南宋马远《踏歌图》、元王蒙《西部草堂图》

及倪瓒《竹枝图》等一批名珍巨品。20世纪50年代至60年代初，是故宫购藏文物的高峰期，为此专门设立了"文物征集组"，并引进文物鉴定方面的专门人才。当时社会上流散文物多，琉璃厂一带的古董店得到一件珍贵文物后，首先是送故宫，这就为故宫创造了一个大量购进珍贵文物的极好机会。截至2005年12月底，共购得53971件，其中一级文物1764件。特别是书画珍品，如隋人书《出师颂》、唐周昉《地宫出游图》卷、唐颜真卿《竹山堂连句》册、宋王诜《渔村小雪图》卷、宋刘松年《卢仝煮茶图》卷、宋马和之《鹿鸣之什图》卷、宋夏圭《雪堂客话》、宋马远《石壁看云》、宋张先《十咏图》卷、宋欧阳修《灼艾帖》卷、宋苏轼《三马图赞》卷、宋米芾《兰亭序题跋》卷、《苕溪诗》卷，以及元明清书画精品，其中一些为清宫旧藏。[①]

三是接受捐赠。截至2007年底，北京故宫博物院共接受捐赠文物、文物资料及图书约33900件（套），其中有一些清宫流失出去的珍贵文物。特别是张伯驹先生捐献的西晋陆机《平复帖》、隋展子虔《游春图》，以及唐李白《上阳台帖》、唐杜牧之书《张好好诗》卷、宋黄庭坚书《诸上座帖》、宋蔡襄《自书诗》册、宋范仲淹书《道服赞》卷、元赵孟頫草书《千字文》卷等书画巨品，极其珍贵。1947年故宫博物院就拟购买范仲淹书《道服赞》卷，在北平的故宫理事会理事讨论时，做出了"价过高，暂不收购"的决定。[②]

故宫博物院在清宫散佚文物的征集上，也遇到新的情况与困难。例如，20世纪五六十年代，捐赠清宫文物的人多珍品也多，现在由于文物存世量的减少以及市场化影响等多种原因，捐赠珍贵文物的人少之又少了。从1980年至2015年底的35年间，向故宫捐赠清宫旧藏及与

---

① 参阅梁金生：《藏品的来源和组成》，载《故宫博物院八十年》，紫禁城出版社，2005年，第241—242页。

②《国立北平故宫博物院第六届理事会在平理事第一次谈话会记录（1947年1月4日）》，故宫博物院档案。

宫廷有关的文物仅有6次。①现在文物拍卖，都是市场化行为，清宫旧藏往往要价太高，国家出钱购买审批程序多，有时错过时机，也常因价高而放弃。例如，1997年，北京翰海拍卖有限公司春季拍卖会上拍五通宋人书札，当时著名书画鉴定家徐邦达先生曾致函上级主管部门建议收购，经履行论证程序后，故宫博物院遂与拍卖公司接洽，但是征购文物经费必须向上级部门申请，由于未获批复，此项收购未能实现，至今引以为憾。

（三）战争时期被掠夺到国外的清宫文物的追索

清宫文物除主要收藏在故宫博物院外，还有一部分散佚于国内各大博物馆，以及台北故宫博物院等港、澳、台地区的博物馆，其原因主要由于战争年代的文物转运、中华人民共和国成立以来的文物调拨以及各大博物馆的自行征集。国内也有一些个人藏有清宫文物。清宫文物大规模流失国外主要是"英法联军"和"八国联军"的野蛮掠夺。这些文物的具体数量实在无法统计，估计有百万件以上的皇宫珍宝流失在外。主要流往美洲（美国和加拿大）、欧洲（英、法、德、瑞典、比利时等）和日本。

清宫散佚文物征集的重点是追索战争时期被掠夺到国外的文物。目前文物追回的形式主要是回购、捐赠和讨还。回购与捐赠已有一些成功的事例，但是相对于庞大的外流文物而言，毕竟是杯水车薪，而

---

① 1980年，接收美国赛克勒博士送还的清代透雕云龙紫檀宝座1件；1983年周觉民、李倩玉夫妇捐赠的宋祁序《江山牧放图》卷；1988年，香港收藏家杨永德夫妇捐献明青花炉南明永历年款褐釉炉等文物；1991年李莲英之侄孙李祥浩、马士潜夫妇捐献清光绪粉彩云蝠纹直口瓶等6件文物；2006年台湾李敖先生捐《乾隆皇帝题〈王著书千字文〉》；2013年中国嘉德国际拍卖有限公司和收藏家陆牧滔先生共同捐赠隋人《出师颂》元代张达善的跋尾，使故宫购买的《出师颂》实现了合璧。其中周觉民、李倩玉夫妇捐赠的宋祁序《江山牧放图》卷，著录于《石渠宝笈初编》，被溥仪携带出宫，存放在长春小白楼内，入"国兵"周觉民之手。"文革"中抄入故宫，落实政策拟退还，后由周觉民（已故）夫人李倩玉以夫妻两人名义捐赠故宫博物院。

且其中情况比较复杂。追索讨还则是目前最难以成行的回流方式。讨还国外流失文物的法律依据主要是国际公约。涉及文化财产保护的国际公约虽有好多个，但都很不完善，整个规则体系只是由国际道义来维系，缺乏有效的约束机制。几个公约对文物追索的规定都无溯及力，虽然中国在1996年签署《国际统一私法协会关于被盗或者非法出口文物的公约》时声明保留追索权，可遗憾的是，拥有众多中国文物的英美等国家却不在此约中，而公约仅对缔约国有约束力。因此，在国际法律框架下追索文物仍是困难重重。圆明园文物的追索，就遇到了这些障碍。我国政府一贯坚持追索历史上流失文物的严正立场，这也是我国人民的共同心愿。有专家建议，我国应联合主要文物出口国共同行动，外交与法律手段并用，政府部门与民间组织相互配合，坚持努力，实现文物回归的梦想。这是一个长期的艰巨的任务。

（本文载《高等学校文科学术文摘》2016年第1期，《华中师范大学学报（人文社科版）》2016年第5期）

乾隆皇帝的收藏与鉴赏

乾隆皇帝即清高宗弘历（1711—1799），是清朝入关后第四位皇帝，也是中国历史上掌权时间最长、最长寿的皇帝，他当了60年皇帝和3年太上皇，活了89岁。他是一位有雄图大略颇有作为的皇帝。他在位期间，多次用兵统一疆土，对于清朝统治全盛局面的形成，对于中国疆域版图的最后形成，有着重要作用。康雍乾盛世是中国封建历史上最后一个盛世，康熙、雍正时期是盛世的上升阶段，而乾隆时期则是盛世的高峰和终结。乾隆帝又是一个有着深厚的汉文化传统素养的帝王，重视文化事业，毕生致力于文物的收藏。这种收藏又与他对文物的鉴赏、整理、弘传及自己的艺术创作结合在一起，形成了多姿多彩的文化活动，显现了他的儒雅的生活情趣。

《是一是二图》：收藏热中的宫廷与社会

对于源远流长的皇室收藏，它不仅是"宜子孙"的一笔宝贵财富，也不只是供皇帝个人赏玩的珍稀艺术品，更重要的是这些藏品所具有的强烈的政治与文化的象征意义。

中国历代宫廷都有收藏文物的传统，清代此风尤盛，特别是乾隆时期，宏富的宫廷收藏达到封建时代的顶峰。后来随着国势日衰，外患频仍，宫廷收藏也屡遭厄运，大量珍贵文物被劫掠、毁损或流散，但仍留存下相当丰富的文物藏品，成为中华历史文化的实物见证与中华文明的重要载体。

在考察乾隆时期宫中收藏的盛况时，应该注意到清代前期、中期文化建设与学术发展的一些特征。王国维在谈到清代学术时说："国初之学大，乾嘉之学精，而道咸以来之学新。"这种"大"与"精"的结合，就使清代文化艺术发展具有了一个重要特征，就是总结性，即集传统之大成的潮流。所谓"集大成"，从本质上讲是对于传统的全面整理和总结。如在学术文化方面，《康熙字典》《佩文韵府》《古今图书集成》《四库全书》等的编修；在工艺美术方面，如《清工部工程做法则例》集历代建筑之大成，苑囿离宫集公私、南北园林之大成，景德镇官窑集历代制瓷之大成，造办处诸作集历代特种工艺之大成，等等；内府庋藏，至乾隆朝而极盛大备。

还应看到，这种总结又与清代文化的复古潮流相联系。清政府高度认同汉民族的封建文化，一切"仿古制行之"。汉族文人以选择古学而维护民族的自尊，维护既有文化底色。同时出于对明政权覆亡的反思，许多人认为祸根就在于明末对于传统文化的反叛。鉴于此，清人有一种明显的向传统复归的心理态势，这种心理与当时整个的时代环境相汇合，造成了清王朝持久而深入的一股复古潮流。在这种以古雅为美的审美风潮中，对古代文物的收集和珍藏可算是一个突出的表现。《清稗类钞》中有《鉴赏类》，收录了无数清人好古董的故事。这种好古之风，更充分体现到清代的仿古瓷器中。

《是一是二图》为故宫藏画。图绘乾隆皇帝身着汉人服饰，正在坐榻上观赏皇家收藏的各种器物。其身后点缀室内环境的山水画屏风上，悬挂一幅与榻上所坐乾隆皇帝容颜一样的画像。上有乾隆皇帝御题："是一是二，不即不离。儒可墨可，何虑何思。长春书屋偶笔。"

图中乾隆皇帝的画像具有肖像画特点，40余岁，其面部刻画细致传神，表现出他睿智而自信的神态。书房中有一组古物，左上角的古铜器为"新莽嘉量"，为王莽在创立新朝时所颁的度量衡标准。其形制乃是据《考工记》的文字叙述推衍想象而成。这是王莽当时在文化上复古企图的体现。高置方几之上的是明宣德青花蓝查体出戟梵文盖罐，侍童手执明永乐青花缠枝文藏草瓶，圆桌上置有明永乐青花双耳扁瓶及明宣德青花凤穿花纹罐等。这些古物至今仍珍藏着。通过这幅图画，可见乾隆皇帝对古物的痴迷，也可见那个朝代，互动于宫廷与民间的复古之风。

"三希堂"与"四美具"：收藏的巅峰

故宫文物的来源，主要有4个渠道：

第一，承袭前朝皇室的收藏。清军入关进驻北京，也接收了明皇室的文物收藏，包括三代铜器及各种瓷器、书画、玉石器、典籍等，并且通过努力搜求，征集了一批珍品。以书画为例，有晋王珣《伯远帖》、隋展子虔《游春图》、唐韩滉《五牛图》、五代顾闳中《韩熙载夜宴图》等著名书画，都曾载在《宣和书谱》、《宣和画谱》或《石渠宝笈》中，现仍藏在北京故宫博物院。晋王羲之《快雪时晴帖》（唐人摹本）、唐孙过庭《书谱》、唐怀素《自叙帖》等著名法书，曾入存宋元宫廷，现藏台北故宫博物院。

第二，清宫制作。为了满足皇帝对宫廷日用器皿及各种工艺品的需要，从康熙初年起，清宫内务府就创立了造办处。康乾时期是清代社会发展的盛世，尤其是乾隆皇帝对各类艺术的酷爱，推动了当时工艺的发展，工艺技术达到了前所未有的高度，新奇制品层出不穷。遗留至今的很多精美绝伦的工艺品，如玉器、珐琅器、钟表、文玩等，都是当年造办处制造的。造办处的档案保存至今，故宫所藏清代工艺美术品，有许多仍可以在档册中找到作者是何人，是某年月日开始设计画样、做模型，某日完成，以及陈设地点等。

第三，新的收藏与征集。除了承袭前朝文物、制作新的美术工艺品外，清朝统治者还多方搜求，不断充实新的收藏。其中一个重要方面是贡物。朝贡制是中国特有的一种体现中央和地方、中心与属国之间关系的等级制度。清宫收藏有大量贡物，故宫至今仍收藏有一批。从现有史料来看，清朝特别是作为进贡顶峰时期的乾隆朝，臣工的进贡早已突破了传统意义上的进贡，内外官员都可以进贡，贡品不再限于茶果、吃食等方物，而是种类繁多，包括金、银、玉器、古玩、字画、瓷器、铜器、绸缎织物、皮张、洋货等等。逢年过节、万寿大典或外出南巡，臣工往往多有贡献，其中又以进书画、文玩较为讨喜。乾隆皇帝在《石渠宝笈续编·序文》上说："自乙丑至今癸丑，凡四十八年之间，每遇慈宫大庆、朝廷盛典，臣工所献古今书画之类及几暇涉笔者又不知其凡几。"

第四，查抄没收物品也是宫廷收藏的一个来源。清代特别是乾隆时期，许多犯案的官员被查抄，财产没收入官。入官之物分为解京物与留变物两类，解京物又分为两类，金银、玉玩、书画、铜瓷及其他特别贵重之物大部分解内务府，其余值钱的，含新旧但不一定珍贵之物，都可解崇文门变卖。整个乾隆朝60年间因案被抄家的不下200人，其中不乏总督、巡抚、藩臬二司等地方大员在内，大半都是贪赃所致。他们的珍玩都成了内府的收藏。

访书与刻书、抄书。清宫藏书是以明代皇室遗存为基础，经过数百年的访求、编刻、缮写，收藏了大量的珍贵图籍，超越以前各代。清朝统治者以"稽古右文"自命，对图书典籍非常重视。从顺治初年为纂修《明史》即下令搜采明朝史志，康熙、乾隆二帝又广搜博采天下遗书。为纂修《四库全书》，乾隆帝数次下诏求书，并采取奖励政策，凡进献百种至百种以上者，分别赏给内府初印本《佩文韵府》等书一部；或于精醇之本，高宗亲为评咏题识简端，优先发还；或将藏书家姓名载入《四库全书总目提要》之末等，后来共采访得书13781种。清宫藏书是以明代皇宫秘籍为基础，又经过历年的搜求，加上清宫编纂刊刻、抄写的各类图籍，其收藏之富，超越以前各代。清前期，清内府主持编纂、刊刻和抄写了许多大部头的图书。这些图书不仅在中国图书史上占有极为重要的位置，同时也成为清宫藏书的重要来源。清内府在编刊图籍的同时，由于康乾二帝崇尚书法，内府抄写书籍亦极为盛行，其抄写之精、装帧之美、数量之大，均可与内府刊本书相媲美。乾隆年间编纂的《四库全书》最为有名，同时产生的《四库全书荟要》和《武英殿聚珍版丛书》也颇有影响。这些内府刊本与抄本，都成为尔后故宫博物院的文物藏品。

在清宫收藏中，"三希堂"与"四美具"有着标志性的意义。王羲之的名迹《快雪时晴帖》原放在乾清宫，此为皇帝之正式寝宫。王献之的《中秋帖》则置于御书坊。乾隆皇帝在乾隆十一年（1746）得到王珣的《伯远帖》后，遂在自己进行日常政务的养心殿居所中，辟专室存放这三件晋人名迹，并铭之为"三希堂"。他为此写有《三希堂记》，认为这三件书迹不仅是中国书法的"稀世之珍"，而且是分别经过宋、金、元诸代的皇室收藏的"内府秘籍"，三帖的重聚因此就有着非凡的意义："今其墨迹经数千百年治乱兴衰存亡离合之余，适然荟萃于一堂，虽丰城之剑、合浦之珠无以逾此。子墨有灵，能不畅然蹈扑而愉快也。"

"四美具"同样具有重要意义。所谓"四美"，即晋顾恺之《女史箴图》和传为宋李公麟的《潇湘卧游图》《蜀川胜概图》《九歌图》。这四件画作，明代为上海人顾从义所藏，顾能书善画，好古精鉴，嘉靖年间以善画选直文华殿，后授中书舍人。这四件国之瑰宝，在明代即被董其昌称为"四名卷"，他对此四件巨迹散佚后自己只能得其一而为之感慨不已。乾隆年间，在有史以来最大规模的艺术搜集行动中，这四件名品相继进入清宫，至乾隆十一年夏，四美重新团聚。

乾隆皇帝对"千古法宝，不期而会"叹为"不可思议"，并非常高兴，御题《蜀川概胜》有"乃今四美具一室，赏心乐事无伦比"诗句。于是，特在建福宫花园静怡轩辟出专室存放"四美"，并命名曰"四美具"。又命董邦达绘《四美具合幅》，并御题《"四美具"赞》："虎头三绝，妙极丹青，桓元巧偷，自诒通灵。有宋公麟，名冠士夫，海岳避舍，顾陆为徒。潇湘澹远，蜀江清峻，九歌瑰奇，奕奕神隽。中舍鉴藏，名迹归重，剑合珠还，雅置清供。"与三希重聚的感慨一样，也将"四美"重聚比作春秋时期的干将、莫邪雌雄双剑在西晋永平年间重现，以及东汉顺帝时期合浦珍珠在吏治腐败时避迁交趾、吏治清明时重到合浦的传说，足见乾隆皇帝的志得意满及其收藏的千古之盛。

《御制玉杯记》与《富春山居图》：鉴赏的功力

乾隆皇帝不仅致力于收藏，而且重视文物的鉴赏，常在文学侍从、内廷画家陪侍下阅赏品鉴，作为政务之暇的消遣。乾隆朝著名的文学侍从有梁诗正、张照、汪由敦、董邦达、钱陈群、沈德潜、于敏中、刘墉等。这些人学问优长，能诗能文，兼具书画艺术创作与鉴赏能力。陪着酷好诗文艺术的皇帝进行创作、鉴赏，整理皇室收藏。乾隆皇帝本人艺术修养甚高，精于古物鉴赏，嗜古成癖，对于收藏的书画及工艺珍品进行过认真的鉴评。阅赏钤印是乾隆帝的喜好，故宫藏的很多传世书画精品上都钤有乾隆的玺印。乾隆一生拥有过的玺印远远超过他曾钤用过的玺印，据统计，乾隆一生共治玺印1800余方，钤用过的也有千余方，是历史上留下印迹最多的一位皇帝。

乾隆皇帝对古玉的鉴别水平很高，对玉器的沁色和俏色很有研究，这是在实践中学习获得的。他写有《御制玉杯记》，记载玉工姚宗仁祖制玉杯的经过及做旧方法，这种方法给乾隆帝留下了深刻印象。他也积累了好多经验，能够准确鉴别古玉的真赝。

元代至正十年（1350），82岁的黄公望画成生平最重要的名作——《富春山居图》卷。这幅画卷为纸本水墨画，在清顺治年间不幸遭遇火厄，分成两卷，残存的其中一段，称为《剩山图》，为全卷起首。360余年间，《剩山图》与《富春山居图》《无用师卷》各自流传。实际上，流传的《富春山居图》有构图完全相同的两卷，一为黄公望所作题赠郑无用师的《无用师卷》，另一为落款"子明"的《子明卷》。两卷于乾隆时期先后进入内府。乾隆帝误辨《子明卷》为真，《无用师卷》为仿本，引发后世诸多讨论。

清宫有无假画？肯定有。1936年马衡院长曾因易培基冤案问题，在庆贺张菊生（即张元济）70寿辰时写的《关于书画鉴别的问题》一文中，列举了历史上许多书画名家和风雅帝王关于书画鉴定方面的理论，指出：

> 书画之真赝问题早已成为不易解决之问题。虽一代鉴家董文敏（即董其昌）也认为"谈何容易"。其中问题复杂得很，不是简单的几句话所能解决的。

他说：

> 现在故宫所藏书画，有许多品质虽劣，名头则甚不小，……凡是名气越大的，件数必愈多。大约臣工进献之时，不管内容如何，贡品单子上不能不写的好看。好在是送礼的性质，无关政事，也谈不到欺君之罪。于是"往往有可观览"之外，尽有许多不可观览的。

有些虽为赝本，但流传有绪，本身价值并无动摇，马衡也发表了自己的见解。总之，马衡通过大量实例，论证了书画之赝本，自古有之。帝王之家，社会名流所藏书画，大多来自于民间，当然不乏赝品。书画的真赝鉴定"谈何容易"，而法院仅听黄宾虹一家之言就断定"帝王家收藏不得有赝品，有则必为易培基盗换无疑"，实在是没有道理的。[①]

鉴与赏是分不开的。乾隆皇帝的阅赏活动在他的诗文中也有充分的反映。除诗歌之外，乾隆皇帝在书画上题跋则更多，仅《快雪时晴帖》就在49年中题跋达73处。对于许多工艺珍品，他也常有题跋和题诗刻在其上，例如御题官窑葵瓣口碗、御题剔红《百花图》长方盘、御题尤侃雕犀仙槎杯等，或记叙文物的收藏经过，或抒写感想，反映了他的艺术趣味和审美观念。

《天禄琳琅书目》与《三希堂法帖》：藏品的整理

乾隆皇帝不仅重视收藏，还对宫中藏品进行了整理、登记，例如《秘殿珠林》《石渠宝笈》，就是两部大型书画著录。《秘殿珠林》专记宫藏宗教题材的书画，《石渠宝笈》则专记宫藏一般题材的书画及其他，全书的编纂过程，前后长达74年之久，共收录书画作品1万多件。包括《西清古鉴》《西清续鉴》《宁寿鉴古》在内的"西清三编"，收录了清宫所藏的数千件古代铜器；《四库全书》，则共收书3503种79337卷，约9.97亿字。乾隆年间，于昭仁殿庋藏宋金元明之精善藏书，编有《钦定天禄琳琅书目》（前编）10卷，嘉庆二年（1797）昭仁殿失火，前编书尽毁，乾隆又令再辑宫中珍藏《钦定天禄琳琅书目后编》20卷。《天禄琳琅书目》为我国第一部官修善本目录，沿袭汉代以来书目解题传统，在版本著录体例方面多有创见，如记载收藏家印记即为其中一大创举，于清代藏书家讲究版本鉴定、注重善本著录之风影响深远。

乾隆皇帝对于收集的许多珍贵法书名作，不仅自己摹写欣赏，还热衷于书法艺术的普及推广，命令于敏中、梁国治等大臣组织刊刻了

---

① 马衡：《关于鉴别书画的问题》，载《张菊生先生七十生日纪念论文集》，商务印书馆，2012年。

《淳化阁帖》《三希堂法帖》等供给普通士人临摹之用。

当然，我们在看到乾隆帝以收藏为中心的文化大业时，也要清醒地看到其中的文化专制主义，大兴文字狱，编纂《四库全书》时对古籍的窜改、禁毁等，这也是不容讳言的。

我们今天如何看待乾隆皇帝的收藏？乾隆皇帝生活的18世纪，在人类历史上具有特殊重要的意义，以英国产业革命和法国大革命为标志，资本主义在西欧已确立了统治地位。成立于1753年的大英博物馆在6年后正式对公众开放。1793年8月10日，卢浮宫艺术馆正式对外开放，成为一个博物馆。18世纪的中国仍处于漫长的封建社会的末期，封建专制政治的典章制度得到进一步完善。清统治者自认为是"天朝上国"，君临天下，统驭万方。普天之下，莫非王土。宫廷的收藏，自然也是作为君主法统的象征和仅供皇帝观赏享用。但是，这些文物毕竟是中华文明的载体和记录，是中华传统文化的结晶和瑰宝。乾隆皇帝毕竟也是中国历史上一位了不起的帝王。辛亥革命后，故宫博物院成立，这些文物成为全国人民共享的文化财产。

现在收藏在两岸故宫博物院的故宫文物主要有三个特点：一是这些文物包括了古代艺术品的所有门类，具有品级上、品类上、数量上的优势。其历史文化内涵更涉及建筑、园林、历史、地理、文献、文物、考古、美术、宗教、民族、礼俗等诸多学科，在我国历史文化遗产中具有突出的历史价值、科学价值和艺术价值。二是这些文物显示了中华民族五千年的文明是一条绵延不断的历史长河，中华民族绵延不断的历史文化在故宫的各类文物藏品里均得到充分的印证。三是这些文物与我们民族有着特殊的关系，特别是在抗日战争时期，故宫文物南迁，和我们民族共患难，赋予其特殊的价值，寄托了我们民族的感情。

[本文载于《中国艺术报》2014年2月26日、《人民政协报》2014年3月17日（题目为《故宫文物上的清代文化》）、《中国美术》2014年第2期]

"盛京"的意蕴

　　1926年11月16日，依托沈阳故宫的"东三省博物馆"成立（1928年曾改称奉天故宫博物院），从此走过了不平凡的90年时光。2016年11月16日，沈阳故宫博物院90年院庆，精心筹划的"曾在盛京——沈阳故宫南迁文物特展"也拉开了帷幕。这个展览很重要，沈阳故宫展出了大量的精美文物。由于历史原因，原存沈阳故宫的10多万件文物目前分藏于海峡两岸多家博物馆。这个展览的一部分文物，正是借建院90周年之机回来"省亲"的。

　　我感到这个展览的主题很好。"曾在盛京"，说明这些文物曾为沈阳故宫所有，也说明沈阳故宫曾经有过辉煌。但看完展览，筹展者的立意似乎并非那么肤浅、简单，而是着重讲述了这些文物（包括那些借来的漂泊在外的文物）与沈阳故宫的关系，这些文物与宫殿一起，共同构成了一幅盛京皇宫曾有的生动、多彩的画图。我们看到，这些文物原来都有故事，这些宫殿原来都有生命。因此，这个展览，从深层次来说，是对于这些文物精神价值的新阐述，是对于沈阳故宫价值完整性的新探索，也可略见沈阳故宫博物院今后的学术发展方向。

　　"盛京"当然是沈阳了。天命十年（1625）清太祖努尔哈赤把都城从辽阳迁到沈阳，并在沈阳着手修建皇宫。天聪八年（1634）清太宗皇太极尊沈阳为"盛京"。顺治元年（1644）清朝迁都北京后，沈阳为留都。顺治十三年（1656）清朝以"奉天承运"之意在沈阳设奉天府，故沈阳又名"奉天"。"盛京"作为清朝（后金）在1625年至1644年的都城，不过20年时间。所以我理解，"盛京"作为展览题目，其实与"奉天""沈阳"一样，只是表示这些文物曾经属于沈阳故宫；但是，用了清人入关前的"盛京"这个概念，则更有了一种历史纵深感，突出了沈阳故宫与这些文物的历史渊源。

盛京作为清朝的开国都城，既为"龙兴之地"，又是祖宗陵寝"盛京三陵"之所在。"盛京三陵"即永陵、福陵和昭陵：永陵葬有肇、兴、景、显等清帝祖先，清太祖努尔哈赤和清太宗皇太极及其后妃则分别葬于福陵和昭陵。1643年清太宗死，子福临嗣，是为世祖章皇帝。1644年为顺治元年，在这一年的农历七月初八日，清朝决定"迁都于燕"。农历八月二十日，年仅6岁的顺治帝自盛京启程，九月到达北京，自正阳门入宫；农历十月初一日祭天，"仍用大清国号，顺治纪年"；农历十月初十日顺治帝再行登基大典。过了10年，顺治帝提出回老家展谒陵寝的动议：

> 朕仰承天眷，统一区宇，深惟我太祖武皇帝肇造艰难，太宗文皇帝大勋克集，诞祐朕躬，以有今日。自登极以来，眷怀陵寝，辄思展谒。……今将躬诣山陵，稍展孝思，议政诸王、大臣、满汉九卿等官，其详议以闻。即传谕礼部知之。

但因国内政局未稳，灾害多发，讨论结果是暂不能去。顺治帝后又多次提出，却一再被搁置，直至顺治十八年（1661）福临患天花早逝，其东巡祭陵之愿遂成遗憾。

清迁都北京后，盛京成了陪都，原盛京皇宫也就成了陪都宫殿。在清帝离开盛京27年后，即康熙十年（1671），康熙帝以"寰宇一统，用告成功"，终于回到了肇业重地。康熙帝生于顺治十一年（1654），康熙十年第一次东巡祭陵，就是说在此之前的17年，对于

229

他，盛京与祖陵都是述说中的、想象中的，这次才有了实在的、深切的体会，找到了根，看到了北京紫禁城与东北盛京的联系。康熙帝也开创清帝东巡祭祖之制。此后150年间，康熙、乾隆、嘉庆、道光四帝共10次东巡，展谒陵寝，其间又在盛京宫殿举行升殿、筵宴祀神、阅射、行赏等一系列活动，成为陪都宫殿历史上无以复加的盛事。

清代帝王盛京东巡的意义，当然可有多方面解释，但我感到最重要的，是通过谒陵祭祖、瞻览宫殿等活动，既以展孝思，同时缅怀祖先功业，回思肇造之艰难，从而更好地治国理政；用现在的话说，就是寻找路是怎么走过来的，知道今后怎么继续努力，这是不忘初心、寻觅精神家园的行动，有着重要的精神激励作用。

颂扬功烈，怀思遗绪，继往开来，这在康熙、乾隆东巡时的诗作中有充分的反映。启运山原名桥山，是清永陵的陵山，清世祖福临于顺治八年（1651），敕封此山为启运山，意为运隆祥和。康熙帝第一次告祭永陵，有诗抒怀："峰峦叠叠水层层，王气氤氲护永陵"，"一自迁岐基盛业，深思遗绪愧难承"。（《三月十一日雪中诣永陵告祭》）乾隆帝第二次东巡盛京，也有《恭瞻启运山作歌》：

> 长白龙干西南来，灵山启运神堂开。
> 源远流长绵奕世，骈蕃禔祉皇图培。

乾隆帝第一次到盛京，所见所闻，百感交集，写了一批诗歌。例如《故宫咏烛》：

> 火传薪岂尽，漏响夜方深。
> 照得当年夕，艰难缔造心。

他还有一首诗，题目是《乾隆八年秋，朕奉皇太后恭谒祖陵，还至盛京，受朝锡宴。夫汉高过沛而歌大风，情至斯动，直己陈德。况予小子觐扬光烈，能无言之不足而长言之哉？爰作世德舞辞十章，章八句》，直抒胸臆。

但是在清顺治元年至乾隆十年（1644—1745）的100年中，盛京故宫基本是作为"国初旧迹"予以保护，并未有明显的改变。康熙皇帝曾于康熙十年（1671）、二十一年（1682）、三十七年（1698）三次东巡盛京，亲祭太祖太宗山陵，周览盛京畿内形胜，于盛京宫殿宴赏文武百官耆老等。但三次东巡，均未在盛京宫殿中的先皇后宫内下榻，所有活动与礼仪亦未正规化。真正使盛京宫殿面貌发生重大变化、盛京的尊贵地位得到显著提升的是乾隆帝。

乾隆帝分别于乾隆八年（1743）、乾隆十九年（1754）、乾隆四十三年（1778）、乾隆四十八年（1783）共四次东巡盛京祭祖谒陵。在乾隆皇帝东巡以后，对盛京的地位及作用有了新的认识，并采取了三方面的重大举措：

一是对宫殿进行了多次改建和增建。第一次乾隆东巡后盛京宫殿就进行大规模的改建和营修，增建东巡驻跸行宫，使其建筑规模、使用功能都发生了重要变化。沈阳故宫最后一批增扩建在乾隆四十六年（1781）至四十八年，主要是文溯阁等西路宫殿的兴建。在原有宫殿之西建起160余间大小房屋，形成与原"大内宫阙"部分既有联系，又相对独立的西路建筑群，也使盛京宫殿平面分布由两个区域扩展为三个区域，终清之世保留了这一基本格局。

二是从北京移送大量珍贵文物及用品至此收藏。清定都北京后，盛京故宫藏有清入关前的一些宫廷文物。乾隆时期运送的，主要有清帝及后妃祭祀、庆典活动所用的各类物品，帝后宝册、典章文物和皇家档案，历代艺术珍品和新造的各类皇家御用器物等，以此来提高盛京故宫的尊贵地位。当时不断地由北京向盛京运送宫廷珍品，例如乾隆四十四年（1779），就拨送康熙、雍正、乾隆年款各色瓷器10万件。还专修文溯阁以贮存《四库全书》，新建尊藏实录、玉牒等宫廷文献的楼阁等。在乾隆帝下令编纂的"西清四鉴"中，就收录了盛京故宫的900件青铜器。盛京故宫的文物都载在清末道光年间所编的《翔凤阁存贮器物清册》《西七间楼恭贮书籍墨刻器物清册》等中。

三是皇帝在东巡驻跸期间的礼仪活动进一步规范化。自乾隆皇帝首次东巡起，在清宁宫举行萨满祭典、在崇政殿举行谒陵礼成庆贺典礼、在大政殿举行盛大筵宴的三项仪式都载入清代《会典》和《大清通礼》中。

通过以上举措，使旧宫成为清代著名的皇家文物收藏所，也使其原有"先皇旧阙"的性质发生新的变化。

以上所述，就是"盛京"之"盛"，就是盛京曾经有过的辉煌。

民国初年，盛京故宫作为皇室产业，名义上仍属溥仪小朝廷所有，并沿袭清末旧制，设盛京内务府办事处进行管理。后政府决定成立古物陈列所，遂将盛京故宫所藏大批宫廷物品运至北京，以敷陈列之用。1914年，共运送6次，包括瓷器、古铜、字画、珠玉文玩、书籍等1201箱114600余件。翌年，盛京故宫文溯阁所藏《四库全书》和《钦定古今图书集成》亦运至北京，置于保和殿等处，仍归古物陈列所。文溯阁《四库全书》以后回到沈阳故宫。1966年10月，鉴于当时备战形势需要，这部《四库全书》被拨运甘肃省图书馆收藏。帝后宝册，现由辽宁省档案局管理。绝大部分珍贵文物离开了它的存藏地，盛京故宫元气大伤。

当年盛京故宫文物运北京后，所余文物大宗者有敬典阁、崇谟阁二楼内的玉牒、实录、圣训等物，还有清宁宫内的萨满祭器，銮驾库内卤簿、仪仗、乐器，太庙的玉宝、玉册，以及日华楼、师善斋所储门神、对联，西七间楼的数百面信牌、印牌，以及内府写本、刻本、档案等。20世纪50年代至80年代，通过政府调拨、自身征集、社会捐献等多种途径，沈阳故宫博物院的藏品逐渐丰富。1954年至1980年，故宫博物院17次拨给沈阳故宫清代宫廷文物7546件，包括书画、瓷器、雕刻、玉器、漆器、织绣品、钟表、家具、陈设、杂项、武备等。

据资料记载，沈阳故宫博物院现存藏文物共33类21810件套。其中，以清宫原藏宫廷遗物和历史文化珍品为主，兼及沈阳地区历史文物及具有特殊意义的近现代文物。不仅数量巨大、类别繁多，而且具有极高的历史和艺术价值。其中，清入关前历史文物，清代帝后御用文物、明清及近现代书法绘画、清代家具、清代服饰等都很珍贵。如清入关前使用的满蒙文信牌、印牌，努尔哈赤的宝剑，皇太极的腰刀、弓、箭、鹿角椅及御用常服袍，清宁宫萨满祭祀用具，康熙、乾隆时期用于宫廷典礼的乐器，以及清历朝帝后谥宝、谥册等，都是清史、满族史、清宫史研究极为重要的实物佐证。清代书画，从清初的"四王吴恽""四僧""金陵诸家"到清中期的扬州画派、宫廷绘画，再到清后期的海派以及近现代等诸多流派代表人物的作品均有收藏。清代康、雍、乾盛世的官窑瓷器，清宫帝后服饰、首饰佩饰等，显示了清代皇家生活的风范。均是院藏文物精品。

沈阳故宫博物院有着清晰的学术脉络和很好的学术传统。对于盛京故宫的最早研究，应是金梁。他于民国初年组织一批满族学者，对沈阳故宫崇谟阁所藏清人入关前最重要的史料《满文老档》进行整理汉译，1918年以《满洲老档秘录》为名出版。此后，另外一些译稿又以《汉译满文老档拾要》为题，在《故宫周刊》上连载。1913年，金梁还将其对盛京故宫翔凤阁所藏唐、五代、宋、元、明、清等历代书画的记录，整理成《盛京故宫书画录》和《盛京故宫书画记》公开出版。1929年至1931年"九一八"事变前担任东三省博物馆（馆址在沈阳故宫内）委员长期间，主持编印出版了盛京故宫所藏《清内府一统舆地全图》《圆明园东长春园图》等。

1924年7月，任满铁工业专门学校助教授的日本人伊藤清造，率人对沈阳故宫进行了为期3周的考察并对部分建筑进行测绘，后编成《奉天宫殿建筑图集》（日本洪洋社发行）和《奉天宫殿之研究》（大连亚东印书协会发行），此为沈阳故宫建筑群的最早研究资料。

20世纪三四十年代，日本人村田治郎、园田一龟等先后撰写了《满洲的建筑》和《清帝东巡之研究》，其中相关章节对沈阳故宫的建筑和历史进行了专门的论述，同时还有一些相关研究文章发表。有关沈阳故宫的研究也颇受中国文化界人士的关注。1947年初，经国民政府教育部批准，设立国立沈阳博物院筹备委员会，沈阳故宫为其古物馆所在地。该筹委会延揽了一些文化水平较高、文史造诣较深的学者，其代表性成果有阎文儒《沈阳故宫建筑考》、金毓黻《文溯阁四库全书校勘记》、傅振伦和李鸿庆《沈阳故宫藏品概说》、郝瑶甫《沈阳故宫藏书记》、李文信《沈阳故宫卤簿仪物小记》等，特别是《沈阳故宫建筑考》，有着重要的学术价值。从20世纪70年代后期起，对沈阳故宫的研究进入了一个新的阶段。沈阳故宫博物院陆续培养和引进一批从事历史、文物、满文等方面研究的专业人员，结合宣教工作和陈列展览工作的开展，开始对一些涉及宫殿历史和文物的课题进行更深层面的探讨。另一方面，此时所能利用的史料也较以往更为丰富。1984年后出版《盛京皇宫》《清帝东巡》《神秘的清宫萨满祭祀》《沈阳故宫博物院文物精品荟萃》《清实录教育、科学、文化史料辑要》《沈阳故宫博物院藏明清楹联选》《沈阳故宫博物院藏明清绘画选辑》，以及《沈阳故宫博物院学术论文集》（共四辑）等。这一时期，除了历史、文物等学科学者的研究外，许多从事古代建筑专业教学和科研的学者，从建筑技术和艺术等角度，对沈阳故宫进行更具有科学性的研究，形成了《中国建筑艺术全集·沈阳故宫卷》《特色鲜明的沈阳故宫建筑》等代表性科研成果。

对沈阳故宫价值认识的重大提升是它被列入世界文化遗产前后。2004年7月，作为明清故宫拓展项目——沈阳故宫和明清皇家陵寝拓展项目——盛京三陵（永陵、福陵、昭陵），经第28届世界遗产委员会会议评审，被正式列入世界遗产名录。"一宫三陵"本身就是一个互相联系的整体，是"龙兴之地"的代表性建筑物与清人另一面历史文化的物质载体。

沈阳故宫的突出普遍价值在于：

> 沈阳故宫在承袭中国古代皇宫建筑传统的基础上，汲取了丰富的地域文化和民族文化，保留着满族民间传统住宅的典型特色，在建筑造型和装饰艺术方面，形成集汉、满、蒙古族建筑艺术为一体的生动而独特的风格；特别是其以满族独特的社会组织"八旗"制度为依据排列的建筑布局，在世界宫殿建筑中独树一帜。清宁宫内皇帝的祭祀场所见证了满族传承了数百年的萨满教传统。[①]

世界遗产的申报与保护为沈阳故宫学术研究创造了新的机遇。2003年，《盛京皇宫和关外三陵档案》由辽宁民族出版社出版，这是有关沈阳故宫、永陵、福陵、昭陵的档案史料汇编，从不同角度记录了当时"一宫三陵"的状况，包括皇帝东巡、宫廷礼仪、三陵祭祀、建筑修缮、文物收藏等内容，大部分为首次公布，为研究历史、民族、宗教、文化、风俗、建筑、皇室经济等提供了重要的史料。武斌主编的"沈阳故宫文库"——《清沈阳故宫研究》《沈阳故宫与世界文化遗产》《清入关前都城研究》于2007年前后由辽宁大学出版社出版，反映了沈阳故宫研究的不断深入。《沈阳故宫博物院院刊》发表了大量有关沈阳故宫建筑、文物以及清人入关前后的研究文章。

北京故宫博物院在长期的、多次的争论中，对故宫价值的认识逐步深入与全面，从而提出了故宫学。在故宫学概念中，故宫被视为古建筑、文物藏品、宫廷历史文化三者相互联系的文化整体。故宫学倡导将故宫作为一个文化整体来研究，从文化整体的角度去评估故宫的文物价值和文化内涵，防止故宫研究的"碎片化"。同时，故宫学也从文化整体的角度来认识和理解故宫学的各个领域（如古建筑、文

---

① 第 36 届世界遗产委员会会议文件 WHC12/36.COM/8E。

物藏品、宫廷历史文化和博物院史）的深刻内涵及各领域之间的紧密联系。

故宫学又倡导"大故宫"理念。所谓"大故宫"，即完整的故宫遗产，既要关注72万平方米内的故宫，也应走出故宫，看到故宫与北京及其以外明清宫廷建筑之间的联系，看到故宫文物与流散于海内外的清宫文物的联系。"大故宫"是就故宫学研究对象的外延而言。例如，北京故宫与沈阳故宫就有着密切的关系，其文物都属于宫廷文物。作为宫殿，为清代统治者入关前后所用，不仅如此，北京故宫还有一些满汉结合的特色。例如坤宁宫，是明朝皇后居住的地方，清顺治时按满族习俗仿沈阳故宫内清宁宫改造为崇奉萨满的祭祀场所，宫前月台上立逾4米高的祭神杆即"索伦杆"，菱花窗改建成吊搭窗，室内东侧改成皇帝结婚的洞房，等等。

故宫学为故宫学术研究开辟了新的天地。北京故宫博物院、台北故宫博物院、沈阳故宫博物院都是故宫学的重镇，故宫学成为联系三个博物院的重要纽带。近年来，沈阳故宫博物院从对沈阳故宫价值的认识以及沈阳故宫博物院发展需要着眼，提出要把沈阳故宫博物院的学术研究纳入故宫学范畴，认为沈阳故宫博物院的研究如果没有故宫学为指导，则没有高度和深度；故宫学如果没有包括沈阳故宫博物院在内的实践内容，则不全面，不完整。在这一思想指导下，沈阳故宫博物院的学术研究与故宫学相对接，出现了一系列新成果，学术研究和博物院工作展现了新的局面。

故宫学是一种学术理念，也是一种研究方法。我对"曾在盛京——沈阳故宫南迁文物特展"给予很高评价，就是因为它反映了这种理念与方法。展览主题明确，从"陈设清供""宴庆佳器""供奉·赏品"三个方面，反映了盛京故宫的历史文化，有助于人们对其价值与地位的认识；把文物、宫殿以及宫廷历史文化结合起来，所选文物，都是现藏沈阳故宫或曾存藏于沈阳故宫的，展现了文物与宫殿的关系以及这些文物之间的联系，重视文物的多方面介绍，重视文物背后的故事，不是一般的文物精品展；与展览结合，举办学术研讨会，收到了好的效果。

100多年前，沈阳故宫10多万件文物离开旧宫，一去不复返。但今天沈阳故宫看到了这些文物与其在精神上不可分割的联系。这些文物虽然不再由他们管理，但仍然是他们研究的对象，是认识沈阳故宫价值完整性不可或缺的部分。这些文物不只是供他们研究，也需要海内外多方面研究力量的共同努力。

> 沈阳故宫的南迁文物，承载着盛京皇宫的历史，展示了清代皇宫的辉煌。它们在南迁路上历经曲折，也见证了世界文化史上的传奇。对沈阳故宫而言，虽然留下了深深的遗憾，成为沈阳故宫人的隐痛，但庆幸的是，这批南迁文物大多完好地保存下来，为中华文化传承发挥着应有的功用。[1]

沈阳故宫博物院院长白文煜的这段话，既指出了一个明确的学术方向，也展现了一种难得的文化情怀。对于沈阳故宫博物院的发展，人们有理由充满期待。

（本文为作者2016年11月16日在庆祝沈阳故宫博物院成立90周年大会上致辞的修改补充稿，载《中国文物报》2017年5月2日）

---

[1] 白文煜主编：《曾在盛京——沈阳故宫南迁文物图集》，序第1页，辽宁民族出版社，2016年。

故宫学是故宫人与故宫研究者自我意识觉醒的重要标志。故宫学的学术途径也已转向对相关知识发展模式的构建。

「大文物」、「大故宫」、「大传统」和「大学科」四个关键概念的界定，概括了故宫学的范畴体系，阐述了故宫学的研究内涵，进而明确了故宫学的学术理念是将故宫作为一个文化整体来研究；明确了故宫价值的一把钥匙，是指导故宫保护与博物院发展的一个理念。只有从多维视域去考察，才能认识故宫学所具有的多方面的意义与作用。

故宫学的学术要素

社会人文科学史上形形色色的科学知识总是被嵌入到当时特定的社会与文化境况中，即便是现在，对它们的评价与选择同样也受制于当下的文化境况。故宫学的出现，极大地改变了一门知识为一门学科的常规认识，标示出故宫相关认识里程上的新阶段，也为与之相关的学科思想观念的变革，提供了重要契机。

故宫学提出的前提条件与背景

故宫学是故宫人与故宫研究者的自我意识觉醒的重要标志。至此，故宫学的学术途径已转向对相关知识发展模式的构建。

从反映皇家文化的特点来划分故宫学有狭、广两义。狭义的故宫学是人文科学的一门独立学科；广义的故宫学则是一门知识和学问的集合。它们承载着中华文明从穴居时代进入宫殿建筑后的历史进程，蕴藏着中华民族历史文化艺术及其丰富的史料。

故宫学在如下方面具备学理创新的可能：

第一，观念的变革。故宫实体是故宫学的认识对象，故宫的"实体"是现实背后的基础性、本原性的东西，是独立不变的实在，而其他的数量、性质、关系等范畴都是对于实体的表述，都是实体这一主词的谓项，正如亚里士多德所认为的，实体是作为"第一哲学"的对象。一种新的实在观渐次发展起来，这就是洛克等人主张的性质观或"第一性质观"。故宫学包括认识故宫的实体和性质，这种性质观认为这些"第一性质"规定着实体的本质，它们是独立不变的实在。在对故宫的认识上，从"文物"到"文化遗产"、从红墙内故宫到"大故宫"，是观念变革最集中的体现。故宫的最重要价值是宫廷历史文化内涵。故宫不只是"国宝""精品"的荟萃之所，其一砖一瓦、一物一件都有其价值与生命。

第二，思维方式的转换。人们是如何理解故宫和故宫自身的行为，就是所谓的针对故宫的思维方式问题。传统的思维模式只是以还原外在特征为主导，一度片面地将故宫博物院解读为艺术类博物馆，这样的思维方式就倾向于把对象还原为最简单、最基础的艺术形式，把各种复杂的社会历史性质还原为最基本的外在性质。对于故宫学的各种创新性活动而言，正是皇权与宫廷的这种独特性为故宫学提供了理论上的依据和出发点。在故宫认识上思维方式的转换，最重要的是把故宫本身看作一个文化整体，看到宫殿、文物藏品与其中人和事的联系；同时，正确认识和处理"宫"（故宫）与"院"（博物院）的关系。

第三，学理性的拓展，即故宫知识性认识向学理性认知深入。按照这种观点，科学陈述是对于事实的认识，它追求按事物的本来面目去认识客体，其最高目标是真理，因而与涉及人的主观情感表达的价值无关。切实地坚持唯物史观、坚持辩证法，是人们进行科学研究、正确认识故宫的利器。故宫学体现了对于学理发展的人性化要求，体现了科学与人文、纯粹理性与实践理性相统一的趋势。它甚至把故宫所固有的特征都全部体现在现代意识的叙事中。

第四，故宫学将促进故宫社会角色的演进，提升故宫认识的总体水平。故宫学的提出是故宫研究不断深入的结果，是按其自身逻辑发展的产物。如果说研究对象、思维方式和科学理性等方面的观念变革不限于科学共同体内部，不仅限于理论层面的话，那么这一学科的社会形象在人们的社会生活实践中所起的作用则无疑有着更为巨大的影响。可以说，无论就学科自身的进展，还是其带来的学科观念的变革而言，故宫学将提升故宫在创新能力日益成为最为关键的社会中的学术地位。

故宫学的知识体系

涵盖故宫的历史、典藏现状和最新展陈等相关动态信息。具体包括：紫禁城宫殿建筑群体系、故宫文物典藏与典籍的收藏体系、宫廷历史文化与遗存、明清档案的结构与利用、故宫博物院院史等。

故宫学与敦煌学一样，都具有高深莫测和横无际涯的特点，其内涵之丰富，涉及范围之广泛，从已发布的研究成果看，许多都是中国文化史、中国艺术史、中国历史（尤其是明清宫廷史）的重大课题。我认为，故宫学又可包括紫禁城学、明清宫廷史学、明清档案学，以及体现皇家收藏理念的古代书画、工艺、金石等藏品研究，初步梳理故宫学至少包括如下若干方面：故宫学与紫禁城皇宫建筑群研究的关系；故宫学与明清皇家建筑物研究的关系；故宫学与中国古代建筑技术与艺术研究的关系；故宫学与皇家庋藏的中国古代艺术（古书画、古青铜器、古陶瓷及各类工艺品）研究的关系；故宫学与明清民族问题研究的关系；故宫学与明清时期中外文化交流研究的关系；故宫学与明清皇家艺术品收藏与制造研究的关系；故宫学与明清时期皇宫修书藏书研究的关系；故宫学与明清典章制度研究的关系；故宫学与明清宗教政策及宫廷宗教活动研究的关系；故宫学与明清重大政治、军事事件研究的关系；故宫学与明清皇帝、后妃子嗣、太监生活研究的关系；故宫学与明清朝臣疆吏研究的关系；故宫学与明清档案管理、利用研究的关系；故宫学与中国近现代革命史研究的关系；故宫学与近90年中国文物保护的关系；故宫学与中国博物馆事业发展的关系；故宫学与故宫专家、学者及中国现代学术研究史的关系；故宫学与无形文化遗产保护传承的关系；故宫学与文物科技保护的关系；等等。[①]主要包括如下知识内容：

（一）明清宫廷历史文化与宫廷建筑遗存

故宫宫城南北分为前朝后寝，中轴线贯穿南北，左右对称，三路纵列，东西六宫环列，呈众星拱月之势。它是世界上现存规模最大、保存最完整的古代宫殿建筑群，是中国历代宫殿建筑的集大成者，集中体现了中国古代建筑技艺的最高水平和优秀传统，蕴藏着丰富的中国传统文化的内涵。不只是紫禁城本身，以紫禁城为主体的明清皇家建筑是一个整体，宫室、苑囿、坛庙、寺观、行宫、陵寝、藏书楼及王府等，是一个有统一规划、统一规制、统一管理的庞大的体系。紫禁城是故宫学最核心的层次。

（二）故宫收藏

要认识故宫藏品的意义，需要了解清代文化艺术的有关特点。清代文化艺术发展的一个重要特征是总结性，即集传统之大成的潮流。所谓"集大成"，从本质上讲是对于传统的全面整理和总结。如在学术文化方面，《康熙字典》《佩文韵府》《古今图书集成》《四库全书》等的编修；在工艺美术方面，如《营造法式》集历代建筑之大成，苑囿离宫集公私、南北园林之大成，景德镇官窑集历代制瓷之大成，造办处诸作集历代特种工艺之大成，等等；内府庋藏，至乾隆朝而极盛大备。[②]试举例如下：

---

① 余三定、郑欣淼：《故宫学：故宫研究的新阶段——郑欣淼先生访谈录》，《学术界》2009 年第 1 期。

② 王朝闻总主编：《中国美术史·清代卷（上）》，齐鲁书社、明天出版社，2000 年，第 10—11 页。

《西清古鉴》与故宫礼器收藏。乾隆十四年（1749）始命廷臣梁诗正（1697—1763）等仿照《宣和博古图》的体例，将殿廷陈列与内府储藏的青铜器著录成书，此即《西清古鉴》，收录器物1529件；乾隆五十八年（1793）又有《西清续鉴甲编》《西清续鉴乙编》的编撰，其中《西清续鉴甲编》收录器物975件，《西清续鉴乙编》收录器物900件；此前，又将宁寿宫所藏之铜器编成《宁寿鉴古》，收录器物701件。此即"乾隆四鉴"，为清乾隆皇帝将宫中所藏青铜器整理著录、绘制图像的一系列图谱。这些青铜器多系元明两代与清初出土的。尽管据容庚考证，《西清古鉴》中有铭伪器约占全数1/5，无名伪器更多，但由于是乾隆帝亲自敕撰编修的青铜器书籍，故对青铜器研究之复兴起到较大的推动作用。至光绪十四年（1888），又收青铜容器、乐器、武器及其他杂品、青铜镜共1529件。

《石渠宝笈》与《秘殿珠林》。《石渠宝笈》是清代乾隆、嘉庆两朝编纂的宫廷收藏的大型著录文献，主要收录自晋、六朝、隋唐直至清朝当世的书法、绘画、碑帖、版本、缂丝等。《秘殿珠林》专门著录皇室收藏的佛道题材绘画。两书各有初编、续编和三编，总数为255册，所收书画家（合作作品不计）名头共863人，其中《石渠宝笈》收录作品计7757件。书中详细记载了作品的名称、质地、尺寸、款识、前代鉴藏印记、题跋，以及清内府印记、乾隆皇帝过目的题跋诗文等。

官窑与宫廷瓷器收藏。传世的官窑瓷器，以北京故宫博物院与台北故宫博物院收藏最丰。南北地域划分，次以官、民窑顺序排列。北方陶瓷，如汝、钧、定、耀州、磁州等窑系的制品，并及辽、金及西夏瓷器等；南方的有哥、官、越窑、龙泉窑，以及景德镇、建窑等窑系的制品。

文渊阁与皇家典籍。明清两朝皇室藏书除前代皇室遗存外，还大力搜索购求天下遗书，使皇宫荟萃了许多极其罕见的宋元明各代的珍本。明清两朝宫廷藏书包括《四库全书》、《四库全书荟要》、"天禄琳琅"藏书、《古今图书集成》、《武英殿聚珍版丛书》、《宛委别藏》，以及一批明清方志、文集杂著、观海堂书、佛经等稀世珍本。现在故宫博物院已建账善本及清宫藏书约40万册，还藏有20多万块武英殿殿本的书版及铜版等。现存台北故宫博物院善本也有15.7万余册。

（三）与典章制度暨宫廷文化生活有关的藏品

典章制度是我国古代历代王朝用以设官分职、敷政治民及协调统治集团内部关系、规范统治方法的准则和法规，其与一代王朝的治乱兴衰关系极大。[①]清代统治者特别重视典章制度的制定和执行，清代《会典》《会典事例》，以及各种《则例》《通典》《通志》《通考》等典制专书（包括《皇朝礼器图式》）的官修并一再续修或重修，清宫遗存的大量藏品，都是典章制度的反映，涉及宗教、民族、印信、文书档案、采捕朝贡、礼制、乐制、服饰、车舆、仪卫、燕宴、科举、书籍与作品、天文历法、医疗、八旗制度、军需、宫殿、坛庙、陵寝、工程、建筑、作坊、帝后与宫廷、行宫苑囿等具体制度。

清宫还有大量反映宫廷文化生活的遗存，例如戏本、戏衣道具、明清家具、地毯，以及餐饮炊具、烟酒茶及其器具、沐浴盥洗化妆器具、取暖纳凉器具、照明器具等，这些遗物，也往往与典章制度有关。例如唱戏不仅是文化娱乐，而且列为朝廷仪典。

制度文化是文化的定型表现形态，它使文化具有外观的凝聚性、结构的稳定性和时间的连续性。[②]正如马林诺夫斯基所说："文化的真正单位是制度。"通过对制度文化的深入研究，往往能够抓住文化中最为本质的内容，而故宫的这些丰富的文物藏品，有助于对清代典章制度的深入研究。

---

① 朱金甫、张书才主编：《清代典章制度辞典》，中国人民大学出版社，2011年，第1页。

② 彭安玉：《典章制度》，南京大学出版社，2009年，第1页。

故宫学的学理属性

（一）唯一性

科学的任务就是提出理论，理论的任务就是正确地描述世界。说话总是离不开一定的境况，同样境况也不可能独立于特定的说话方式。排除了实在论的前提条件，所谓科学的"价值中立"原则也就丧失了存在的根据。故宫学是以故宫及其丰富的收藏为研究对象的一门学科，把问题置于一个包含传统在内的特定情境中来讨论，但同时又要求超越这种境况。故宫博物院现有文物藏品180万件左右，其中85％以上为清宫旧藏，大部分是清宫的各类艺术品及生活用品。故宫文化是以皇帝、皇权、皇宫为核心的皇家文化。皇权的至高无上，皇家文化的"大传统"性质，宫廷收藏品的无与伦比及其政治意义，都使故宫及其藏品具有唯一性或经典性的特征。

（二）包容性

与传统学科的关系。故宫学主要特征是对以往常规学科的覆盖，而非越俎代庖，这些常规学科包括宫殿考古学、宫廷历史学、古器物学、宫廷建筑史、图书馆学、档案学、博物馆学等。在围绕着以故宫（紫禁城）为核心的综合研究中，这些不同的研究对象成为故宫学课题的有机组成部分而获得新的研究视角、途径、方法和结论，也就形成了新的学科体系。这也决定了故宫是一门新兴的综合性学科，具有多学科交叉或者说跨学科的特点。

库恩的范式理论中的一个重要原则是"不可通约性"，它意味着构成一种理论的要素不能被穷尽地还原到另一种理论中去。同时，又不意味着这些理论之间没有任何的重叠，要不然作为科学"主体"的范式或共同体将会封闭自己，堵绝了一切可供出入和交往的可能途径。故宫学课题的根本要素不在于故宫的样式与样式之间的关系，也不在于泛指的故宫与社会文化之间的关系上。故宫学之所以在较短的时间里为学界所认同，在于其本质的认知关系是对已有的多门类学科关系的整合。由于旧的常规学科在指导故宫博物院的业务工作实践时存在某些偏差，因此，故宫学的理论要素将不再被还原到另一种理论中去，在新理论覆盖下的以往的常规学科之间所存在着的重叠的东西，将形成一种新的理论要素，其优势将获得彰显。

（三）实用性

故宫学注重有关故宫知识的"内在"性质，即把这一专业领域首先理解为一种实践性的参与和投入，而不是仅仅把故宫作为考察和研究的对象。故宫学的观念价值必将会转化为制度价值，它揭示一种有价值的思维方式，以及被连带出来的新的学理阐释方式。这种"新的方式"是故宫的现实需求。故宫是个博物馆，故宫学的学术研究方式与研究成果的表现就带有强烈的博物馆特点，例如始终从"物"（包括清宫的典籍、档案等）入手，以物证史、以物论史；研究成果不只是论文专著，还反映在陈列展览、文物保护、遗产传承等方面；故宫学不只是学理概念，而且成为指导故宫博物院实际工作的重要理念。

（四）整体性

在故宫学的内涵中，故宫被视为一个宫殿、文物藏品、宫廷历史文化相互联系的文化群系，要理解这个群系，就必须详细审查故宫的表达所凭借的文化资源、故宫作为博物院对这些文化资源做出反应的境况，以及故宫本体转化这些境况的文化方式和对其他境况有影响的文化方式。

故宫学并不包括故宫博物院众多专家所从事的各方面的专业学术研究。故宫学的要点在于与帝王及宫廷历史文化的关系。这种关系的基础是故宫文化的整体性。例如一幅古书画，当把它与宫廷收藏、帝王鉴藏题跋等联系起来，就有了特殊的意义。书目文献出版社出过一本《乾隆御制文物鉴赏诗》，从乾隆御制诗中选取咏颂文物的诗篇3400余首，分为绘画、玉器、陶瓷、漆器、砚5类，仅绘画诗就2000余首。编者讲道，所收种类不全，有些咏颂其他工艺品的诗未能选入。我们知道，除诗歌之外，乾隆皇帝在书画上题跋则更多，仅《快雪时晴帖》在49年中题跋达73处，在他认为是真迹的黄公望的《富春山居图》上题跋55处。这些文物藏品与帝王的题跋联系起来，与其审美趣味、艺术理念等联系起来，就别有意义，就是故宫学研究。

（五）历史性

故宫博物院的历史具有深刻的社会历史学意义。总结起来，近代对故宫的认识经历了以下4个阶段：

第一阶段，1912年以前，作为皇宫的故宫。故宫是明清两代的皇宫，中间虽经多次重修和扩建，但保持了初建时的格局。从1420年建成到1912年清朝统治结束，先后有24位皇帝在此居住并执政。作为皇宫的故宫，是皇权的象征，是封建王朝的中枢所在地，成为鲜明的政治符号，有着至高无上的地位。

第二阶段，1925年以后，作为博物院的故宫。故宫博物院的创立，具有两方面的意义：其一是民主革命的又一胜利，是对复辟势力的一次致命打击；其二是展示了我国文化艺术史上的一个伟大业绩。

第三阶段，1987年以后，作为世界文化遗产的故宫。"文化遗产"观念的引入，突破了传统的"文物"观念的局限性，强化了遗产的环境意识、共享意识，以及全社会都必须承担管理和保护的理念，促使人们从"大故宫"的观念来看待故宫保护。

第四阶段，故宫学视野下的故宫。从故宫学的视野来看故宫，是人们对于故宫价值认识进入新的更高阶段的表现。古建筑、文物藏品、历史遗存，以及在此发生过的人和事，是一个不可分割的文化整体。从故宫学角度审视，故宫不仅是举世闻名的物质文化遗产，同时也有着重要的非物质文化遗产内容，其中最突出的是中国古代宫殿建筑的工艺技术。它们一方面以物质的形态存在于建筑物中，一方面以手艺的形态，通过工匠口传心授世代相传。[①]

故宫学的学术意义

　　故宫学的知识本质特征究竟是什么？是一系列已经证实的命题的集合吗？故宫学提出的最初，就强调学科的开放性，它倡导的"故宫在中国，故宫学在世界"理念，体现出故宫博物院对传承弘扬中华文明的强烈责任感、使命感和自觉性。因此，故宫学的观念价值必将会转化为学理价值，再转化为逻辑价值，进而构成高校中的高层次的教学课程。我们将获得时代的智慧，以日趋完善的"社会文化技术"和更加发达的科学来减小和防止有关弊端，最终将故宫学的观念价值转化为制度价值，实现故宫博物院社会效益的最大化。

　　对故宫与故宫博物院的定位很重要，它决定着故宫博物院的发展方向及学术研究的重点。故宫与故宫博物院密切相关，对故宫价值认识的程度，影响着对故宫博物院内涵的理解与功能定位。通过对文物认识的深化、对古建筑的重视、对宫廷历史文化的挖掘、对无形文化遗产传承4个方面的探讨，认识到故宫不只是"中国最大的文化艺术博物馆"，而且是世界上极少数同时具备艺术博物馆、建筑博物馆、历史博物馆、宫廷博物馆等特色，且符合国际公认的"原址保护""原状陈列"基本原则的博物馆和文化遗产，是一座博大精深的中国历史文化宝库。

　　故宫学最重要的学术意义，在于可使故宫丰富的文化内涵得以探

---

　　① 郑欣淼:《清宫旧藏的国宝意义（故宫的价值与地位）——故宫的国宝地位（之一）》，《人民日报》海外版，2009 年 2 月 6 日。

讨和挖掘。这应得益于故宫学的广阔视野。近代以来，因多种原因，清宫旧藏散佚很多，在欧美、日本一些博物馆、图书馆与收藏家，都藏有故宫的各类文物，有些十分珍贵；国内一些博物馆，也藏有不少清宫瑰宝；海峡两岸两个故宫博物院的同时存在，更为国际社会所瞩目。故宫学倡导"故宫在中国，故宫学在世界"的理念，认为流散世界各地的清宫旧藏有着内在的联系，故宫学是其学术上的归宿，只有在故宫学的视野中看待这些"孤魂野鬼"，它们才有了生命，有了灵气。特别是近几年来两岸故宫博物院打破60年的隔绝状况而有了良好的交流合作局面，其深层动力就是两岸故宫文物的不可分割的内在联系，就是故宫学。而国内外的广泛参与，把故宫的文物包括流散于世界各地的文物作为一个整体来研究，与故宫古建筑联系起来研究，将会进一步挖掘故宫的丰富内涵，认识故宫的完整价值。

为什么要不断研究、发掘故宫的价值？这是故宫特殊身份所决定的，也是时代的要求。故宫过去是皇宫，皇宫变为博物院具有特殊意义，起着塑造民族国家群体身份的作用。皇室珍藏曾具有政治意义，与王朝统治的合法性、继承性有关，这些珍藏在抗战期间避寇南迁，与中华民族同命运，成为民族文化命脉的象征。故宫又是世界文化遗产，成为海内外了解中华历史文化的一个窗口。2002年故宫游客700余万人，2011年已达1400余万人。2015年1月至7月15日，游客已达7765140人，比2014年同期增加100余万人，增幅15.7％。另一方面，随着中国的改革开放，经济建设高速发展，人们更重视文化的自尊与自信，倡导文化的复兴，谋求本民族发展的精神支柱。故宫作为传统文化重要载体，自然成为关注的对象，人们对故宫寄予新的期望，因此对故宫的意义与价值也需要充分的、新的阐释。

故宫学把人文与科技结合起来。由于故宫文化的特殊性，文物藏品一般都有相当丰厚的内涵，需要不断地探求。例如武备、宫廷生活用具类藏品，既涉及工艺美术，更与宫廷史、文化史、典章制度等有关，而且随着资料的挖掘与研究视野的扩大，这种研究会不断深入。

从多方面去探寻文物的价值，这是综合性研究的一个重要方面。同时，故宫学把学术研究与业务工作结合起来。例如陈列展览、科技修复、宫廷原状陈列等，既是实际工作，又需要通过研究成果来体现和提高。现实中的故宫学需要把研究与传承结合起来。古建筑的维修技术、文物修复技术、书画器物的鉴定方法等，都需要在研究的基础上更好地传承、弘扬。

故宫学的学科概念自从2003年10月提出以来，逐渐得到学界和教育界的认可和重视，故宫博物院也十分重视与各有关研究机构尤其是高等院校的交流与合作。

实际上，故宫很早就与高等院校在学术研究等方面有广泛的交流与合作，如在明清史研究方面与北京大学合作出版《明清论丛》年刊，在藏传佛教方面2006年与首都师范大学合作举办西藏考古与艺术国际学术研讨会，2007年开始与浙江大学合作编辑《宋画全集》，2008年与北京工业大学合作开展文物防震技术的探讨，等等。这些多是临时性或单个项目的合作。近年来，故宫博物院有意识地加强与高等院校在故宫学学科建设上的交流与合作，取得了显著的成效，先后与首都师范大学合作成立汉藏佛教美术研究所，与中国艺术研究院联合培养研究生，协助浙江大学成立故宫学研究中心，支持中国社会科学院研究生院、东北师大等院校招收故宫学方向的研究生，与南开大学合作成立故宫学与明清宫廷研究中心，与北京工业大学在文物保护科技等方面进行合作，等等。特别是故宫学进入研究生教育体系在故宫学建设中具有重要意义。同时在陶瓷、藏传佛教和文物科技保护研究中，积极与美国、法国、日本等国家，以及中国香港的一些大学进行合作，也获得了良好的成果。

目前与故宫博物院合作的高等院校大都有着先进的教育理念、雄厚的教育资源、严谨的科学态度和优良的学术氛围，而且在学科设置和发展上各具特色，优势突出，并形成各自优良的学术传统。这样的合作将极大地发挥故宫博物院和高等院校双方的优势，故宫博物院的发展将得到强大的理论支持和学术后盾，高等院校也将完善自身的学科建设和与社会的沟通。

故宫学的提出，反映故宫研究由自发阶段进入自觉阶段。这几年里，在构建故宫学学科体系，整合研究力量，规划研究方向和重点，加强薄弱环节，不断提高研究水平方面做了大量工作，取得了明显的进展。但是仍属于起步阶段，故宫学的发展任重而道远，我们坚信，只要坚持学科建设的规律，争取更多力量的支持参与，扎扎实实，稳步推进，故宫学必将得到更大的发展。

（本文是作者2012年在首届故宫学高校教师讲习班上的演讲，载于《辽宁大学学报》2016年第3期）

多维视域中的故宫学

——范畴、理念与方法

　　故宫学从2003年正式提出的10余年来，故宫博物院与关注故宫学的学者专家共同探讨研究，取得了不少共识。专门研究机构、学术研究人才和学术研究成果是评判学科发展的几个关键性指标，从这一角度而言，故宫学的基本理论问题已逐步厘清，学科框架体系亦已初步形成。近年来，故宫学研究机构在故宫博物院及中国科研院校中相继成立，故宫学方向硕博士研究生陆续招收，尤其是《2013年度国家社会科学基金项目课题指南》将"故宫史与故宫学研究"列入研究方向，标志着故宫学学术研究和学科发展已进入新阶段。

　　故宫学是什么？故宫学不仅是一门学科、一种学问，而且是认识故宫价值的一把钥匙，还是指导故宫保护与博物院发展的一个理念。就是说，只有从多维视域去考察，才能认识故宫学所具有的多方面的意义与作用。

故宫学的四个关键词

　　故宫学的四个关键词，概括而言，即"大文物"、"大故宫"、"大传统"和"大学科"。"大文物""大故宫"是就故宫学的研究对象及范畴体系而论的，"大传统"是从故宫学研究对象及范围的文化意义层面而论的，"大学科"则从故宫学的学术理念及研究方法角度而论的。可以说，这四个概念基本概括了故宫学的范畴体系。

（一）"大文物"

提出"大文物"这一关键词，就是要突破传统的文物观念，全面认识故宫文物藏品的价值。从这一角度出发，我认为凡是能够反映宫廷历史文化的遗迹、遗物，都是故宫遗产的一部分，都要重视，都要保护。或者说，清宫的所有遗存，没有不是文物的。故宫作为一个巨大的稀世之珍，囊括了古建筑、可移动文物及非物质文化遗产，即现今北京故宫博物院所管理的一切。这是就故宫学研究对象的内涵而言的。

故宫文物藏品分为两大部分：一部分为传统的古物珍玩，如铜瓷书画、各种工艺品等；另一部分是与典章制度、衣食住行等有关的物品。前一部分是国人公认的珍宝，一直在认真保护着；后一部分藏品中的大多数，也一直受到重视，但对这部分藏品价值的认识，则有一个发展提高的过程，这既是一个文物保护理念问题，也牵涉到对于故宫价值、故宫博物院性质的认识问题。

最初引起我对故宫文物藏品的关注，是始自2000年初春在故宫斋宫举办的"清代宫廷包装艺术展"，这也是我与故宫结缘的开始。参加此次展览的展品中有著名的乾隆"一统车书"玉玩套装，日本漆匣为其外包装，匣内错落有序地摆放10层锦盒，锦盒内有造型各异的古玉及为之彩绘的山水、花鸟、诗词咏颂。为防止套匣置放顺序混乱，特将层数顺序与吉祥祝愿的名字合二为一，如一统车书、二仪有像、三光协顺、四序调和、五采章施等，使枯燥的数字成为体现美好意境的重要角色，把实用与博大精深的中华文化底蕴结合起来。这套精美的套匣，无疑是珍贵的文物。但由于认识上的原因，故宫博物院将匣中玉器作为文物保藏，而把套匣弃放他处。为了搞这次展览，费了好大劲才将套匣与玉器合在一起。看了这个展览后，引起我对文物概念及其内涵的思考，为此我写了一篇题为《我看"清代宫廷包装艺术展"》①的文章。

后来我又了解到，故宫有为数不少的宫廷历史遗存和遗物，过去长期不作为文物对待，或仅列为"文物资料"，其原因主要是考虑到这些遗存遗物缺乏艺术性、不完整性、重复性、时代晚近性、材质普通性等问题。今天，如果我们不把故宫仅仅看作一个藏宝之所，而把它作为一个特定时期的完整的文化体来看待，把它放在中华文明的发展历程中来看待，它的一砖一瓦一草一木就都没有多余的，既是典章制度和宫廷生活的载体和反映，也蕴含着丰富生动的内容和故事，因此就有了重要的历史文化价值。

以陶瓷研究为例，清宫瓷器的精美是人所皆知的，同宋代五大名窑（汝、官、哥、定、钧窑）瓷器、明代官窑瓷器一样，清代康、雍、乾官窑瓷器等收藏负有盛名。但在过去一个时期，由于传统的古玩收藏认识的影响，研究者的关注点多在于瓷器精品，重视器物本身的研究，而对此类文物自身所表述的发展史料的重要性关注不够，缺乏中国陶瓷史的视野，更不大注意其与清宫历史文化的关系。事实上，这些瓷器的收藏与制作，大多与帝王有关，且蕴含着许多历史故事，留下了大量与之相关的文献与实物。例如，清代御用画师奉乾隆皇帝的诏命绘制了一些关于清宫内陈设的图像资料，其中就有记录瓷器的，如《埏埴流功》《珍陶萃美》《精陶韫古》等。这些图册所绘制的瓷器大多能与传世的清宫旧藏文物一一对应，可以成为研究清代宫廷陈设，以及以乾隆皇帝为代表的清代宫廷知识分子瓷器认知水平的第一手资料。而且，有一些器物并不一定精美，但蕴含十分重要的历史信息。例如，台北故宫博物院收藏有一件泰国阿瑜陀耶（Ayudhya）地区窑场生产于15世纪至17世纪的灰陶长颈壶残器，其口部刻有乾隆皇帝的御制诗文。作为在18世纪以前已进入清代宫廷的

---

① 载《中国文物报》，2000 年 3 月 19 日。

外国陶器，足以证明古籍记述明清两代泰国、安南、天方等国向中国皇帝进贡瓷器的事件是存在的。[①]这种以物证史、以物论史的研究方法是故宫学研究的一条重要路径。此外，清宫不仅保留大量官窑瓷器精品，而且还保存了为数不少普通的民窑陶瓷品。2014年6月，故宫南三所花房（原明太子宫旧址）工地发掘出的一批瓷片属于明清时代的民窑制品。如何利用文字、图像及实物资料对清宫陶瓷展开研究，这对于了解清宫陶瓷的个案和全貌都将有重要意义。

由此可见，故宫文物藏品虽然数量巨大，且品类繁多，但这些文物藏品之间的关系并不是杂乱的、零碎的，而是一个文化整体，可以从不同方面去梳理研究。"大文物"的概念就是由此而提出的。

（二）"大故宫"

"大故宫"概念，是近年来故宫学研究中所形成的一个共识，即完整的故宫遗产——既要关注72万平方米内的故宫，也应走出故宫，看到故宫与北京及其以外明清宫廷建筑之间的联系，看到故宫文物与流散于海内外的清宫文物的联系。"大故宫"是就故宫学研究对象的外延而言。

以紫禁城为主体的明清皇家建筑是一个整体，宫室、园囿、祭坛、寺观、行宫、陵寝、藏书楼及王府等，是一个有统一规划、统一规制、统一管理的庞大的体系。从建筑布局来说，整个北京城都是以紫禁城为中心规划设计的，它西与西苑三海，北与景山、大高玄殿等，东与皇史宬等紧密相连，向外延伸包括天坛、地坛、日坛、月坛、先农坛等都是它的重要组成部分。不仅整个皇城，西郊的三山五园、散布京城的皇家寺院道观及各地的行宫等，更与紫禁城有着异乎寻常的关系，如承德外八庙就因为都属皇宫内务府直接建造、管理，又地处京城之外而得名。因此，"大故宫"概念就是要求在故宫学研

---

① 余佩瑾编：《得佳趣：乾隆皇帝的陶瓷品味》，台北故宫博物院，2012年，第193页。

究中应该注意到这些建筑空间体系的完整性和联系性。

敬天法祖是历代王朝遵行的政治原则，表现在国家祀典仪式上，就是敬天在坛，法祖在庙。此类建筑又称礼制建筑，北京的坛庙在历史上曾是封建帝都的重要标志。北京现存太庙是明清皇帝的宗庙，祭祀已故帝后，并以功臣配享，在坛庙中占有特殊地位。按"左祖右社"的古制，太庙建在紫禁城前东侧。在中华民国临时政府拟定的《清室优待条件》中，明确约定"所有陵寝宗庙得永远奉祀，并由民国妥为保护"。因此，清帝逊位后，太庙仍归清室保管，其他坛庙则交由民国政府管理。后来太庙作为故宫博物院的一部分，曾设立"故宫博物院图书馆太庙分馆"。目前太庙虽不归故宫博物院管理，但它在文化精神上与紫禁城的联系和相通，无疑应成为故宫学"大故宫"的研究范畴。

帝王陵寝是皇家建筑的重要组成部分，而陵寝制度的产生与中国古代的丧葬及宗庙祭祀制度有着深刻的渊源关系。它的营造不仅是对逝者的纪念，更着眼于对封建宗法制的肯定与强化，巩固皇朝的正统地位。明代共有16位皇帝，现存皇陵6处18座；清代皇陵共有5处，即关外"盛京三陵"及清东陵和西陵，共12座陵墓。清入关后的陵寝制度，基本继承了明陵的规制，而有少量创益，使陵寝体系更为完整，所以明清两个陵寝为同一规制，也因此作为同一项目列入《世界遗产名录》。

此外，自近代以来，由于多种原因，清宫旧藏散佚很多，海内外许多博物馆、图书馆及收藏家，都藏有故宫文物，也出现了"一个故宫，两个故宫博物院"的局面。从"大故宫"的理念出发，故宫学倡导"故宫在中国，故宫学在世界"的理念，认为流散世界各地的清宫旧藏有着内在的联系，故宫学是其学术上的归宿，只有在故宫学的视野中看待这些似乎互不相干的一件件孤立的文物，它们才有了生命，有了灵气。特别是近几年来两岸故宫博物院打破60年的隔绝状况而有了良好的交流合作局面，其深层动力就是两岸故宫博物院文物不可分割的内在联系。

"大故宫"理念的实质就是要全面看待故宫遗产的价值,既要关注北京故宫博物院的文物藏品,也要重视流散海外的清宫文物遗存,并从联系中进行研究。只有这样,我们才能看到一个全面的、立体的、生动的、丰富的故宫。也只有这样,对故宫及其文物的研究,才能获得更为宽广的视野,更为丰富生动的内容,故宫文化也因此可以得到深刻阐扬。

(三)"大传统"

"大传统"与"小传统"是美国人类学家罗伯特·雷德菲尔德(Robert Redfield)所提出的一种二元分析的框架,主要研究文化中的上层文化和民间文化的关系。用这种理论来看,在中国的文化谱系中,故宫文化属于大传统。这种文化的生成既有对更为久远的中国封建社会皇家文化的传承,又有其新的发展特点。它延续近500年,虽然其间有变异,并且反映了皇权衰落的历史,但相对来说有着稳定性,充分体现了中华传统的主流文化,同时更带有多民族文化融合的特征。

故宫文化的大传统性质,表现为以下四个特点:

其一,独有性。在中国封建社会,皇权至高无上,财富、权力、尊严集中于皇家。这和西方国家有很大不同。欧洲的历史文化积淀,一般不在宫殿,而是在教堂。中国则完全不同,宫廷既是政治中心,也是文化艺术的中心。皇家的收藏自然是中国历代艺术的瑰宝,是中国人民智慧与创造的结晶。这些文物包括了古代艺术品的所有门类,具有品级上、品类上、数量上的优势,其历史文化内涵更涉及建筑、园林、历史、地理、文献、文物、考古、美术、宗教、民族、礼俗等诸多学科,在我国历史文化遗产中具有突出的历史、科学和艺术价值,显示出中华民族五千年的文明是一条绵延不断的历史长河。中华民族绵延不断的历史文化在故宫的各类文物藏品里均得到充分的印证。因此，宏伟的皇宫建筑与珍贵的皇家收藏，就成为中华文明最重要的积淀和载体。

其二，集大成。清代文化艺术发展有一个重要特征，就是总结性，即集传统之大成的潮流。所谓"集大成"，从本质来讲是对于传统的全面整理和总结。乾隆皇帝不仅重视收藏，还对宫中藏品进行了整理登记。例如，《秘殿珠林》及《石渠宝笈》就是两部大型书画著录，《秘殿珠林》专记宫藏宗教题材的书画，《石渠宝笈》则专记宫藏一般题材的书画及其他，全书的编纂过程，前后长达74年之久，共收录书画作品1万多件。再如，包括《西清古鉴》《西清续鉴甲编》《西清续鉴乙编》《宁寿鉴古》在内的"西清四鉴"收录了清宫所藏的数千件古代铜器，虽然在辨伪、断代、释文、考证等方面尚未达到宋代人的水平，但仍有其一定的学术价值，不仅在当时推动了金石学的发展，其中保存的珍贵资料，时至今日仍是十分难得的，无可替代的。《四库全书》则共收书3503种79337卷，约9.97亿字。乾隆年间，于昭仁殿庋藏宋元明之精善藏书，编有《钦定天禄琳琅书目》（前编）10卷，嘉庆二年（1797）昭仁殿失火，前编书尽毁，时为太上皇的乾隆又令再辑宫中珍藏编成《钦定天禄琳琅书目后编》20卷。《天禄琳琅书目》为我国第一部官修善本目录，在版本著录体例方面多有创见，如记载收藏家印记即为其中一大创举，于清代藏书家讲究版本鉴定、注重善本著录之风影响深远，为清代目录书中的典范。明清两代宫廷对瓷器、青铜器、书画的收集基本上达到了文以载道、传承古代文明的效果，在从中世纪到近代的过渡中起到了知识构建与传承作用。以乾隆皇帝为代表的清代宫廷知识分子在文物收集、鉴定中虽有个别讹错与张冠李戴之事，但总体上是继承了明代晚期的相关知识并以文籍、图谱与器物相对应的方式传承下来，尤其是清代宫廷在器物所粘贴的黄签标识的时代、名称，对我们现在的研究与考证意义尤大。

其三，累积性。在封建时代，故宫是封建王朝的中枢所在地，是皇权的象征，有着至高无上的地位。故宫博物院的成立，将昔日帝王居住的宫苑禁区变为平民百姓可以自由出入的场所，象征君主法统的清宫旧藏为人民共有并同享。因此，故宫博物院被赋予了维系中华民族文化和传续中华文明血脉的新内涵，故宫文物南迁又进一步使故宫文物与国家命运和民族精神产生紧密联系。当下，故宫文化与当代文化建设也有着深刻联系，它在传承优秀传统文化、建设中华民族共有精神家园、扩大中华文明的国际影响力等方面发挥着不可替代的重要作用，故宫仍被赋予着新的价值。

其四，象征性。从物质层面看，故宫只是一座古建筑，但它是一座皇宫。中国历来讲究器以载道，故宫及其皇家收藏是几千年中国的器用典章、国家制度、意识形态、科学技术等积累的结晶，是中国传统文化最有代表性的象征物，就像金字塔之于古埃及、雅典卫城神庙之于古希腊一样。

要真正了解故宫，要认识宫廷历史文物的价值，就需要了解故宫文化。一方面，故宫文化是以皇帝、皇宫、皇权为核心的帝王文化、皇家文化，或者说是宫廷文化。皇帝是历史的产物，在漫长的中国封建社会里，皇帝是国家的象征，是专制主义中央集权的核心。同样，以皇帝为核心的宫廷是国家的中心，国运兴衰、帝王品位及典章制度的变化，都可从皇家文化的嬗递中探求出带有规律性的东西来。另一方面，我们也应看到，故宫文化是有生命的活的文化。它承袭着传统文化又接续着现代文明，经历了蜕变的故宫，以博物院的姿态屹立于世界文化之林。故宫是民族的，也是世界的；是传统的，也是现代的；是历史的，也是未来的。因此，要从故宫学的视角对故宫展开文化解读，就要对故宫学研究对象的价值与意义有一个整体把握。

（四）"大学科"

将故宫学的学科体系以"大学科"这一概念来概括，是因为故宫学研究对象的丰富性、研究方法的跨学科性，以及研究成果的重要性。

故宫学的研究对象，主要包括紫禁城宫殿群、文物典藏、宫廷历史文化遗存、明清档案、清宫典籍及故宫博物院历史6个方面。故宫学是以故宫及其历史文化内涵为研究对象，集整理、研究、保护与展示为一体的综合性学问和学科。因此故宫学有狭义和广义之别：狭义的故宫学是一门知识或学问，广义的故宫学是指人文社会科学的一门独立学科，而且是名副其实的大学科。

建立在具有丰富性、特殊性及唯一性的故宫价值上的故宫学，不是当今人文社会科学学科体系中某一学科门类所能简单涵盖或对应的，而是一门新兴的综合性学科，具有多学科交叉或者说跨学科的特点。故宫学以故宫古建筑及故宫文物为主要研究对象，其中又可分为古遗址、古建筑、古器物、文献档案与图书典籍等方面，其研究内容涉及哲学（美学、宗教学）、社会学（民俗学）、民族学、文学、艺术学、历史学（考古学、博物馆学、历史文献学、中国古代史、中国近现代史）、建筑学、理学、工学、管理学、图书馆学、档案学等学科领域。在围绕着以故宫（紫禁城）为核心的综合研究中，这些不同的研究对象成为故宫学课题的有机组成部分而获得新的研究视角、途径、方法和结论，也就形成了新的学科体系。比如说，对于古代书画、陶瓷等的研究，作为故宫学的概念，主要会侧重于与明清宫廷和故宫博物院有关的搜集、鉴赏、著录、流传等，并不涵盖这些学科本身的全部研究。

将古建筑、文物藏品与历史文化相结合，使得故宫学研究有着广阔的天地与无穷的魅力。从已发布相关研究成果来看，故宫学的学术研究成果与中国文化史、中国艺术史、中国明清史的重大课题有密切联系。例如，明清为封建社会的末期，也是封建制度最为成熟的阶段，典章制度具有集大成的特点，既有继承又有变革，这在遗存至今的故宫不可移动文物或可移动文物上都有充分的体现。例如宫殿是中国古代最重要的建筑类型，崇宫殿以威四海，是统治者追求的目标。故宫则是中国古代宫殿发展的集大成者。夏商周宫殿的"前堂后室"，朝、祖、社三位一体及四合院的格局，秦汉宫殿的中轴对称的群体构图方式，隋唐宫殿的左中右三路的对称规整格局，宋金元将宫殿区置于城内中央的形制，等等，都在紫禁城建筑中得到了体现。此外，故宫留存大量有关皇帝衣食住行、礼节仪式等方面所使用的设施和物品，这些都是长时期的礼仪服御制度演变发展的结果。

马克思曾提出"人体解剖对于猴体解剖是一把钥匙"的方法论，即"低等动物身上表露的高等动物的征兆，反而只有在高等动物本身已被认识之后才能理解"。①正是基于这一认识，马克思研究商品，不是从有商品交换的古希腊开始，而是从商品经济走向成熟形态的资本主义社会开始，所以说"资本主义经济为古代经济等等提供了钥匙"。借鉴马克思这一理论，作为封建典制最为成熟的明清时期，故宫的宫廷文物及遗存所具有的集大成性特点对于研究封建典制的演变过程是有重要意义的。

此外，由于故宫一些文物藏品的特殊地位及重要价值，对其研究往往与某类艺术的发展史结合在一起，并着力于解决其中的一些重大问题。尤其是故宫古书画、青铜器、古陶瓷、古玉器研究都是中国文化艺术史研究的重要组成部分。例如，北京故宫博物院收藏陶瓷器共36万多件，其中明清御窑瓷器超过30万件，明以前的陶瓷器与明清民窑约6万件，另有数万片古陶瓷标本，藏品囊括的文化内涵广博，时间跨度长达6000多年，产地涉及全国20多个省区市，足以具体、系统地反映中国古陶瓷数千年的发展历史。基于藏品特点，对院藏瓷器认知、研究、整理，一直是北京故宫博物院的重点研究内容。2005年故宫博物院成立古陶瓷研究中心，研究内容包括对不同时期、不同产地、不同类型古陶瓷制作原料、工艺、结构及相关性质的科学研究；对古陶瓷年代、窑口、真伪的科学研究；对古陶瓷的保管、修复和复

---

① 《马克思恩格斯选集（第二卷）》，人民出版社，1972年，第108页。

制等技术的科学研究，以及更多深层次、多视角的科学研究。在此基础上建立最具权威性的古陶瓷研究数据库，以解决目前仅凭传统研究方法无法解决的中国陶瓷发展史和鉴定方面的一些重大学术问题，使故宫博物院在古陶瓷研究领域居于世界领先地位。古陶瓷研究中心自2009年开始，以目前学术界最为关心的宋代汝、官、哥、钧窑瓷器研究中存在的窑址、年代等问题作为大型课题研究的开始，首先确定了"宋代官窑瓷器研究"这一课题，已取得了显著成果。故宫博物院为此还成立了一个古陶瓷检测研究实验室，配备了同行公认的先进设备和相应的专业人员，并聘请国内外著名大学、博物馆和科研机构的著名专家、教授、学者担任研究中心的客座研究员。

故宫学是认识故宫价值的一把钥匙

故宫学强调把故宫古建筑、文物藏品及宫廷历史文化联系起来，即把故宫当作一个文化整体来认识和研究。所谓故宫是一个文化整体，也就是说故宫遗产价值是完整的，不可分割的。从空间来看，紫禁城的千门万户、院藏的各种文物及其所蕴藏的历史故事和人物关系，是一个鲜活的统一体。宫廷的历史与文化，是立体的、生动的。很显然，离开了宫阙往事，没有了附着其中的历史内涵，那些宫殿建筑及其文物收藏的意义和价值势必受到影响。从时间来看，故宫文物藏品为清宫旧藏，但其中文物则包括了中国古代文化与艺术的各主要门类，反映了5000年的中华文明史。正是基于对故宫是个文化整体的认识，故宫学的学术概念才得以形成并提出。

故宫博物院依故宫而产生，"宫"与"院"合一是其特点。如何看待故宫的价值，影响到对故宫博物院地位和性质的认识，在这个问题上是有历史教训的。故宫博物院自建院以来，曾多次出现"废除故宫""改造故宫"的争论。1928年，南京国民政府委员经亨颐提出

"废除故宫博物院，分别拍卖或移置故宫一切物品"的议案，并获得国民政府的通过。后经张继、易培基、马衡等人的驳斥与反对，经亨颐提案被否决。20世纪50年代，又有人提"故宫革命性改造"方案，要坚决克服故宫"地广物稀，封建落后"的现状，根本改变故宫博物院的面貌。后经吴仲超等人的努力，陆定一在中宣部部长会议上否决了这一方案。对故宫价值及对博物院定性的认识偏颇以及文物观念的局限，特别是以阶级斗争为纲指导思想的影响，曾将故宫与博物院置于十分危险的境地。

综观这些问题的发生，既有"左"倾思潮的影响，也有思想方法上的片面性，但其根本原因都是没有从文化整体来看待故宫价值，没有认识到故宫博物院的性质是由故宫的特点决定的。在此，我借用1928年张继以大学院古物保管委员会主席名义驳斥经亨颐提案的一段话，来阐释对故宫的价值及内涵的理解和认识：

> 一代文化，每有一代之背景，背景之遗留，除文字以外，皆寄于残余文物之中，大者至于建筑，小者至于陈设。虽一物之微，莫不足供后人研究之价值。明清两代海航初兴，西化传来，东风不变，结五千年之旧史，开未来之新局，故其文化，实有世界价值。而其所寄托者，除文字外，实结晶于故宫及其所藏品。近来欧美人士来游北平，莫不叹为列入世界博物院之数。即使我人不自惜文物，亦应为世界惜之。环观海外，彼人之保惜历史物品也如彼。吾人宜如何努力，岂宜更加摧残？[1]

因此我认为，故宫博物院不只是"中国最大的文化艺术博物馆"，而且是世界上极少数同时具备艺术博物馆、建筑博物馆、历史博物馆、宫廷文化博物馆等特色且符合国际公认的"原址保护""原

---

[1]《北京市志稿六·文教志（下）》，北京燕山出版社，1998年，第357页。

状陈列"基本原则的博物院和文化遗产,是一座博大精深的中国历史文化宝库。因此,故宫博物院的宗旨就是保护、研究与展示故宫文化,博物院要服从于并有利于故宫遗产的全面保护,而不是让故宫去适应博物院。

把故宫当作文化整体看待,全面认识故宫的价值,要注意以下几方面问题:第一,坚持唯物史观,清除极左思潮影响,认识到故宫不等于封建主义,它是中国传统文化精神的物质载体。此外,以博物院形式向公众开放的故宫,被赋予了新的使命和职责,既承接过去,又联系当下。第二,文物保护理念是需要不断提升的。从"古玩""古物"到一切历史文化遗存的发展,从可移动文物到不可移动的古建筑的重视,从有形文化遗产到无形文化遗产的拓展,从文物本体至周边环境的延展,文物概念一直在不断拓展。第三,注意正确认识和妥善处理故宫保护与博物院发展的关系。在努力接受先进的文物保护理念、树立正确的文物观的基础上,认真探求故宫的价值,同时使博物院的内涵更为丰富,从而更进一步加强文物的保护,突出文物的文化价值,实现文化遗产对当代社会的重要作用。

故宫学是指导故宫保护与博物院发展的一个理念

故宫学将故宫作为一个文化整体来研究。世界遗产视野中"故宫真实性和完整性的结合"与故宫学视野中"故宫文化价值的整体性"诸多理念是相互启发、补充甚至有所交融的关系。故宫学从文化整体的角度来评估和界定故宫的价值和博物院的性质,并指导和推动故宫保护和博物院建设。基于这一点,"完整故宫保护"是故宫博物院的核心工作,并成为推动其他业务工作的一个基础。所谓"完整故宫保护",就是故宫遗产和故宫价值的完整性保护。

故宫博物院成立近90年的发展历程,是对故宫遗产及其价值认识不断深入的过程，是对完整故宫保护不断探索的过程。20世纪30年代，故宫博物院理事会曾提出"完整故宫保管计划"，并通过不懈努力，确定了故宫博物院的管辖范围。1948年3月1日，古物陈列所正式并入故宫博物院，实现了紫禁城的统一管理。中华人民共和国成立初期，由于对故宫认识及对博物院定性的偏颇，以及文物观念的局限，特别是以阶级斗争为纲指导思想的影响，"完整故宫"的意识有所淡化，并对故宫保护与文物管理带来很大影响。

自改革开放以来，"完整故宫保护"重新引起人们重视，并逐渐成为一种理念得到不断提升。1987年，故宫被列入《世界遗产名录》，为完整故宫保护带来新的视野和新的机遇。首先，可从世界文明发展历程看待作为中华文明重要载体的故宫遗产的独特价值，同时也更客观地认识不同文明的贡献与地位，并从全球化时代保持文化多元性、传续中华文脉的要求认识保护故宫的意义。其次，强化了遗产的共享意识，以及全社会都必须承担管理和保护的理念，促使故宫博物院的管理和故宫保护更加开放。最后，作为世界文化遗产，故宫保护要坚持执行有关国际公约，坚持保护故宫的完整性与信息的真实性，处理好故宫保护与周边环境保护的关系。

故宫的完整性，包括故宫格局的完整、古建筑的完整、文物藏品的完整。故宫的空间是完整的，它不能只有后廷而没有前朝，也不能只有孤立的一个故宫而没有与其关系极为重要的其他一些皇家建筑物；故宫的文物也是一体的，需要完整地保护。这种完整性是其价值的整体性所决定的。因此，争取故宫的完整并不是出于扩大自身地盘的狭隘意识，而是故宫价值自身的要求。"完整故宫"体现了故宫人守护民族文化遗产的责任感。

"完整故宫"作为一种理念，对于故宫保护和博物院建设有着积极的推动作用。例如在故宫大修、文物清理、恢复故宫建筑整体格局和历史原貌、对应归还故宫重要文物进行追索等方面都有所体现。从这一理念出发，近年来故宫博物院对多方面的工作进行了调整与改进：

第一，故宫古建筑历史原貌的恢复。

过去，一些古建筑的格局、装饰和建筑材料甚至是构造不知因何缘故被改变了原状。例如，钦安殿前原有抱厦被拆除，熙和门与协和门的东西庑房，以及坤宁门东板房原后檐柱不知何时因何故被撤去，乾清宫东西庑房的支摘窗改为现代玻璃窗，一些殿宇的室外青砖地面改为水泥砖地面，等等。此外，一些古建筑因陈列展览需要被改变了原状。1914年古物陈列所成立，武英殿、文华殿内部就改建成了适合展览的场所。后来为了扩大展室面积，保和殿东西庑房的外廊被取消。1966年11月，为了展出泥塑"收租院"，工字形的奉先殿被改建成了方形大殿，拆除了奉先殿前的"焚帛炉"。1972年，慈宁宫大佛堂近3000件文物被运往洛阳，慈宁宫内部结构及设施被拆除一空。这些人为改变影响了故宫古建筑的真实性。

21世纪初开始的故宫百年大维修工程，先是对这些人为的不恰当改变做了调查研究，然后根据历史文献及图纸记载对其进行了修复。经研究论证，保和殿东西庑房外廊格局、钦安殿前被拆除抱厦、协和门与熙和门的东西庑房、坤宁门东板房被撤去的后檐柱等均得到修复，恢复了历史原貌。此外，乾清宫东西庑房把现代玻璃窗恢复为支摘窗，一些殿庑殿室外的水泥砖地面逐步改用传统青砖。又如，太和殿的外檐旧彩画是20世纪50年代末的作品，已经非常陈旧。按照今天的认识，当时并没有完全尊重历史原状。经过多方研究论证，这次维修确定了按照太和殿内檐彩画（康、乾时期）复制外檐彩画的方案。复制按照传统工艺技术操作，彩画色彩丰富，龙纹饱满，与维修后的整个太和殿，表现了恢宏富贵的皇家气势等艺术特征。

第二，宫廷历史遗物的清理。

诚如上文所述，长期以来，故宫博物院保存的传世的铜、瓷、书、画等艺术品，被视为"宝物"，得到重点保管与研究，而大量宫廷历史遗物则未作为文物对待，或仅列为"文物资料"。在"大文物"概念的引导下，故宫博物院自2004年至2010年对故宫文物藏品展开了历时7年的清理工作，其中一个重要成果就是对宫廷历史遗物的彻底清理。

例如2万多件清代帝后书画，因受偏颇观念的影响，一直未将其视为文物，甚至未将其纳入文物资料之列。此次文物清理过程中，通过对这批书画所呈现的帝后的审美取向及其文化思想史料价值的整理与评估，将其纳入文物系统加以保管。此外，13万枚清代钱币等得到系统整理，18万件资料藏品被提升为文物，20余万件武英殿书板、"样式雷"烫样及大量建筑构件等也被纳入文物账册进行管理。大量宫廷历史遗物进入文物保管行列，为学术研究提供了更为丰富、完整的资料。

第三，非物质文化遗产的整理与申报。

据文献记载，清宫造办处专门从全国各地会集各类专门人才从事宫廷藏品的保管与修复工作。但清末民初的社会变迁，使得大批宫廷文物修复高手逐渐散落民间，仅余一批钟表修复师傅在故宫博物院工作。及至中华人民共和国成立后的20世纪五六十年代，故宫博物院才陆续将上海的郑竹友、金仲鱼等临摹书画人才，苏杭等地的杨文彬、张耀选、孙承枝等一些裱画名家，京津冀一带的古德旺、赵振茂、金禹民等一批青铜修复专家召集到故宫，并逐渐在文物修复领域形成了"师徒传承"的保护和生产模式。经过半个多世纪的积累，故宫博物院的文物修复人才及其技术在全国文物保护领域享有极高的声誉。

从现代文化遗产的概念出发，故宫遗产既有物质遗产，也有非物质遗产，非物质遗产主要是传统的文物修复技术，以及故宫官式建筑修造技艺。通过对这些文物修复技艺的整理研究，目前"官式古建筑营造技艺（北京故宫）"、"古字画装裱修复技艺"、"青铜器修复及复制技艺"和"古书画临摹复制技艺"被列入国家级非物质文化遗产名录。这些非物质遗产既是保护故宫及其文物藏品的重要手段，也是故宫文化的重要组成部分。

第四，占用故宫古建外单位的迁移。

由于历史原因，故宫院内外的一些文物建筑被外部单位长期占用，有的达数十年，严重影响了故宫格局的完整性，有些建筑未得到有效保护，状况很差，有的已成危房。故宫作为世界遗产，这种状况不能再持续下去了。可贵的是，对于收回这些文物建筑，不仅院内，而且在社会上达成共识。自20世纪80年代以来，院内外坚持不懈，多方努力，克服困难，取得显著成效，陆续收回了大高玄殿、端门、御史衙门、雁翅楼、宝蕴楼等。这些建筑物的先后收回，不仅对故宫的完整保护有着重要意义，也极大地拓展了故宫博物院的文化空间，为更好地服务社会提供了契机。

故宫学是推进故宫学术研究的一个方法

文化整体性是故宫学方法论的哲学基础。故宫学将古建筑、文物和宫廷历史文化作为相互联系的整体来研究，并从文化整体的角度来认识和理解故宫学的各个领域（如古建筑、文物藏品、宫廷历史文化和博物院史）的深刻内涵及各领域之间的紧密联系。这是故宫学所强调的研究方法。

故宫学的综合性特点，在故宫学研究中表现得很突出：一是需要把院藏文物、古建筑和宫廷史迹这三方面作为互相联系的整体来研究。故宫学关于打通学科界限的要求正是帮助研究者总结实践经验、提高理论认识的基本方法，将开拓人们对单体文物研究的思路进入哲学化的思维方式即强调联系与发展，进入美学化的思维方式即导向审美与评赏，进入历史化的思维方式即注重社会与背景，并且扩展到对其他学科的认识，防止孤立地看待文物，防止"碎片化"。这是最能体现故宫特色的研究。二是一个课题的研究往往涉及好几个文物门类，需要多学科协作、全方位展开，才能得出科学的结论。这有利于打破学术研究中的学科界限，进而拓展研究范围和深化研究内容。三是由于故宫文化的特殊性，文物藏品一般都有相当丰厚的内涵，需要不断地探求，逐步地深入。例如武备和宫廷生活用具类藏品，既涉及工艺美术，更与宫廷史、文化史、典章制度等有关，且随着资料的挖掘与视野的开阔，这种研究会不断深入。

进入21世纪，我们提出故宫学，组建故宫学研究所，吸收国内外高等院校和科研机构积极参与故宫学的学术研究、学科建设与人才培养。我个人认为，其主要原因在于故宫学所具备的学术转型意义：

第一，对于故宫博物院研究者而言，故宫学具有学术范式转换的意义。

故宫是明清皇宫，87％的故宫文物藏品源自清宫旧藏，文物保护与利用始终是故宫博物院工作的主题与中心。长期以来，故宫博物院的研究者比较注重实践性和应用性，在此基础上培养了一大批具有实际操作能力的文物工作者，如文物鉴定决定该文物是否入藏，文物排序决定陈列的基本结构，这是博物馆工作性质所决定的。因此，故宫博物院研究者的学术研究及其成果也表现出一种群体性的特点，即人们通常总结的"专家多、学者少"。

故宫博物院的研究者是以文物（可移动文物与不可移动的古建筑）作为研究对象，其学术研究自然与故宫文物藏品的收藏、保护、展示不可分割，这不同于一般的主要以文献为对象的研究机构。可将其称之为"故宫学派"。以鉴定来说，要收藏文物，就要鉴别真伪，就要划分等级，这就需要科学地鉴定，这是硬功夫，也是博物馆工作的基本要求。因此，故宫博物院的学术研究不是经院式的烦琐论证，也不是从书本到书本，它直接面对故宫的文物、古建筑、档案、文献，对此进行客观分析、比较，解决宫廷历史人物和事件的物证和历代文物的真伪鉴定及其艺术价值、文化联系等诸多问题。总而言之，以物证史、以物论史，或以物鉴物、以史论物等，都离不开史与物的辩证关系。

正因如此，故宫博物院的学术研究成果除了学术论著外，还包括与博物院业务工作之间关联的大量成果，例如与文物保管相联系的藏品编目制档，与文物陈列展览相结合的展品图录，等等。我个人认为，在故宫博物院里，专家与学者很难说谁高谁低，因为故宫学术研究的特点决定了故宫博物院既需要专家型的学者，也需要学者型的专家。

随着时代发展，各个学科都在发展中努力打破学科界限，产生新的研究成果。故宫博物院的学术研究也要求研究者重视从理论上对实践工作进行探索和总结，要求研究者站在一定的学术高度来审视自己所从事的具体工作，这是故宫博物院学术发展的大趋势。然而，在故宫博物院研究者群体中，知识结构欠缺、研究方法单一、理论知识不足、学术视野狭窄等，仍是一个较为普遍的问题，这从整体上限制了故宫博物院学术成果的生产创造。"故宫学"即是针对这种情况提出来的。

从故宫学的研究使命出发，对故宫博物院的研究人员提出了更高的甚至是一些特殊的要求，即研究人员不仅要熟悉自己所管理的文物，具有某类文物的专业知识，而且要有与此相关的历史知识，包括宫廷史知识及其他知识。在这一方面，我认为朱家溍先生为我们树立了一个典范。朱先生对有志于清史研究的年轻人指出途径：要了解清代历史和清宫史，最好把《清史稿》读一遍。当然有个次序，首先读本纪，其次读后妃列传、诸王列传，再次是职官志、选举志、舆服志等等，其余可以后读。在这个基础上再读《国朝宫史》及《国朝宫史续编》。这样就可以从整个清代史转入宫史部分了。[①]对于管理文物的同志他以自己的体会给予启发：开始接触，会觉得文物太多，情况复杂。怎样将它们从生疏变成熟悉呢？先向书中求教，同时也向熟悉它

---

① 朱家溍：《研究清代宫史的一点体会》，载《故宫退食录》，紫禁城出版社，2009年，第281—282页。

的人请教。还要多看文物，文物看多了自然会有所认识。只要抱着一种深入研究的态度，对一件文物的认识肯定会有变化。先是图书和档案帮助我们了解文物，慢慢地我们对文物的知识多了，就可以补充图书和档案中的空白。[①]

因此，故宫学的提出，可以通过整合学术力量、规划科研方向、明确研究重点、加强薄弱环节，从而推动故宫学学科建设及学科体系建构，提高故宫博物院学术研究的整体水平。也可以说，故宫学是故宫博物院学术研究的一种转型。

第二，故宫学是推进故宫学术交流、科研互助、资源共享的有力举措。

"学术为天下公器"，这是故宫博物院一直秉承的学术传统。建院之初，故宫博物院理事会理事长李煜瀛先生曾明确提出"多延揽学者专家，为学术公开张本"，"学术之发展，当与北平各文化机关协力进行"的理念。在这一理念指导下，20世纪30年代的故宫博物院成为享誉国际的著名学术机构，一大批民国知名专家学者集聚故宫博物院，从事文物整理、鉴定、保管及研究工作，并逐渐形成了公开、开放的学术氛围和研究传统。故宫学的提出，是在故宫博物院近80年来所形成的优良学术传统（包括学术成果、学术思想、学术风格及研究方法等）基础上的继承与发扬。故宫学是个开放的系统，强调"故宫在中国，故宫学在世界"，并积极吸收多方学术力量的介入与参与。

近年来，故宫博物院着力拓展与国内外知名博物馆、高等院校、科研院所，以及其他学术机构的交流与合作，且收到了明显的效果。北京故宫博物院、台北故宫博物院及沈阳故宫博物院都是故宫学研究的重镇。自故宫学提出以来，两岸三座故宫博物院的交流与合作得到进一步加强。故宫博物院也十分重视与各有关研究机构尤其是高等院

---

① 朱家溍：《研究清代宫史的一点体会》，载《故宫退食录》，紫禁城出版社，2009年，第281—282页。

校的交流与合作。近年来，故宫博物院先后与中国艺术研究院联合培养硕士及博士研究生，协助浙江大学成立故宫学研究中心，与南开大学合作成立故宫学与明清宫廷研究中心并招收相关方向的博士生，支持中国社会科学院研究生院、东北师大等院校招收故宫学研究方向的硕士生，与北京工业大学在文物保护科技方面进行合作等。与此同时，故宫博物院就陶瓷研究、藏传佛教研究及文物科技保护研究等方面与美国、法国、日本等国家，以及中国香港的一些大学积极展开合作，并获得了显著的成果。

第三，故宫学是推动两岸故宫博物院学术交流合作的一种外在支持。

从故宫文物藏品完整性出发，在研究清宫旧藏时，不仅要了解两岸故宫博物院的文物藏品情况，还要了解散佚在外的文物藏品情况，并掌握海内外有关课题的研究状况。特别是两岸故宫博物院是收藏清宫旧藏的主体，且在特殊历史背景中一部分重要文物运到了台湾，使得一些原本成套成组的文物分藏两岸，或是某一同类文物，两岸都有重要的收藏，这在研究时不能不认真考察。

以两岸故宫博物院所藏藏传佛教文物研究为例，北京故宫博物院现存历世达赖、班禅进献的文物较多，如一件明永乐款铜铃杵，为明初宫廷制造，上镌款"大明永乐年施"，所附黄签写"达赖喇嘛恭进大利益铜铃杵"，原为明朝皇帝赐赠给西藏高僧，后达赖喇嘛又进献给清朝皇帝。再如木制佛舍利盒，乾隆三十八年（1773）和四十年（1775），八世达赖喇嘛进献的两颗"燃灯佛"舍利和两颗"迦叶佛"舍利就存放在此盒内。此外，乾隆四十五年（1780），六世班禅参加乾隆皇帝七旬万寿庆典，进献了大量寿礼，大部分仍保存于北京故宫博物院，如金刚铃、金刚杵、右旋白螺等。

此外，台北故宫博物院收藏的藏传佛教文物虽数量较少，但也十分重要。例如金嵌珊瑚松石坛城，是顺治九年（1652）五世达赖喇嘛入京朝觐顺治皇帝时所献，清帝给达赖颁发了金册金印，封五世达赖为"西天大善自在佛所领天下释教普通瓦赤喇怛喇达赖喇嘛",由此确立了达赖喇嘛的西藏佛教领袖地位。五世达赖朝觐,是清代西藏佛教领袖人物第一次到北京朝拜皇帝,得到朝廷的册封,标志黄教取得在西藏宗教中的统治地位,五世达赖此行为加强西藏地方与清中央政府的关系起到了积极作用。由此,金嵌珊瑚松石坛城便成为见证这一历史事件的难得资料。

故宫文物藏品同根同源、各有所长、互为补充的特点已经成为两岸故宫博物院开展交流合作的内在动力,而故宫学恰恰可以为这种交流与合作提供外在支持,因为只有全面了解两岸故宫博物院文物藏品,才能看到一个完整的故宫,也才能进行深入的学术研究。

故宫学的新平台

推进故宫学研究,是故宫博物院立足于"文化自觉"而肩负的学术使命和责任。故宫博物院为科学整合学术研究力量,合理建构学术研究体系,持续提升学术研究水平,于2013年10月23日成立故宫研究院。在"平安故宫"工程取得显著成效基础上创建故宫研究院,是故宫博物院从博物院事业发展的大格局与长远目标着眼而做出的重大决策,标志着故宫保护与博物院建设迈入新阶段,我将其称之为"学术故宫"建设。

故宫研究院下设"一室一站四所五中心",即研究室(包括《故宫博物院院刊》编辑部)、博士后科研工作站、故宫学研究所、考古研究所、古文献研究所、明清档案研究所,并联系故宫博物院的古书画研究中心、古陶瓷研究中心、明清宫廷史研究中心、藏传佛教文物研究中心、古建筑研究中心,在故宫博物院初步形成覆盖全面、专业突出和梯次完备的学术团队。可以说,故宫研究院的成立为故宫学发展搭建了难得的学术平台。

2014年2月25日故宫研究院第一次新闻发布会公布了11项科研课题，其中包括与港台地区及在京文博单位的合作项目，且许多研究工作在学术界具有前沿性和开拓性的特点，对今后文博界从事大型科研工作的模式具有积极的探索意义。"故宫藏先秦有铭青铜器研究"项目就很有代表性。

两岸故宫博物院青铜器因系出一源，故时代序列完整和器类齐全且多传世品是其收藏的共同特色，有不少成组的器物分藏于两岸故宫博物院，如清代晚期山东益都县苏埠屯出土的亚醜组器，台北故宫博物院收藏鼎6件、簋2件、尊5件、角1件、觚2件、觯1件、卣2件、方彝1件，北京故宫博物院则收藏鼎3件、簋1件、尊1件、觚1件、斝1件、卣1件、罍1件。成周王铃是一对仅存的西周早期有铭文的青铜乐器，传世仅2件，一件阳文的藏于北京故宫博物院，另一件阴文的藏于台北故宫博物院。西周中期的追簋两岸合藏其三。西周晚期的长铭颂组器，北京故宫博物院藏颂鼎1件、颂簋1件、史颂簋1件，台北故宫博物院藏颂鼎1件、颂壶1件、史颂簋1件。春秋晚期的能原镈存世两件，两岸故宫博物院各藏其一，这是一组用越国文字记事的青铜乐器。越国文字多将越王名等短铭记于兵器上，释读十分困难，是目前金文研究中尚未取得彻底解决的课题之一。这两件镈铭中，台北故宫博物院的一枚存60字，北京故宫博物院的存48字，由于长铭便于从上下文推知文意，故两铭等于为我们提供了可能解读全部越国文字的钥匙。宋徽宗倡新乐，制作大晟编钟，留传至今者成为研究音乐史考察宋代雅乐的珍贵标本，该编钟北京故宫博物院现藏6枚，台北故宫博物院藏2枚。两岸故宫博物院藏品中都有大量记录族名的青铜器，其中有几件族名器被考证为记录重要古国名的铭文，如北京故宫博物院有记录孤竹国和无终国国名的铜器等，台北故宫博物院也存有许多族名铜器。族名金文的释读和研究，是一个十分困难的课题，迄今尚未得到很好的解决，两岸故宫博物院这批资料的充分利用，无疑会促进这一课题的研究。这说明，两岸故宫博物院的青铜器合作研究大有可为。"故宫藏先秦有铭青铜器研究项目"就是一个好的开端。现已知古今中外所藏留传至今的先秦有铭青铜器资料约15000件，其中北京故宫博物院1600件，台北故宫博物院440余件。北京故宫博物院提出两岸故宫博物院合作，对2000余件青铜器及其铭文做综合考察与研究，写出新的铭文考释，共同弘扬灿烂的中华文明，这一提议已得到台北故宫博物院的积极回应。该项目已引起学界及文博界的高度关注，社会也给予很大的期盼。

总而言之，"学术故宫"的建设，是中国文化界和学术界的一件大事，也是故宫博物院学术传统的新发展。故宫研究院的成立，将推动故宫博物院学术研究向整体性、体系性、开放性、国际性继续迈进。故宫研究院将深入开展对明清宫廷文化和院藏文物、档案的研究，组织实施国家和故宫博物院的重大科研课题项目，搭建两岸故宫博物院的科研合作平台，在国内外积极开展博物馆馆际之间和与高等院校及科研院所的学术合作与交流，不断培植新生的学术力量，以此全面带动学术研究、展览和出版等工作的可持续发展，努力成为文博界学术研究的重镇。

（本文是作者2014年6月10日在故宫博物院故宫学术专题系列讲座所做的第7讲，载《华中师范大学学报》2014年第5期，《新华文摘》2014年第23期转载）

故宫博物院学术史的一条线索

——以民国时期专门委员会为中心的考察

故宫博物院虽于1925年10月10日成立，但博物院各项工作走上正轨并全面开展则始自1929年。也是在这一年，故宫博物院成立了以学术活动为主旨的专门委员会。后经文物南迁及院长更换，专门委员会仍继续发挥着作用。文物西迁时，保护文物成为第一要务，专门委员会停止活动。北平沦陷期间，故宫博物院北平本院曾一度设立专门委员会，组织文物清点工作。抗日战争胜利后，故宫博物院重新组建专门委员会。民国时期，专门委员会的组织建设及工作开展，促进故宫博物院的建设，尤其在学术研究方面所取得的重要成果，在中国现代学术转型中起了积极的作用，并对后来博物院的学术研究产生影响。因此，考察故宫博物院学术史，民国时期的专门委员会无疑是一条重要线索。

专门委员会的组建

民国时期，故宫博物院专门委员会历经组建、调整和重建三个重要阶段：

一是1929年时的初建。

1926年3月18日，北京发生"三一八"惨案。翌日，段祺瑞执政府以"假借共产学说""啸聚群众""危害国家"的罪名下令通缉徐谦、李大钊、李煜瀛、易培基、顾兆熊5人。李(煜瀛)、易被迫避居东交民巷使馆区,成立不到半年的故宫博物院顿失领袖。从1926年3月至1928年6月,短短两年多的时间内,故宫博物院历经维持员、保管委员会、维持会、管理委员会等4个时期。由于时常处于动荡局势之中,博物院的正常工作受到极大影响,而且博物院能否保存也命悬一线。1928年6月国民革命军第二次北伐成功后,南京国民政府接管故宫博物院,并于10月5日公布《故宫博物院组织法》和《故宫博物院理事会条例》。其中组织法第十七条规定,"故宫博物院因学术上之必要,得设各种专门委员会",理事会条例第一条明确了理事会的机构性质为"故宫博物院议事及监督机关,决议及监督一切重要进行事项",须经理事会决议和监督的重要事项就包括了"故宫博物院专门委员会之设立事项"。

依据上述规定,1929年2月6日,故宫博物院理事会理事长李煜瀛组织召开第一次理事会议,到会理事为谭延闿、蔡元培、蒋梦麟、易培基、李煜瀛、薛笃弼、赵戴文、马福祥、鹿钟麟、胡汉民。会议决议通过内容10项,其中一项即为"通过聘用专门委员"[1]。1929年4月3日,故宫博物院制定《专门委员会暂行条例》(七条):

一、本院为处理专门学术上问题起见,特在古物、文献、图书三馆内各设专门委员会,协助各该馆馆长关于学术上一切馆务;

二、本委员会设专门委员若干人,由院长聘任之,本院秘书长、总务处长及各馆馆长、副馆长均为当然委员;

三、本委员会设主席一人,由馆长或副馆长充任之;

---

[1] 《故宫博物院理事会第一次会议议事录》,《故宫博物院·章制纪录类》第17卷,第1页。

四、本委员会遇必要时，得设常务委员二人至四人；

五、本委员会因事务之便利，得分组办事；

六、本委员会至少每月开会一次，临时会无定期，由主席召集之；

七、本委员会委员属名誉职。①

从现存档案可知，1929年4月，先由各馆处提出拟聘专门委员会名单，并由故宫博物院分批向各专门委员发送聘函。4月21日，易培基对于"兹聘王褆、陈寅恪为本院专门委员"做出"照聘"的批示，故宫博物院正式开始聘任专门委员。王褆的聘函为聘字第1号，陈寅恪的为聘字第2号，发出时间同为4月23日；5月，故宫博物院分三批发出聘函。第一批聘函为陈垣、朱希祖、徐炳昶、吴承仕、朱师辙、许宝蘅、萧瑜、曾熙、王树枏、陈郁10人，时间是5月6日，聘函编号为聘字第6—15号；第二批聘函是张允亮、卢弼、余嘉锡、陶湘、洪有丰、刘国钧等6人，时间是5月7日，编号为16—21号；第三批聘函是关冕钧、郭葆昌、萧瑝、叶恭绰、陈浏、谢刚国、福开森、沈尹默、丁佛言、容庚、谭泽闿、江瀚12人，时间是5月7日，编号为22—33号。6月初，又陆续向赵万里、钢和泰、傅斯年、郑洪年、魏怀5人发出聘函，编号为34—38号。②根据现存专门委员会名单记载，截至1929年6月底，故宫博物院共从院外聘任专门委员共35人至1929年底，又陆续向江庸、邓以蛰、廉泉、罗家伦、齐如山、马隅卿、刘半农、胡鸣盛、周明泰、吴瀛等人发出聘函。截至1930年3月，共聘任院内外专门委员42人（在原有名单上增加了江庸、邓以蛰、廉泉、齐如山、马隅卿、刘半农、周明泰、吴瀛8人，江瀚因受聘代理图书馆馆长而不再列入专门委员名单），计古物组21人，图书组10人，文献

① 《专门委员会暂行条例》，《故宫博物院·组织人事类》第42卷，第1—2页。

② 《故宫博物院·组织人事类》第43卷，第69—79页。

组3人，其中钢和泰兼任古物、文献两组专门委员，陈垣、朱希祖、朱师辙兼任图书、文献两组专门委员。[①]专门委员并没有名额的规定，此后直至易培基院长离职前，还陆续聘任了一些专门委员，例如1932年11月2至4日，分别向顾颉刚、钱葆青、狄平子、马裕藻、卓宏谋等人发出专门委员聘函，请他们分任古物馆、文献馆和图书馆专门委员。[②]

二是1934年的调整。

1933年6月，易培基院长因受控告被迫辞职。7月，由北京大学教授、故宫博物院古物馆副馆长马衡代理院长，1934年4月实授院长职衔。在代理院长期间，马衡按成例聘任专门委员，以协助博物院工作，如1933年7月聘任吴湖帆、蒋毂孙，12月聘任唐兰、郑颖孙等。1934年6月，行政院批准故宫博物院对留平和存沪文物进行点收。为推进此项工作，马衡于1934年9月26日在故宫博物院理事会第三次常务理事会上提出各种专门委员人选的提案，获会议审议通过。这是故宫博物院专门委员会发展的第二个时期，此时的专门委员分两种：一为特约专门委员，一为通信专门委员。特约专门委员直接参与故宫文物清理、鉴定及审查工作，通信专门委员是给予知名学者的荣誉性职衔，也在文物审定等工作中以备咨询，给予指导。此次会议审议通过的专门委员人选名单共计55人，其中拟聘任为通信专门委员共43人：朱启钤、汪申、梁思成、容庚、沈尹默、王褆、钢和泰、邓以蛰、俞家骥、金绍基、柯昌泗、钱葆青、狄平子、凌文渊、严智开、吴湖帆、叶恭绰、陈寅恪、卢弼、陶湘、洪有丰、江瀚、马裕藻、蒋毂孙、钱玄同、蒋复璁、刘国钧、朱希祖、徐炳昶、吴承仕、朱师辙、傅斯年、罗家伦、周明泰、齐如山、顾颉刚、蒋廷黻、郑颖孙、吴廷燮、姚士鳌、溥侗、张珩、徐骏烈；特约专门委员12人：朱文钧、郭

① 《本院专门委员名单》，《故宫博物院·组织人事类》第70卷，第9—12页。

② 《故宫博物院·组织人事类》第97卷，第6—7、16页。

葆昌、福开森、陈汉第、唐兰、张允亮、余嘉锡、赵万里、陈垣、孟森、胡鸣盛、马廉。①

1934年10月，根据第三次常务理事会议所通过的专门委员人选，故宫博物院分别组织设立了书画审定委员会、陶瓷审定委员会、铜器审定委员会、美术品审定委员会、图书审定委员会、史料审查委员会、戏曲乐器审查委员会、宗教经像法器审查委员会、建筑物保存设计委员会9个委员会。②1935年5月9日，故宫博物院第五次院务会议修正通过《国立北平故宫博物院专门委员会暂行章程草案》。③6月20日，故宫博物院第五次常务理事会通过《国立北平故宫博物院专门委员会暂行章程》（八条）：

第一条　本院依据国立北平故宫博物院暂行组织条例第十条之规定，设立左列各种专门委员会：

一书画审定委员会；

一陶瓷审定委员会；

一铜器审定委员会；

一美术品审定委员会；

一图书审定委员会；

一史料审查委员会；

一戏曲乐器审查委员会；

一宗教经像法器审查委员会；

一建筑物保存设计委员会。

①《故宫博物院理事会第三次常务理事会议纪录》，《故宫博物院·章制纪录类》第86卷，第42—60页。

②《为就选定各专门委员分别组织各专门委员会函请查照转呈备案》，《故宫博物院·组织人事类》第125卷，第3—4页。

③《国立北平故宫博物院第五次院务会议纪录》，《故宫博物院·章制纪录类》第61卷，第3、33页。

第二条　本院专门委员会分特约专门委员及通信专门委员，均由院长聘任。

第三条　各馆处长为当然委员，各委员开会时以主管馆处长为主席。

第四条　院长得出席各种专门委员会。

第五条　各专门委员愿担任一种或数种专门委员会工作，由各委员认定，以便分配。

第六条　各委员会开会无定期，由主席定期召集之。

第七条　各特约及通信专门委员均为无给职，但特约专门委员遇必要时得酌支公费。

第八条　本章程自公布日施行。[①]

后来故宫博物院又陆续增聘庞莱臣、夏剑丞、褚德彝、张宗祥、刘泽荣、王之相、瞿宣颖、张大千、鲍奉宽、刘衍淮等为专门委员。1937年7月1日，马衡手谕"聘杨遇夫先生为特约专门委员""聘张修甫（名厚毅）为专门委员"[②]，应是抗日战争全面爆发前故宫博物院聘任的最后两位专门委员。

三是1947年的重建。

抗日战争胜利后，随着西迁文物的东归、北平本院及南京分院的复员，故宫博物院的工作也逐渐得到恢复。1947年1月4日，故宫博物院第六届理事会在平理事举行第一次谈话会，理事会认为故宫博物院专门委员有重行聘请的必要，讨论通过了故宫博物院各馆处开列的专门委员人选名单，并决议将名单寄送理事会秘书杭立武（时任国民政府教育部次长），由其转送各理事传观，征求意见。此次开列拟聘专门委员名单42人，每人皆附注专长：汤韩（古物），张珩（书画），蒋毅孙（书画），朱家济（书画），胡惠椿（古物），张政烺（古物），吴荣培（瓷器），邓以蛰（书画），张爰（书画），张伯驹（书画），于省吾（铜器），唐兰（铜器），徐悲鸿（书画），沈尹默（书画），吴湖帆（书画），张允亮、赵万里、王重民（以上版本校勘），于道泉、周一良（以上满蒙藏文佛经），陈垣、陈寅恪、余嘉锡、徐炳昶（以上史料），王之相（俄文档），齐宗康（戏剧），周明泰（戏剧），胡鸣盛（史料），朱启钤（古物建筑），蒋廷黻（史料），顾颉刚（史料），姚士鳌（史料），傅斯年（史料），刘泽荣（俄文），郑颖孙（乐器），胡适（史料），启功（书画史料），郑天挺（史料），关颂声（建筑），梁思成（建筑），刘敦桢（建筑），俞同奎（建筑）。①

名单送出后，杭立武于1947年2月至3月间陆续收到多位理事的复函。李济在复函中写到："名单中有若干专家向未闻其名，若可附上简单履历，岂不省事？惟吴湖帆者，捧汪之文化汉奸也，其为双照楼主人六十双寿所作之画品尚存在人间，今特将其题词撮影印出，供兄参考。抗战结束不过年余耳，不意学术机关已有奸化之北山，可叹！"叶恭绰在名单上签写了"叶恭绰同意"五字。张道藩表示"无何意见"。翁文灏认为名单所列诸君"自均上选"，"敬就原单，对于弟所知特多者，加列圈志，以供参考"。他在名单上加列双圈的人有徐悲鸿、沈尹默、陈垣、陈寅恪、徐炳昶、朱启钤、蒋廷黻、顾颉刚、傅斯年、胡适、梁思成、俞同奎。邵力子回复"单上诸公，均当前名宿，分门殊术，各擅专长，妙选精当，敬表同意"。王世杰表示"并无意见"。朱家骅提出"其中王之相一名，最近在平以某种嫌疑被捕，似应剔去。至版本部分，似可加聘蒋复璁兄参加"。张厉生表示同意这份名单，并建议增聘哈雄文、郦承铨、闻钧天三人，以广罗

---

① 《国立北平故宫博物院第六届理事会在平理事第一次谈话会纪录》，《故宫博物院·章制纪录类》第143卷，第24—28页。

贤能。1947年4月30日，杭立武将这些回复意见转呈马衡院长，并附言："尚祈参照各人意见，再与在平各理事一商，其无问题者先行照聘，有问题者稍缓再定，如何？仍祈察酌是荷！"[1]根据故宫博物院最后所定专门委员名单，共聘任委员47人，原来所提议拟聘人选没有变化，吴湖帆、王之相仍保留，另新增5人，为蒋复璁、哈雄文、郦承铨、闻钧天、韩寿萱。[2]此外，故宫博物院于1947年5月9日，公布了《国立北平故宫博物院专门委员会暂行章程》（与1935年6月20日通过的暂行章程内容相同，在此不赘述）。[3]

还须一提的是，沦陷期间北平故宫博物院本院也曾成立专门委员会。"七七事变"后，日军占领北平，行政院训令留平故宫职工"于可能范围内，尽力维持"，博物院各项工作由总务处处长张廷济负责维持。1942年6月，伪华北政务委员会任命祝书元为代理院长。祝书元代理院长期间，博物院的职能机构仍为三馆一处，馆处领导也没有更换，仅补充了几名科长和少数一般工作人员。但博物院日常工作仍由留守北平本院的总务处处长张廷济主持。为了进行文物的清点整理工作，当时故宫博物院延承以往制度，分设各种专门委员会。1943年5月，初聘专门委员9名，为丁福田、王衡光（陶瓷、美术），俞家骥（书画），桂月汀（陶瓷、美术），张庾楼（书画、图书），江汉珊（图书、史料），汤用彬（图书、史料），马世杰（陶瓷、美术、戏曲），毓绥衡（陶瓷）。[4]及至1944年2月，增聘专门委员至10人，为王衡光（陶瓷、美术）、俞家骥（书画）、桂月汀（陶瓷、美术）、张庾楼（书画、图书）、江汉珊（图书、史料）、汤用彬（图书、史

---

[1] 《故宫博物院·组织人事类》第273卷，第1—6页。

[2] 《国立北平故宫博物院专门委员担任工作表》，《故宫博物院·组织人事类》第273卷，第16页。

[3] 《国立北平故宫博物院专门委员会暂行章程》，《故宫博物院·组织人事类》第276卷，第17页。

[4] 《故宫博物院专门委员名单暨工作分类》，《故宫博物院·组织人事类》第218卷，第36—38页。

料）、马世杰（陶瓷、美术、戏曲）、毓绶衡（陶瓷）、王洗凡（史料）、黄仲明（史料）。[①]

专门委员的选聘

专门委员会从1929年成立，经过1934年的调整，直至1947年的重行聘任，在机构的职能与任务、人员的聘任与使用等方面，是有所延承与发展的，是一个不断改进提高的过程。例如从开始的多方提出人选，到后来组织9个委员会，是从故宫博物院的实际需要出发加以改进的；从开始的统称专门委员到分为通信专门委员与特约专门委员两种，是基于对专门委员进行针对性管理与使用的考虑。

专门委员会是一个非建制的常设机构，它按照《故宫博物院组织法》的要求而设，被视为院组织机构中的一个工作部门，但是没有名额限制，也明确专门委员系名誉职。从民国时期故宫博物院历年工作报告中可以看出，专门委员会自成立以来就作为博物院组织架构的重要部分（见图一）。后来专门委员会的人员及工作虽然有变化，但这一定位始终未变。

专门委员会的突出特点，是聚集了一大批中国当时最著名的文史及古物研究方面的专家学者。在选聘时，故宫博物院注意了这么几点：

其一，尊重各馆处意见。专门委员名单一般由古物、图书、文献三馆及秘书处提出。当时博物院各馆处的负责人本身就是著名的专家学者，他们所提出的人选都是业内公认的翘楚。例如，1929年4月15日，图书馆副馆长袁同礼致函故宫博物院，充分阐述了设置专门委员会的必要性及其重要作用：

① 《故宫博物院专门委员分类工作单》，《故宫博物院·组织人事类》第235卷，第3页。

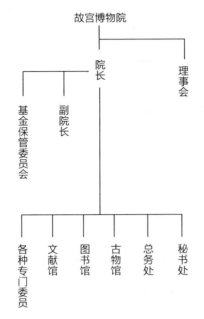

图一 故宫博物院组织架构图
（引自《北平故宫博物院报告》（民国十八年十二月刊行））

　　图书馆现有职员不敷分配，前曾函达在案。院款支绌，一时既不能增加职员，势不得不组织专门委员会以济其穷，而图书馆有特殊情形，尤有从速组织之必要。兹提出专门学者十人，皆精于图书目录之学，倘能来院襄助，于本院将来发展关系甚重，用特函达，即请延聘为本院专门委员，以利进行，不胜企祷。①

在其随函附录的拟聘委员名单中，并对各位委员做了简要介绍：

　　1. 朱希祖，字逖先，浙江海盐人。曾任北京大学、北京师范大学史学教授，现任北平大学史学系主任，清华学校史学教授。富藏书，尤精晚明史料。

_____

① 《故宫博物院·组织人事类》第43卷，第19页。

2. 张允亮，字庚楼，河北丰润人。曾任财政部帮办，富藏书，精版本之学。

3. 阚铎，字霍初，安徽合肥人。曾任交通部佥事，司法部秘书。

4. 卢弼，字慎之，湖北沔阳人。曾任平政院庭长，辑有《湖北先正遗书》等。

5. 赵万里，字斐云，浙江海宁人。现任北平北海图书馆善本书库主任。

6. 余嘉锡，字季豫，湖南常德人。前清举人，曾任清史馆协修，现任北大学院讲师，民国大学史学教授。著有《四库提要辨证》《唐人著述引书目》等。

7. 马廉，字隅卿，浙江鄞县人。现任孔德学校图书馆主任。

8. 陶湘，字兰泉，江苏武进人。曾任中国银行驻沪监理官。

9. 洪有丰，字范五，安徽休宁人。曾任东南大学图书馆主任，现任清华大学图书馆主任。

10. 刘国钧，字衡如，江苏江宁人。曾任金陵大学图书馆主任，现任北平北海图书馆研究部主任。①

后来这10人皆被聘任专门委员，为故宫博物院图书整理做出了贡献。

其二，坚持标准，宁缺毋滥。故宫博物院古物馆负责保管图书档案以外的所有文物，需要的专门委员相当多，其在选聘上也十分慎重：

本馆物品虽多而最难鉴别者，莫如书画、磁器、铜器三种。清代之书画、磁器可不至有赝品，所难者为明以前物品，当代之鉴赏家能鉴别清磁清画者比比皆是，惟对于明以前物，有真知灼

---

① 《故宫博物院·组织人事类》第43卷，第17页。

见者甚难其选。现组织专门委员会宜以此为标准，宁缺毋滥，好在将来可以随时增加也。①

古物馆最初提出的10位候选委员的简介中，我们亦能一窥当时遴选委员的标准：

1. 关冕钧，字伯衡。精鉴磁器书画并富于收藏。

2. 郭宝昌（注：即郭葆昌），字世五。精鉴磁器，为庆宽后一人，对于书画能辨别唐宋元明纸绢之区别。

3. 萧愻，字谦中。善画山水，取法宋元，不为清代作风所囿，实当代画家之杰出者。所见宋元明真迹既多，遂精于鉴别。

4. 叶恭绰，字誉虎。收藏书画甚富，鉴别亦精。

5. 陈浏，字亮伯。善鉴别磁器。

6. 谢刚国，字次洲。善鉴别书画，古物收藏极富。

7. 福开森，美国人。主办《中国美术杂志》，善鉴别书画磁器。

8. 沈尹默，善鉴别晋唐以来法书名迹。

9. 丁佛言，多识古文字，著有《说文古籀补补》。

10. 容庚，字希白，精鉴铜器，古物陈列所铜器之鉴定多出其手，著有《金文编》。②

其三，思路开阔，重视交流。故宫博物院专门委员会不仅聘任国内的学者，也聘请了如福开森③、钢和泰④这样有助于故宫文物审查鉴

---

① 《古物馆专门委员会》，《故宫博物院·组织人事类》第 43 卷，第 15 页。

② 《古物馆专门委员会》，《故宫博物院·组织人事类》第 43 卷，第 71 页。

③ 福开森（1866—1945），加拿大人，教育家、文物学家、社会活动家，1886 年来华，1943 年离开中国。

④ 钢和泰（1877—1937），出生于今爱沙尼亚，俄国男爵，汉学家、梵语研究者，1918 年至 1929 年在北京大学任教。

定的外国学者。在聘任专门委员时，故宫博物院重视与所聘人员的交流。如专门委员马裕藻最初在文献组任职，后马先生致函易培基，表示愿就图书馆中"勉尽绵薄"，院里尊重马先生意见做了调整。①鉴于本院工作需要，部分专门委员所聘身份先后有所变化，如江庸先生原是顾问，后改聘为专门委员；华南圭先生原是专门委员，后改聘为顾问。再如汪申、郑颖孙原为通信专门委员，后改为特约专门委员。

对于故宫博物院的聘任，当时的绝大多数专家学者予以认可，并积极参与。例如许宝蘅函复表示"若有征询事项，自当竭其所知，以供采择"②。罗家伦亦专门函复易培基，表示"如有可以尽力于学术方面者，当竭其有限之知识以奉命也"。③个别专家学者因个人事务繁忙等原因无法参与专门委员会的工作，但表示愿为文物保管事宜事业提供意见。如顾颉刚以"自问课务过忙，实无暇到贵院审查物品"为由婉拒了故宫博物院的聘请，但表示愿为博物院"诤友"，对文物保管事业提供批评意见。④

及至1934年调整专门委员会时，故宫博物院将9个专业委员会名目列在一起，发给各位拟聘专门委员，请其"指定一种或数种担任"，并填写自己的专长。根据当时专家学者的复函，多数选填了二三项专长，例如朱启钤填写"美术品""丝绣""漆器""雕刻"等4类；部分专家则选填了六七项专长，例如叶恭绰选填了"书画""美术品""图书""史料""戏曲乐器""建筑物""宗教经像法器"等7项；也有个别仅选填了一项专长。⑤这种双向的自主交流不仅有助于博物院对专门委员工作做出合理安排，也有利于专门委员学术专长的发挥。

---

① 《故宫博物院·组织人事类》第97卷，第4页。

② 《故宫博物院·组织人事类》第43卷，第8页。

③ 《故宫博物院·组织人事类》第43卷，第33—35页。

④ 《故宫博物院·组织人事类》第97卷，第16页。

⑤ 《故宫博物院·组织人事类》第125卷，第5—51、58—60页。

关于专门委员的薪金问题，各个时期并未留有完整的文件记载或档案说明，但据1947年的《国立北平故宫博物院专门委员聘约》规定："专门委员出席本院审查会时，得致送出席费""专门委员参加本院实际工作者，得致送酬金"。[1]由此可见，专门委员的薪金是根据各专门委员参与工作情况而灵活设定的。另据保留下来的部分公文信函，专门委员的薪金是有区别与变化的。1929年开始设立专门委员会时，各位专门委员应该按照参与工作情况发放报酬的。据1930年7月27日文献馆致秘书处函记载：

> 顷接本馆专门委员会委员刘半农君来函，拟编《故宫所藏乐器音律鉴定录》，须用助手二人，约定月薪各二十元，由院支给，视乐器之多少，工作完毕即行取消等因，除另函秘书长外，相应函达，即请查酌见复为荷。[2]

既然拟聘的助手有月薪，刘半农参与专门委员会工作自然也是领取薪金的。

后来，专门委员分为特约专门委员和通信专门委员，特约专门委员是有薪金的，通信专门委员则没有薪金，是一种荣誉性职务。据1937年《本院聘用外籍人员表》记载，特约专门委员美国人福开森的"薪金"是80元。[3]一般情况下，特约专门委员是参与具体工作的，如不直接参与，就不再付与报酬，这在1936年1月25日文献馆致总务处函中有详细记载：

> 顷由沈馆长交下院长手函，略开"专委郑颖孙先生现已离

---

① 《国立北平故宫博物院专门委员聘约》，《故宫博物院·章制纪录类》第141卷，第14页。

② 《故宫博物院·组织人事类》第70卷，第34—35页。

③ 《故宫博物院·组织人事类》第177卷，第5页。

平，闻已整理之乐器稿件，将于二十四年年底作一结束，故公费亦即送至年底为止。希即转达，并请其将稿件交来，以便在年刊中发表"等因；查郑先生现尚留川未返，除所有整理乐器之稿件，由馆长函请其寄来外，余情请径函郑专委查照为荷。①

此外，特约专门委员的工作为他人接替，则其薪金也自然转给接替人。例如1936年，原特约专门委员郑颖孙改聘通信委员，文献馆馆长沈兼士推荐马幼渔接替了郑颖孙的工作，总务处第一科在第二天即1月26日致函第三科，要求自当月起将郑颖孙的薪金转于马幼渔：

查特约专门委员郑颖孙先生已奉谕改为通信专门委员，应准文献馆沈馆长之推荐，改聘马幼渔先生为特约专门委员，所有郑专委公费，自本月份即请改送马委员，奉谕特达所希查照。②

另据档案文献记载，当时故宫博物院的经费是相当紧张的，但在可能情况下，博物院也给予专门委员以特别关照，例如1930年8月故宫博物院赠送予每位专门委员4张可在故宫院内使用的人力车券。③

专门委员会的工作与贡献

专门委员会的主要工作是文物的审查整理。1929年后，故宫博物院各项工作逐渐走向正轨，迁延数年未竣之清室物品点查工作也到1930年3月告一段落。文物点查虽然基本结束，但丰富的清宫藏品十

---

① 《故宫博物院·组织人事类》第284卷，第5页。
② 《故宫博物院·组织人事类》第284卷，第6—7页。
③ 《故宫博物院·组织人事类》第120卷，第21—24页。

分复杂，不仅有物件的真伪问题，对于古物的时代与其名称之订定，更是错综纷纭，头绪多端，因此亟须进行全面的文物审查鉴识工作，以为学术研究、展览陈列的参考。这也是博物院的基础工作，"专门委员会"于是应运而生。综合各种档案文献记载，民国时期专门委员会所参与的工作，可以归纳为6方面的重要内容：

（一）审查鉴定清宫文物

1929年专门委员会初建时，一项重要工作是协助故宫博物院各馆处审查鉴定清宫文物。如1929年度本院报告对此有所记载，"本年度所注意者，为整理工作。金石、字画、陶瓷、书籍、档案，均由各馆聘请专门委员，积极整理"。[①]截至1930年底，专门委员会审查古物馆所藏铜器345件，瓷器326件，书画956件。[②]据当事者回忆及档案文献记载，审查鉴定清宫文物是贯穿民国时期专门委员会的主要工作，尤其到了20世纪30年代点收平沪文物时期，专门委员以各自专业优长在其中审查鉴定清宫文物方面发挥了重要作用，也为日后故宫博物院文物整理工作奠定了基础。据庄尚严回忆，当时审查物品的目的有三：鉴别文物名称与质材，考定文物时代，判定文物真伪，即"一曰正名，二曰断代，三曰辨伪"：

> 所谓正名者，院藏所有物品，都先经过"点查"手续，前已言之。点查办法，也是请院外人士参加，为的是"昭信实，避嫌疑"。而外界前来参加点查之人士，都由当时各部所派定，对于古物研究有素者固多，但也有茫然一无所知者。因之同样物品，往往名称不同，时代也不一致，真伪好坏更不能定。举例言之，

---

①《北平故宫博物院报告（民国十八年十二月刊行）》，《故宫博物院·计划总结类》第4卷，第1页。

②同上；另参阅前揭《典守故宫国宝七十年》，第57页；庄严：《前生造定故宫缘》，紫禁城出版社，2006年，第98—99页。

铜器中之鼎与鬲，常常混乱，甚至有的定为香炉，有的也竟定为痰盂，有的定其时代为商，也有定之为周。又如瓷器，北宋官窑与南宋官窑的区别，钧窑从北宋直到元朝都有。再以名画为例，宫中有幅名画叫作《宫乐图》，点查号是调字一九六12，在清时《石渠宝笈》中列为元人画，后来审定时，因其设色画法极类周文矩，至少是五代时人作品。①

参加过这项工作的那志良先生亦回忆：

我们古物馆，成立了三个审查委员会，是铜器、瓷器、书画。别的审查会不能成立的原因，是当时玩古董的人多，研究古物的人少。玉器在当时是热门古物，玩的人也最多，竟请不到一位审查委员。这个审查会，铜器由马衡先生主持，他是专门研究铜器的人，瓷器由郭葆昌先生主持，也是当时首屈一指的瓷器专家，也能称职。书画就有问题了。审查之前，先把准备审查的书画，轴子就挂起来，册页、手卷就放在桌上，委员来时，自己先看一遍，人到齐了，大家聚拢在一张画前发表意见，然后把决定意见记录下来。②

此外，专门委员会还承担了存沪文物的书画审查与皮货审查工作：

本院所藏书画，前经古物馆在北平组织专门委员会分别审查，评定甲乙，陆续择优影印，以广流传。逮文物南迁，审查工作暂时中辍。嗣以本院各种刊物之取材需要，乃商由本院在沪专门委员会组织审查会，于一九三五年五月间开始审查本院古物

① 前揭庄严：《前生造定故宫缘》，紫禁城出版社，2006年，第98—99页。
② 那志良：《典守故宫国宝七十年》，紫禁城出版社，2004年，第56—57页。

馆迁存沪库书画。每星期举行审查会议二次，每次至少须有委员三人以上参加会议，方为有效。审查数量，以五十件为限。审查标准，分甲、乙、丙三项：作品真而精者，或作品真而非精品者，属甲项；作品精或流传有绪而属于疑似之间者，又作品精而时代款字不相当，须重定时代或作者，属乙项；作品一无足取，或确定为伪品者，属丙项。审查意见，分别记录。同时编院藏书画目录，以时代为纲，以一时代之作者为目，以作品顺序归纳于作者之下。审查工作完竣，编目同时告成。是年计举行审查会议五十一次，共审查书画二二五四件。关于存沪皮货，前秘书处所编南迁清册体例不一，所载品名先后互异，一箱品类多未区分，诚有审定必要。爰于一九三五年十二月间聘请专门委员莅库，将是项皮货按箱分类，审定品名，分别等级，估计价值，以作筹备处分时之统计。内除衣片无须审定者外，所有皮货全部审查竣事。①

及至1947年专门委员会重新组建时期，审查鉴定清宫文物仍是专门委员会的重要工作。例如《国立北平故宫博物院专门委员聘约》明确规定："专门委员应出席本院审查会议""专门委员出席本院审查会时，得致送出席费"。②另据档案记载，1947年收购溥仪赏溥杰书画及海宁于省吾所藏铜器等事项皆经专门委员审查鉴定和本院理事会审议通过在逐步施行的。

（二）整理刊布明清档案

1928年10月5日，故宫博物院设立专门的文献馆，负责人为沈兼士，文献馆1929年6月设立专门委员会，延聘陈垣、朱希祖、徐炳

---

① 欧阳道达：《故宫文物避寇记》，紫禁城出版社，2010年，第35—36页。

② 《国立北平故宫博物院专门委员聘约》，《故宫博物院·章制纪录类》第141卷，第14页。

昶、吴承仕、朱师辙、许宝蘅、陈寅恪、傅斯年、罗家伦、周明泰、齐如山、马廉、刘复、钢和泰诸位先生为委员，指导职员分别整理各项档案，并同时整理乾清宫、皇史宬、内阁、实录库等处实录、圣训、起居注及升平署剧本、曲本、戏衣、切末等，还将宫中乐器集中一处鉴定音律。[①]在执行此项整理工作时，专门委员会按军机处档案、宫中档案、内阁大库档案、内务府档案及其他档册书籍进行分类整理。

此外，在史料的整理过程中，专门委员会十分重视材料的考证和说明，这一点在档案文献的序言、案语中得到体现。例如蔡元培为《清代汉文黄册联合目录》作序，陈垣为《康熙与罗马使节关系文书》作序，沈兼士为《清内阁库贮旧档辑刊》《故宫俄文史料》作序，余嘉锡为《碎金》作跋，翁文灏和朱希祖为《清乾隆内府舆图》作序，傅增湘为《掌故丛编》作序，许宝蘅为《掌故丛编》题词，等等。这些序言，往往探赜索隐，条理明辨，内容涵盖了有关档案名词考释、档案所涉及的史实考证、与他书记载详略互异情况及其补证价值、档案原件的载体形态和档案的来源，以及相关文书制度等等。[②]

经过专门委员会指导进行的明清档案整理，初步形成近代档案文献编撰的一个传统，即以学者为中心，以学术化发展为脉络整理档案文献。此外，除了上述整理工作之外，专门委员会对文献馆的库房陈列、查阅借抄及编纂出版等多项工作做了指导。

（三）清点出版清宫典籍

1925年故宫博物院成立之时就致力于清点整理清宫的各处藏书，1929年又接收了清史馆、杨氏观海堂、方略馆、资政院等藏书及本院

---

① 《北平故宫博物院文献馆一览》，国立北平故宫博物院印行，1932年。

② 胡鸿杰主编：《档案文献编纂学》，中国人民大学出版社，2012年，第74页。

文献馆移交的善本、方志等书，图书馆藏书多达52万多册，为故宫博物院藏存清宫秘籍最富时期。在图书的分类编目、陈列展览、编辑出版等工作中，都有专门委员的重要贡献。据记载，图书馆善本书籍，均经专门委员严格审定，方能入库保存：

> 各库书目编制，大致就绪。其属于善本者，则由专门委员张庚楼（即张允亮）先生重加校正。属于殿本者，则由专门委员陶兰泉（即陶湘）先生增订体例。其余四部书库目录、丛书目录、志书目录，均由馆员随时编订。杨氏藏书目录，亦得加校订，均待付印。本年度本馆委员张庚楼先生不惮烦劳，热心赞助，编成善本书志，已逐期登载于《故宫周刊》。考天禄琳琅书籍者，当可略见其梗概矣。①

当时图书馆先后编印《故宫方志目》《故宫所藏观海堂书目》《故宫所藏殿版书目》《国立北平图书馆故宫博物院图书馆满文书籍联合目录》《故宫殿本书库现存目》《故宫普通书目》《故宫善本书目》《内阁大库书档旧目补》《清内务府造办处舆图房图目初编》《故宫方志目续编》等，其中《故宫殿本书库现存目》即由专门委员陶湘主持编印。

（四）修缮古建及修建库房

民国时期，故宫博物院所有修缮工程都由社会上的专业修建单位承担，先由院里做出修缮工程做法说明书，提出具体的做法要求，让参与招标竞争的厂家进院勘验并提出报价，最后由院里成立的工程委员会决定哪一家中标。开标以前，先审查各厂家资格，以有宫廷建筑经验者为合格，否则其标作废。在古建修缮计划、施工监管及验收等

---

① 故宫博物院：《民国十九年本院全年工作报告》，故宫博物院档案。

方面，故宫博物院聘任的建筑专门委员在其中发挥重要作用，出力较大者有北平工务局的汪申，以及营造学社的朱启钤、梁思成诸先生。例如故宫博物院南京分院朝天宫保存库的建筑图样不仅经专门委员朱启钤、汪申和梁思成的详细审查，其建筑设计方案根据专门委员的审查意见书而加以修订。[①]尤其值得一提的是，汪申曾于1930年受聘为故宫博物院临时工程处副处长，主持或参与了慈宁宫花园修缮及延禧宫库房修建等工程，并在其中发挥重要作用。

（五）筹备文物展览

除了参与上述博物馆基础工作外，专门委员会还承担了一项十分重要的任务，即征集择选文物参加"伦敦中国艺术国际展览会"。1934年，中国南京国民政府对此项展览的筹备工作极为重视，专门成立"伦敦中国艺术国际展览会筹备委员会"（简称"筹委会"）负责。筹委会下设若干专门委员会，主要由故宫博物院所聘专门委员担任。1934年11月4日，筹委会召开专门委员会第一次会议，决议延请唐兰、容庚二先生拟铜器展览标准，郭葆昌先生拟瓷器展览标准，朱文钧、陈汉第、邓以蛰三先生拟书画展览标准[②]。11月至12月间，筹委会专门委员会陆续召开第二、三、四次会议，拟定铜器、瓷器、书画等选择标准，并拟定故宫博物院及古物陈列所物品初选目录。

1934年12月6日，筹委会专门委员会第二次会议议决，物品选择由筹委会专门委员负初选之责：（1）依艺术史上发展次第作为有系统之展览；（2）以故宫博物院印影品作标准，但不限于已出版者；（3）除故宫博物院、古物陈列所之收藏外，其他公私收藏之古物，经

---

① 《国立北平故宫博物院理事会第七次常务理事会议纪录》，《故宫博物院·章制纪录类》第62卷，第15—30页。

② 《伦敦中国艺术国际展览会筹备委员会专门委员会第一次会议录》，《故宫博物院·陈列展览类》第94卷，第1页。

本会专门委员会认为有展览之必要者，亦得征求之①。另据《伦敦中国艺术国际展览会筹备委员会征求公私收藏简章》规定，"凡公私收藏，经本会专门委员会认为有展览上之特殊价值者，由本会征求之；凡征求之物品，经本会专门委员会审查后，始得展览；凡被征物品，由本会专门委员会考定其名称及加以说明"。②

1935年1月24日，故宫博物院驻沪办事处开始按照拟选之艺展目录，分类提选存沪文物。所提选的文物，遵照文物点收规则，逐一完成点收手续。经初选的2054件文物，经伦敦艺展上海预展会所聘请专门委员审查③，筹委会聘请郭葆昌担任瓷器审查委员，李济与唐兰担任铜器审查委员，邓以蛰、徐悲鸿、顾树森、叶恭绰、吴湖帆、蒋毂孙担任书画审查委员。经复选的1421件文物，由筹委会与伦敦来华的几位专门委员复审，分别选定，即为决选。专门委员会为伦敦中国艺术国际展览会筹备工作提供了重要的学术思考和专业意见，这为展览在伦敦的成功举办奠定了重要基础。

（六）推进学术研究

故宫博物院丰富的文物藏品，为专门委员的学术研究创造了难得的条件。在参与专门委员会的工作中，一些专门委员在不同领域中取得了突出的学术成就。容庚就是一个典型。故宫博物院成立后，容庚参加彝器陈列工作，后任专门委员、鉴定委员，又被聘为古物陈列所古物鉴定委员。其间，参与数千件青铜器的鉴定工作，有机会接触原物，辨伪经验日进，写成《西清金文真伪存佚表》一文，取"四鉴"

---

① 《伦敦中国艺术国际展览会筹备委员会专门委员会第二次会议录》，《故宫博物院·陈列展览类》第94卷，第2—4页。

②《伦敦中国艺术国际展览会筹备委员会公函（字第四号）》，《故宫博物院·陈列展览类》第93卷，第1—3页。

③《国立北平故宫博物院驻沪办事处二十四年二月份工作报告》《国立北平故宫博物院驻沪办事处二十四年三月份工作报告》，《故宫博物院·计划总结类》第46卷，第8—25页。

中有文字之器1290件，除镜鉴114面，得1176器，分"真、疑、伪"三类，表列出之，计真者657器，疑者190器，伪者329器，可见乾隆以前铜器作伪的一斑。这是西清藏器据著录而做的一次大清理，对于故宫所藏彝器的辨伪是大有裨益的。[①]此外，容庚还整理编纂了古物陈列所的铜器图录。1929年从沈阳故宫移交的798件青铜藏器中，选取其中形制、花纹特殊的商周92器、汉代2器，编成《宝蕴楼彝器图录》2册，每器有图形和铭文拓本，并记大小重量、色泽及有关说明。1934年从热河行宫所藏851器中精选100器成《武英殿彝器图录》2册，以摹拓花纹与铭文并重，开著录铜器花纹之先河。1940年，他又将颐和园所藏彝器选取20器编为《西清彝器拾遗》1册。以上3种5册图录，提供了研究古铜器和金文的原始材料，也使世人得睹清宫内府藏器的真面目。后人评价，容庚的《商周彝器通考》在当时条件下把青铜器的彝器分作了尽可能的综合考察，进行了缜密的论证，构成了比较完整的研究体系。[②]

又如钢和泰，他是最早关注故宫藏传佛教的学者。1926年，钢和泰被允许进入慈宁宫花园，对咸若馆、宝相楼的佛像进行过研究。1930年11月，钢和泰在北京大学研究所国学门重新恢复月讲中担任第一讲，题为《故宫咸若馆宝相楼佛像之考证》。1931年11月29日，故宫博物院致函钢和泰，请他就一件多心宝幢影片上的文字进行辨释。此外，钢和泰还拍摄了宝相楼的766尊佛像，又搜集了一套有360幅佛教人物画像的《诸佛菩萨圣像赞》，后哈佛大学克拉克教授对其整理出版，书名《两种喇嘛教神系》，书中对这些佛像的梵藏汉名称做了较为完整的索引。人们认为如果没有钢和泰的前期努力和后期指导，克拉克是很难完成的。这部书在藏传佛教图像学方面属于里程碑式的作品。对于后来的藏传佛教艺术领域，尤其是藏传佛教人物图像学方

---

① 曾宪通：《容庚与中国青铜器学》，《中山大学学报》2008年第3期。
② 马承源主编：《中国青铜器》，上海古籍出版社，1988年，第6页。

面的学者来说，这是一本必读的经典著作。①

此外，专门委员会还曾帮助其他文化机构鉴定文物。1930年5月，颐和园陈列馆图书馆筹备委员会、北平特别市管理颐和园事务所致函故宫博物院，"素仰贵院为古物专家荟萃之所，拟请酌为介绍，俾便延聘而资指导"。为此，故宫博物院派古物和图书两馆职员三人前往鉴别指导。至陈列大致就绪时，他们再次致函，称"现拟不日开馆，亟须聘请专家考订正伪，鉴别精粗，以期尽美尽善。请于本院专门委员中酌为代请数人，以便呈请北平特别市政府专函奉聘，至深感荷"。1930年6月9日，故宫博物院函请郭葆昌、吴瀛、丁佛言、邓以蛰等4位专门委员赴颐和园进行了文物鉴定。②

专门委员会的意义与影响

民国时期的专门委员会伴随着并促进了故宫博物院工作的蓬勃开展，虽然由于战乱等原因，活动未能始终坚持，但仍然是光彩的一页，不仅在故宫博物院学术史上占有重要地位，在中国现代学术转型中也发挥了积极作用，对于后来故宫学术的发展也产生了一定的影响，需要认真总结。

民国时期专门委员会的意义主要表现在三个方面：

其一，专门委员会的设立与发展，坚持了新生故宫博物院的社会性、开放性，即"公"字精神，既是"学术为天下公器"理念的反映，也是社会各界共同参与管理"公共财产"原则的体现。

故宫博物院的成立，使象征皇权统治继承性、合法性的清宫旧

---

① 参阅郑欣淼：《钢和泰与故宫博物院》，《中国文化》第 41 期，2015 年春季号。

② 《故宫博物院·组织人事类》第 70 卷，第 15—16 页；另参见《颐和园志》，中国林业出版社，2006 年，第 36 页。

藏成为人民共有共享的文化财产，而贯穿其中的"公"字精神，则是故宫博物院保持其生机与活力的保证。李煜瀛在商组"办理清室善后委员会"时，就明确提出要"多延揽学者专家，为学术公开张本"，后又提出，故宫"学术之发展，当与北平各文化机关协力进行"。①在1929年10月10日故宫博物院4周年纪念会上，李煜瀛指出清故宫须成为"活故宫"，活故宫的精神在于坚持一个"公"字："希望故宫将不仅为中国历史上所遗留下的一个死的故宫，必为世界上几千万年一个活的故宫。以前之故宫，系为皇室私有，现已变为全国公物，或亦为世界公物，其精神全在一公字。余素主张，使故宫博物院不为官吏化，而必使为社会化，不使为少数官吏的机关，必为社会民众的机关，前在清室善后委员会时代，曾请助理员顾问数在百计，帮同点查，以示公开，即现在此工作人员，薪水微薄，因彼等目的，非为权利，实在牺牲，共谋发展。总之故宫同人，在此4年中，对于一公字，已经做到具体化。"②这种"公"，即公开、公共，面向公众，社会参与。故宫博物院从点查清宫物品、具体筹建及成立后的业务工作多个方面，都充分体现了这种"公"的精神。故宫博物院初创，人才缺乏，要推进各项工作和学术研究，成立专门委员会是一个好办法。专门委员会聚集了一大批优秀的专家学者，不断推进着故宫博物院各项事业的发展。而且专门委员会也成为故宫博物院学术发展的一个重要保证，并以其显著成果为学界所瞩目。

其二，专门委员会是适应故宫博物院事业发展需要的有益探索，不仅积累了从故宫实际出发的学术研究的特点和方法，丰富了故宫学术的内涵，而且以专门委员会为主导的故宫学术成果成为学术故宫的一个重要标志。

---

① 《故宫博物院记略》，《故宫周刊》1929 年总第 2 期。

② 《清故宫须为活故宫》，载《李石曾先生文集》下册，中国国民党中央委员会党史委员会编辑出版，1980 年 5 月，第 241—242 页。

　　故宫博物院一开始就定位于一个学术机构。作为以学术为职志的故宫专门委员会，其主要的工作任务是文物的审查、鉴别和整理。这是故宫丰富的藏品所需要的，是故宫作为博物院的基础建设。这也就决定了故宫学术研究及其成果体现形式的特点。故宫作为博物院，是以文物作为学术研究对象，这不同于一般的主要以文献为对象的研究机构。故宫学术的这种特殊性，体现在学术研究与文物的收藏、保护、展示不可分割。清宫变为博物馆，当时最主要的工作是对浩如烟海的清宫物品进行整理审查，鉴别真伪，即科学地鉴定，这是硬功夫，也是博物馆工作的基本要求。把故宫的这些工作列入学术范畴，这是一个突破，也是对学术本质的深刻认识。因此，故宫学术研究的成果除学术论著外，还有大量的成果与业务工作结合在一起。故宫专门委员会后来细分为9个专业委员会，其中还有"建筑物保存"，说明对故宫学术内涵认识的不断深入。专委会的工作方式也趋于制度化，并积累了一些有益的经验。

　　故宫的学术成果体现在多个方面，因此创造学术成果的就包括多方面人士。"本院职员多以学术研究为目的，故尽义务者甚多。即有报酬，亦极菲薄。至多之生活维持费，仅给百元，少只十五元，为各机关所罕有。而同仁工作精神，则殊奋发。栉风沐雨，毫无倦容。盛夏严冬，工作尤苦。或冒暑巡行于永巷之间，或呵冻植立于冷殿之内。皆为寻常人所不能忍受者，而本院职员，皆身受之。此无他，一为保存中国历史、文化、艺术计，人人均视为分所当为，故不觉其苦。一则视本院为天然研究所，不为衣食计，而为学问计。同仁具此精神，得以维持以至今日。且努力进行不懈，亦职是故。"①故宫职工如此，故宫专门委员也是如此。故宫的学术发展，依赖的是这两方面的共同努力。

　　其三，故宫博物院是当时中国学术界一个有影响的机构，其活

---

① 故宫博物院：《民国十八年本院全年工作报告》，故宫博物院档案。

跃的学术活动、重要的学术成果在中国现代学术转型中发挥了积极作用。

晚清以来，西学大规模传入中国，与中国传统学术摩擦激荡，使中国学术精神和学术研究赖以存在的机制处于转变之中。学者们习惯于把这一时期称为转型时代。在这一转变中，包括明清档案等一系列新材料的发现，成为确立现代学术的一个契机。王国维指出："古来新学问世，大都由于新发现。"他又说："中国学问上之最大发现有三：一为孔子壁中书；二为汲冢书；三则今之殷墟甲骨文字、敦煌塞上及西域各处之汉晋木简、敦煌千佛洞之六朝及唐人写本书卷、内阁大库之元明以来书籍、档册，此四者之一已足当孔壁、汲冢所出，而各地零星发见之金石书籍于学术有大关系者，尚不与焉。"①陈寅恪亦说："一时代之学术，必有其新材料与新问题。取用此材料，以研究问题，则为此时代学术之新潮流。"②

故宫及其珍藏是一个巨大的文化宝库，也是一门待开发研究的学术沃土。故宫的学术成果特别是清宫文献的整理印行，在中国传统学术向现代学术转变过程中有着重要意义。1909年，紫禁城内典藏档案秘籍的内阁库因要维修，将其中部分档案与藏书移出，后流出宫外，经过曲折过程，损失甚多。20世纪20年代初期，北京大学国学门整理了历史博物馆的61箱又1503麻袋明清档案。比起流失出去的，故宫更收藏着极为丰富的明清档案，是一个难得的宝库。1928年故宫博物院设立专门的文献馆整理明清档案。从保存与留传珍贵历史遗产的目的出发，还编纂印行了多种出版物，包括档案汇编、档案编译、档案编目、档案影印、研究论著等。据统计，1949年之前，文献馆出版有关史料书籍刊物54种358册，约1200万字，其中档案

① 《最近二三十年中国新发见之学问》，《王国维全集》第14卷，浙江教育出版社、广东教育出版社，2009年，第239页。

② 《陈垣〈敦煌劫余录〉序》，《陈寅恪集》《金明馆丛稿二编》，生活·读书·新知三联书店，2001年，第266页。

文献又是编纂新书的重点。近代学术界受西方科学主义思潮的影响，重视直接史料，注重实证的研究，认识到档案的原始证据价值。文献馆出版的各种史料大都属首次公布于世，为学界提供了丰富的新鲜的第一手资料。明清档案与殷墟甲骨、敦煌文书等不仅为史学、语言文字学等学科提供了新材料，极大地推动了这些学科的发展，还开辟了学术研究的新领域。

故宫博物院的学术研究与当时中国学界息息相通。1922年北京大学设立国学门，以新的原则和方法研究国学，而且国学研究范围扩大，在研究中也吸取了西方的理念和方法等。北大国学门的一批学人参与故宫博物院的创建工作，而且把北大的学术风气，研究经验带到了故宫。尤为难得的是，故宫博物院为他们提供了更为广阔的发挥学术研究能力的舞台。

专门委员会的许多委员，不仅在其他学术机构工作或兼职，而且在故宫博物院的学术研究与其他学术机构也有联系甚至合作。例如，参与明清档案整理的学者，有的人还先后或同时参与好几个单位的整理工作。北京大学国学门参与档案整理的有沈兼士、陈垣、朱希祖、马衡、单不庵、郑天挺等；故宫文献馆负责人为沈兼士，文献馆1929年6月设立专门委员会，延聘陈垣、朱希祖、徐炳昶、吴承仕、朱师辙、许宝蘅、陈寅恪、傅斯年、罗家伦、周明泰、齐如山、马廉、刘复、钢和泰诸先生为委员；傅斯年为史语所购买内阁档案，李宗侗、马衡、沈兼士三位都曾给予大力协助，傅斯年、陈寅恪、徐中舒、陈垣、朱希祖又是史语所明清档案编刊会委员，赵万里担任过明清史料编印工作的特约编辑员。1947年故宫博物院文献馆、北京大学文科研究所、中央研究院史语所编辑出版的《清内阁旧藏汉文黄册联合目录》《清军机处档案目录》两书，前为清军机处档册总目，后为雍正、乾隆、嘉庆、道光、咸丰、同治、光绪、宣统各朝档册目录，这两部档案编目是当时最有影响力的几个学术机构学术交流与合作的见证。

历经20年的发展，专门委员会对于后来故宫博物院学术发展的影响十分深远，重点表现在两方面：

一是在学术专长上逐步形成了重文献考据及鉴定的特色。

由于故宫藏品的丰富性、复杂性，故宫文物清理成为从故宫博物院成立以来的一项长期任务，直至2010年底，才彻底摸清了故宫文物的家底。因此，故宫学术研究不是经院式的烦琐论证，也不是从书本到书本，它是直接面对故宫的文物、古建筑、档案、文献，对此进行客观分析、比较，解决宫廷历史人物和事件的物证和历代文物的真伪鉴定及其艺术价值、文化联系等诸多问题。总而言之，以物证史、以物论史，或以物鉴物、以史论物等，都离不开史与物的辩证关系。在这个过程中，涌现出一批著名的甚至是"国宝"级的专家学者。

例如，北京故宫博物院重视院藏中国古代书画的整理与鉴定，这也是博物馆的基础工作。两岸故宫博物院的清宫旧藏书画的共同点是：基本上反映了乾隆皇帝的鉴藏水平。这个历史上空前的宫廷收藏活动基本上定格到乾隆皇帝离世之际。《石渠宝笈》《秘殿珠林》尽管内容记载详尽，具有重要史料价值，但在真伪鉴定方面是不足完全征信的。20世纪30年代，发生了震惊中外的故宫博物院院长易培基"盗宝"案件，根据之一就是发现清宫有许多假画，认为帝王之家不会有赝品，有则必为易培基盗换无疑。其实，中国书画之赝本，自古有之，帝王之家所藏书画，大多来自民间，自然不乏赝品。"书画之真赝问题早已成为不易解决之问题，虽一代鉴家董文敏（按即董其昌）也认为'谈何容易'。其中问题复杂得很，不是简单的几句话所能解决的。"[1]对清宫书画的鉴定需要多方面的知识，本身就是一种研究，同时也是进一步研究的基础。北京故宫博物院藏有15万件左右中

---

① 马衡：《关于鉴别书画的问题》，载《张菊生先生七十生日纪念论文集》，商务印书馆，2012年。

国古代各类书画，在鉴定上把握得比较严。从20世纪五六十年代，直至80年代，院藏古书画先后经过徐邦达、张珩、启功、谢稚柳、刘九庵、杨仁恺、傅熹年等先生的鉴定，他们对这些书画的作者、流派、时代、内容等方面给予了客观的基本定位，这是集体性的学术成果。这项工作具有深刻的历史意义，它是中国历史上第一次由学术界主持，对皇家收藏的历代书画进行的全面鉴定与科学研究，推翻了皇帝个人的独断。由于故宫研究人员掌握了大量的具有鉴定标尺作用的书画，并对古代书画有着较为广泛的涉猎，因此在书画鉴定方面受到国内外的相当重视，故宫研究人员也形成了重文献考据及鉴定的特色，其科研成果不断补充着艺术史的实际内容。古书画领域里的第一代专家学者有徐邦达、马子云、刘九庵、王以坤、朱家溍等。其中徐邦达很有代表性。他既继承了传统的鉴定方法，又汲取了辩证唯物主义的方法论和现代考古学严谨的科学手段，将文献考据与图像解说有机地结合起来，系统地建立了古书画的鉴定标尺，真实地还原了中国书画史的发展脉络，将原先只可意会的感性认识发展成为可以传授的研究方法和学术思想。包括《古书画过眼要录》《改订历代流传绘画编年表》《古书画鉴定概论》等在内的16卷600万字的《徐邦达集》，就是他的古书画研究的辉煌成果。

二是专门委员会这种形式在继承中又有发展。

民国时期故宫专门委员会的这种组织形式，后来也有所继承，因为这种组织形式体现了故宫学术的开放性，即必须广泛吸收社会力量，这不仅关乎"学术为天下公器"的理念，而且挖掘故宫文化遗产的丰富内涵，不是少数人可以承担的。20世纪50年代中后期，故宫博物院陆续成立了编辑委员会、鉴别委员会、文物收购委员会、铜器研究专门委员会、文物修复委员会等机构，就可看到专门委员会的影子。例如1956年7月2日，经文化部同意，成立铜器研究专门委员会，成员为郭沫若、徐森玉、王献唐、郭宝钧、容庚、商承祚、于省吾、陈梦家、唐兰。荟萃了一批国内最为著名的铜器专家。1957年4月6

日，成立文物修复委员会，委员由吴仲超、唐兰、张珩、王世襄、陈梦家、沈从文、陈炳、陈万里、李鸿庆组成，下设绘画、铜器、工艺3个小组，聘院内外专家17人为修整组顾问。

在借鉴民国时期专门委员会经验的基础上，近年来故宫博物院也陆续设立了类似机构。随着时代变迁与学术发展，目前故宫博物院专门委员会的业务内容已与过去有所不同，委员的学术背景亦有很大变化。例如从2005年至2010年，故宫博物院陆续成立了古书画、古陶瓷、古建筑、明清宫廷史、藏传佛教文物5个研究中心。名称的变化，反映了研究对象的扩大、研究内容的深入与研究目标的提升，所聘人员的学术造诣与代表性，则体现了21世纪故宫博物院的学术新视野。

以2005年10月成立的古陶瓷研究中心为例，该中心的研究对象主要是故宫博物院所收藏的数量丰富的古陶瓷类文物、从古陶瓷窑址采集来的大量珍贵古陶瓷残片，以及世界各地收藏的中国古代陶瓷。研究内容包括对不同时期、不同产地、不同类型古陶瓷制作原料、工艺、结构及相关性质的科学研究；对古陶瓷年代、窑口、真伪的科学研究；对古陶瓷的科学保管、修复和复制等技术的科学研究，以及更多深层次、多视角的科学研究。古陶瓷研究中心下设古陶瓷资料观摩室（集库房、展室和小型学术报告厅为一体）、古陶瓷专题陈列室（展室内设触摸屏和等离子显示屏）等。为此，故宫博物院还成立了一个古陶瓷检测研究实验室，配备了同行公认的先进设备和相应的专业人员。故宫聘请国内外著名大学、博物馆和科研机构的著名专家、教授、学者担任研究中心的客座研究员，聘请本院与古陶瓷专业有关的专家和学者为研究中心的研究员。①他们将对故宫博物院的古陶瓷研究、保管、陈列提出指导性意见，并在相关课题研究中发挥学术顾问的重要作用。

（本文是作者为2014年故宫博物院"故宫博物院学术史研讨会"提供的论文，载于《故宫博物院院刊》2015年第4期）

---

① 聘请客座研究员名单20人：戴浩石先生（Mr. Jean-paul DESROCHES），法国巴黎吉美美术馆馆长；伊娃·斯特霍伯女士（Dr. Eva StrÖber），德国德累斯顿国家艺术收藏馆东方陶瓷研究员；苏珊·瓦伦斯登女士（Ms. Susanne G. Valenstein），美国纽约大都会博物馆研究员；长谷部乐尔先生，日本出光美术馆理事；艾丝维尔多女士（Ms. Ayse Erdogdu），土耳其伊斯坦布尔托普卡普·萨莱博物馆研究员；郭勤逊先生（Mr. Kenson Kwok），新加坡亚洲文明博物馆馆长；宿白先生，北京大学教授；汪庆正先生，上海博物馆副馆长、研究员；郑良谟先生，韩国京畿大学校硕座教授、文化财委员会委员长；葛师科先生，香港"敏求精舍"收藏家协会现任执委；林业强先生，香港中文大学文物馆馆长、教授；廖桂英女士，台北鸿禧美术馆副馆长；蔡和璧女士，台北故宫博物院研究员；廖宝秀女士，台北故宫博物院研究员；叶喆民先生，中央工艺美术学院教授；陈铁梅先生，北京大学考古系教授；关振铎先生，清华大学材料科学与工程系教授；李家治先生，上海硅酸盐研究所研究员、博导、世界陶瓷科学院院士；罗宏杰先生，上海硅酸盐研究所所长、研究员；李虎侯先生，首都师范大学地理系教授。聘请故宫博物院研究员10人：耿宝昌、李辉柄、叶佩兰、王莉英、吕成龙、苗建民、陆寿麟、冯小琦、王健华、邵长波。

清宫书画鉴藏、佚存与研究述评

　　中国书法是中国传统艺术中最集中而又充分地体现中华民族审美意识的样式之一。中国传统绘画自成一套完整的绘画美学体系。中国书法与中国绘画关系紧密，所谓"书画同源"，二者的产生与发展相辅相成。中国书画艺术历史悠久，不仅具有独特的技法和风格面貌，更与中华民族审美心理和思维方式密切相关，是中华文化的重要组成部分。中国书画是中华民族文明史所产生的艺术结晶之一，也是中华民族文明史的一种物化见证。

　　大一统的中国古代社会的基本特征，决定了包括书画在内的各种艺术珍品的收藏，历来都以皇室为中心。中国宫廷书画收藏始至汉代，历经魏晋、唐宋、元明清等历代的收集、整理和鉴藏，其间，虽有散佚损毁，但其重要部分仍较为完整地得以保存，成为中华民族文化艺术的重要组成部分。

清宫书画的鉴藏

　　中国宫廷书画收藏的历史可追溯到汉代，"汉明雅好丹青，别开画室，又创立鸿都学以集奇艺，天下之艺云集"。董卓挟逼汉献帝刘协迁都长安，军人皆取内府图画缣帛为帷囊，"七十余乘，遇雨道艰，半皆遗弃"。魏晋开始，个人书画创作开始风行，宫廷对书画作品的收藏随之发展。"魏、晋之代，固多藏蓄，胡寇入洛，一时焚烧。"南朝政权更迭迅速，宫廷藏品几乎都成为末代帝王的随葬品。梁元帝将降，"乃取名画法书及典籍二十四万卷，遣后阁舍人高善宝焚之"。隋唐时期国家一统，加上帝王的喜好，天下书画名品源源进入皇家"秘府"，然而"安史之乱"则使自太宗朝积累起来的唐内府书画藏品"耗散颇多"①。宋代内府书画收藏在徽宗时达到鼎盛，《宣和画谱》《宣和书谱》是其辉煌的见证，然"靖康之变"，宣和内府中的书画收藏全部散佚。元代宫廷收藏于文宗朝也曾相当可观，后来则每况愈下。明代宣宗、宪宗、孝宗三朝的书画收藏之盛，其至不亚于宋代宣和与绍兴两朝，但松懈的管理使藏品不断流失，后期更将书画作为发给官吏的薪金，即所谓的"折俸"。

书画收藏历来有官、私收藏（即皇家内府与民间私人收藏）两个方面，又总是时聚时散，官私递藏。清代皇室书画收藏不仅远胜于私家收藏，而且为前朝各代所不及。明末清初之际，流散在各地的书画，已有一部分为清室所收集，后来梁清标、高士奇、安岐等许多著名私人鉴藏家的藏品亦陆续归入内府。臣民对帝王的进贡也是清宫书画收藏的组成部分。逢年过节、万寿大典或外出南巡，臣工往往多有贡献，其中又以进书画、文玩较为讨喜。乾隆皇帝在《石渠宝笈续编·序文》上说：

　　自乙丑至今癸丑，凡四十八年之间，每遇慈宫大庆、朝廷盛典，臣工所献古今书画之类及几暇涉笔者又不知其凡几。②

《石渠宝笈三编》嘉庆皇帝的上谕中也说：

---

① ［唐］张彦远：《历代名画记》卷一，人民美术出版社，1963 年。
② ［清］张照等编：《秘殿珠林石渠宝笈汇编》第 3 册，北京出版社，2004 年，第 1 页。

朕自丙辰受玺以来，几暇怡情，惟以翰墨为事，阅时既久……至内外臣工，祝嘏抒诚，所献古今书画亦复不少。①

清自入关后经四代积累，宫廷书画收藏在乾隆朝蔚为大观。

在清宫书画收藏中，"三希堂"与"四美具"有着标志性的意义。王羲之的名迹《快雪时晴帖》原放在乾清宫，此为皇帝之正式寝宫。王献之的《中秋帖》则置于御书房。乾隆皇帝在乾隆十一年（1746），得到王珣的《伯远帖》后，遂在自己进行日常政务的养心殿居所中，辟专室存放这三件晋人名迹，并铭之为"三希堂"。他为此写有《三希堂记》，认为这三件书迹不仅是中国书法的"稀世之珍"，而且是分别经过宋、金、元诸代的皇室收藏的"内府秘籍"，三帖的重聚因此就有着非凡的意义："今其墨迹经数千百年治乱兴衰存亡离合之余，适然荟萃于一堂，虽丰城之剑、合浦之珠无以逾此。子墨有灵，能不畅然蹈抃而愉快也。"②所谓"四美"，即晋顾恺之《女史箴图》和传为宋李公麟的《潇湘卧游图》《蜀川胜概图》《九歌图》。这4件画作，在明代即被董其昌称为"四名卷"，他对此4件巨迹散佚后自己只能得其一而为之感慨不已。乾隆年间，在有史以来最大规模的艺术品搜集行动中，这4件名品相继进入清宫，至乾隆十一年（1746）夏，"四美"重新团聚。乾隆皇帝对"千古法宝，不期而会"叹为"不可思议"，并非常高兴，御题《蜀川概胜》有"乃今四美具一室，赏心乐事无伦比"诗句。特在建福宫花园静怡轩辟出专室存放"四美"，并命名曰"四美具"。又命董邦达绘《四美具合幅》，并御题《"四美具"赞》，一再强调"剑合珠还"之意，足见乾隆皇帝的志得意满及其收藏的千古之盛。此时，存世的唐、宋、元、明名画，几乎收罗殆尽。这是继宋徽宗宣和内府后的最大一次集中。

---

① ［清］张照等编：《秘殿珠林石渠宝笈汇编》第8册，北京出版社，2004年，第4页。
② ［清］于敏中等编：《日下旧闻考》卷十七，北京古籍出版社，1983年，第237页。

据《秘殿珠林》《石渠宝笈》记载，书画作品大致收藏于乾清宫、重华宫、养心殿、御书房、宁寿宫、淳化轩、延春阁、清漪园、静怡轩、富春楼、毓庆宫、安澜园、狮子林、避暑山庄、继德堂、谐奇趣、秀清村、静寄山庄、九洲清晏、养性斋、问月楼、长春书屋、学诗堂、敬胜斋、三希堂、懋勤殿、漱芳斋、清晖阁、鉴园、烟雨楼、画禅室、南薰殿、弘德殿、思永斋、斋宫、瀛台、画舫斋、同乐园、玉玲珑馆、翠云馆，其中以乾清宫、重华宫、养心殿、御书房为古书画收藏最集中的殿阁。

清内府所藏的书画作品，曾经专人鉴定，尤其是乾隆朝，更进行了全面的整理与分类编目，数次组织书画名家和鉴赏家对藏品进行鉴定和品评，区别上等、次等，并分详简著录。参加鉴别、编纂者，如乾嘉时的张照、梁诗正、董邦达、励宗万、阮元、胡敬等，皆为精于鉴赏之人。其成果体现在奉敕编纂的《秘殿珠林》和《石渠宝笈》初编、续编、三编。《秘殿珠林》取唐代佛教典籍《法苑珠林》之名，专记内府各宫藏所藏属于佛道经典的书画和石刻、木刻、织绣等，《石渠宝笈》取汉代宫廷秘籍典藏讲学之所"石渠阁"典故名之，专记内府藏非宗教题材书画，以贮藏殿阁地点编次，又按照书法、绘画与书画兼有者按册、卷、轴等不同装裱形式著录，不但详记作品名称、尺寸、质地、书体、题材内容、本人款识、印记、他人题跋等项，还集中了上述张照、梁诗正等一批饱学之士研究、考证、鉴定等语。全书的编纂过程，前后长达74年之久，共收录上起魏晋下至清代中期近2000年书画作品1万多件。有关清内府书画著录，也有一些编者笔记汇集的著作，如阮元的《石渠随笔》，胡敬的《西清札记》《南薰殿图像考》等。

乾隆皇帝重视所藏书画的鉴赏，常在文学侍从、内廷画家陪侍下阅赏品鉴，作为政务之暇的消遣。他本人艺术修养甚高，嗜古成癖，对于收藏的书画及工艺珍品进行过认真的鉴评。阅赏钤印是乾隆帝的喜好，故宫藏的很多传世书画精品上都钤有乾隆的玺印。《乾隆御制诗》中仅绘画诗就有2000余首。乾隆皇帝在书画上题跋则更多，仅《快雪时晴帖》就在49年中题跋达73处，在他认为是真迹的黄公望的《富春山居图》（子明卷）上题跋55处。[①]人们认为，乾隆皇帝的鉴定水平并不很高，但他又以鉴赏家自居，喜欢自加品评，在画上题诗，加盖鉴藏印记，这样他人就很难再发异议。但是这些题跋和题诗，或记叙文物的收藏经过，或抒写感想，也是他的艺术趣味和审美观念的反映，有其特殊的价值。

清宫书画的佚存

经过乾隆皇帝60年的搜求，清宫书画收藏达到了巅峰，历时74年纂修的《秘殿珠林》、《石渠宝笈》前后三编，整理、鉴定了从清初至嘉庆二十一年（1816）间清内府所藏总数在10000件以上的书画珍品，其中除当朝皇帝、大臣作品外，唐宋元的书法名画近2000件，明代作品亦存2000件左右，可见清以前的传世书画占了相当的比重，但后来清宫所藏书画因各种原因散佚甚多。嘉庆时，皇帝喜用宫中所藏法书名画颁赐亲王和大臣，赏赐成亲王永瑆的书画中就有西晋陆机《平复帖》。道光以后，用书画作为赏赐品更是有增无已。

1860年，英法联军洗劫圆明园，200余件历代书画悉遭厄运。后来，内廷太监也趁火打劫，盗窃书画并售与古玩市场。溥仪在退居内廷的13年中，更以"赏赐"名义，将1200余件书画古籍珍品移运出宫。[②]日本帝国主义侵占我东北后，于1932年3月9日在长春制造了"满洲国"，扶持溥仪为"执政"（年号"大同"），包括书画在内大批清宫文物亦由天津运至长春伪皇宫内。装书画的木箱，存放在

---

① 郑欣淼：《乾隆皇帝的收藏与鉴赏》，《中国美术》2014年第2期。

② 参阅清室善后委员会编印：《故宫已佚书籍书画目录四种》，1926年6月。

伪皇宫东院图书楼楼下东间，即所谓的"小白楼"。在长春伪皇宫期间，溥仪曾先后以米元章《真迹卷》、赵伯驹《玉洞群仙图》、阎立本《画孔子弟子像》等书画"赏赐"过"近臣"。

1945年8月10日，日本关东军司令小田乙三宣布伪满洲国迁都通化，溥仪一行带走了精选的57箱珍贵文物。溥仪随身携带的珍宝则装在一个原装电影放映机的皮匣子里，逃到了与朝鲜仅一江之隔的通化临江县的大栗子沟。后来溥仪在沈阳机场被苏军俘获，押往苏联。遗弃在大栗子沟的男女眷属将100余件书画手卷上缴给了东北民主联军派来接收的代表[1]。这些法书名画包括晋、唐、五代、宋时的名家佳作，大多数是《石渠宝笈》所著录的乾隆皇帝鉴赏的名品，都是见于《赏溥杰单》的。贮放古籍及书画的小白楼，在溥仪一行匆匆出逃长春之后，遭到了守护伪皇宫"国兵"的哄抢，成为有名的"东北货"。这些书画流散出来，大部分是流往关内，一部分则经香港等地流往国外。

清末民初，清宫书画频遭劫难，部分已损毁，部分散佚海内外。例如，乾隆皇帝将十分钟爱的晋顾恺之《女史箴图》和传为宋李公麟的《潇湘卧游图》《蜀川胜概图》《九歌图》，皆收入《石渠宝笈初编》，珍藏在建福宫花园静怡轩，并将该室命名为"四美具"。现在"四美"则分藏于中、美、英、日四国博物馆。《九歌图》现藏中国国家博物馆（调拨自北京故宫博物院），《蜀川胜概图》现藏美国史密森尼博物研究院亚洲艺术馆（即弗利尔美术馆和赛克勒美术馆），《女史箴图》现藏英国大英博物馆，《潇湘卧游图》现藏日本东京国立博物馆。一些散佚的清宫书画，多年来不知下落。世人以为已不存于世，实则秘藏在私人之手。近年来，在海外多种拍卖会上，不时有惊人藏品出现。例如，康熙帝命画家王翚用数年时间完成的《康熙南巡图》（共12卷），北京故宫博物院藏有其中的6卷，巴黎的博物馆藏

---

① 参阅爱新觉罗·毓嶦：《伪满洲时代的溥仪》，载《溥仪离开紫禁城以后》，文史资料出版社，1985年。

有2卷，纽约大都会博物馆藏有1卷，加拿大的博物馆藏有1卷，还有2卷被认为已佚失。2014年3月，《康熙南巡图》的第六卷残卷现身法国波尔多拍卖会，并以189万欧元（约合人民币3000万元）的天价成交。[①]据统计，嘉德拍卖公司在1993年至2013年这20年中拍卖成交古代精品书画500余件，部分为清宫旧藏书画，其中《石渠宝笈》上著录者47件，包括王羲之、米芾、宋徽宗、宋高宗、赵孟頫、文徵明、仇英、董其昌等人的名作。此外，康熙、雍正、乾隆、道光等皇帝的书画作品计达20余幅，其中乾隆皇帝所画"金盏花"（水墨纸本）在2010年嘉德拍卖上以1008万元成交。[②]

清宫珍藏书画虽然有所散佚，有所损毁，但其最为重要的部分却比较完整地保存在北京与台北两所故宫博物院中。可以说，两院荟萃了中国法书墨迹及绘画作品的精华，有相当多的名迹巨品，完整地反映了中国书法史、绘画史的发展历程，是中国古代书画史不可分割的一个整体，从中也可见清宫书画收藏的基本风貌。

两岸故宫博物院所藏的绘画作品以明清宫廷收藏的中国古代绘画为主，创作时间上起西晋，下迄清末，跨越17个世纪。质地以纸绢本水墨、设色画为大宗，其他尚有壁画、油画、版画、玻璃画和唐卡等品种。绘画装裱的形式主要有手卷、立轴、屏条、横披、镜片、贴落、屏风、册页、成扇、扇面、扇页等。较贵重的画作多以绫绢、织锦、缂丝作为裱工材料，再装以硬木、陶瓷、象牙、犀角乃至金玉质的轴头、别子，裹以丝织画套、包袱，袭以杉木、楠木、花梨、紫檀的册页封面或画盒。古画的创作题材十分丰富和齐全，计有山水、人物、风俗、花卉、翎毛、走兽、楼台（界画）等画科，较为系统地覆盖了众多风格流派。

两岸故宫博物院收藏的法书，其创作时间上起西晋下迄当代。书

---

① 《〈康熙南巡图〉拍出天价》，载《参考消息》2014年3月10日。
② 《嘉德二十年精品录（1993—2013）·古代书画卷》，故宫出版社，2014年。

体则篆、隶、真、行、今草、章草皆具。除一般意义上的书法艺术作品之外，尚有尺牍、写经、稿本、抄本、奏折、公文、题跋等手写文献。装裱形式丰富多样，有立轴、屏条、横披、斗方、贴落、匾额、楹联，也有手卷、册页、成扇、扇面、扇页、扇册等；质地有纸本、笺本、绢本、绫本之分；墨色有墨笔、朱笔、泥金、泥银之别。

两岸故宫博物院的书画藏品互补性强、对应点多、联系面广，既各有千秋，又不可孤立存在。如台北故宫博物院王羲之《快雪时晴帖》与北京故宫博物院王献之《中秋帖》、王珣《伯远帖》合为乾隆皇帝的"三希"；特别是许多互有关联的书画分藏两岸故宫博物院，例如郎世宁的《十骏图》，5幅藏于北京故宫博物院，5幅藏于台北故宫博物院。再如，台北故宫博物院所藏唐代怀素《自叙帖》，其原来的精美囊匣尚留于北京故宫博物院。

多年来，两岸故宫博物院一直致力于征求中国古代书画珍品，弥补了清宫收藏的缺项。中国历代书画收藏，自乾隆皇帝后，宫廷收藏日趋衰落。因此，18至19世纪的"扬州八怪""京江画派""改、费派""海派"等许多画派的绘画和书法为清宫所缺。清初属于非正统画派的"金陵八家""四僧""黄山派"等，也是乾隆朝不屑于收藏的艺术品。但如今，这些都已是艺术珍品。20世纪五六十年代，北京故宫博物院利用各种时机已将上述几个时期的书画收藏齐备。此外，通过购买、调拨、接受捐赠等方式，历史早期珍贵书画逐渐入藏两岸故宫博物院。这些绘画藏品的征求，对于全面系统地研究和展现清宫书画及中国美术史有着重要的价值与意义。

北京故宫博物院现共有绘画、壁画、版画、书法、尺牍、碑帖约15万件。这个收藏量约占世界公立博物馆所藏中国古代书画的1/4，其中约1/3具有很高的艺术价值和史料价值。其中，绘画4.7万余件，清宫旧藏1.5万余件；书法近7.4万件，清宫旧藏2.2万余件；碑帖2.8万余件，清宫旧藏5800余件。北京故宫博物院所藏清宫书画包括碑帖合计4.28万余件。其中，北京故宫博物院绘画珍品主要有：

东晋：顾恺之的《洛神赋图》（宋摹本）、《列女图》（宋摹本）和传为隋展子虔的《游春图》。

唐、五代：唐阎立本《步辇图》（宋摹本）、传为周昉《挥扇仕女图》、韩滉《五牛图》、传为五代黄筌《写生珍禽图》、传为胡瓌《卓歇图》、阮郜《阆苑女仙图》、顾闳中《韩熙载夜宴图》、卫贤《高士图》、周文矩《重屏会棋图》、董源《潇湘图》等。

北宋：郭熙《窠石平远图》、巨然《秋山问道图》、崔白《寒雀图》、赵昌《写生蛱蝶图》、李公麟《临韦偃牧放图》、王诜《渔村小雪图》、宋徽宗赵佶《雪江归棹图》和赵佶所署押的《芙蓉锦鸡图》《听琴图》等，以及王希孟的青绿巨作《千里江山图》、张择端所绘《清明上河图》等。

南宋：赵伯驹《江山秋色图》、赵伯骕《万松金阙图》、马和之《后赤壁赋图》、米友仁《潇湘奇观图》、杨无咎《四梅图》、赵孟坚《墨兰图》等精品。

元代：黄公望《天池石壁图》、吴镇《渔父图》、倪瓒《古木幽篁图》、王蒙《夏日山居图》等。

北京故宫博物院藏明清绘画数量大、精品多。具有广泛影响的大画派，诸如明代的"院体""浙派""吴门画派""松江派""武林派""嘉兴派"，以及"青藤白阳""南陈北崔"；清代的"金陵画派""新安画派""四王吴恽""四僧""扬州八怪"，以及"海派"等，均有大批代表作品入藏。还有不少地方画派的中、小名头，冷名头，对于全面系统地研究中国画史也具有十分重要的价值。

北京故宫博物院藏绘画还有一个颇具优势的品类是清代宫廷绘画，这些绘画作品的作者包括清代帝后、清廷词臣（如蒋廷锡、张宗苍、董邦达、钱维城、董诰等）、外国传教士（如郎世宁、王致诚、艾启蒙、贺清泰、安德义等），以及内廷供奉和"如意馆"画师（如冷枚、金廷标、丁观鹏、姚文瀚、方琮、杨大章等）。北京故宫博物院绘画藏品的种类较全面，除卷轴画以外，还藏有版画、年画、清宫油画、玻璃画、屏风画、贴落等，这些是其他收藏机构所缺乏和不足的。明清大幅宫廷书画也是北京故宫博物院特有的庋藏。这些藏品篇幅很大，如明代商喜的《关羽斩将图》大轴和清代西洋传教士画家们的一些皇皇巨制。抗战时期，这些藏品因具有一定的运输难度而未南迁，目前这些藏品成为海外举办清宫文物展的重点挑选对象。

北京故宫博物院法书收藏涵盖了一批晋唐宋元大家名作，例如现存最早的名家法书陆机《平复帖》、王羲之《兰亭序》三种最佳唐摹本、王氏家族唯一的传世真迹王珣《伯远帖》、唐代欧阳询行楷《卜商读书帖》和《张翰帖》、李白《上阳台帖》、杜牧《张好好诗》，以及五代杨凝式、北宋李建中、范仲淹、文彦博、欧阳修诸人墨迹，等等。整体而言，明清法书较为系统全面，清代宫廷书法收藏独占优势。

此外，清代帝后书画是北京故宫博物院颇具特色的一项收藏。据统计，清代帝后书画原有21371件，20世纪70年代初拨交承德避暑山庄和沈阳故宫等博物馆433件，现存20938件。这些清代帝后书画为清宫旧藏，多数是从故宫各个殿堂中收集的，也有从颐和园、承德等行宫墙上揭下来的，分不同时期运抵故宫，一直庋藏在祭神库的黑漆描金龙的长箱内。自顺治皇帝到宣统皇帝，清朝10位皇帝的书法完整保存，其中乾隆皇帝的书画作品即达2000余件。此外，还有慈禧太后等后妃的作品。这批书画有卷、轴、册、横额等各种装裱形式，最多的则是故宫特有的"贴落"。在故宫庞大的建筑群中，有很多书法一直张贴在宫殿建筑内，并依旧保持着原初状态下的陈设格局。

在北京故宫博物院收藏的2.8万余件碑帖当中，《石渠宝笈》收录碑帖仅百件左右，只占一小部分，绝大部分是1949年以后陆续收藏的。其中大批碑拓是存世稀少、传拓时代极早、拓工精良的原石拓本，如《西岳华山庙碑》（华阴本），宋拓《鲁峻碑》《九成宫醴泉铭》《李思训碑》《天发神谶碑》《皇甫诞碑》《书谱叙帖》等，明拓《石鼓文》《史晨碑》《张迁碑》《孔庙碑》《崔敦礼碑》《卫景武公李靖碑》等都是赫赫有名的珍本。北京故宫博物院所藏法帖，著名的有《淳化秘阁法帖》《大观帖》《绛帖》等。

关于北京故宫博物院书画藏品的出版物，主要有人民美术出版社1978年开始出版的《故宫博物院藏画集》8册和1985年开始出版的《故宫博物院藏明清扇面书画集》5册，上海人民美术出版社1993年出版的《故宫博物院藏画》，香港商务印书馆出版的《故宫博物院藏文物珍品全集》60卷中的绘画17卷、法书5卷。此外，文物出版社曾以珂罗版精印《故宫博物院藏历代法书选集》2函40种。1993年荣宝斋出版社出版《故宫藏明清名人书札墨迹选》（明代）2册。从2008年开始，紫禁城出版社（后改名为故宫出版社）出版《故宫博物院藏品大系》，其中"绘画编"拟出100册左右，已出12册，25册的"法书编"及30册的"尺牍编"也在编辑出版之中。

台北故宫博物院现藏书画总计1万余件。据介绍，运台的故宫书画共5760件，除去墨拓、缂丝及成扇外，总数为4650件。经审查，精品1471件，其中法书237件，名画1234件。[①]另据一份资料，品级列入"国宝"与"重要文物"者，逾2000件。[②]台北故宫博物院藏画珍品琳琅，其代表性作品有：

唐、五代：李思训《江帆楼阁图》、李昭道《春山行旅图》、无名氏《宫乐图》、韩幹《牧马图》、关全《关山行旅图》、荆浩《匡庐图》、赵幹《江行初雪图》、董源《龙宿郊民图》等。

宋代：北宋范宽《溪山行旅图》、李唐《万壑松风图》、崔白《双喜图》、郭熙《早春图》、文同《墨竹》、宋徽宗《腊梅山禽》、黄居寀《山鹧棘雀图》；南宋贾师古《岩关古寺》、萧照《山腰楼观》、夏圭《溪山清远图》、李嵩《市担婴戏》、梁楷《泼墨仙人》、马和之《清泉鸣鹤图》等。

金代：武元直《赤壁图》。

---

① 《故宫七十星霜》，台湾商务印书馆，1995年，第184—185页。
② 石守谦：《导读故宫》，台北故宫博物院，2005年，第21页。

元代：王冕《南枝早春》、王振鹏《龙池竞渡图》、赵孟頫《鹊华秘色图》、高克恭《云横秀岭图》、柯九思《晚香高节图》、黄公望《富春山居图》、吴镇《渔父图》、倪瓒《容膝斋图》、朱德润《松涧横琴》等。

明代：林良《秋鹰图》、吕纪《秋鹭芙蓉图》、吴伟《寒山积雪》、戴进《春游晚归》、唐寅《画山路松声》、文徵明《古木寒泉》、仇英《汉宫春晓》、陈洪绶《画隐居十六观》等。

清代：王翚《画溪山红树》、龚贤《溪山疏树》、恽寿平和王翚《花卉山水合册》、石涛《自写种松图小照》、郎世宁《百骏图》等。

清代紫禁城中的南薰殿，原庋藏以宋、元、明三个朝代的帝后像为主的图像画，民国初年由古物陈列所保管，后移交中央博物院，现由台北故宫博物院收藏。这些图像画共计152幅，尤以两宋各朝帝后像画得好，有的画人情味表现真切，十分传神。元代三位皇帝的图像画也很出色。这些画对于历史研究，特别是服饰史研究具有重要作用。清代帝后的图像画，则完全由北京故宫博物院收藏。

台北故宫博物院的法书珍藏，代表作品有：

晋代：王羲之《快雪时晴帖》《平安、何如、奉橘三帖》《远宦帖》等。

唐代：褚遂良《倪宽传赞》、陆柬之《陆机文赋》、孙过庭《书谱序》、唐玄宗《鹡鸰颂》、颜真卿《祭姪稿》《刘中使帖》、怀素《自叙帖》等。

宋代：宋四家所遗名迹，如蔡襄《尺牍》、苏轼《黄州寒食诗》《归去来辞》《前后赤壁赋》、黄庭坚《自书松风阁诗》《诸上座帖》、米芾《蜀素帖》等，以及薛绍彭《杂书》、宋徽宗《诗帖》、宋高宗《赐岳飞手敕》、张即之《李衎墓志》、吴琚《七言绝句》、林逋《手札二帖》、朱熹《尺牍》等。

元代：赵孟頫《赤壁二赋》和《闲居赋》、鲜于枢《透光古镜歌》、张雨《七言律诗》等。

明代：初期有宋克《公宴诗》、沈度《不自弃说》《归去来辞》、沈粲《古诗》，中期有祝允明《临黄庭经》《饭苓赋》、王宠《韩愈送李愿归盘谷序》、陈淳《秋兴诗》，晚期有邢侗《草书古诗》、张瑞图《后赤壁赋》，及董其昌的众多作品。

清代：存藏多属乾嘉以前供奉内廷宰臣所书，如沈荃、张照、王澍、永瑆等人。其中以张照手迹最多，次即王澍之《积雪岩帖》等。

尺牍方面，多收入《元明书翰》及《明人尺牍书翰》册中。《元明书翰》原为80册，运台76册，共593开。《明人尺牍书翰》共15册，计294开，合计明人书翰尺牍有887开之多，此中除著名书家之外，尽属名贤硕儒手迹。

台北故宫博物院现存藏碑帖474件，基本是南迁的清宫藏品。碑有宋拓《云麾将军碑》《岳麓寺碑》《圣教序碑》《周孝侯庙碑》《多宝塔碑》《夫子庙堂碑》，以及汉《史晨碑》《颜氏家庙碑》等数种。法帖较多，如《定武兰亭》《越州石氏晋唐小楷》《澄清堂帖》《淳化阁帖》《大观帖》《临江帖》《绛帖》《武冈帖》，以及清内府重刻《淳化阁帖》《三希堂法帖》等，其中若干法帖为宋代拓本。

关于台北故宫博物院书画藏品的出版物，主要有1956年出版《故宫书画录》上下册，为故宫博物院与中央博物院筹备处全部运台法书名画的总目录，1965年出版增订本；1959年以珂罗版精印《故宫名画三百种》2函6册；1963年出版《故宫法书》集刊；1968年出版《故宫藏画集解》；1973年出版《故宫历代法书全集》30卷；1989年开始出版《故宫书画图录》，已出18册；1993年出版《故宫藏画大系》16册。

清宫书画除基本收藏于两岸两个故宫博物院外，一些博物馆也有数量不等的收藏，有些藏品还十分珍稀，例如辽宁省博物馆、吉林省博物院、上海博物馆、国家博物馆等处收藏的清宫书画。庋藏辽宁省博物馆的清宫书画约150件，有晋人小楷书《曹娥诔辞》，唐欧阳询《梦奠帖》、张旭狂草《古诗四帖》、唐人《簪花仕女图》，宋徽宗

《瑞鹤图》、董源《夏景山口待渡图》、宋徽宗草书《千字文》、南宋陆游《行书自书诗》、南宋文天祥《草书木鸡集序》等一批书画巨品。吉林省博物院40余件，有宋苏轼《洞庭春色赋·中山松醪赋》墨迹、南宋杨婕妤《百花图》、金张瑀《文姬归汉图》、元何澄《归庄图》与张渥《九歌图》、明董其昌《昼锦堂图并记》、清丁观鹏《法界源流图》等。上海博物馆有东晋王羲之勾填本《上虞帖》、唐孙位《竹林七贤图》、五代董源《夏山图》、宋郭熙《幽谷图》、元王蒙《清卞隐居图》及苏轼、黄庭坚、米芾的墨迹。国家博物馆的清宫收藏多由北京故宫博物院所调拨，有宋《九歌图卷》《中兴四将图卷》《职贡图卷》，元《大驾卤簿图卷》，清《千叟宴图》《皇清职贡图卷》《都畿水利图卷》《清高宗弘历像轴》《乾隆南巡图卷》《平定准噶尔图卷》《十全敷藻图册》《大驾卤簿图卷》等。旅顺博物馆有收入《秘殿珠林》的1件、《石渠宝笈》的8件，如宋苏轼《阳羡帖》、明沈周《青园图》、明文徵明《老子像》、清弘历《临孙过庭书谱》等。此外，沈阳故宫博物院、天津市艺术博物馆、国家图书馆、南京博物院、黑龙江省博物馆、无锡博物馆、首都博物馆、中国美术馆、广西壮族自治区博物馆，以及广东省博物馆、荣宝斋、天津博物馆、贵州省博物馆、重庆中国三峡博物馆、丹东市博物馆等，都或多或少有所收藏。在大陆（内地）及台湾、香港，一些私人收藏家也藏有清宫书画。

关于包括清宫旧藏在内的中国古代绘画在海外的存藏，从日本学者铃木敬编的《海外所存中国绘画目录》中，可以大致看到其基本状况。①浙江大学出版社编印的《宋画全集》《元画全集》，则反映了存世宋元书画的总体风貌。②20世纪以来，特别是第二次世界大战

---

① 铃木敬：《海外所存中国绘画目录》，东京大学东洋文化研究所附属东洋学文献中心丛刊别辑3，1981年。

② 《宋画全集》，浙江大学出版社，2008年；《元画全集》，浙江大学出版社，2013年。

以后，美国逐渐成为国外收藏中国艺术品最丰富的地区。这些艺术品主要集中在各大博物馆和大学美术馆。其中的中国古代书画收藏，有一批是清宫散佚出去的，不少收录在《故宫已佚书籍书画目录四种》（以下简称《佚目》）中。据杨仁恺先生研究，约有50~60件之多。[①]波士顿艺术博物馆是美国收藏中国艺术品历史最悠久的博物馆，原藏唐阎立本《历代帝王图》及宋徽宗《五色鹦鹉图》等名迹，后入藏6件《佚目》精品，有北宋赵大年《湖庄清夏图》、南宋马和之《小雅·南有嘉鱼之什图》、陈容《九龙图》、传为李公麟《华严变相图》及元周砥《宜兴小景图》。弗利尔美术馆和阿瑟·M.赛克勒美术馆可称北美质量最高的中国艺术品收藏地，绘画收藏中有宋、元、明代浙派和清代绘画的许多珍品，如北宋郭熙《溪山秋霁图》、元赵孟頫《二羊图》及文徵明、石涛等大家的精品，其中也有清宫旧藏。大都会艺术博物馆是北美最重要的中国艺术品收藏地之一。20世纪70年代该馆亚洲部主任方闻构造了大都会宋元绘画的收藏和研究体系。该馆仅《佚目》中的就有17件，还有未列入《佚目》的清宫旧藏。该馆从王季迁手中所购得的25件宋元名画，10件是清宫旧藏，例如北宋屈鼎（原作燕文贵）《夏山图》、南宋李唐《晋文公复国图》、南宋马和之《鸿雁之什图》、南宋无名氏《胡笳十八拍图》、南宋米友仁《云山图》、元初钱舜举《王羲之观鹅图》、元方从义《云山图》等，都是铭心绝妙之品。该馆又获得顾洛阜大量名贵书画的捐赠，书法方面有北美其他博物馆所缺少的如黄庭坚、米芾、赵孟頫等人的精品。[②]

位于堪萨斯市的纳尔逊–阿特金斯艺术博物馆在中国青铜器和绘画方面的藏品尤为世所重，如北宋许道宁《秋江渔艇图》、夏圭《溪山清远图》等，所藏清宫散佚的有传为唐陈闳《八公图》、传为北

---

① 本文所引有关清宫散佚书画资料，多依据杨仁恺：《国宝沉浮录》第四章第四节《国外公私庋藏〈佚目〉书画概况》，上海古籍出版社，2007年，第138—147页。

② 参阅徐敏：《北美中国艺术史研究文献资源概述》；载张海惠主编《北美中国学——研究概述与文献资源》，中华书局，2010年。

宋王利用的《老君别号事实图》、南宋《泸南平夷图》、江参《林峦积雪图》、金太古遗民《江山行旅图》、宋元人仿《郭忠恕雪霁江行图》、明陈道复《荷花图》、丁云鹏《五像观音于若瀛书楞严经合璧》、王毂祥《写生花卉图》，以及所谓唐人《十六应真图》等10件，后又购入北宋乔仲常《后赤壁赋图》、南宋马远《雅集图》，虽非《佚目》物，亦是极精之品。克利夫兰艺术博物馆也是以庋藏中国历代绘画见称于世的，有马远《鸳鸯竹石图》、梁楷《花鸟图》、宋人《雪景图》《蹴鞠图》、元李士行《清泉乔木图》，以及宋元散页多幅，又收藏了《佚目》中的马远《豳风七月图》、宋人《西山无尽图》和赵光辅《蛮王礼佛图》、元姚廷美《有余闲图》等。普林斯顿大学博物馆在庋藏中国历代书画上的成绩也大有可观，该馆藏有北宋李公年山水轴，堪称传世孤本，还有黄庭坚行书《行书赠张大同卷》、传为李公麟的《孝经图》、王洪《潇湘八景图》、元初钱舜举《栀子来禽图》、赵孟頫《幼舆丘壑图》，以及明初王绂墨竹和山水等，也先后购《佚目》作品7件，为元赵孟頫等《赵氏一门合札》、柯九思《上京宫祠》、康里巎巎《草书柳宗元梓人传》（《佚目》外）、鲜于枢《御史箴》、俞和《乐毅论》和明人沈度、沈粲兄弟《真草书诗》等5件，以及北宋米芾《三札帖》即《岁丰》《留简》《逃暑》3帖（从日本购入，原为5帖，余2帖尚在日本）、南宋张即之《楷书金刚经》3册。以上所列，肯定不够全面。在欧洲等国及日本，也还有散佚的清宫书画。

清宫书画的整理与研究

（一）两岸故宫博物院的整理与研究

　　1911年之前，清宫旧藏书画一直是皇家的私人收藏，从未进入学术界的视野。只有在推翻封建帝制的辛亥革命、逐出溥仪之后，清宫旧藏成为公共财富，知识分子才有可能对故宫书画进行科学的、公开的和民主的鉴定研究。1914年古物陈列所建立、1925年故宫博物院成立，分批展出清室旧藏书画，向艺术史教科书提供了基本可靠的素材和画例、书例，首次引起了学界的高度重视，认为清室旧藏有许多赝品，需要甄别，由此拉开了研究序幕。由于清宫旧藏中元代以前的书画占世上收藏的一半以上，其鉴定的意义已经远远不止于鉴定本身。只有这种系统的、大量的、科学的鉴定研究结果，才会使学界编写艺术史教科书成为可能。

民国时期，古物陈列所和故宫博物院在清宫旧藏书画的整理鉴定上做了大量初步的也是相当重要的基础工作。1917年，古物陈列所进行了一场大规模的藏品整理编目工作。1925年，历时多年整理编撰的《内务部古物陈列所书画目录》率先完成，并由京华书局出版，该书以时代为序，记录了宋至清时期的历代画家作品，所录书画条目包括作者、名称、尺寸、质地、内容、款识、题跋、印鉴、收藏印记等项。故宫博物院虽于1925年成立，但博物院各项工作走上正轨并全面开展则始自1929年。宏富的清宫藏品的整理与鉴定是一项十分庞杂的工作，不仅涉及物品时代的确定和真伪的鉴别，至于物品名称的订定，更是错综纷纭，头绪多端。因此，进行全面的文物审查鉴识工作，为学术研究和展览陈列提供参考，成为博物院开展各项工作的基础。1929年4月3日，故宫博物院依据《故宫博物院组织法》第六条"故宫博物院专门委员会之设立事项"，成立了以学术活动为主旨的专门委员会，审查鉴定清宫书画藏品。

专门委员会对清宫书画的审查与鉴定工作大致可分为两个时期：

一是易培基院长时期。这一时期专门委员会审查鉴定清宫书画的经过情形及研究成果未见详细报告或记载，但从留存至今的零星的档案记载和回忆文字中，我们仍能大致了解当时专门委员的构成、鉴定情形及审查成果。例如，从古物馆最初提出的10位书画候选委员的简介中可以一窥当时遴选委员的标准：

1. 关冕钧，字伯衡，精鉴磁器书画并富于收藏。

2. 郭宝昌（注：即郭葆昌），字世五，精鉴磁器，为庆宽后第一人，对于书画能辨别唐宋元明纸绢之区别。

3. 萧愻，字谦中，善画山水，取法宋元，不为清代作风所囿，实当代画家之杰出者。所见宋元明真迹既多，遂精于鉴别。

4. 叶恭绰，字誉虎，收藏书画甚富，鉴别亦精。

5. 陈浏，字亮伯，善鉴别磁器。

6. 谢刚国，字次洲，善鉴别书画，古物收藏极富。

7. 福开森，美国人，主办《中国美术杂志》，善鉴别书画磁器。

8. 沈尹默，善鉴别晋唐以来法书名迹。

9. 丁佛言，多识古文字，著有《说文古籀补补》。

10. 容庚，字希白，精鉴铜器，古物陈列所铜器之鉴定多出其手，著有《金文编》。①

另据庄严回忆，当时审查书画的目的有三：鉴别文物名称与质材，考定文物时代，判定文物真伪，即"一曰正名，二曰断代，三曰辨伪"②。尽管当时故宫博物院多方网罗专门人才入院审查鉴定文物，但有能力鉴别明代以前文物并提出真知灼见的专家并不多。"本馆物品虽多，而最难鉴别者，莫如书画、磁器、铜器三种。清代之书画、

---

① 《古物馆专门委员会》，《故宫博物院·组织人事类》第43卷。

② "所谓正名者，院藏所有物品，都先经过'点查'手续，前已言之。点查办法，也是请院外人士参加，为的是'昭信实，避嫌疑'。而外界前来参加点查之人士，都由当时各部所派定，对于古物研究有素者固多，但也有茫然一无所知者。因同样物品，往往名称不同，时代也不一致，真伪好坏更不能定。举例言之，铜器中之鼎与鬲，常常混乱，甚至有的定为香炉，有的也竟定为溺盂，有的定其时代为商，也有定之为周。又如瓷器，北宋官窑与南宋官窑的区别，钧窑从北宋直到元朝都有。再以名画为例，宫中有幅名画叫作《宫乐图》，点查号是调字一九六12，在清时《石渠宝笈》中列为元人画，后来审定时，因其设色画法极类周文矩，至少是五代时人作品。"载庄严：《前生造定故宫缘》，紫禁城出版社，2006年，第98—99页。

磁器可不至有赝品，所难者为明以前物品，当代之鉴赏家能鉴别清磁清画者比比皆是，惟对于明以前物，有真知灼见者甚难其选。现组织专门委员会宜以此为标准，宁缺毋滥，好在将来可以随时增加也。"[①]上述情况，那志良在其回忆录也曾有生动记述。[②]但无论如何，专门委员会的审查鉴别工作是严谨认真的，其成绩也是值得肯定的。据统计，截至1930年底，故宫的铜器审查了345件，瓷器审查了326件，书画审查了956件。[③]

二是马衡院长时期。这一时期主要是对存沪故宫书画的审查和鉴定，包括黄宾虹为"易培基盗宝案"对故宫书画的审查鉴定和驻沪办事处奉命点收存沪故宫书画两方面。

20世纪30年代，故宫博物院发生了震惊中外的所谓"易培基盗宝案"。自1935年12月起，黄宾虹受聘为故宫古物鉴定委员，审查鉴定故宫书画。根据黄宾虹所做记录《故宫审画录》记载，此项工作分5期在京、沪、宁三地进行，共历时348天，鉴定书画4636件，并按"真""摹""伪""劣"等标准加以鉴定。北平地方法院以"帝王家收藏不得有赝品"为依据，将未审定为"真"的书画作品认定为易培基所盗换。"易培基盗宝案"发生的背景及牵涉的人事十分复杂，尚需详细地研究，在此不详述。但还须提及马衡的《关于书画鉴别的

---

① 《古物馆专门委员会》，《故宫博物院·组织人事类》43卷。

② "我们古物馆，成立了三个审查委员会，是铜器、瓷器、书画。别的审查会不能成立的原因，是当时玩古董的人多，研究古物的人少。玉器在当时是热门古物，玩的人也最多，竟请不到一位审查委员。这个审查会，铜器由马衡先生主持，他是专门研究铜器的人，瓷器由郭葆昌先生主持，也是当时首屈一指的瓷器专家，也能称职。书画就有问题了。审查之前，先把准备审查的书画，轴子就挂起来，册页、手卷就放在桌上，委员来时，自己先看一遍，人到齐了，大家聚拢在一张画前发表意见，然后把决定意见记录下来。有时一个人先开口说出'真'，别人也不好再说'假'，大家本是来借机看看画，谁还和人争执？"那志良：《典守故宫国宝七十年》，紫禁城出版社，2004年，第56—57页。

③ 那志良：《典守故宫国宝七十年》，紫禁城出版社，2004年，第57页；庄严：《前生造定故宫缘》，紫禁城出版社，2006年，第98—99页；《民国十九年本院全年工作报告》，故宫博物院档案。

问题》一文，此文为1936年马衡为庆贺张菊生（张元济）70寿辰时所写。该文旁征博引，列举了历史上许多书画名家和风雅帝王关于书画鉴定方面的理论，指出：

> 书画之真赝问题早已成为不易解决之问题。虽一代鉴家董文敏（即董其昌）也认为"谈何容易"。其中问题复杂得很，不是简单的几句话所能解决的。
>
> ……
>
> 现在故宫所藏书画，有许多品质虽劣，名头则甚不小，……凡是名气越大的，件数必愈多。大约臣工进献之时，不管内容如何，贡品单子上不能不写得好看。好在是送礼的性质，无关政事，也谈不到欺君之罪。于是"往往有可观览"之外，尽有许多不可观览的。

对有些虽为赝本，但流传有绪，本身价值并无动摇的书画，马衡也发表了自己的见解。总之，此文通过大量实例，论证了中国书画之赝本自古有之。帝王之家所藏书画，大多来自民间，自然不乏赝品。书画的真赝鉴定"谈何容易"，而北平地方法院以"帝王家收藏不得有赝品，有则必为易培基盗换无疑"，实在是没有道理的。[①]这篇文章虽不长，但其所给出的意见却十分重要。从清宫书画研究角度来看，这是民国时期故宫学者所给出的一份关于清宫书画的概要性鉴定书。而从评判"易培基盗宝案"角度而言，此文是判定易案为冤案的重要依据（根据1951年马衡托王冶秋致董必武的函件，此文为专门针对易案而作）。《马衡日记》1950年2月4日的记载：

---

① 马衡：《关于鉴别书画的问题》，载《张菊生先生七十生日纪念论文集》，商务印书馆，2012 年。

取旧日张菊生先生七十生日论文集中印《关于书画鉴别的问题》一文加以附识，托冶秋致董必老。①

"附识"全文：

此文为易案而作。时在民国廿五年，南京地方法院传易寅村不到，因以重金雇用落魄画家黄宾虹，审查故宫书画及其他古物。凡涉疑似者，皆封存之。法院发言人且作武断之语曰：帝王之家收藏不得有赝品，有则必为易培基盗换无疑。盖欲以"莫须有"三字，为缺席裁判之章本也。余于廿二年秋，被命继任院事。时"盗宝案"轰动全国，黑白混淆，一若故宫中人，无一非穿窬之流者。余生平爱惜羽毛，岂肯投入旋涡，但屡辞不获，乃提出条件，只理院事，不问易案。因请重点文物，别立清册，以画清前后责任。后闻黄宾虹鉴别颟顸，有绝无问题之精品，亦被封存者。乃草此小文，以应商务印书馆之征。翌年（廿六年），教育部召开全国美术展览会，邀故宫参加，故宫不便与法院作正面之冲突，乃将被封存者酌列数件，请教育部要求法院启封，公开陈列，至是法院大窘，始悟为黄所误。亟责其复审，因是得免禁锢者，竟有数百件之多。时此文甫发表或亦与有力欤。著者附识。一九五〇年一月。②

1934年4月，马衡主持院务工作后，设立了9个委员会。其中第一个就是书画审定委员会，聘任朱文钧、郭葆昌、福开森、沈尹默、邓以蛰、吴湖帆、叶恭绰、张珩、庞莱臣、张大千等书画鉴定专家为专

①《马衡日记附诗钞——一九四九年前后的故宫》，第113页，紫禁城出版社，2006年。
② 转引自方继孝《马衡〈附识〉谈'易案'》，《旧墨记——世纪学人的墨迹与往事》，北京图书馆出版社，2005年，第124—125页。

门委员，承担了存沪文物的书画审查工作。此项工作历时多年，成果亦十分可观：

> 本院所藏书画，前经古物馆在北平组织专门委员会分别审查，评定甲乙，陆续择尤影印，以广流传。逮文物南迁，审查工作暂时中辍。嗣以本院各种刊物之取材需要，乃商由本院在沪专门委员会组织审查会，于一九三五年五月间开始审查本院古物馆迁存沪库书画。每星期举行审查会议二次，每次至少须有委员三人以上参加会议，方为有效。审查数量，以五十件为限。审查标准，分甲、乙、丙三项：作品真而精者，或作品真而非精品者，属甲项；作品精或流传有绪而属于疑似之间者，又作品精而时代款字不相当，须重定时代或作者，属乙项；作品一无足取，或确定为伪品者，属丙项。审查意见，分别记录。同时编院藏书画目录，以时代为纲，以一时代之作者为目，以作品顺序归纳于作者之下。审查工作完竣，编目同时告成。是年计举行审查会议五十一次，共审查书画二二五四件。[①]

此外，还需提及的是，在存沪文物点收工作的同时，专门委员会还承担了赴英展览的文物提选、审查和鉴定工作，并编撰出版了《参加伦敦中国艺术国际展览会出品图说》（共4册），其中提选书画170件。抗战时期，故宫书画重庆、贵阳、成都等地展览，马衡、伍蠡甫、庄尚严等曾在安顺华严洞提选书画，并编写书画展览出品目录。从保留下来的《国立北平故宫博物院书画展览会展品目录》《故宫书画在蓉展览目录》《故宫书画展览目录》，以及《故宫读画记》等图录和研究文章中，亦可见抗战时期故宫书画整理与研究的部分情况。

抗日战争胜利后，随着西迁文物的东归、北平本院及南京分院的

---

① 欧阳道达：《故宫文物避寇记》，紫禁城出版社，2010年，第35—36页。

复员，故宫博物院的工作也逐渐得到恢复。1947年故宫博物院重行聘请专门委员，书画方面有张珩、蒋毂孙、朱家济、邓以蛰、张爰、张伯驹、徐悲鸿、沈尹默、吴湖帆等，皆一时之选，惜因时局的变化，实际审查工作几乎没有开展。

从20世纪50年代起到80年代，国家组织徐邦达、张珩、启功、谢稚柳、刘九庵、杨仁恺、傅熹年等先生对故宫博物院院藏古书画进行鉴定，对其作者、时代、流派等方面给予较为准确的判断。因为故宫研究人员有得天独厚的便利条件，他们能够对古书画有较为广泛的涉猎，因此在书画鉴定研究方面受到学术界的重视，其研究成果也不断补充着艺术史的内容。古书画领域里的第一代专家学者有徐邦达、马子云、刘九庵、王以坤、朱家潜等，主要著作有徐邦达的《古书画过眼要录》《改订历代流传绘画编年表》《古书画鉴定概论》等，刘九庵的《宋元明清书画家传世作品年表》《刘九庵书画鉴定集》等，王以坤的《书画装潢沿革考》《古书画鉴定法》等，马子云的《碑帖鉴定》（与人合作）、《金石传拓技法》等；杨新、单国强、聂从正、肖燕翼、王连起、施安昌、余辉等第二代已为世人所知，年轻的第三代也正在成长。其中，徐邦达很有代表性。他既继承了传统的鉴定方法，又汲取了辩证唯物主义的方法论和现代考古学严谨的科学手段，将文献考据与图像解说有机地结合起来，系统地建立了古书画的鉴定标尺，真实地还原了中国书画史的发展脉络，将原先只可意会的感性认识发展成为可以传授的研究方法和学术思想。包括《古书画过眼要录》《改订历代流传绘画编年表》《古书画鉴定概论》等在内的16卷600万字的《徐邦达集》，就是他的古书画研究的辉煌成果。[①]

此外，故宫博物院从20世纪50年代就辟有专门的书画馆。现在的书画馆在武英殿，从2008年开始，选择中国美术史上的经典之作，

---

① 余辉：《徐邦达在学术史上的意义——从顾颉刚"古史辨派"谈起》，《故宫博物院院刊》2010年第6期。

以中国美术史为脉络，每3年分9期，共展出500余件名迹巨品。2005
年的《清明上河图》展与2011年的《兰亭》大展，结合召开的国际学
术研讨会，都引起强烈反响。2005年北京故宫博物院成立了中国古代
书画研究中心，其研究对象主要为故宫所藏的历代中国书法、绘画、
碑帖和流散在外的清宫旧藏书画，研究范围包括鉴定文物的时代和作
者、考释其内容和形式及诸多深层次、多视角的科学研究，并研究书
画类文物的科学化管理和修复、复制技术，并聘请到34位国内外知名
专家学者作为研究中心的客座研究员和研究员。研究中心已取得了一
系列成果。

　　自1949年故宫文物运台后，清宫书画亦经历了多次整理与审查。
1955年，由王世杰、罗家伦、蒋毅孙主持，对运去的清宫旧藏书画
（包括中央博物院筹备处运台书画）进行了审查，并由庄尚严、吴玉
璋与那志良三人编辑，出版了《故宫书画录》（1956）。该书出版后
书画审查仍在进行，对列入正目、简目的书画的品名及说明，都做了
较多的改正，遂修订该书，于1965年出版了增订本。[①]

　　中国台北故宫博物院也重视院藏书画的整理研究，其成果体现在
展览、出版以及学术会议之中，不仅丰富了中国美术史的理论体系，
也不断强化了该院中国艺术研究重镇的地位。通过举办海外展览，激
起中外学者对中国及清宫书画的研究兴趣。台北故宫博物院以书画为
主要内容的对外展览收到极大反响，突出的是1961年以"中华文物"
赴美国五大城市博物馆展出253天及1996年以"中华瑰宝"在美国四
大城市巡回展出。特别是1961年的展览，激起了北美研究中国绘画史
的热潮，促成了美国在20世纪60年代后成为中国艺术史研究的重镇。

　　该院还通过举办学术研讨会，加强与中外学者的交流。1970年举
办"中国古画讨论会"，有14国的129位专家学者与会，会议论文结
集为《中国古画讨论会论文集》，以英文出版。1991年又召开了"中

---

① 那志良：《我在故宫五十年》，黄山书社，2008年，第185—189页。

国艺术文物讨论会"，其中书画为重要内容，出版了论文集。台北故宫博物院书画处70年代就有张光宾《元四大家》、江兆申《吴派画九十年展》、胡赛兰《晚明变形主义画家作品展》等成果。

此外，台北故宫博物院十分注重与其他学术研究机构的合作，以培养研究人才。例如，自1971年起，台北故宫博物院协助台湾大学历史研究所增设中国艺术史组，后发展为艺术史研究所，培养出许多艺术史研究人才。再如，派遣人员到海外留学深造，扩大研究视角，提升研究水平，逐步在相关领域占据话语权。自从美国普林斯顿大学于1959年成立"中国艺术考古学"博士课程，台北故宫博物院就有计划地派出人员赴美学习。傅申、石守谦、陈葆真、朱惠良先后在此攻读博士学位，并于博士毕业后回中国台北故宫博物院或台湾大学任职，在中国古书画研究方面都有出色成绩。林柏亭、王耀庭、何传馨等研究人员，不仅在培训美国到台北实习的研究生方面有所贡献，而且通过不同的机会，作为访问学者到美国交流学习[1]，他们的研究成果也为世所重。这些研究人员的一个重要特点，就是重视中西艺术史研究方法的结合。这其中又以傅申先生为代表。傅申曾在耶鲁大学与台湾大学任教，同时亦于美国弗利尔美术馆与台北故宫博物院工作，除得见台北故宫博物院所藏书画名迹，又长期接触美国及世界各地收藏，故其治学既以书画实物为本，又结合中西理论，取其所长，坚持数十年，书画鉴定与书画史研究成果丰硕，主要论著有《海外书迹研究》、《元代皇室书画收藏史略》、《中国画鉴别研究》、《书史与书迹》（一、二）、《书法鉴定·兼怀素〈自述帖〉临床诊断》等。

（二）中西学者的整理与研究

故宫古代书画研究的着重点，主要有两个方面：一是艺术史的角度，二是宫廷历史文化的视野。两岸故宫博物院加上散佚国内外的清

---

[1] 参阅方闻：《感念台湾国立故宫博物院》，《故宫文物月刊》2005 年第 10 期。

宫藏古代书画的特殊地位是所有中国书画研究者所关注的对象。众多的中国美术史及中国绘画史、中国书法史著作，关于书画名家、书画作品和书画流派的研究，一般都离不开故宫的藏品。虽然许多经典性的、有代表性的书画作品藏在故宫，但仍有一些重要作品未曾进入宫廷，因此对于中国美术史的研究，往往是把故宫藏品与未被清宫收藏的作品结合起来研究。而两岸故宫博物院及一些有清宫书画收藏的博物馆等，由于具有藏品的优势，其研究成果往往会引起同行的关注。艺术史学者与两个故宫的合作，也促进着对中国古代书画研究的不断深入。适应这种需要，对于故宫古代书画与其他传世中国古代书画，已有一些学者在目录梳理和整体性研究上取得不少成果。

余绍宋《书画书录解题》（1932）著录自东汉至近代共884种书画类书籍，是我国第一部书画类著作的提要目录，对研究中国古代书画类文献有着极为重要的意义。此外，徐邦达的《历代流传书画作品编年表》、刘九庵的《宋元明清书画家传世作品年表》及中国古代书画鉴定组1984年至1993年编写的《中国古代书画目录》，2002年江苏教育出版社出版的由周积寅、王凤珠合编的《中国历代画目大典》等，都各有特色，是中国书画研究的重要成果。

故宫古代书画研究的另一着重点是在清宫历史文化的视域中去深入探讨，这突出反映在对清代宫廷绘画的研究上。对于清宫绘画，长时期来总体评价是不高的。随着两岸故宫博物院藏品陆续整理、发表及有关清宫文物展览的不断举办，关于清代宫廷绘画的图像资料日渐丰富，加上清宫内务府造办处档案的公布出版，使得原本只有少数专家才能接触到的清宫绘画活动情况，逐渐被更多学者所了解，学界对清宫绘画的整体评价也有所提升。[1]近年来清宫绘画研究逐渐成为学界的一个热点。

---

① 最早对清宫绘画进行深入探讨的专论是王耀庭《盛清宫廷绘画初探》，台湾大学历史研究所硕士论文，1977年。

北京故宫博物院于2003年10月举办了"中国古代宫廷绘画国际学术研讨会"，台湾大学艺术史研究所于2011年12月主办了"宫廷与地方——乾隆时期之视觉文化国际研讨会"，北京大学艺术学院于2012年10月主办了"相遇清代：中国与西方的艺术交流国际研讨会"，这些国际性学术研讨会表明清代宫廷绘画近年来越来越受到学界的关注，也使得清代宫廷绘画逐渐展示出其原有的历史风貌。清代宫廷绘画研究涵盖面广且日益深入，包括对清代宫廷画院机构、制度的研究，对重要绘画作品价值的发掘，对清代宫廷绘画所特有的"中西合璧"画风的研究，对郎世宁等传教士画师、绘画流派的研究，对帝后肖像画的研究，对《康熙南巡图》《乾隆南巡图》的研究，对《乾隆平定准部回部战图》等一系列纪事性作品的研究，以及对一些著名书画作品的流传考略与真伪考辨等，围绕这些方面，多年来已有大量成果问世。

宫廷书画收藏在清乾隆朝达到巅峰，对前世历代收藏具有总结性和集大成的意义，并对后世乃至今天仍有深远的影响，因此研究清代特别是乾隆朝内府书画收藏就具有重要意义。近年来，这种研究又与《秘殿珠林》《石渠宝笈》的研究结合在一起，如刘迪《清乾隆朝内府书画收藏——以〈秘殿珠林〉〈石渠宝笈〉为基本史料之研究》[1]对清内府书画的来源、贮藏、著录、鉴赏等进行了全面研究，分析了其在中国艺术史上的传承意义。此外还有王峰《从〈石渠宝笈〉初编看乾隆朝前期宫廷书画收藏》[2]、熊隽《〈秘殿珠林〉文献价值研究》[3]、杨丹霞《〈石渠宝笈〉与清代宫廷书画的鉴藏》[4]、孙晓松《清中期书画收藏热潮研究》[5]、张多强《〈三希堂法帖〉研究》[6]、

---

[1] 南开大学博士学位论文，2010年。

[2] 首都师范大学硕士学位论文，2007年。

[3] 华中师范大学硕士学位论文，2007年。

[4] 《艺术市场》2004年第10、11、12期。

[5] 辽宁师范大学硕士学位论文，2010年。

[6] 吉林大学博士学位论文，2011年。

赵琰哲《清乾隆朝仿古绘画研究》^①等。与《石渠宝笈》的研究相比较，《秘殿珠林》长期未引起重视，以上情况说明已有了进展。在以《秘殿珠林》做具体鉴定依据的应用价值方面，近年也有一些研究成果。例如，罗文华《故宫藏明内府金藏经》^②对照《秘殿珠林》卷之四"宇一""宙一""洪一""荒一"号所著录的《明人书内府金藏经》四册和实物，分析了北京故宫博物院今存的三种《明内府金藏经》抄本的大致年代、抄经品种及装潢、插图风格。又如，许忠陵《〈维摩演教图〉及其相关问题讨论》^③，利用《秘殿珠林》卷之九"宙四"号所著录的《李公麟画维摩不二图》一卷，分析传世的《维摩演教图》可能是它的一个临本。

此外，对于清宫散佚书画（特别是溥仪当年以赏赐其弟溥杰名义偷运出宫的1000多幅珍贵书画）的研究，以杨仁恺的《国宝沉浮录——故宫散佚书画见闻考略》^④最具代表性，是一部以故宫散佚书画为研究对象，集纪实、研究、鉴定、赏析于一体的重要著作。宫廷收藏既是供帝王鉴赏把玩的艺术品，同时也是天命所归的象征。对于清宫藏品的研究，除艺术分析与真伪考辨等外，还有一些从艺术与社会、艺术与政治的关系去考察的成果，例如洪再新《皇家名分的确认与再确认——清宫至伪满皇宫收藏钱选〈观鹅图〉始末》^⑤以1746年到1940年元代钱选《羲之观鹅图》（现藏美国纽约大都会美术馆）的收藏过程为脉络，通过考察画卷上诸多收藏印鉴和题跋来认识清宫绘画收藏的兴衰转折及其历史意义。该文指出，在近200年的皇家收藏中，特别是在清皇室20世纪所经历的变故中，这一画卷成为不可多得的历史见证，其奇特的收藏始末，深刻地向世人揭示了中国和世界政

---

① 中央美术学院博士学位论文，2013年。

② 《紫禁城》2003年第3期。

③ 《故宫博物院院刊》2004年第4期。

④ 上海人民美术出版社1991年初版，辽海出版社1999年增订本。

⑤ 《故宫博物院院刊》2004年第3期。

治、经济及文化史中的一段精彩画面。

西方对于以中国书画为重要对象的中国美术史的研究，发端于西方各大公私博物馆及个人中国美术品的收藏和鉴赏，这些收藏奠定了西方中国美术史研究的基础。20世纪上半叶，汉学家在中国美术史研究中做出了重要的贡献，其中亚瑟·卫利在1923年出版了《中国画的介绍到研究》，普及了中国的美术知识，引起人们对于中国美术的兴趣。福开森对中国文物有深入研究，曾被聘为故宫博物院文物鉴定委员，他强调艺术品的独特价值，重视传世文献的解读。他编著的《历代著录画目》（1934）参考各种著录200余种，计收历代画家2300余人的画作，目录近50000条，一一按姓氏排版编辑，并标明出处，把目录学的方法应用到中国美术史研究领域，为以后系统研究奠定了文献检索基础。在汉学研究领域，喜仁龙成为中国美术史研究领域的集大成者。中国美术史的研究者主动接受了图像学研究的成果，这种试图从文化史的视野出发研究中国美术史的方法取得了很大的成果，岛田修二郎是最为杰出的代表，高居翰、雷德侯、徐小虎等著名学者均是其弟子。[1]美国学者高居翰在《中国古画索引》（1980）中，用相当的篇幅将北京故宫博物院和台北故宫博物院出版的元以前古画印刷品编成索引，供研究者查询。此外，日本铃木敬的《中国绘画总合图录》（1982—1983）正编5册、续编4册，目前该图录的全部照片档案藏于东京大学东洋文化研究所内，2004年完成了将照片转为电子档案的数字化检索编录工作，现在已经可以在网站上检索正编、续编中的图片相关资料。[2]

20世纪60年代美国成了中国艺术史研究的重镇，这与台北故宫博物院所藏清宫书画的巨大影响有关。1961年台北故宫博物院"中华文物"在美国五大城市巡展，观众多达46万人次，对于美国学者研究中国书画艺术起了重要的促进作用。20世纪70年代后许多研究中国艺术

---

① 弘毅：《海外中国美术史研究的方法论》，《中国书画》2013 年第 9 期。

② http://cpdb.ioc.u—tokyo.ac.jp/search.php。

史的著名的美国学者事后回忆，都说因为观看这场展览，引起对中国艺术的兴趣转而投入研究。这次展览之后，高居翰等专家获得了美国福特基金会的赞助，专程去台湾拍摄故宫文物，共得高清晰的原版照片5395张。后来这些照片典藏在密歇根大学照相档案库。与此同时，亨利·贝尼利还获得了基金会授权把这些照片做成原版幻灯片，并向全美和海外的研究机构出售。能够使用彩色幻灯片进行教学，且能够接触原作，给中国绘画教学带来了革命性的变化，也使研究者对清宫书画有了更深入的认识。

一些博物馆和大学重视中国书画的整理、鉴定和研究，有的还举办有关展览和专题学术研讨会，如1981年纳尔逊-阿特金斯艺术博物馆和克利夫兰艺术博物馆合办的中国古代绘画收藏展（出版图录《八代遗珍：纳尔逊-阿特金斯艺术博物馆、克利夫兰艺术博物馆藏中国古代绘画》）、1989年美国克利夫兰博物馆的"明清绘画国际研讨会"、1992年美国纳尔逊博物馆的"董其昌世纪艺术国际学术研讨会"、1993年美国马里兰大学的"近代海派研究"、1999年在普林斯顿大学美术馆举办的艾略特收藏中国书法展（还举办了中国书法史讨论会，出版了讨论会论文集）、1999年美国纽约大都会博物馆的"董源《溪岸图》真伪研讨会"、2001年英国大英博物馆的"顾恺之《女史箴图》研讨会"等。

20世纪50年代后，在公私收藏机构的努力下，中国美术史的研究逐步进入了西方各大学、科研机构等学术群体中，它借鉴了西方艺术史的研究成果和方法，并成熟为西方学术体系中一门独立的人文学科。洪再辛选编的《海外中国画研究文选（1950—1987）》①收录了美、英、德、法、日等国研究中国绘画的著名专家学者谢柏柯、罗樾、方闻、高居翰、苏立文、雷德侯、铃木敬等的文章，可见西方的整体研究状况。其中，谢柏柯在《西方中国绘画史研究专论》一文中总括了截至20世纪

---

① 《海外中国画研究文选（1950—1987）》，上海人民美术出版社，1991年。

80年代后期前的西方研究状况："为了跨文化交流的需要，已经产生了与之相结合的独特的研究，将汉学研究和欧洲艺术史研究的问题和方法结合在一起。本着怀疑论的分析法和不带中国传统偏见的观点，西方的这种方法为重定绘画作品以往的日期和归属，提供了新的风格分析法；并为考察中国画的理论、内容和社会文化基础，准备了更为客观的依据。"

　　现在已过去了20年，研究当然也在不断发展。上述诸人在中国绘画史研究上都取得了重要成果。曾长期执教于美国普林斯顿大学和加利福尼亚伯克利大学的方闻与高居翰就很有代表性。以方闻为代表的"东部学派"和以高居翰为代表的"西部学派"，俨然已成当今西方中国艺术史学界两大旗鼓相当的史学流派。方闻关注实物材料本身的视觉证据，强调运用本土视觉语汇诠释艺术作品。高居翰同样注重风格鉴定对传统艺术史学科规范的信仰，但他同时强调以"方法的多样性"保证"不同艺术史的多元性"。有研究者认为，在长达半个多世纪的学术历程中，方闻和高居翰不仅主导并见证了20世纪西方中国艺术史学科的脉动和演变，他们两人也致力于使中国艺术为西方学界和一般公众获知与接受，并以各自的方式塑造了西方中国艺术史研究的格局与面貌。①

清宫书画鉴藏研究的意义

　　可以说，书画鉴定作为一门学术乃至一门学科，是在故宫博物院诞生的。在民国以前，书画鉴定仅仅作为文人之间的雅事，其分析与结论仅见于书画题跋或文人的笔记里，虽然十分重要，但是零星的，不成系统，其科学性也是有限的。自20世纪20年代西方考古学的引进与发展，书画鉴定家从中获益良多，特别是借鉴了其中的类型学，

---

① 陈云海：《西方语境中的中国艺术史研究——以方闻和高居翰为例》，南京师范大学博士学位论文，2010年。

建立书画真迹的"标准器"，以此结合文献学、考据学、材料学等学科的研究成果，对《石渠宝笈》里的一批早期书画重新进行了系统的、科学的鉴定与研究，较早的鉴定研究者是北京大学的著名学者、后来的故宫博物院副院长唐兰先生关于金代武元直《赤壁图》卷的研究，启功先生对五代董源《龙宿郊民图》和西晋陆机《平复帖》的研究，吴湖帆、徐邦达对元代黄公望《富春山居图》的研究等等，这些都是以论文形式出现的，特别是徐邦达先生一生撰了600万字的研究论文、著录等。这意味着故宫的书画鉴定从文人笔记和题跋发展成一篇篇学术论文，这些学术论文犹如一块块砖石，构建了书画艺术史的基础，使之成为一门学科，书画鉴定从过去少数文人的赏玩记录成为一项学术专业，无论是青年学生还是垂垂长者，都可以找到合适的教科书进行学习，而这一切，主要是源自故宫博物院专家、学者在"二战"前特别是在20世纪50年代至90年代的努力。由此，这种科学研究的态度和方法从故宫博物院和兄弟大馆扩展到了其他中小博物馆的书画研究中。这些书画鉴定研究成果，在20世纪80年代初的改革开放之初，曾有一批西方学者访问故宫博物院，再到80年代末起，包括台北故宫博物院的台湾学者来访，逐渐为他们所了解、认识甚至接受，也使故宫博物院的专家学者在国际学术讲坛获得引人注目的话语权。

1949年以来，60余年间，中国大陆在美术研究方面，渐渐形成了5个学术阵营，各自形成独特的学术体系，即：（一）在中国艺术研究院，王朝闻等先生阐释的马克思主义美学理论引领的对古代美术进行审美欣赏的体系；（二）在故宫博物院，徐邦达等先生以学术考证建立起来的书画鉴定学科；（三）在中央美术学院，王逊等先生以历史学为本建立起来的艺术史教科书体系；（四）在南京艺术学院，俞建华等先生以应用为目的建立起来的美术史文献整理方法；（五）在中国美术学院，范景中等先生系统引进和应用西方艺术史的研究方法。其中故宫博物院的专家学者对清宫旧藏书画的研究，使之成为一项学术事业、一门学科，是故宫学中的重要组成部分，树立了故宫学的学术形象，从某种意义上说，这造就了一个学派，成为上述五大学术阵营中不可或缺的重要组成部分。

另外，我们也看到，由于20世纪50年代到70年代中美外交的隔阂，限制了美国学者的研究范围，他们能接触到的艺术品仅限于中国台湾、日本和西方博物馆及个人的收藏，对中国大陆尤其是北京故宫博物院丰富的古代书画收藏了解不够。无法到中国做研究或与中国学者交流也导致美国学者（包括华裔学者、收藏家和艺术家）形成了一个自成一体的治学之道：即侧重于对作品的意义、文化、历史、社会背景及内容的研究，而不限于鉴定性研究。许多西方博物馆尚未从艺术史方法的角度对其珍藏的大量中国绘画和艺术品进行系统性的严格检查，现有的研究大多是在物质文化或视觉研究范畴内进行的，并不是在艺术范畴内。[①]20世纪80年代中国改革开放以来，博物馆界与艺术史界空前活跃，北京故宫博物院在书画资源的整理、刊布与研究上持续努力，与海内外的学术交流不断加强，2005年成立的古书画研究中心，就聘任了方闻、高居翰、苏立文、李雪曼、李铸晋、韦陀等多位客座研究员，北京故宫博物院的一些书画专家也应邀参加海外的有关研究，共同推动着中国书画艺术的深入研究。

（**本文原载《浙江大学学报》2015年第5期，《新华文摘》2015年第24期转载**）

---

① 刘怡玮：《北美中国艺术史研究初探：比较方法论、实验主义及其质疑精神之萌芽》，载张海惠主编《北美中国学——研究概述与文献资源》，中华书局，2010年。

民国时期故宫博物院学术史略

从1925年10月故宫博物院建立至1949年中华人民共和国成立，是故宫博物院史的中华民国时期。在这24年中，既有成立初期的屡受干扰，又有10余年文物南迁的辗转流离，但是故宫博物院的学术研究仍然取得了举世瞩目的成就。以专门委员会的组织形式与大量出版物的贡献于社会，成为其时故宫学术成就的主要标志，不仅在中国现代学术转型中发挥了积极作用，也对故宫博物院后来的学术发展产生了深远的影响。

学术定位

（一）故宫博物院的定位

对故宫博物院的学术性质，筹建者有着明确的认识。1924年11月5日把溥仪赶出故宫，李煜瀛[1]等人即与冯玉祥、黄郛商组"办理清室善后委员会"事。"二君欲由我委员长，由政府明令发表。吾允担任，但须多容纳几分社会乃公开性质，不作为官办。遂决定委员

---

[1] 李煜瀛（1881—1973），字石曾。中华民国时期著名教育家，故宫博物院创建人之一。1917 年任北京大学教授。

长与委员不用任命而用聘请，并多延揽学者专家，为学术公开张本，同时并言及博物院事。"后李又提出，故宫"学术之发展，当与北平各文化机关协力进行"。①故宫博物院从一开始，就定位为一个学术机构。

自1928年改组后，故宫博物院包括学术研究在内的职责，有了法律上的规定。1928年10月5日国民政府颁布了《故宫博物院组织法》及《故宫博物院理事会条例》，规定"故宫博物院直隶于国民政府，掌理故宫及所属各处之建筑、古物、图书、档案之保管、开放及传布事宜（按：所属各处系指故宫以外之大高殿、清太庙、景山、皇史宬、实录大库等）"。

就故宫博物院为一学术机构，服务于故宫的工作人员也是明确的，而且是以此为荣为乐的。1929年故宫博物院全年工作报告中说：

> 本院职员多以学术研究为目的，故尽义务者甚多。即有报酬，亦极菲薄。至多之生活维持费，仅给百元，少只十五元，为各机关所罕有。而同仁工作精神，则殊奋发。栉风沐雨，毫无倦容。盛夏严冬，工作尤苦。或冒暑巡行于永巷之间，或呵冻植立于冷殿之内。皆为寻常人所不能忍受者，而本院职员，皆身受之。此无他，一为保存中国历史、文化、艺术计，人人均视为分所当为，故不觉其苦。一则视本院为天然研究所，不为衣食计，而为学问计。同仁具此精神，得以维持以至今日。且努力进行不懈，亦职是故。②

当时中国学界也是视故宫博物院为学术机构。例如，著名学者李济说过："查原有之故宫组织，为一纯粹的学术性质，其行政机构亦

---

① 李煜瀛：《故宫博物院记略》，《故宫周刊》1929年总第2期。
② 故宫博物院：《民国十八年本院全年工作报告》，故宫博物院档案。

偏重于此类功能。"①

（二）故宫博物院的文化价值与学术价值

视故宫博物院为学术机构，说明人们已经认识到故宫丰厚的学术资源，认识到故宫研究所具有的重要的文化价值和学术价值。

1928年张继以大学院古物保管委员会主席名义驳斥经亨颐提案的一段话，阐释了故宫的世界价值：

> 一代文化，每有一代之背景，背景之遗留，除文字以外，皆寄于残余文物之中，大者至于建筑，小者至于陈设。虽一物之微，莫不足供后人研究之价值。明清两代海航初兴，西化传来，东风不变，结五千年之旧史，开未来之新局，故其文化，实有世界价值。而其所寄托者，除文字外，实结晶于故宫及其所藏品。近来欧美人士来游北平，莫不叹为列入世界博物院之数。即使我人不自惜文物，亦应为世界惜之。环观海外，彼人之保惜历史物品也如彼。吾人宜如何努力，岂宜更加摧残？②

对于当年故宫文物该不该南迁发生过的激烈争论，其实质是如何看待故宫文物，即这些文物是一般所谓值钱的"古物""古董"，还是其有特殊的不可代替的价值？故宫博物院认为："查故宫博物

---

① 1938 年 9、10 月间，时任故宫博物院理事的李济，受管理中英庚款董事会委托，曾调查故宫存放于陕西汉中文物的搬运存放情形，他在报告书中说："谨案自抗战以来，敌人对于我国文化品之加倍摧残或尽量劫夺，为极显著之事实，政府对于故宫文物必须尽力保管，亦为朝野所公认。在此大前提之下，所最成为问题者，为故宫博物院之原有组织是否能负此时期之非常责任。查原有之故宫组织，为一纯粹的学术性质，其行政机构亦偏重于此类功能。自战事发生以来，其原有之功能已无运用之机会，所需要者远超乎原有工作之范围。济自视察以来，深感此问题之迫切。"《受管理中英庚款董事会委托调查抗战时期故宫古物搬运存放情形报告书》1938 年 11 月 10 日。本资料为李光谟先生提供。

② 《北京市志稿六·文教志（下）》，北京燕山出版社，1998 年，第 357 页。

院，文物渊薮，甲于世界"①；支持文物南迁者认为："夫故宫博物院、古物陈列所，所藏古物，咸为希世之珍。为本国之文化计，为世界文化计，均宜早为之所，妥为保存，纵不能一举迁避，亦宜先后施行，……深愿贵会诸公刚果毅断，一洒因循敷衍之积弊，速行有效之处置；古物得免于难，文化不再遭劫，则中华文化幸甚，世界文化幸甚！为功为罪，自取之耳！"②

（三）故宫博物院筹建者及早期领导

参与故宫博物院的筹建者及其早期院馆的领导及骨干，基本上都是学者教授，这保证了故宫博物院从成立之初就重视学术研究，有着良好的起点与基础。

故宫博物院与北京大学有着重要的关系。故宫博物院成立于新文化运动高潮之后，旧思想、旧道德、旧文化受到批判，新思想、新道德、新文化得到提倡，促进了人们的思想解放，而北京大学已成为全社会在文化思想与新学科研究方面的先导。北京大学成立了研究所国学门，"于古代研究，则提倡考古学，注意古器物之采集；于近代研究，则重公家档案及民间风俗"（沈兼士语），把批判、继承传统文化问题引向深入。北大教授李煜瀛是办理清室善后委员会委员长，在点查清宫物品及后来故宫博物院的业务建设上，北京大学研究所国学门出力最大。被聘为清室善后委员会委员的蒋梦麟、陈垣、沈兼士、俞同奎，被聘为顾问的马衡、袁同礼、徐鸿宝、李宗侗、徐炳昶、黄文弼等，以及一些事务员，都是北大的教授或刚毕业的学生，有些后来成为故宫的重要职员。

民国时期的故宫博物院先后经过清室善后委员会、临时董事会、临时理事会、维持会、管理委员会、接收故宫博物院委员、理事会等

---

① 故宫博物院 1933 年初文物起运前的一份文稿，故宫博物院档案。
② 《多齐云致故宫博物院、古物保管委员会函》，1932 年 8 月 8 日，故宫博物院档案。

不同阶段，学者教授占有重要地位。

故宫博物院有三大馆。古物馆馆长、副馆长先后有易培基、江庸、马衡、俞同奎、徐鸿宝，图书馆馆长、副馆长有庄蕴宽、傅增湘、许宝蘅、袁同礼、江瀚，文献馆馆长、副馆长有张继、沈兼士、姚从吾，秘书处秘书长（1934年撤销）李宗侗。

业务工作

从1925年到1937年，故宫博物院由于建院初期来自外部的严重干扰以及1933年文物南迁，仅有七八年时间维持了正常的工作秩序，这对业务工作及学术研究都有很大影响。但此期间取得的成果也不容忽视。这一阶段故宫博物院把主要精力放在清点、整理清宫藏品，包括档案、图书、艺术品等，同时注重向社会公布。具体来说可归纳为以下4个方面：

（一）审查鉴定清宫物品

1929年后，故宫博物院各项工作逐渐走上正轨，迁延数年未竣之清室物品点查工作也到1930年3月告一段落。文物点查虽然基本结束，但丰富的清宫藏品十分复杂，不仅有物件的真伪问题，古物的时代与其名称之订定，更是错综复杂，头绪多端，因此亟须进行全面的文物审查鉴识工作，以为学术研究、展览陈列的参考。

审查鉴定清宫文物是在专门委员会的协助下进行的。如1929年度本院报告对此有所记载，"本年度所注意者，为整理工作。金石、字画、陶瓷、书籍、档案，均由各馆聘请专门委员，积极整理"。[①]截至1930年底，专门委员会审查古物馆所藏铜器345件、瓷器326件、

---

① 故宫博物院：《民国十八年本院全年工作报告》，故宫博物院档案。

书画956件。①据当事者回忆及档案文献记载，审查鉴定清宫文物是贯穿民国时期专门委员会的主要工作，尤其到了20世纪30年代的点收平沪文物时期，专门委员以各自专业优长在审查鉴定清宫文物方面发挥了重要作用，也为日后故宫博物院文物整理工作奠定了基础。据庄严回忆，当时审查物品的目的有三：鉴别文物名称与质材，考定文物时代，判定文物真伪，即"一曰正名，二曰断代，三曰辨伪"②。

（二）整理刊布明清档案

1928年10月5日，故宫博物院设立专门的文献馆，负责人为沈兼士，文献馆1929年6月设立专门委员会，指导职员分别整理各项档案，并同时整理乾清宫、皇史宬、内阁、实录库等处实录、圣训、起居注及升平署剧本、曲本、戏衣、切末等，还将宫中乐器集中一处，鉴定音律。③在进行此项整理工作时，专门委员会按军机处档案、宫中档案、内阁大库档案、内务府档案及其他档册书籍进行分类整理。

此外，在史料的整理过程中，专门委员会十分重视材料的考证和说明，这一点在档案文献的序言、案语中均得以体现。例如蔡元培为《清代汉文黄册联合目录》作序，陈垣为《康熙与罗马使节关系文书》作序，沈兼士为《清内阁库贮旧档辑刊》和《故宫俄文史料》作序，余嘉锡为《碎金》作跋，翁文灏和朱希祖为《清乾隆内府舆图》作序，傅增湘为《掌故丛编》作序，许宝蘅为《掌故丛编》题词，等等。这些序言，往往探赜索隐，条理明辨，内容涵盖了有关档案名词考释、档案所涉及的史实考证、与他书记载详略互异情况及其补证价值、档案原件的载体形态和档案的来源，以及相关文书制度等等。④

---

① 故宫博物院：《民国十八年本院全年工作报告》，故宫博物院档案；另参阅那志良《典守故宫国宝七十年》，紫禁城出版社，2004年，第57页。
② 庄严：《前生造定故宫缘》，紫禁城出版社，2006年，第98—99页。
③《北平故宫博物院文献馆一览》，国立北平故宫博物院印行，1932年。
④ 胡鸿杰主编：《档案文献编纂学》，中国人民大学出版社，2012年，第74页。

（三）清点出版清宫典籍

1925年故宫博物院成立之时就致力于清点整理清宫的各处藏书，1929年又接收了清史馆、杨氏观海堂、方略馆、资政院等藏书及本院文献馆移交的善本、方志等书，图书馆藏书多达52万多册，为故宫博物院藏存清宫秘籍最富时期。在图书的分类编目、陈列展览、编辑出版等工作中，都有专门委员的重要贡献。据记载，图书馆善本书籍，均经专门委员严格审定，方能入库保存：

> 各库书目编制，大致就绪。其属于善本者，则由专门委员张庚楼（即张允亮）先生重加校正。属于殿本者，则由专门委员陶兰泉（即陶湘）先生增订体例。其余四部书库目录、丛书目录、志书目录，均由馆员随时编订。杨氏藏书目录，亦得加校订，均待付印。本年度本馆委员张庚楼先生不惮烦劳，热心赞助，编成善本书志，已逐期登载于《故宫周刊》。考天禄琳琅书籍者，当可略见其梗概矣。①

当时图书馆先后编印《故宫方志目》《故宫所藏观海堂书目》《故宫所藏殿版书目》《国立北平图书馆故宫博物院图书馆满文书籍联合目录》《故宫殿本书库现存目》《故宫普通书目》《故宫善本书目》《内阁大库书档旧目补》《清内务府造办处舆图房图目初编》《故宫方志目续编》等，其中《故宫殿本书库现存目》即由专门委员陶湘主持编印。

（四）修缮古建及修建库房

民国时期，故宫博物院所有修缮工程都由社会上的专业修建单位

---

① 故宫博物院：《民国十九年本院全年工作报告》，故宫博物院档案。

承担，先由院里做出修缮工程做法说明书，提出具体的做法要求，让参与招标竞争的厂家进院勘验并提出报价，最后由院里成立的工程委员会决定哪一家中标。开标以前，先审查各厂家资格，以有宫廷建筑经验者为合格，否则其标作废。在古建修缮计划、施工监管及验收等方面，故宫博物院聘任的建筑专门委员在其中发挥重要作用，出力较大者有北平工务局的汪申，以及营造学社的朱启钤、梁思成诸先生。例如故宫博物院南京分院朝天宫保存库的建筑图样不仅经由专门委员朱启钤、汪申和梁思成的详细审查，其建筑设计方案根据专门委员的审查意见书而加以修订。[1]值得一提的是，汪申曾于1930年受聘为故宫博物院临时工程处副处长，主持或参与了慈宁宫花园修缮及延禧宫库房修建等工程，并在其中发挥重要作用。

研究机构

1928年10月5日南京国民政府公布《故宫博物院组织法》和《故宫博物院理事会条例》。其中组织法第十七条规定："故宫博物院因学术上之必要，得设各种专门委员会。"

1929年4月3日，故宫博物院制定《专门委员会暂行条例》。根据现存专门委员会名单记载，截至1929年6月底，故宫博物院共从院外聘任专门委员35人，为陈垣、朱希祖、徐炳昶、吴承仕、朱师辙、许宝蘅、萧瑜、曾熙、王树枏、陈郁、张允亮、卢弼、余嘉锡、陶湘、洪有丰、刘国钧、关冕钧、郭葆昌、萧愻、叶恭绰、陈浏、谢刚国、福开森、沈尹默、丁佛言、容庚、谭泽闿、江瀚、王禔、陈寅恪、赵万里、钢和泰、傅斯年、魏怀、郑洪年。[2]至1929年底，又陆续向江

---

[1]《国立北平故宫博物院理事会第七次常务理事会议纪录》，《故宫博物院·章制纪录类》第62卷，第15—30页。

[2]《故宫博物院·组织人事类》第43卷，第22—26页。

庸、邓以蛰、廉泉、罗家伦、齐如山、马隅卿、刘半农、胡鸣盛、周明泰、吴瀛等人发出聘函。截至1930年3月，共聘任院内外专门委员42人（在原有名单上增加了江庸、邓以蛰、廉泉、齐如山、马隅卿、刘半农、周明泰、吴瀛8人，江瀚因受聘代理图书馆馆长而不再列入专门委员名单），其中计古物组21人，图书组10人，文献组3人，其中钢和泰兼任古物、文献两组专门委员，陈垣、朱希祖、朱师辙兼任图书、文献两组专门委员。①

1934年4月马衡任故宫博物院院长。1934年6月，行政院批准故宫博物院对留平和存沪文物进行点收。为推进此项工作，马衡于1934年9月26日在故宫博物院理事会第三次常务理事会上提出各种专门委员人选的提案，获会议审议通过。这是故宫博物院专门委员会发展的第二个时期，此时的专门委员分两种：一为特约专门委员，一为通信专门委员。特约专门委员是直接参与故宫文物清理、鉴定及审查工作，通信专门委员是给予知名学者的荣誉性职衔，也在文物审定等工作中以备咨询，给予指导。此次会议审议通过的专门委员人选名单共计55人，其中拟聘任为通信专门委员共43人：朱启钤、汪申、梁思成、容庚、沈尹默、王褆、钢和泰、邓以蛰、俞家骥、金绍基、柯昌泗、钱葆青、狄平子、凌文渊、严智开、吴湖帆、叶恭绰、陈寅恪、卢弼、陶湘、洪有丰、江瀚、马裕藻、蒋毂孙、钱玄同、蒋复璁、刘国钧、朱希祖、徐炳昶、吴承仕、朱师辙、傅斯年、罗家伦、周明泰、齐如山、顾颉刚、蒋廷黻、郑颖孙、吴廷燮、姚士鳌、溥侗、张珩、徐骏烈等；特约专门委员12人：朱文钧、郭葆昌、福开森、陈汉第、唐兰、张允亮、余嘉锡、赵万里、陈垣、孟森、胡鸣盛、马廉。②后来又陆续增聘庞莱臣、夏剑丞、褚德彝、张宗祥、刘泽荣、王之相、瞿宣颖、张大千、鲍奉宽、刘衍淮、杨遇夫、张修甫等为专门委员。

---

① 《本院专门委员名单》，《故宫博物院·组织人事类》第70卷，第9—12页。

② 《故宫博物院理事会第三次常务理事会议纪录》，《故宫博物院·章制纪录类》第86卷，第42—60页。

　　1934年10月，就第三次常务理事会议所通过的专门委员人选名单，故宫博物院分别组建书画审定委员会、陶瓷审定委员会、铜器审定委员会、美术品审定委员会、图书审定委员会、史料审查委员会、戏曲乐器审查委员会、建筑物保存设计委员会、宗教经像法器审查委员会等9个委员会。[①]1935年5月9日，故宫博物院第五次院务会议修正通过《国立北平故宫博物院专门委员会暂行章程草案》。[②]6月20日，故宫博物院第五次常务理事会通过《国立北平故宫博物院专门委员会暂行章程》。至此，专门委员会工作逐渐走向规范化。

　　北平沦陷期间，故宫博物院本院也曾成立专门委员会。"七七事变"后，日军占领北平，行政院训令留平故宫职工"于可能范围内，尽力维持"，博物院各项工作由总务处处长张廷济负责维持。1942年6月，伪华北政务委员会任命祝书元为代理院长。祝书元代理院长期间，博物院的职能机构仍为三馆一处，馆处领导也没有更换，仅补充了几名科长和少数一般工作人员。博物院日常工作仍由留守北平本院的总务处处长张廷济主持。为了进行文物的清点整理工作，当时故宫博物院延承以往制度，分设各种专门委员会。1943年5月，初聘专门委员9人，为丁福田、王衡光（陶瓷、美术），俞家骥（书画），桂月汀（陶瓷、美术），张庾楼（书画、图书），江汉珊（图书、史料），汤用彬（图书、史料），马世杰（陶瓷、美术、戏曲），毓绥衡（陶瓷）。[③]及至1944年2月，增聘专门委员至10人，为王衡光（陶瓷、美术）、俞家骥（书画）、桂月汀（陶瓷、美术）、张庾楼（书画、图书）、江汉珊（图书、史料）、汤用彬（图书、史料）、马世

　　①《为就选定各专门委员分别组织各专门委员会函请查照转呈备案》，《故宫博物院·组织人事类》第125卷，第3—4页。

　　②《国立北平故宫博物院第五次院务会议纪录》，《故宫博物院·章制纪录类》第61卷，第3、33页。

　　③《故宫博物院专门委员名单暨工作分类》，《故宫博物院·组织人事类》第218卷，第26—38页。

杰（陶瓷、美术、戏曲）、毓绥衡（陶瓷）、王洗凡（史料）、黄仲明（史料）。[①]

抗日战争胜利后，随着西迁文物的东归、北平本院及南京分院的复员，故宫博物院的工作也逐渐得到恢复。1947年4月，故宫博物院重新聘请了47位专门委员：汤韩、张珩、蒋毂孙、朱家济、胡惠椿、张政烺、吴荣培、邓以蛰、张爰、张伯驹、于省吾、唐兰、徐悲鸿、沈尹默、吴湖帆、张允亮、赵万里、王重民、于道泉、周一良、陈垣、陈寅恪、余嘉锡、徐炳昶、王之相、齐宗康、周明泰、胡鸣盛、朱启钤、蒋廷黻、顾颉刚、姚士鳌、傅斯年、刘泽荣、郑颖孙、胡适、启功、郑天挺、关颂声、梁思成、刘敦桢、俞同奎、蒋复璁、哈雄文、郦承铨、闻钧天、韩寿萱。[②]

专门委员会从1929年成立，经过1934年的调整，直至1947年的重行聘任，在机构的职能与任务、人员的聘任与使用等方面，是有所延承与发展的，是一个不断改进提高的过程。例如从开始的多方提出人选，到后来组织9个委员会，就是从故宫博物院的实际需要出发加以改进的；从开始的统称专门委员到分为通信专门委员与特约专门委员两种，是基于对专门委员进行针对性管理与使用的考虑。

专门委员会是一个非建制的常设机构，它按照《故宫博物院组织法》的要求而设，被视为院组织机构中的一个工作部门，但是没有名额限制，也明确专门委员系名誉职。从民国时期故宫博物院历年工作报告中可以看出，专门委员会自成立以来就作为博物院组织架构的重要部分。后来专门委员会的人员及工作虽然有变化，但这一定位始终未变。

专门委员会的突出特点，是聚集了一大批中国当时最著名的文史及古物研究方面的专家学者。在选聘时，故宫博物院注意了这么

①《故宫博物院专门委员分类工作单》，《故宫博物院·组织人事类》第235卷，第3页。
②《国立北平故宫博物院专门委员担任工作表》，《故宫博物院·组织人事类》第273卷，第16页。

几点：

其一，尊重各馆处意见。专门委员名单一般由古物、图书、文献三馆及秘书处提出。当时博物院各馆处的负责人本身就是著名的专家学者，他们所提出的人选都是业内公认的翘楚。例如，1929年4月15日，图书馆副馆长袁同礼致函故宫博物院，充分阐述了设置专门委员会的必要性及其重要作用：

> 图书馆现有职员不敷分配，前曾函达在案。院款支绌，一时既不能增加职员，势不得不组织专门委员会以济其穷，而图书馆有特殊情形，尤有从速组织之必要。兹提出专门学者十人，皆精于图书目录之学，倘能来院襄助，于本院将来发展关系甚重，用特函达，即请延聘为本院专门委员，以利进行，不胜企祷。[1]

在其随函附录的拟聘委员名单中，并对各位委员做了简要介绍：

> 朱希祖，字逖先，浙江海盐人。曾任北京大学、北京师范大学史学教授。现任北平大学史学系主任，清华学校史学教授。富藏书，尤精晚明史料。
>
> 张允亮，字庾楼，河北丰润人。曾任财政部帮办。富藏书，精版本之学。
>
> 阚铎，字霍初，安徽合肥人。曾任交通部佥事、司法部秘书。
>
> 卢弼，字慎之，湖北沔阳人。曾任平政院庭长。辑有《湖北先正遗书》等。
>
> 赵万里，字斐云，浙江海宁人。现任北平北海图书馆善本书库主任。

---

① 《故宫博物院·组织人事类》第43卷，第19页。

余嘉锡，字季豫，湖南常德人。前清举人。曾任清史馆协修，现任北大学院讲师，民国大学史学教授。著有《四库提要辨证》《唐人著述引书目》等。

马廉，字隅卿，浙江鄞县人。现任孔德学校图书馆主任。

陶湘，字兰泉，江苏武进人。曾任中国银行驻沪监理官。

洪有丰，字范五，安徽休宁人。曾任东南大学图书馆主任，现任清华大学图书馆主任。

刘国钧，字衡如，江苏江宁人。曾任金陵大学图书馆主任，现任北平北海图书馆研究部主任。

后来这几人皆被聘任专门委员，为故宫博物院图书整理做出了贡献。

其二是坚持标准，宁缺毋滥。故宫博物院古物馆负责保管图书档案以外的所有文物，需要的专门委员相当多，其在选聘上也十分慎重：

> 本馆物品虽多而最难鉴别者，莫如书画、瓷器、铜器三种。清代之书画、瓷器可不至有赝品，所难者为明以前物品，当代之鉴赏家能鉴别清瓷清画者比比皆是，惟对于明以前物，有真知灼见者甚难其选。现组织专门委员会宜以此为标准，宁缺毋滥，好在将来可以随时增加也。①

从古物馆最初提出的10位候选委员的简介中，我们亦能一窥当时遴选委员的标准：

> 关冕钧，字伯衡。精鉴瓷器书画并富于收藏。

---

① 《古物馆专门委员会》，《故宫博物院·组织人事类》第43卷，第15页。

郭宝昌（注：即郭葆昌），字世五。精鉴瓷器，为庆宽后一人，对于书画能辨别唐宋元明纸绢之区别。

萧愻，字谦中。善画山水，取法宋元，不为清代作风所囿，实当代画家之杰出者。所见宋元明真迹既多，遂精于鉴别。

叶恭绰，字誉虎。收藏书画甚富，鉴别亦精。

陈浏，字亮伯。善鉴别磁器。

谢刚国，字次洲。善鉴别书画，古物收藏极富。

福开森，美国人。主办《中国美术杂志》，善鉴别书画磁器。

沈尹默，善鉴别晋唐以来法书名迹。

丁佛言，多识古文字，著有《说文古籀补补》。

容庚，字希白，精鉴铜器，古物陈列所铜器之鉴定多出其手。著有《金文编》。①

其三是思路开阔，重视交流。故宫博物院专门委员会不仅聘任国内的学者，也聘请了如福开森、钢和泰这样有助于故宫文物审查鉴定的外国学者。在聘任专门委员时，故宫博物院重视与所聘人员的交流。如专门委员马裕藻最初在文献组任职，后马先生致函易培基，表示愿就图书馆中"勉尽绵薄"，院里尊重马先生意见做了调整。②鉴于本院工作需要，部分专门委员所聘身份先后有所变化，如江庸先生原先是顾问，后改聘为专门委员，华南圭先生原是专门委员，后改聘为顾问。再如汪申、郑颖孙原为通信专门委员，后改为特约专门委员。

专门委员会是民国时期故宫博物院的研究机构，伴随着并促进了故宫博物院工作的蓬勃开展。上述故宫民国时期的学术研究，主要依赖于专门委员会（故宫各馆处负责人亦为专门委员）。虽然由于战乱等原因，活动未能始终坚持，但仍然是光彩的一页，在故宫博物院学

① 《古物馆专门委员会》，《故宫博物院·组织人事类》第43卷，第71页。
② 《故宫博物院·组织人事类》第97卷，第4页。

术史上占有重要地位。

一些专门委员在参与专门委员会具体工作中，还进一步深入研究，在不同领域中取得了突出的学术成就。例如，沈兼士任文献馆馆长，对档案的整理制订了较为细密的计划，并开始对档案整理的原则和方法进行研究。他先后撰写了6篇有关明清档案管理的论著。馆中所编珍贵系统史料，他都进行审定并亲写序文。他将历年经验总结编成《整理档案规程》，对明清档案管理和档案学做出了具有开拓意义的贡献。还有其他人员结合实际工作的一批论文，也是中国现代档案科学起步并发展的记录。此外有一些其他研究文章，例如陈垣关于《四库全书》的研究，马衡、励乃骥、唐兰、郭葆昌的古器物研究，以及陈垣、孟森、朱启钤等的历史研究，都是当时有分量的学术成果。

其中容庚就是一个典型。故宫博物院成立后，容庚参加彝器陈列工作，后任专门委员、鉴定委员，又被聘为古物陈列所古物鉴定委员，其间，参与数千件青铜器的鉴定工作，有机会接触原物，辨伪经验日进，写成《西清金文真伪存佚表》一文，取"四鉴"中有文字之器1290件，除镜鉴114面，得1176器，分"真、疑、伪"三类，表列出之，计真者657器，疑者190器，伪者329器，可见乾隆以前铜器作伪的一斑。这是西清藏器据著录而做的一次大清理，对于故宫所藏彝器的辨伪是大有裨益的。①此外，容庚还整理编纂了古物陈列所的铜器图录。

又如钢和泰，他是最早关注故宫藏传佛教的学者。1926年，钢和泰被允许进入慈宁宫花园，对咸若馆、宝相楼的佛像进行过研究。1930年11月，钢和泰在北京大学研究所国学门重新恢复月讲中担任第一讲，题为《故宫咸若馆宝相楼佛像之考证》。1931年11月29日，故宫博物院致函钢和泰，请他就一件多心宝幢影片上的文字进行辨释。此外，钢和泰还拍摄了宝相楼的766尊佛像，又搜集了一套有360幅

---

① 曾宪通：《容庚与中国青铜器学》，《中山大学学报》2008年第3期。

佛教人物画像的《诸佛菩萨圣像赞》，后哈佛大学克拉克教授对其整理出版，书名《两种喇嘛教神系》，书中对这些佛像的梵藏汉名称做了较为完整的索引。这部书在藏传佛教图像学方面属于里程碑式的作品。对于后来的藏传佛教艺术领域，尤其是藏传佛教人物图像学方面的学者来说，这是一本必读的经典著作。①

出版成果

1925年故宫博物院成立以来，把整理、刊印、传播故宫文化作为一项自觉使命，购买了先进的印刷设备，通过大量的各类印刷品，介绍故宫的文物藏品、明清档案，以及紫禁城宫殿建筑，在学术界、文化界乃至全社会都产生了重大影响。

1929年10月10日，《故宫周刊》创办，这在故宫出版史上具有重要意义。易培基院长在发刊词中说："周刊者，取资既微，流传自易。一方以故宫所藏不分门类，不限体例，陆续选登，以飨国人；一方以故宫工程建筑以及本院先后设施、计划工作情形，公诸有众，期以唤起全国人士之艺术观念。又使讲艺术者多得古人名迹奇制，以资观摹，俾恢复吾国固有之文明而发扬光大之，则庶乎温故而知新，不致数典而忘祖矣。是此一周刊之微，他日或将谓为我国文艺复兴之权舆，亦奚不可，斯又岂独本院及本刊之幸哉？"《故宫周刊》自创办后连续出版510期。该刊图文并重，图为介绍院藏各类文物包括古建筑物，文字部分有专著、考据、史料、笔记、校勘、目录、剧本等，后因战争原因停刊，但它及故宫博物院其他出版物在向社会提供的清宫文物史料，特别是这种学术为公器的指导思想方面，产生了重大的影响。

真正把流传工作摆在重要位置，则是到了1931年。

---

① 参阅郑欣淼：《钢和泰与故宫博物院》，《中国文化》第41期，2015年春季号。

前二年（1929、1930）本院之工作，为草创的，为普及的，不论何事，随手举办。办事成绩，虽似较多，但其缺点，则在无统系，无一定目标。本年度则渐由草创工作，进为有趋向之工作，其最大目标，一面倾向于整理保管方面。一面倾向于流传方面。此两种工作，为本年度就财力所及，而尽量发展之趋向。[①]

民国时期北平的出版机构，从性质上看可分为专营机构和兼营机构两大类。专营的有印刷局（馆）、书局、编译馆、出版社等，兼营的有报社、期刊社、印书局、学校、研究所、图书馆、博物馆等，故宫博物院应属于兼营机构，即以其文物收藏与学术研究而兼营出版。学术出版或者说学术机构办出版，是北平民国时期出版业的重要特色。北平在民国时期出版图书总数超过100种以上的出版机构，据调查，有北京大学、燕京大学、文化学社、地质调查所、北平研究院等5家，故宫博物院在这期间出书近50种。[②]

故宫博物院的出版流传，有一个从无到有、从小到大的逐渐发展过程，院方为此采取了一些重要措施：

一是建立照相室。故宫文物之出版流传，分为两种：其一为传拓，其二为刊印。前者专指铜器铭文器形之传拓与铜印玺印之钤拓；拓成之后，均予整理版行。后者则泛指书画铜瓷等专辑图录、定期刊物、善本书目、档案汇编之出版发行。由于故宫之流传事业，除传拓外，以影印为大宗，因此故宫先后建了日光照相室与电光照相室。

二是成立故宫印刷所。故宫博物院流传事业发展的一个标志性事

---

① 故宫博物院：《民国二十年本院全年工作报告》，故宫博物院档案。

② 邱崇丙、子钊：《民国时期北京的出版机构》一文，作者称："出书年代和范围以所见书为据，出版量统计有少量遗漏，故按等级标注，仅供参考。即：A（100种以上）、B（50种以上）、C（10种以上）、D（5种以上），4种以下不标注。凡注两种等级者，估计有可能高一级。"其中所列16个图书馆、博物馆的出书状况为9个不标注，2个列为D，3个列为C，仅北平图书馆列为ＢA，故宫博物院列为ＣＢ。《北京出版史志》（第8辑），北京出版社，1996年。

件是故宫印刷所的成立。故宫往年承印本院美术印刷品，只有北平京华印书局，及上海天一玻璃印刷所两处。但两处之机器和工人，均属有限，殊苦供不应求。1931年特由本院呈准行政院，与杨心德私人创办之印刷工厂，合资另组故宫印刷所，于3月10日正式成立，其性质为工商合办。其原则为专门承印本院交印之物品。所有印刷等费，应收成本，不得图利。但有余力，则亦得经本院之许可，承揽其他主顾交印物品，兼作营业。该厂有石印、玻璃版、凹版、铅印等部，应有尽有。虽草创经营，为时不久，然规模已粗具，后又继续发展，在故宫的出版流传中发挥了重要作用。故宫的印刷设备系从德国进口，1933年亦随文物南迁到上海、南京，1937年文物疏散，机器不及运走。抗战胜利后收复南京朝天宫库房，但"南迁印刷所之印刷机器，为强有力者分割据有"[①]，未能收回。

三是成立出版管理机构。适应出版事业发展需要，故宫博物院于1931年成立了出版处，由秘书长李宗侗兼处长，同时兼任编辑组主任，吴瀛任印刷组主任，程星龄任发行组主任，杨心德任摄影组主任。

四是重视出版物的出售。随着故宫出版物的激增，除了做好北平本院出版物发售外，还大力发展平津京沪代售所。

五是多方筹集资金。故宫的出版物，例如文献档案的出版，是有益于学界的事业，也是历史文献的整理，其社会效益是有目共睹的。故宫博物院也力争得到社会的支持。1929年，中华文化基金委员会就曾拨款3万元，为流传文化之用，多数出版物，均赖此项辅助费。他们也力争得到政府的补助。1930年1月，故宫影印出版《筹办夷务始末》[②]。出

---

① 欧阳道达：《故宫文物避寇记》，紫禁城出版社，2010年，第12页。

② 《筹办夷务始末》，清政府官修的对外关系档案资料汇编。又称《三朝筹办夷务始末》。计道光朝80卷，文庆等编；咸丰朝80卷，贾祯等编；同治朝100卷，宝鋆等编。其中道光朝自道光十六年（1836）议禁鸦片开始，至二十九年（1849）止。《筹办夷务始末（道光朝）》收录这一期间涉外事项的上谕、廷寄、奏折、照会等档案2700余件220万字。该书于1929年至1930年间由故宫博物院影印出版。

版前易培基呈文行政院，要求予以出版津贴，行政院批文要求各省市政府酌情贴补。1931年，本院亦筹出若干万元，专供印刷之用。

故宫博物院的出版流传有以下特点：

一是编辑出版与业务工作相联系。故宫博物院分古物馆、图书馆、文献馆与秘书处、总务处，精印书画、传拓金石为古物馆的工作，整理古籍、编纂史料为文献馆的职责，影印典籍、出版诗文为图书馆的任务，各馆编辑出版自成系统，而编辑《故宫周刊》《故宫》等刊物，又需"三馆两处"共同承担。

二是印行版别多样。

有活字排版、有石印、有铜版、有珂罗版、有手钤、有墨拓六种不同的方式，其中最难的是手钤和墨拓，二者乃是我国最古的流传文物方法，早可溯到印刷术未发明以前，就已有此种方法，直到现在，有些特种物品，仍须尚用此法，而此两事，又非人人可为，非有特别训练的专家不办，可以说是难能可贵了。而且这种手钤与传拓，所用的器材，如纸张、印泥与墨锭，都非寻常之物。[1]

三是印刷物类别繁多。大略而言，可分为书籍、档册、金石、法书、名画、玺印、目录、风景、仿古笺牍及各项说明十大类别[2]。1935年，故宫博物院印行"出版物目录"，将院中所有出版物分为20余类：计有月刊（《故宫》及《故宫书画集》），周刊（《故宫周刊》合订本21册及目录等），书翰（29种）、名画（54种），书画合璧（2种），影印金石（7种），印谱（影印《交泰殿宝谱》），信片（13种），地图（1种），图像（2种），书影（1种），目录（15种），史籍（9种），史料（13种），谱录（1种），诗文集

---

① 庄严：《前生造定故宫缘》，紫禁城出版社，2006年，第101—102页。

② 庄严：《前生造定故宫缘》，紫禁城出版社，2006年，第101页。

（5种），杂著（9种），特价刊物（10种），最近出版刊物类（10种），金石拓片（111种），信笺、信封、请客柬（11种）。

从1929年至1936年，是故宫出版的辉煌时期。1933年故宫文物南迁，出版受到一定影响；1937年抗战全面爆发，南迁文物又向西疏散，出版遂告停顿。故宫博物院民国时期的出版物，较重要的有《故宫善本书影初编》、《交泰殿宝谱》、《历代帝后像》、《掌故丛编》、《史料旬刊》、《故宫》月刊、《故宫书画集》、《故宫砚谱》、《故宫方志目》、《郎世宁画帧专集》、《故宫名扇集》、《清内阁库贮旧档辑刊》、《历代功臣像》，以及《故宫善本书目》《故宫普通书目》《故宫殿本书库现存目》《故宫所藏观海堂书目》《满文书籍联合目录》《天禄琳琅丛刊》等等。

在档案史料方面，出版了《掌故丛编》（后改为《文献丛编》）58辑，编印《史料旬刊》40期，汇编了《筹办夷务始末》《清代文字狱档》《清三藩史料》《故宫俄文史料》等史料。据不完全统计，1949年之前，故宫博物院共编辑出版各类档案史料丛刊54种358册，约1200万字，发表研究文章80余篇[①]。明清档案的整理研究，是当时社会上"整理国故"的重要组成部分，也对推动明清史研究起了重要的作用。

结论

（一）很多重要的学术成果，在中国现代学术转型中发挥了积极作用

晚清以来，西学大规模传入中国后，与中国传统学术摩擦激荡，使中国学术精神和学术研究赖以存在的机制处于转变之中。学者们习

---

① 郑欣淼：《故宫学述略》，载《故宫与故宫学》，紫禁城出版社，2009年，第192页。

惯于把这一时期称为转型时代。在这一转变中，包括明清档案等一系列新材料的发现，成为确立现代学术的一个契机。故宫及其珍藏是一个巨大的文化宝库，也是一门待开发研究的学术沃土。近代学术界受西方科学主义思潮的影响，重视直接史料，注重实证的研究，认识到档案的原始证据价值。文献馆出版的各种史料大都首次公布于世，为学界提供了丰富、新鲜的第一手资料。明清档案与殷墟甲骨、敦煌文书等不仅为史学、语言文字学等学科提供了新材料，极大地推动了这些学科的发展，还开辟了学术研究的新领域。在中国传统学术向现代学术转变过程中有着重要意义。

（二）基于博物馆实际，坚持务实与创新，丰富了故宫学术的内涵

故宫有着丰富的文物藏品，作为博物院的基础建设，其首要的任务是文物的审查鉴别整理。这也就决定了故宫学术研究及其成果体现形式的特点。故宫博物院以文物作为学术研究对象，不同于一般的主要以文献为对象的研究机构。故宫学术的这种特殊性，体现在学术研究与文物的收藏、保护、展示不可分割。清宫变为博物馆，当时最主要的工作是对浩如烟海的清宫物品进行整理审查，鉴别真伪，即科学的鉴定，这是硬功夫，也是博物馆工作的基本要求。把故宫的这些工作列入学术范畴，这是一个突破，也是对学术本质的深刻认识。因此，故宫学术研究的成果除过学术论著外，还有大量的成果与业务工作结合在一起。紫禁城宫殿也是民族文化瑰宝，故宫专门委员会后来细分为9个专业委员会，其中还有"建筑物保存"，说明对故宫学术内涵认识的不断深入。

（三）重视藏品文献，长于考据与鉴定，逐渐成为学术特色

由于故宫藏品的丰富性、复杂性，故宫文物清理就成为从故宫博物院成立以来的一项长期任务，直至2010年底，才彻底摸清了故宫

文物的家底。因此故宫学术研究不是经院式的烦琐论证，也不是从书本到书本，它直接面对故宫的文物、古建筑、档案、文献，对此进行客观分析、比较，解决宫廷历史人物和事件的物证，以及历代文物的真伪鉴定及其艺术价值、文化联系等诸多问题。总而言之，即以物证史、以物论史，或以物鉴物、以史论物等，都离不开史与物的辩证关系。在这个过程中，逐渐形成了所谓的"故宫学派"，涌现出一批著名的甚至是"国宝"级的专家学者。

（四）学术研究的开放性及专门委员会这种形式，对后世影响深远

故宫博物院秉持学术为公器的理念，是故宫"公"字精神的生动体现。1929年10月10日，作为故宫博物院创始人与理事长的李煜瀛在讲演中指出，清故宫须成为活故宫，活故宫的精神在于坚持一个"公"字。[①]这种"公"，即公开、公共，面向公众，社会参与。这也成为故宫学术研究的一个好传统。

民国时期故宫专门委员会的这种组织形式，后来也有所继承，因为这种组织形式体现了故宫学术的开放性，即必须广泛吸收社会力量，这不仅关乎学术为公器的理念，而且挖掘故宫文化遗产的丰富内涵，不是少数人可以承担的。20世纪50年代中后期，故宫博物院陆续成立了编辑委员会、鉴别委员会、文物收购委员会、铜器研究专门委

---

① "希望故宫将不仅为中国历史上所遗留下的一个死的故宫，必为世界上几千万年一个活的故宫。以前之故宫，系为皇室私有，现已变为全国公物，或亦为世界公物，其精神全在一公字。余素主张，使故宫博物院不为官吏化，而必使为社会化，不使为少数官吏的机关，必为社会民众的机关，前在清室善后委员会时代，曾请助理员顾问数在百计，帮同点查，以示公开，即现在此工作人员，薪水微薄，因彼等目的，非为权利，实在牺牲，共谋发展。总之故宫同仁，在此四年中，对于一公字，已经做到具体化。"《清故宫须为活故宫》，载《李石曾先生文集》下册，中国国民党中央委员会党史委员会编辑出版，1980年，第241—242页。

员会、文物修复委员会等机构，就可看到专门委员会的影子。①

在借鉴民国时期专门委员会经验的基础上，近年来故宫博物院也陆续设立了类似机构。随着时代变迁与学术发展，故宫博物院专门委员会目前的业务内容已有所不同，委员的学术背景亦有很大变化。例如从2005年至2010年，故宫博物院陆续成立了古书画、古陶瓷、古建筑、明清宫廷史、藏传佛教文物等5个研究中心。名称的变化，反映了研究对象的扩大、研究内容的深入与研究目标的提升；所聘人员的学术造诣与代表性，则体现了21世纪故宫博物院的学术新视野。

2012年单霁翔继任故宫博物院院长以来，一手抓"平安故宫"，一手抓"学术故宫"，全面推进故宫保护与博物院建设。2013年10月23日故宫博物院成立了故宫研究院。故宫研究院是故宫博物院设立的学术研究与交流机构，是以故宫研究院为基本力量，汇集国内外知名专家学者共同搭建的开放式高端学术平台。故宫研究院在"学术故宫"理念指导下，按照"科研项目制"思路，尝试科研工作机制创新、组织灵活、人才广纳的新探索，展示了开放的胸襟和包容的态度。截至2015年7月，故宫研究院下设1室14所，即研究室及故宫学研究所、考古研究所、古文献研究所、明清宫廷历史档案研究所、古建筑研究所、宫廷戏曲研究所、明清宫廷制作技艺研究所、文博法治研究所、书画研究所、陶瓷研究所、藏传佛教文物研究所、中外文化交流研究所、中国画法研究所、宫廷园艺研究所，在故宫博物院初步形成覆盖全面、专业突出和梯次完备的学术团队。其中研究室、故宫学研究所为建制单位，其他13个研究所都是非建制单位。故宫研究院的建设，其中也有专门委员会的影响。

① 例如，1956 年 7 月 2 日，经文化部同意，成立铜器研究专门委员会，成员为郭沫若、徐森玉、王献唐、郭宝钧、容庚、商承祚、于省吾、陈梦家、唐兰。荟萃了一批国内最为著名的铜器专家。1957 年 4 月 6 日，成立文物修复委员会，委员由吴仲超、唐兰、张珩、王世襄、陈梦家、沈从文、陈炳、陈万里、李鸿庆组成。下设绘画、铜器、工艺 3 个小组，聘院内外专家 17 人为修整组顾问。

（五）重视图书编纂出版的传统，得到继承与发展

中华人民共和国成立初期，在时任文化部文物局局长郑振铎（1898—1958）的坚持努力下，将上海的鹿文波开文制版所和戴圣保申记印刷所的职员与设备全部迁入京城，并于1954年成立故宫博物院印刷所，故宫博物院从此拥有了高水平的彩色铜版与珂罗版印刷设备，印刷质量达到当时国际先进水平。1978年党的十一届三中全会后，故宫博物院迈入全面恢复、快速发展的新阶段，院出版事业也有了一片新的发展天地。1978年恢复《故宫博物院院刊》，1980年《紫禁城》（双月刊）创办，1983年，紫禁城出版社正式成立。2004年，故宫成立了编辑出版委员会，创办了《故宫学刊》。

作为中国博物馆系统唯一的出版社，紫禁城出版社经历了成长的过程，进行了积极的探索。在20世纪末及21世纪初，陆续出版了一些有分量、有影响的书籍，如一批反映故宫珍藏的图录及《明清瓷器鉴定》（耿宝昌著）、《中国瓷器鉴定基础》（李辉炳著）、《两朝御览图书》（朱家溍主编）、《中国历代书画鉴别图录》（刘九庵主编）等学术著作，还投入大量人力物力，利用清乾隆年刊刻的书板，重新刷印《满文大藏经》40套。

2011年，原紫禁城出版社正式更名为故宫出版社。出版社的更名，有利于故宫出版传统的维护与发扬。利用故宫博物院的社会影响，增强了出版社在出版传统艺术及文化类图书方面的权威性与公信力。紫禁书系、故宫文丛、故宫经典、故宫博物院学术文库、老专家文集、《故宫博物院藏品大系》、《明清宫廷建筑大事史料长编》、《故宫古建筑保护工程实录》、《明清论丛》、《中国紫禁城学会论文集》等的持续出版，对故宫学术研究及人才培养起到了积极的推动作用。许多传播故宫文化的图书，在社会上产生了重大影响。故宫出版社也放开视野，与多方面合作，在中国传统经典艺术的整理抢救上投入更多力量，出版了如囊括海内外几乎全部的米芾墨迹碑帖杰作、

多达31卷的《米芾书法全集》等。其中"故宫经典"系列、"明代宫廷史研究丛书"、《赵孟頫书画全集》、"钦定武英殿聚珍版丛书"、《故宫博物院藏清宫陈设档案》、《苏轼书法全集》、《蔡襄书法全集》、《黄庭坚书法全集》、《养心殿造办处史料辑览》（乾隆朝）、《故宫书画馆》、《故宫藏古代民窑陶瓷全集》、《故宫博物院藏品大系》、《明代宫廷建筑大事史料长编》、《王羲之王献之书法全集》、《故宫博物院藏中国古代窑址标本》、《中国古陶瓷研究》、《明清史学术文库》等17种图书列入"十二五"国家重点图书出版规划项目。

　　（本文为作者2015年7月25日在第四届高校教师故宫学讲习班的讲座）

新观念　新机制　新举措

——创新与发展中的故宫研究院

近代中国的博物馆事业发轫于1905年。20年后的1925年，原清宫所属的紫禁城建成为故宫博物院，实现了从封建王朝禁宫到公众博物馆的历史转变，成为我国博物馆事业发展的重要标志之一。从学术意义上说，皇家的秘藏从此成为公共学术研究的对象。

90年来，故宫博物院的各项事业伴随着博物馆理念的提升不断发展，围绕博物馆的核心功能，在发挥收藏与保管、展览与宣教、研究与文创等方面积极探求、开拓进取，取得了长足的进步。随着时代的发展，学术研究应当引领博物馆的综合发展成为一种共识，且需要改革管理思路、改变原有机制、改善研究环境。有鉴于此，故宫博物院于2013年10月成立了故宫研究院，成为全国首家设立大型学术研究机构的博物馆。

接续故宫学术传统，契合当今时代发展

成立专门从事故宫学术研究的机构，既是故宫博物院继承了优良的学术传统，也饱含着对博物馆发展理念的新思考。

故宫是在明清皇宫基础上建立起来的，蕴藏着中华民族数千年的文化积淀，文渊深厚，文脉流长。成立后的20多年间相继引入了20多位

杰出英才，如北京大学的马衡、沈兼士、俞同奎、袁同礼、单士元，辅仁大学的陈垣、那志良、朱家溍，中法大学的李煜瀛、李宗侗等，其编列的《故宫周刊》《掌故丛编》成为民国初社会各界关注的重点刊物。中华人民共和国成立后，一大批文物研究者与修复专家进入故宫，继续壮大故宫学术队伍，在官式建筑、三代鼎彝、陶瓷书画及明清宫史等方面，既有拔新领异之魁首，又有学问厚重之成果，使故宫学术在国内博物馆界保持领先地位。进入21世纪，相继跨入小康社会的人民不断增长着对陶冶情操的需求与文化品位的追求，促使中国的博物馆事业迅猛壮大，到2014年底，全国发展到4165家不同所有制的博物馆。这对中国博物馆事业的发展提出了新要求，要求在收藏、保管、展览、宣教、文创等博物馆传统领域内，要有广泛而充分的学术研究支撑，使学术研究成为开展博物馆业务的抓手，让保管有规范，告别"守摊看堆"；让展览有文化，远离"堆砌精品"；让宣教有情怀，消除"说教填鸭"；让文创有品位，杜绝"粗糙仿制"，透露出"科研先行"的必然趋势。故宫博物院顺应时代的发展，自2005年以来，陆续成立了古建筑、古书画、古陶瓷、明清宫廷历史、藏传佛教文物五大研究中心，获批设立"中国古代建筑保护传承国家基地"，通过对优势学科的壮大与强化，将故宫整体的学术研究提升到一个新的水平。

近年来，故宫博物院的发展方向以"平安故宫"为指针，学术发展以"故宫学"为学理整合各学科，以大布局、大整合、大开放的发展理念，着力规划故宫学术新布局，建立体制创新、机制灵活、学术民主的故宫研究院终于水到渠成了。

创新机制，激活热情

故宫研究院是故宫博物院为与国内外著名专家学者开展合作研究和交流而成立的非建制的综合性学术机构。即以故宫博物院在职和退休专家学者为主体，积极吸纳国内外知名专家学者，取长补短，共同建构开放式的高端学术平台。截止到2015年7月，在故宫研究院旗下，经过整合、充实和补充，已有研究室、故宫学研究所、考古研究所、古文献研究所、明清宫廷历史档案研究所、古建筑研究所、宫廷戏曲研究所、明清宫廷制作技艺研究所、文博法治研究所、陶瓷研究所、书画研究所、藏传佛教文物研究所、宫廷园艺研究所、中国画法研究所、中外文化交流研究所15个所（室），基本完成了故宫学术的总体布局和机构建设，其中只有研究室、故宫学研究所为建制机构。研究室是研究院的办事和联络机构，以一个建制单位保障13个非建制单位的正常运转，是在新形势下的新探索。

在以文化积累与传承为主要特色的博物馆，成立非建制的大型研究机构，是博物馆发展史上的先例。首先是发展了行政管理体系的固有模式，赋予故宫研究院以规划、组织、评估、发布等基本学术管理职能。在故宫博物院，部门的日常业务是按照行政体系的思路与文物类别设立与开展的，主要业务专注于文物的收藏、保管、展览、宣教等方面，学术研究多半是依赖个人的学术兴趣与进取愿望开展的。虽然紫禁城、大高玄殿，以及御史衙门等官式宫殿建筑和门类齐全、体系完备的馆藏文物为业务人员提供了丰富的学术资源，但同时也出现了另一个问题，即学术研究的分散化和个人化。因此，设立非建制的学术研究机构，可以在维持现有人事管理体制和文物库房管理制度的前提下，通过学术管理机制的整合，将故宫的学术研究活动从个人化的层次提升为全院整体性的层面，形成合力，使故宫学术工作获得更为宽阔的发展空间，开展国际合作。特别是通过研究院的组织机构建设成集中智力、物力和财力做大科研的学术平台，如《故宫百科全书》、《世界五大博物馆》（中、英、法、俄文）等大型学术编撰项目的顶层设计就是在这个平台上展开的。

其次是学术工作上升为全院整体性层面后，非建制的故宫研究院在组织机制方面显露出相当大的灵活性：

　　一是统合全院的学术研究活动，制订具有全局性的顶层发展规划，并按规划组织实施，各所以"科研项目制"为基本运作模式，同时积极争取国家级和省部级的科研课题项目。"科研项目制"为研究院推动学术研究工作的基本模式，一切学术活动的组织与实施均以"科研项目制"为依归，研究院下属各机构的学术工作和活动均指向实实在在的学术项目，设备配备、人员配置、工作推进、方法探索均落实到一个个具体的国家级、省部级和院级项目上，使启动的项目阶段明朗、成果可期。观念的突破、机制的创新，为"科研项目制"运作模式带来了勃勃生机。故宫研究院的学术研究，是博物馆做学术研究的典型例证，其"科研项目制"与教学相长的高校系统有别。故宫的学术研究不是为研究而研究，而是有着比较强的实用要求，很多课题是为解决工作中遇到的难题而开展的。

　　二是以学术研究为引领，聚拢、吸纳各方面的学术研究人才，充分发挥业务人员的学术专长，聘用的专家岗位明确、任务明晰、权责明了，从而保证各项目顺利进行。院内外专家学者有机地组成简洁高效的项目团队，承担大型学术项目。特别是聘请了一批退休专家加入项目团队，成为继续攻坚课题、引领后学的榜样力量。目前我院返聘年纪最大的是93岁的陶瓷专家耿宝昌先生，他正在主持编写《中国陶瓷史》，在院庆90周年的陶瓷展览中，他还积极主导"故宫博物院汝窑瓷器展"、"越窑青瓷展"和"御瓷新见：景德镇明代御窑遗址出土与故宫博物院藏传世瓷器对比展"；80岁以上的专家学者有3位，如张忠培先生积极指导紫禁城内因施工产生的宫殿遗址考古工作。这些老专家把握着严谨治学的尺度，将故宫学人踏实严谨、扎实亲为的学风传递给下一代，凝合成具有国际化合作能力的学术团队。

　　三是非建制学术机构的性质更便于与关心故宫的企业和知名人士建立联系，争取社会各界捐助资金和资料、设备等，赢得社会各界对故宫学术的广泛支持。目前正在办理接受两家捐赠给藏传佛教研究所的捐款，台湾学界的一些老专家也表示希望与我方接洽捐赠图书资料的事宜。

四是将创新之后的具体做法进行理论总结和制度建设，指导实践。在博物馆如何组织、发展大型学术研究机构，是一个崭新的工作课题。故宫以非建制模式蹚开了这条"水路"，"水"有多深，"路"有多长，两年的初创时间是在"摸着石头过河"，一旦摸到"石头"，就应制定相关管理制度、标出方向。如制定研究院的章程和各所的工作细则，以及完善聘用院外专家、发表职务著作等多个学术管理与规范的制度建设。在这方面，故宫博物院鼓励研究院大胆尝试机制创新，待成熟后上升为故宫博物院的政策规定，指导全院的学术发展，同时也可以给兄弟博物馆提供有益的借鉴。

完善学术布局，提供科研保障

故宫学术领域宽泛，涉及文博历史、文献档案、金石考古、美术工艺、物理生化等诸多学科，具体体现在故宫内部下属专业分支的就有宫廷建筑、金石玉器、金银珐琅、雕塑雕刻、甲骨碑帖、书法绘画、宗教文物、宫廷历史，以及文保科技等多个方面，其繁复程度几乎可与综合性大学的学科门类相比拟。也因此，故宫的各项研究均能融会贯通，互有联系，形成一个较为完备的学术整体，具有鲜明的故宫学术的特色，这就是"故宫学"的基本学理，研究院就是要统合各个学科，使之平衡发展。研究院强调的学术理念是：

要扩展传统学术领域，进一步开阔故宫学术的视野。故宫学术的基本研究对象即紫禁城宫殿建筑和文物档案，以及明清宫廷历史。自20世纪80年代以来，随着人们对文物概念理解的不断深化，清宫日常用具被列入故宫文物范围。在此理念指导下的7年文物清理工作结出了丰硕的成果，摸清了1807558件（套）家底，为故宫学术研究提供了更为丰富、更为细腻的资源。近年来，国家注重文化遗址的保护，故宫考古团队已经成为全国考古队伍中独具特色的一支，以"紫禁城宫殿遗址考古"为核心，旁及历代宫殿遗址考古、景德镇等地的御窑窑址考古乃至海外国际合作等，由研究清宫旧藏扩展到发掘元明清宫殿遗址。院藏藏传佛教文物的研究延展到与青海省有关单位合作实施乐都县壁画数字化项目，并与西藏自治区有关单位开展阿里地区石窟寺调查与保护项目等。研究领域的扩展，带来整个学术视野的扩大，使故宫文物的研究紧跟时代的步伐，造福社会。

要融会学科、打通文理界限，使之具备实用性，这是研究院常务副院长、化学教授宋纪蓉一直倡导的学术理念。如有关研究所对建筑构件、青铜金石、古陶瓷、织绣等文物的研究，传统的经验鉴定与当代的仪器检测有机地结合在一起，开辟了学术研究的新途径，使延禧宫19世纪德国建筑构件、古代建筑门窗玻璃科学分析研究、明代宣德炉真伪、宋代官窑瓷器成分、苏州织锦修复等课题获得了全新的学术解释。特别是研究古建与古建内部装潢和文物陈设的关系，将是故宫西路古建大修之前必须要解决的综合课题。围绕藏品修复而开展的成色分析与工艺制作技艺、围绕主题展览而铺开的历史文化背景研究等，都是融会贯通的具体实践。这些极具实用价值的研究成果，转化为故宫常规业务如文物修复、主题展览、文创开发的重要能量。

为博物馆事业的发展提供学术支撑和理论基础。近年来，伴随着文化软实力的提高，与国外文化界、博物馆界和学术界的交流日渐繁盛，继续商讨问题、达成共识。对文博法治的学术研究也愈来愈迫切。由此，故宫研究院成立了全国第一家文博法治研究所，以"故宫保护条例"为核心项目展开研究，会同法律界人士对当前迫切需要论证的博物馆的理事会制度进行探索，将博物馆管理业务纳入学术研究的范畴。

要上能钻得进象牙塔，下能接得了地气。博物馆藏品的公共特性决定了博物馆研究成果的共享性，这意味着研究院的研究方向必须同时面向尖端和普及这两个端点。故宫藏品的经典性使之具有极强的专业性，某些门类（如古代祆教）甚至少人研究，几乎是绝学。作为个人学术研究趣旨，可以回避苦冷的学术门类，但作为整个国家的学术文化研究，这种高冷的学术领域保持连绵不断的研究，实在是为国家解读历史文化保留了一条难得的路径。特别是考古所组织推出的《中国陶鬲谱系研究》，全面系统地梳理了全国各区域陶鬲谱系及其展示的地域文明，是一部极为精深的陶鬲"家谱"，在国际范围内具有充分的话语权；同时专家们又将类似的研究成果宣讲到社区百姓中间。考古所在慈宁宫、隆宗门、南三所等处建筑工地均发现明代建筑遗迹，考古学家们一边发掘遗址，一边面向公众开放，其中，慈宁宫考古工地成为故宫开放的新景观。有学者以8年之苦破解《清明上河图》，引起多国学者的关注，而这一学术成果在中央电视台四套《文明之旅》节目播放中，当晚就定格了4000多万台电视机，开创了传统文化节目收视率的新高。在院资料信息部的技术支持下，学者们对古代书画的新探索转化成一个个电子影像，显现在大众传播媒体上。

吸纳各方人才，培育特色成果

　　故宫博物院建院90周年，是逐步开放的90年，尤其是21世纪以来，开放的步子日益加快。2013年初，故宫博物院公布了故宫藏品总目，对公众来说是亮家底，接受社会监督；对学界来说则是告知故宫的学术资源。

　　故宫研究院成立后，退休的专家人才由非建制的研究院来聘用，原来博物院主导聘任而遭遇的"编制"瓶颈获得突破，可以按照"科研项目制"模式，由研究院根据各研究所项目的需要灵活聘任人员，多个所的负责人由本院退休业务院长或老专家、院外专家担任名誉职务，充分发挥院内退休专家和院外知名人士的学术影响力。如聘请张忠培先生为故宫研究院名誉院长，本人为研究院院长，朱诚如、李季、晋宏逵、陈丽华、王素先生分别为明清宫廷历史档案研究所、考古研究所、古建筑研究所、明清宫廷制作技艺研究所、古文献研究所的所长。故宫博物院法人院长负责故宫博物院与故宫研究院总协调，在政策保障、行政支持、资源调配等方面提供强有力的支撑，是故宫研究院的"总后勤"。

故宫研究院聘任专家分两类：一类属顾问型，德高望重、学养深厚，在国际上具有领军作用的学界泰斗，负责对故宫学术发展建言献策，参与学术评判。如香港中文大学教授饶宗颐被聘为荣誉顾问，中国工程院院士傅熹年研究员，著名古文献专家李致忠研究馆员，以及德国海德堡大学科学院院士、著名汉学家雷德侯教授，英国牛津大学前副校长杰西卡·罗森女勋爵受聘为故宫研究院顾问，开启了故宫研究院与学界顶级学者合作的历程。另一类属项目型，学界精英和技术骨干，能够担当起项目任务的，也被聘来加入项目团队。"故宫博物院藏殷墟甲骨文整理与研究"项目即根据需要，特聘用台湾学者和擅长传拓的专业技师以项目专家的身份参加该项目。

学术开放是时代的趋势，也是故宫学人的治学理念。宫廷戏曲研究所在成立之际，与中国人民大学国剧研究中心、中国外国语大学艺术研究院进行深度合作，启动故宫藏老唱片翻录复制项目，旨在使沉默近百年的文物焕发出新的生命，一批深藏宫中的宫廷戏曲文化将随着我国文化外交的开展走向世界。明清宫廷制作技艺研究所与清华大学、美国世界文物建筑保护基金会，文博法治研究所与中国政法大学，藏传佛教文物研究所与法国科学院、西藏自治区文物局，中外文化交流研究所与德国海德堡大学东亚艺术系，都签订了战略合作协议和项目合作合同。研究院与德国博物馆研究院就双方共同开展学术研究的课题进行了磋商，达成了多项共识。故宫学研究所与南开大学历史系、中国社科院历史所、浙江大学等联合培养故宫学专业硕博士生，每年为高校教师培训讲授故宫学的师资，故宫学的系统知识走进了课堂。

　　故宫博士后科研工作站于2013年8月当年批准，设立在研究院之下，解决各研究所的人才需求。到2015年底在站博士后人员共17名，专业覆盖古文献、古书画、宫殿遗址考古、明清宫廷史、文物科技保护等诸多领域。办站两年，年年申请到国家博士后后期资助资金，表明故宫博士后工作站一开始就与国家的需求紧密地联系在一起。

　　开放的视野增强了故宫学人的研究能力，也取得了喜人的学术成绩。故宫出版社出版的《故宫博物院十年论文选2005—2014》是故宫10年学术成果的展示，香港商务印书馆出版的《故宫博物院文物精品集》（10卷英文版）是中国博物馆界首次编辑的大型英文图书，故宫出版社出版的《中国宫廷绘画研究文集》是10年来国内外中国宫廷绘画研究的集中总结，等等。2015年，《故宫博物院院刊》以其传统文化研究的特色在数千家期刊中被中国图书进出口公司评为"中文期刊海外学术影响力前50名"。《故宫学刊》为故宫研究院的院刊，它以文章厚重见长，充分表达学人的学术求证，受到学界的赞誉。《明清论丛》与北京大学历史系合作10余年，以文博与历史相融合，文献与文物互相印证为特色品牌。

　　古文献研究所与长沙简牍博物馆合作整理的"长沙走马楼三国吴简保护与整理"项目，出版了《竹简》［柒］、《竹简》［捌］；领衔主持或独立主持的"新中国出土墓志整理与研究"（二期工程）和《故宫藏殷墟甲骨文整理与研究》均获批国家社科基金资助重大项目，前者已经出版《江苏》［贰］（南京卷）、《陕西》［叁］，后者已完成整理方案论证，可望从2016年起陆续出版。考古研究所专家多年前即代表故宫参与印度喀拉拉邦古文化遗址、景德镇窑址考古发掘，设所之后依然接续。明清宫廷历史档案研究所组织编写的"明代宫廷史"系列丛书，已经出版宫廷典制史等5种；10卷本的《清宫图典》已经完成初稿，可望明年出版。古建筑研究所与故宫出版社联合整理的《北京中轴线古建筑实测图集》即将出版。书画研究所专家主导、参与并成功地举办了90年院庆展览项目——《石渠宝笈特展》及学术研讨会，引发了全社会的巨大关注。藏传佛教文物研究所编辑了《贡嘎曲德寺壁画》和配合"慈宁宫花园"开放展览的《慈宁宫花园》图录。明清宫廷制作技艺研究所整理出了《明清宫廷家具全集》，也即将出版。

故宫研究院成立刚届两年，力主坚持"非建制，不虚名；做项目，出成果；定计划，重实效；有特色，创品牌"的方针，在传统文化精粹汇集的博物馆设立非建制的学术研究机构，没有先例可循，只有在探索中前行，摸索出一条适合博物馆现实工作、具有故宫学术特色的发展道路。

（本文载于《中国文物报》2015年12月15日，署名为单霁翔、郑欣淼）

关于故宫学的再认识

2003年，在故宫博物院将近80年丰厚的学术积累基础上，我们提出了"故宫学"这一学术概念。10多年来，故宫学受到学界的广泛关注与积极参与，大家共同努力，推动着它的建构与建设。这一新生学科按照自身特点与学科规律正在成长，尤其是《2013年度国家社会科学基金项目课题指南》将"故宫史与故宫学研究"列入研究方向，标志着故宫学学术研究和学科发展已进入新阶段。但是，当我们再一次回顾故宫博物院90余年的发展史、学术史和故宫的保护史，聚焦时代风云与紫禁沧桑，其中的曲折与反复、经验与教训，无疑会使我们有新的启发，也对故宫学生发着新的认识。

从故宫的"世界价值"到"世界遗产"的故宫

对故宫价值的深刻认识是提出故宫学的依据。价值是人类评判事物的一种尺度。故宫价值在于它自身所蕴含的历史文化信息。故宫价值是其本身所固有的，是客观的，也是多方面的，但能否对它有全面的评价，则与人们受一定社会历史条件制约的认识水平有关。对于故宫价值的认识，从故宫博物院成立前直到20世纪六七十年代，经历过多次争论或曲折，这是一个反复的、不断提高的过程。

（一）故宫文物藏品是私产还是公产

辛亥革命爆发，清帝逊位，"暂居"紫禁城后廷。民国初年，围绕这些清宫旧藏的所有权问题展开了一场旷日持久的争论和斗争。争论和斗争的过程，也是对这些藏品的性质的认识及赋予新意义的过程，其所有权的最终解决，促成了故宫博物院的诞生。

在帝制时代，整个天下都是帝王的。皇宫里的所有物品，包括文物珍藏，自然都是帝王的财产。民国虽然成立了，但是皇宫、皇室文物与"皇权至上"之间的政治认同并没有消失。1914年，民国政府在紫禁城外朝即三大殿——太和殿、中和殿、保和殿和文华殿、武英殿一带成立古物陈列所，公开展览从奉天行宫（今沈阳故宫）和热河行宫（今承德避暑山庄）运回的珍宝，共约23万件之多。民国政府认为这些宝藏是皇室私有财产的一部分，又由清室派员约同古玩商家逐件审定估价，清室与民国并订立了双边协议。①

对于清宫旧藏是否为皇室财产的争论，开始于20世纪20年代初，这与当时清宫所藏的文物珍宝的流失有关。逊清皇室由于入不敷出，只好靠借债抵押维持。为了还债，筹款的办法之一就是大量拍卖宫中的金银、珍宝、古玩等。②拍卖珍宝仍满足不了所需，还经常拿出一些金银珍宝抵押和变价。例如1924年5月31日内务府就以金编钟、金册、金宝和其他金器为抵押品向北京盐业银行借款80万元，期限一

---

① 庄士敦：《紫禁城的黄昏》，山东画报出版社，2007年，第230页。

② 例如，民国十一年（1922）1月，内务府为此发布公开出售珍宝古物的招商广告："兹因经费拮据异常，现将库存古瓷、玉器、古铜约五百余件，招商出售，藉资补助。凡属殷实商号，有愿承购此项物件者，由一月七日起至十一日止，赴景山西门内务府筹备处检阅详章，交纳保证金一万元，应以本京殷实银行现银元存单为适用，发给估价物类一份，听候定期看物估价。"见中国第一历史档案馆藏溥仪全宗档案一二一六号，转引自叶秀云：《逊清皇室抵押、拍卖宫中财宝述略》，《故宫博物院院刊》1983年第1期。

年，月息一分。①

对于清室拍卖抵押珍宝一事，北京大学研究所国学门委员会1923年9月26日发布公函，表示坚决反对，并认为这些珍宝应由民国政府收回并保管：

> 据理而言，故宫所有之古物，多系历代相传之宝器，国体变更以来，早应由民国收回，公开陈列，决非私家什物得以任意售卖者可比。且世界先进各国，对于本国古代之遗迹古物，莫不由国家定有保护之法律，由学者加以系统的研究，其成绩斐然，有裨于世界文化者甚大，而我国于此，尚不能脱离古董家玩好之习，私相授受，视为固然，其可耻孰甚。……北京大学对于此事，似不能坐视不问，为此函请将此事递交国务会议，派员彻底清察，务须将盗卖主名者，向法厅提起诉讼，科以应得之罪。②

湖北省教育会1923年11月12日致电内务部，要求制止清室出售古物，认为这些古物寄托着立国精神，不能散失：

> 顷阅各报载有清室售卖古物一则，不胜骇异。窃我国与埃及、希腊、印度同为数千年前古国，其文明久为中西所称美。清室之古物，尤为历代帝室递嬗相传之珍秘，并非一代一人所得私有。合全国五千年之文物，集于首都之清室，一涉疏忽，不徒散佚堪虞，即立国精神且将无从取征。……敝会悯文献之失征，痛国粹之沦胥，不揣冒昧，吁恳大部设法妥为保存。并乞提交阁

---

① 溥仪：《我的前半生》，群众出版社，2007年，第111页。此次抵押的皇太后和皇后金册、金宝和其他金册在辗转流徙遗失、变卖或被化为金条，金编钟则逃过劫难，中华人民共和国成立后回归故宫博物院。

② 北京大学国学门研究所委员会：《北大请禁清室盗卖古物》，《申报》1923年9月26日。

议，作为专案，妥筹善后办法，勿使数千年之文物失于一朝。国家幸甚！教育幸甚！①

1923年6月27日，紫禁城建福宫花园大火，此处许多殿堂库房都装满珍宝玩物，火灾的损失是巨大的。亦有舆论指出，所烧毁的是国家的财产，与民族历史有关：

> 自清帝退位之日起，一切主权，已移于民国，则今番千万以上之损失，实民国国家所有之财产也。非但物质上横遭暴殄，而与历史有关之古物尽付一炬，则尤为堪痛也。……宜速将溥仪及其家族为适当之处置，以杜将来祸源，而正中外观听。②

对于清室珍藏的所有权争论，是与其所具有的特殊价值的认识联系在一起的。教育界、知识界有关机构呼吁这些清宫珍藏关乎中国历史文化，是历代相传之物，应属国有。清室的行径，也引起北洋政府的关注和干预。1924年5月3日，总统曹锟派冯玉祥、颜惠庆、程克等10人为保存国有古物委员，会同清室所派会员10人，共筹保管办法：

> 其所决定者，为凡系我国历代相传之物，皆应属于国有，其无历史可言者之金银宝石等物件，则可作为私有。属国有者，即由保管人员议定保管条例，呈由政府批准颁布，即日实行。其属于私有者，则准其自由变卖，此项保管条例已在起草中，大约明后日即可提出讨论，俟通过后，即呈由政府颁布。③

---

① 中国第二历史档案馆编：《中华民国史档案资料汇编（第三辑）·文化》，江苏古籍出版社，1991年，第222—223页。

② 《亡清故宫失火之责任问题》，《京报》1923年6月28日。

③ 《清室古物仍难自由拍卖》，《申报》1924年5月8日。

1924年11月，冯玉祥将军发动北京政变，黄郛内阁修正清室优待条件，驱赶溥仪出宫，组织清室善后委员会，就顺应了时代需要，受到普遍拥护。《修正清室优待条件》第五款规定：

> 清室私产归清室完全享有，民国政府当为特别保护，其一切公产应归民国政府所有。

胡适赞同对清室古物永久保存，收归国有，但他同时认为，此项古物属于清室私产[1]。胡氏将西方法制中保护公民私有财产的思想应用于曾是"普天之下，莫非王土"的前清逊帝溥仪身上，立即引来了知识分子的猛烈抨击。人们普遍认为，政治变革早已使帝制成为历史，因帝制而存在的皇室古物自然应归国有。1924年11月20日，国立八校联席会议专门召开会议集中讨论清室古物保管问题。北京大学代表提议：

> 为保存历史上艺术上级国粹上之古物起见，拟要求公开，以期永远。结果议决：关于清室古物宝器，要求绝对公开，设法完全保管，并开具清单，宣布中外。[2]

不久联合会再次讨论决议：

> 清室古物，于文化上有极大关系，……希望其成立一完全美满之图书馆与博物馆，由国家直接管理，并邀集各机关参加监视，期在公开保存，俾垂久远。[3]

---

① 中国社科院近代史研究所中华民国史组编：《胡适来往书信选》，中华书局，1979年，第271页。

② 《教育界主张公开清室古物八校联席会议议决绝对公开保存》，《顺天时报》1924年11月21日第7版。

③ 《教育界与清室古物无非希望公开保管尚未达到具体办法之机会》，《顺天时报》1924年11月23日第7版。

这一争论的过程，使社会在清宫珍藏上有了共识：其一，在价值上，这些珍藏反映着中华数千年文明，关乎中国历史文化，为立国精神的寄托；其二，在所有权上，这些珍藏为历代帝室递嬗相传，并非一代一人所得私有，因此是国家的财产；其三，在保护方式上，应该设图书馆与博物馆，集中保护。故宫博物院于是应运而生。

（二）故宫文物藏品是逆产还是遗产

故宫博物院的成立，使清宫旧藏的身份、性质发生了根本的变化，它们已成为人民共享的文化财产。但是，这个认识的变化不是一帆风顺的，往往和重大的历史事件或激烈的争辩相伴随。1928年，南京国民政府委员经亨颐关于"废除故宫博物院，分别拍卖或移置故宫一切物品"的提案就很有代表性。是项提案，经亨颐提出了5项理由，其中之二是：

> 皇宫物品为什么要重视？据我的理想，皇宫不过是天字第一号逆产就是了。逆产应当拍卖，将拍卖大宗款项，可以在首都造一所中央博物馆。[1]

故宫博物院同人向社会各界大力宣传：

> 无论故宫文物为我国数千年历史所遗，万不能与逆产等量齐观。[2]

驳斥经亨颐提案之不当，请各界主持保全故宫博物院。张继以"大学院古物保存委员会主席"名义向中央政治会议的呈文，则对经氏提案进行了全面深入的批驳。

---

[1] 吴瀛：《故宫博物院前后五年经过记》卷二，故宫博物院1930年铅印本。
[2] 《故宫博物院开放三天接收委员函请维持该院原案》，《申报》1924年7月14日。

对于经氏"逆产应当拍卖"说，张继反驳道：

> 逆产应否全数拍卖，已成问题。法国大革命，其雄伟之风，激昂之气，迈越往古，为后来各国革命者之先导。然方其拍卖法王室之产业也，亦有"与历史有关之建筑物物品等除外"之令。且故宫已收归国有，已成国产，更何逆产之足言？故宫建筑之宏大，藏品之雄富，世界有数之博物院也，保护故宫，系为世界文化史上尽力。①

尤为重要的，张继文末以世界文化古迹及世界博物馆的宏大视野，指出故宫、故宫文物及故宫博物院的"世界价值"：

> 现欧洲各国，为供历史之参考，对于以前皇政王政时代物品，莫不收罗保存，惟恐落后。即苏俄在共产主义之下，亦知保护旧物，供学者之研究。……一代文化，每有一代之背景，背景之遗留，除文字以外，皆寄于残余文物之中，大者至于建筑，小者至于陈设，虽一物之微，莫不足供后人研究之价值。明清两代，海航初兴，西化传来，东风不变，结五千年之旧史，开未来之新局，故其文化，实有世界价值，而其所寄托者，除文字外，实结晶于故宫，及其所藏品。近来欧美人士，来游北平，莫不叹为大可列入世界博物院之数。即使我人不自惜文物，亦应为世界惜之。②

经亨颐是民主革命者、著名的教育家。他对故宫博物院及清宫旧藏的认识是片面的，这既有以推翻帝制为职志的一些革命者的感情因素，同时也由于对故宫及故宫文物所承载的多重政治文化内涵解读的差异所致。应该看到，当时拥护故宫博物院、认识故宫文物价值的是

---

① 吴瀛：《故宫博物院前后五年经过记》卷二，故宫博物院 1930 年铅印本。
② 吴瀛：《故宫博物院前后五年经过记》卷二，故宫博物院 1930 年铅印本。

多数，但持有经亨颐态度的人相信也不是个别的。

（三）故宫文物藏品是古董还是国宝

1931年日本发动"九一八"事变，第二年秋天故宫博物院即着手进行文物的南迁准备工作。"北平政务会议"却于1932年8月3日做出决定："呈请中央拍卖故宫文物，购飞机500架。"[1]易培基"不胜骇异"，即多方努力，劝阻拍卖行动，终于制止了这一荒唐决定。1933年故宫文物南迁消息见诸报端后，舆论哗然，形成反对和支持两种声音。反对的一个主要原因，是认为大敌当前，政府应首先要保护土地和人民，现在政府却如此重视故宫古物，因为故宫古物是古董，值钱，才要搬迁。故宫第一批文物于1933年2月6日运出北平，鲁迅在这一天的《申报》上发表文章：

> 倘说，因为古物古得很，有一无二，所以是宝贝，应该赶快搬走的罢。这诚然也说得通的。但我们也没有两个北平，而且那地方也比一切现存的古物还要古。……为什么倒撇下不管，单搬古物呢？说一句老实话，那就是并非因为古物的古，倒是为了它在失掉北平之后，还可以随身带着，随时卖出铜钱来。[2]

此时，马彦祥（马衡之子）也化名在天津《益世报》发表了多篇反对南迁的文章，他说：

> 因古物之值钱，结果弄得举国上下，人心惶惶，束手无策，这种现象，想起来实在有点好笑。……要抵抗么？先从具有牺牲

---

[1] 《俞同奎致易培基密电》，载："今早政会召集讨论保存故宫古物办法……议决，各委员签字，呈请中央拍卖故宫古物购飞机"，1932年，故宫博物院档案。

[2] 《崇实》，该文最初发表于1933年2月6日《申报·自由谈》第5张第18版，署名何家干，参阅《伪自由书》，人民文学出版社，2006年，第12—14页。

古物的决心做起！①

故宫文物该不该南迁，争论虽然激烈，但其实质是如何看待故宫文物，即这些文物是一般所谓值钱的"古物""古董"，还是其有特殊的不可代替的价值？故宫文物虽然来自清宫，曾为皇帝个人所有，但"为我国数千年文化艺术之结晶，尤于学术方面关系非浅，即在世界文化上亦占重要之地位"。②"夫故宫博物院、古物陈列所，所藏古物，咸为希世之珍。为本国之文化计，为世界文化计，均宜早为之所，妥为保存③。"故宫文物不是一般的"古物""古董"，而是国宝，是民族的历史文化遗产，它的价值是不可用币值衡量的，这已成为许多人的共识。故宫文物南迁是基于敌强我弱、抗日战争将是一个持久长期过程所做出的决策。政府方面认为，敌人入侵，失掉土地还有收复的可能，唯有文物留在原地不动，只有受毁损的危险，于是不顾一些人的反对，仍然坚持进行迁运。

在整个文物辗转播迁中，故宫同人能够发扬视国宝为生命的典守精神，就是源于对自己所保护的珍贵文物的重大意义，以及自己所担当的神圣责任的深刻认识。正如马衡院长所说：

> 本院西迁以来，对于文物安危原无时不在慎微戒惧、悉力保护之中，诚以此仅存劫后之文献，俱为吾国五千年先民贻留之珍品、历史之渊源，秘籍艺事，莫不尽粹于是，故未止视为方物珍异而已矣。④

---

① 《旧事重提说古物》，《马彦祥文集·话剧论文杂文卷》，文化艺术出版社，1997年，第615—616页。

② 《北平学生抗日救国会致故宫博物院函》，1932年8月16日，故宫博物院档案。

③ 《多齐云致故宫博物院、古物保管委员会函》，1932年8月8日，故宫博物院档案。

④ 《故宫文物西迁档案史料选辑》之二，《国立北平故宫博物院第四届理事会第一次大会记录》（1940年5月17日），《民国档案》2017年第1期。

（四）"艺术性博物院"的定性及其影响

故宫博物院的定性定位很重要，它决定着故宫的文物收藏、陈列展览、学术研究，以及整个工作的重点。1954年4月，故宫博物院试行《故宫博物院整顿改革方案》，确定故宫为"艺术性博物院"，要在普及与提高相结合以普及为主的方针下，首先进行中国艺术品陈列；既要组织好古代文物艺术品的陈列，也要做好宫廷史迹的陈列，在陈列展览工作中要不断提高思想性、艺术性和科学性。[①]

故宫博物院定性的艺术性博物院，直接影响故宫博物院文物的收藏。故宫博物院的文物藏品分为两大部分，一部分为传统的古物珍玩，如铜瓷书画、各种工艺品等，另一部分是与典章制度、衣食住行等有关的物品。为了充实故宫院藏，中央政府高度重视，社会各界也积极支持。20世纪五六十年代，故宫博物院接收政府部门和各地博物馆拨交的文物约16万件（套），其中有许多是流失出去的原清宫旧藏，特别是一批书画名迹。这一时期故宫博物院又从社会上收购了大批书画珍品，接受了社会捐赠的大量珍贵文物。这些古代书画及工艺品的收购与调拨，充实了故宫博物院的收藏。

众所周知，故宫博物院的艺术性收藏是丰富的，但故宫的价值不只是艺术性的，它是一个宫廷历史文化的综合性反映。因此，对博物院艺术性的定位，是对故宫及文物价值认识的偏颇，这在一定程度上对故宫文物管理的完整性带来消极影响，这主要反映在两个方面：

一是在文物与非文物认识上的偏颇，以非文物名义处理的许多物品今天看来仍具有相当价值。20世纪50年代中后期，故宫博物院进行的清理文物、处理非文物、紧缩库房、建立专库的工作，成绩很大，使清宫堆积如山的物品得到认真清理，藏品中玉石不分、真赝杂处的

---

① 国家文物局编：《中华人民共和国文物博物馆事业纪事 1949—1999》，文物出版社，2002 年，第73 页。

状况得到彻底改变。但其中也有教训，即所处理的非文物中，有些仍有独特价值，特别是以年代晚近、材质不好、艺术性差或重复品太多为由处理了不少物品，如乾隆以后的假次书画、宗教画、近代书画，同治、光绪时期的粗制硬木家具，嘉庆后的大量瓷器重复品、民国时期的小钟表、大批八旗盔甲乃至中华人民共和国成立后的国际礼品等，今天从完整保护人类文化遗产的视角看，这些无疑都有一定的文物价值，是反映宫廷历史文化某些方面的实物见证。即使重复品多，也只是就清宫而言，如从全国范围看，又是极其少有的。当然对这些物品的处理，不只是某个部门或少数人的认识，而是当时中国文博界与整个社会文物保护认识程度的一个反映。[1]

二是对艺术类文物与非艺术类文物认识的偏颇，把大量认为不符合艺术性要求的文物划拨了出去，这突出反映在明清档案和图书典籍两个方面。故宫博物院成立后，明清档案一直是重要庋藏。中华人民共和国成立后，又接收和征集明清档案近400万件（册）。1955年8月，故宫博物院"鉴于现有附设之档案馆的重要性，以及档案工作与艺术博物馆事业不相适应"，因与国家档案局协商，"认为将我院档案馆交由国家档案局领导为适宜"，经国家文化部同意后办理了移交手续[2]。典籍图书的外拨也是如此。故宫博物院图书馆长期以来是个重要的业务部门。从1955年开始，故宫将大批珍本典籍及宫廷藏书外拨到北京图书馆、国家档案局，一些省市及大学的图书馆，还有存在柏林寺的完整的18世纪《龙藏》经书版，天禄琳琅图书209种2347册，另有虽非天禄琳琅却系宫廷珍本的宋元明清版书籍及抄本29种509册等。[3]

---

① 《故宫博物院的文物清理》，郑欣淼：《故宫与故宫学》，紫禁城出版社，2009年，第117—118页。

② 《故宫博物院档案馆移交国家档案局的拟议》（1955年8月2日），故宫博物院档案。

③ 《拟将院藏天禄琳琅等书籍拨给北京图书馆报请批示》（1958年10月29日），故宫博物院档案。

（五）"故宫革命性改造"的方案

因受时代背景及政治文化等因素影响，对于故宫价值的认识在中华人民共和国成立初期也曾出现过反复。1949年1月16日，毛泽东主席专门致电平津前线总前委林彪，就保护北平文化古迹问题做出指示："力求避免破坏故宫、大学及其他著名而有重大价值的文化古迹。"①但是，在1958年至1959年间，受极左思潮的干扰，故宫古建筑保护曾一度面临严峻的危机。

1958年10月13日，根据北京市委主要领导和市委要求故宫博物院在国庆10周年前完成大革命的指示，北京市文化局党组提出了一个对故宫"进行革命性改造"的报告。报告对故宫的现状和问题进行了分析，认为"过去由于清规戒律的限制，不准动原状，不准用灯光，各次陈列迁就主要宫殿，分散零乱，多而不精，参观极不便利。而且对封建落后的陈迹不能大力铲除，保留得过多。房屋及环境的清除整理，阻力更大，至今未能脱出残败零乱的现状。库房虽然积极清除了100多万件非文物，但尚远不彻底"。需要"坚决克服'地广物稀，封建落后'的现状，根本改变故宫博物院的面貌"。报告随后提出两个改革方案，第一个方案："是将紫禁城内前后两部分划分为二，后半部从乾清门后由故宫博物院办陈列，前半部分交园林局建设成为公园。这样博物院的陈列成一线，可以大大精干，在紫禁城东西后部开辟两个便门后，故宫可以四通八达，参观便利。"第二个方案："是按第一方案多保留从太和门起三大殿及两庑中间主要宫殿，此外交园林局管理。"②

1959年6月15日，中共北京市委文化部向中宣部报送了对故宫博物院"地广物稀、封建落后"情况进行适当改革的方案。1959年6月22日

---

① 《中央军委关于保护文化古城问题的指示电》（1949年1月16日），载《北平和平解放前后》，北京出版社，1988年，第40页。

② 《关于故宫博物院进行革命性改造问题的请示报告》，1958年10月13日，故宫博物院档案。

中宣部部长办公会议否定了这个方案，中宣部部长陆定一在会上说：

> "故宫改革方案文件的精神要整个考虑一下。……我们就是要保留一些封建皇帝的东西。不然的话不能古为今用。新中国成立后几年以来，人们对故宫的兴趣越来越少，恐怕是因为故宫改的多了，应该再恢复一些。""什么是精华？什么是糟粕？文件中的提法值得考虑，我看冷宫应算精华，而不是糟粕。""我们对故宫应采取谨慎的方针，原状不应该轻易动，改了的还应恢复一部分。""故宫的性质，主要应该表现宫廷生活，附带可搞些古代文化艺术的陈列，以保持宫廷史迹。""讲解说明要实事求是地讲清这些史迹即可，少说一些标语口号。""关于故宫藏品的清理，不要忙于进行，外面向故宫来要东西的先压一压，不必有求必应，大量外调。仓库不够可另搞一些，仓库要现代化，以免藏品受损失。关于房子改造问题，小房、小墙可以拆一些，但要谨慎。马路可以宽一些，这是为了消防的需要，不是为了机动车进去。故宫就是要封建落后，古色古香。""故宫的方针，第一条是保持宫廷史迹，使人能详细地、具体地了解宫廷生活；第二条才是古代文化艺术的陈列。"①

改造方案没有获得批准，故宫避免了一场灾难。陆定一部长的指示表明，在这一狂热思潮面前，在关键时刻，我们党的有关领导对于故宫价值和故宫保护的认识是深刻的，态度是鲜明的，从而坚决有力地制止了可能出现的错误。此后也还出现过类似的改造故宫的设想，也都没有产生多大影响。

以上围绕故宫、故宫文物、故宫博物院发生的争论或其他问题，反映了在故宫价值认识上的曲折历程。经验和教训都是宝贵的财富。

---

① 《陆定一同志对故宫博物院改革方案的意见》，1959 年 6 月 22 日，故宫博物院档案。

一方面，坚持唯物史观，清除极左思潮影响，认识到故宫不等于封建主义，它是中国传统文化精神的物质载体，体现了中华文明的精华，故宫文化与当代文化建设也有着深刻联系。另一方面是文物保护理念的不断提升。如对文物概念的认识，从具体的"古玩""古物"到一切历史文化遗存的拓宽，从可移动文物到不可移动的古建筑的重视，从有形文化遗产到无形文化遗产的发展，从保护文物本体到同时重视保护它的环境等，都是不断拓展、逐步提升的。

正是有了这个过程、这些曲折，我们才逐渐认识到，故宫作为一个巨大的稀世之珍，囊括了古建筑、可移动文物及非物质文化遗产等形式。故宫的价值，体现在故宫是一个文化整体，即故宫遗产价值是完整的，不可分割的。对此，可从空间和时间两个方面来认识。从空间来看，紫禁城的千门万户，院藏的各种文物，以及宫殿与文物藏品后面曾发生过的人和事，种种秘辛内幕，宫廷的文化生活，是一个立体的、鲜活的、生动的统一体。从时间来看，故宫藏品虽为清宫旧藏，但其中文物包括了中国古代文化与艺术的各主要门类，反映了5000年的中华文明史；那些反映典章制度和宫廷生活的宫廷文物，则有着独特的历史文化内涵和认识作用。因此，故宫成为中国传统文化最有代表性的象征物，就像金字塔之于古埃及、雅典卫城神庙之于古希腊一样。"宫"与"院"合一的故宫博物院也因此成为一座同时兼具宫廷史迹、古代建筑、古代艺术和清宫藏书档案几大特性的博物馆，是世界上极少数同时具备艺术博物馆、建筑博物馆、历史博物馆、宫廷文化博物馆等特色且符合国际公认的"原址保护""原状陈列"基本原则的博物院和文化遗产。

1987年，故宫被列入《世界遗产名录》。根据2011年世界遗产第二轮定期报告要求的对遗产突出普遍价值表述的调整，故宫的突出普遍价值为[①]：北京故宫是我国古代宫城发展史上的最高典范。它为中

---

① 第36届世界遗产委员会会议文件 WHC–12/36.COM/8E。

国古代社会的后期发展，特别是礼制文化和宫廷文化提供了独特的见证。在建筑群体布局、空间序列设计上，它传承和凝练了轴线布局、中心对称、前朝后寝等中国古代城市规划和宫城建设传统特征，成为中国古代建筑制度的典范。其宫殿建筑技术与艺术反映了中国古代官式建筑的最高成就，对清朝入关后200多年间的中国官式建筑产生了广泛的影响。宫内的宗教建筑特别是一系列的皇家佛堂建筑汲取了丰富的民族文化特色，见证了14世纪之后满、汉、蒙、藏等民族在建筑艺术上的融汇与交流。同时，它所拥有的上百万件的珍贵皇家藏品、皇家生活用具，以及大量古代工程技术的文字、图纸、烫样等档案等载体，见证了中国明清时期的宫廷文化和典章制度。

从"完整故宫保管"到故宫的"完整保护"

保护故宫是故宫博物院的重要任务，故宫保护研究也是故宫学的题中应有之义，对于故宫保护的认识与实践，也有一个过程。

1925年故宫博物院成立，当时只有故宫的后廷部分，前朝三大殿部分为古物陈列所所用，所以李煜瀛理事长书写的"故宫博物院"石匾，也只得安置于神武门。故宫应该统一管理，完整保护，1930年，国立北平故宫博物院理事会以理事蒋中正领衔，12位理事签名，向行政院呈送了一份"完整故宫保管"的提案：

> 为完整故宫保管，俾全变为文化古迹，以正观听而利处置事。缘满清既覆，封建告终，本应将中华门以内至于景山所谓禁城或曰皇宫者，整个的废置为博物院，使夷入古迹之列，止供游观者为历史上之凭吊。乃民国十三年以前，因溥仪盘据内宫，故将外廷暂由内（政）部保管，然阙仍名阙，殿仍为殿，自所应当而未予以博物院之总名，至一般人尚有皇居之观念。虽如袁世

凯之悖逆，竟欲修整太和殿，妄思称帝，因属例外，然以有司典守，不正其名称，终淆观听。幸十三年冬间逐出溥仪，将内宫正名为博物院，且属诸文化机关独立保管，而观念为之一清。惟因频年多故，未遑将殿廷并合，不但保管歧出，欲整理为博物院之形式，诸感困难；而且游观之人，以为殿廷仍属有司，一若将有待行民国典礼之用，观听难免淆杂。本理事会屡加讨论，并以此意商告内（政）部要人，亦邀赞许，故今呈请钧院核议，伏求准请国府令行内政部，即将故宫外廷保管之权转移故宫博物院，使故宫博物院之牌额得悬张于中华门外，则观听正而处置为博物院之形式，亦可整个计划完全实现。①

呈文并附具办法两条，一是"将中华门以内直至保和殿所有一切庙廷向归内政部保管者，由故宫博物院接收，合并内宫一同保管"。二是故宫博物院接收外廷后，古物陈列所的文物，来自沈阳故宫的仍移归沈阳故宫，非沈阳的文物将来移送首都另设博物院，可暂借外廷原处陈列。

1930年10月21日，行政院第91次会议议决：

故宫博物院门额不必悬中华门，余照通过，由行政院备案。②

10月25日，行政院指令，批准"完整故宫保管计划"提案，同意将设在紫禁城的外朝的古物陈列所与故宫博物院合并，将中华门（即大清门，在天安门外，今已拆除）以内至保和殿直至景山，以及大高玄殿、太庙、皇史宬、堂子等处一并归入故宫博物院，一同保管。11月各有关方面会同办理古物陈列所归并故宫博物院之事宜。11月

---

① 故宫博物院 1930 年档案。

② 故宫博物院 1930 年档案。

15日，院方会同内政部及卫戍司令部、公安局各机关办理接收古物陈列所手续完毕（但实际各项管理仍因旧贯，因多种原因，尚未真正合并）。[①]是年4月，接管景山，辟为公园，并整修绮望楼为考古学演讲厅。12月1日，接收太庙，并悬挂"故宫博物院太庙分院"匾额。"完整故宫保管"的意愿在抗日战争胜利后终于真正实现。民国三十五年（1946）12月3日，行政院决议，故宫博物院改隶行政院，古物陈列所归并故宫博物院，古物陈列所留存北平文物（88202件）及所辖房屋馆舍，拨交故宫博物院。民国三十七年（1948）3月1日，古物陈列所正式并入故宫博物院。故宫院区从此完全统一，格局乃臻完整。国民政府行政院1947年10月15日正式公布修订的《国立北平故宫博物院组织条例》，其中第一条为：

> 国立北平故宫博物院直隶于行政院，掌理旧紫禁城全部并所属天安门以内及大高殿、清太庙、景山、皇史宬、清堂子等处建筑物及古物、图书、文献之整理、保管、展览、流传事宜。[②]

从中华人民共和国成立初期一直到"文化大革命"，党和政府对故宫保护与故宫博物院的建设是十分重视的，给予了极大支持，但由于对故宫的认识及对博物院定性的偏颇，特别是极左思潮的干扰，使故宫的完整保护及古建筑的真实性、完整性受到影响，这主要反映在四个方面：

一是原属故宫博物院管理的明清皇家建筑物的划出。主要是太庙、景山与皇史宬，它们与紫禁城有着密切的关系。1950年1月，政务院总理周恩来提议将太庙改建为劳动人民文化宫，经最高国务会议通过后，于1950年4月30日由北京市总工会主持建太庙为劳动人民文

---

① 故宫博物院编：《故宫博物院八十年》，紫禁城出版社，2005年，第44—45页。
② 故宫博物院1947年档案。

化宫。①其中的文物运回故宫博物院保存，故宫图书馆太庙分馆关闭。对于太庙改为文化宫，王冶秋、马衡等都是不赞成的，他们并不是坚持太庙应由故宫博物院管理，而是认为把皇室宗庙充作文化场所是不合适的。"为保护古建筑记，似以成立博物馆为宜。总工会竟以之充作工人俱乐部，私意未敢赞同也。"②其实在1949年后半年，当时的主管部门曾拟将太庙改为博物馆，并做了一些准备工作。由于太庙历史上庄严肃穆的性质，因此，1950年10月27日，中共中央在太庙即劳动人民文化宫为任弼时举行追悼会。以后，有的中国共产党和国家领导人逝世，也曾于太庙前殿停灵及举行公祭。③1950年6月景山恢复开放，关闭后的太庙图书馆亦移至园中绮望楼开放。1950年11月，景山整个建筑拨交解放军卫戍部队使用。1955年3月，景山由北京市园林处接管。1955年8月29日，国家文化部文物局指示，将景山公园寿皇殿院内全部建筑，交北京市少年宫使用。1955年8月，随着故宫明清档案划归国家档案局，皇史宬也一并划归；1969年皇史宬又随这批档案回到故宫；1980年再一次划归国家档案局。

二是一些古建筑的拆除给故宫完整性带来了不可挽回的损失。中华人民共和国成立初期，因故宫院内清理及消防需要做了一些拆除。

---

① 北京市地方志编纂委员会：《北京志·市政卷·园林绿化志》，北京出版社，2000年，第103页。

② 《马衡日记》1950年1月7日："太庙之改为革命博物馆，在半年前已由高教会文物处妥拟办法。文化部既成立文物局，又重申前议，编造一九五〇年概算，从事筹备。乃日前总工会于政务院召开房屋调配委员会之际，由周总理亲自主持，竟通过议案，将太庙移交总工会，作为劳动宫。王冶秋奔走数月，谓此案已无可挽回。查太庙建筑已有五百年历史，为保护古建筑计，似以成立博物馆为宜。总工会竟以之充作工人俱乐部，私意未敢赞同也。今日为文物界工会庆祝成立晚会，余以畏寒，只得请假。晚会前赴团城与冶秋长谈。"又1950年2月27日："诣太庙看迁徙情形。中殿金漆龛坐甚壮丽，暂不拆迁。东庑有天坛及堂子移来之物。闻总工会渐知不甚合用，颇有悔意，不知能有转圜余地否？"《马衡日记附诗钞——一九四九年前后的故宫》，紫禁城出版社，2006年，第107—108、116页。

③ 北京市地方志编纂委员会：《北京志·市政卷·园林绿化志》，北京出版社，2000年，第103页。

1958年，故宫博物院下放北京市文化局管理。在当时的特殊形势下，故宫博物院在有步骤地实施古建维修整理的同时，也着手计划改建工程，预备对院内一些不能体现"人民性"的"糟粕"建筑进行清理拆除。1958年12月，故宫博物院向北京市文化局提交了《清理糟粕建筑物计划和59年第一批应拆除建筑物的报告》，其中说明对院内各处残破坍塌及妨碍交通道路、妨碍地下水道之小房及门座等建筑，需即行拆除。文化局对此份报告批准同意，并明确提出要求：

> 能暂时利用者，可不拆除；对过去宫廷仆役（太监、宫女等）所住房屋及值班房等，选择几处有典型性的加以保留，并标出文字说明，以便和帝王奢侈生活进行对比，向观众进行阶级教育；拆除室内墙时，应注意建筑物的安全；能用材料，拆除时应注意保护，拆除后应妥为保存和利用；拆除的建筑物应照相留影。

随着此计划执行，绛雪轩罩棚、养性斋罩棚、集卉亭、鹿囿、建福门等一批"糟粕"建筑，于一年之内被拆除。[1]

1966年"文革"的风暴也在故宫博物院内刮起。当时在故宫城隍庙内的文物出版社印刷厂珂罗版车间的工人，向故宫领导提出搬掉城隍庙的泥塑神像[2]，故宫博物院领导鉴于当时形势，经请示上级批准后拆除了城隍庙泥塑神像11个，泥塑马1对。[3]

三是新增建筑物破坏了故宫的整体风貌和格局。1974年以故宫生活用房的名义添建了高度超过16米的5栋楼房，俗称"屏风楼"。因建

---

[1] 李盛来：《悉心经营辉煌永驻——古建中的大工小修》，《紫禁城》2005年第5期。

[2] 署为"文物出版社珂罗版车间全体工人"的大字报抄件，1966年7月15日，故宫博物院档案。

[3] 《拟同意除掉文物出版社印刷车间泥塑神像11个的请示》，1966年8月2日，故宫博物院档案。

楼的需要，还拆除了西华门两侧城墙的马道，对古建筑造成了破坏。更严重的是，"屏风楼"位于故宫博物院内，从风格和内涵上与故宫博物院古建筑极不协调，严重破坏了故宫的整体风貌和格局。

四是对古建筑的人为的不恰当改变影响了故宫的真实性。故宫一些古建筑的格局、装饰和建筑材料，甚至构造，由于种种原因改变了原状。例如，钦安殿前原有抱厦被拆除；熙和门、协和门的东西庑房和坤宁门东板房原后檐柱不知何时、何故被撤去，威胁建筑安全；乾清宫东西庑房的支摘窗改为现代玻璃窗；故宫一些室外青砖地面改为水泥砖地面；等。还有一些改变是为了陈列展览的需要。1914年古物陈列所成立，武英殿、文华殿内部就改建成适合展览的场所。后来为了扩大展室面积，保和殿东西庑房的外廊被取消。1966年11月，为了展出著名的泥塑"收租院"，工字形的奉先殿被改建成了方形大殿，拆除了奉先殿前的"焚帛炉"[①]。1972年，慈宁宫大佛堂近3000件文物被运往洛阳，宫内的整个结构、设施被拆除一空。

故宫博物院建院初期提出的"完整故宫保管"计划，是基于故宫同人对故宫价值的深刻认识，最初着重于完成故宫古建筑和文物藏品的完整保管。从博物院成立一直到抗战胜利后，为争取故宫的完整性，故宫博物院经过不懈的努力，最终实现了完整故宫保管的格局。多年的探索，特别是世界文化遗产理论与实践的启示，完整故宫保护逐渐成为一种理念并得到不断提升。完整故宫保管理念的核心，就是故宫价值的完整性保护。这种完整性是由故宫价值的整体性所决定的，其整体性包括物质层面和非物质层面的完整性。故宫本身就是个"大文物"，即凡是能够反映宫廷历史文化的遗迹、遗物，都是故宫遗产的一个部分，都要重视，都要保护；或者说，清宫的所有遗存，没有不是文物的，都需要完整地保护。故宫的空间是完整的，它不能只有后廷而没有前朝，也不能只有孤立的一个故宫而没有与其关系极

---

① 故宫博物院 1966 年档案。

为重要的其他一些皇家建筑物；故宫的文物也是一体的，它既包括历代相传的艺术珍品，还包括明清两代相延累积的宫廷遗迹、陈设及物品。故宫文物本体要保护，故宫的人文历史环境也应该得到完整的保护。"完整故宫"体现了故宫人守护民族文化遗产的责任感，也成了故宫保护工作的一个理念。"完整故宫"理念转化为一种力量，促使故宫博物院在古建筑保护及文物管理、博物馆建设等方面，都尽其所能，做了大量的工作：

一是恢复故宫建筑整体格局的努力。"完整故宫"的理念，必然要求全面恢复故宫建筑整体格局和历史原貌。由于历史原因，故宫院内外的一些文物建筑被外部单位长期占用，有的达数十年，严重影响了故宫的完整性；有些建筑未得到有效保护，状况很差，已成危房。自20世纪90年代以来，院内外坚持不懈，多方努力，克服困难，取得显著成效。大高玄殿、端门、御史衙门、雁翅楼、宝蕴楼等建筑物先后收回，不仅对故宫的完整保护有着重要意义，也极大地拓展了故宫博物院的文化空间，为更好地服务社会提供了契机。

二是在古建筑维修中坚持"完整保护、全面维修"的指导思想。2003年，故宫开始举世瞩目的百年大修工程。制定了《故宫保护总结规划大纲（2003—2020）》，遵照文物工作方针，对故宫的保护与利用进行了科学、合理的统筹策划，国家文物局根据国务院办公厅要求，批复了大纲。10多年来的故宫维修工程，坚持大纲要求，进展顺利，达到预期效果。例如，保护故宫真实性和完整性，必须坚持"不改变文物原状"的总原则。故宫大修中，采取具体问题具体分析的方法，对每一座建筑物的修缮，都是仔细审慎地实测、研究，从而确定维修方案。其中最重要的，是最少干预，尽最大可能保存原构件并尽可能地多保留原有建筑历史信息。故宫修缮过程中，与文物"原状"关系最大的是木结构材料、琉璃瓦与建筑彩画三个方面，故宫对此进行了认真的探索与实践，较好地解决了遇到的问题，积累了经验。为了保持故宫的真实性，对后代人为的不恰当改变做了修复。例如，保和殿东西庑房通过维修，恢复了外廊格局；钦安殿前原有抱厦被拆除，但是档案中还有20世纪中期的实测图，依据充分，因此加以修复；被撤去的协和门、熙和门的东西庑房和坤宁门东板房原后檐柱，经过论证加以修复；乾清宫东西庑房外装修把现代玻璃窗恢复为支摘窗；故宫一些室外改为水泥砖地面的，现已逐步用传统青砖替换修复。又如，太和殿的外檐旧彩画是20世纪50年代末所绘，已经非常陈旧，而且按照今天的认识，当时的彩绘并没有完全尊重历史原状。这次经过多方研究论证，确定了按照太和殿内檐彩画（康乾时期）复制外檐彩画的维修方案。复制按照传统工艺技术操作，彩画色彩丰富，龙纹饱满，与维修后的整个太和殿，表现了恢宏富贵的皇家气势等艺术特征。

三是对非物质文化遗产的保护。从"文化整体"看待故宫价值，既有物质文化遗产，也有非物质文化遗产。故宫不仅有规模宏大的古建筑与180余万件的文物精品，还保存了中国古代特有的官式古建修造技艺以及许多传统手工技艺——传统文物修复复制技术。其中包括古书画的装裱与修复、青铜器的修复与复制、宝玉石的雕刻与镶嵌、传世漆器与木器的修复、古书画临摹复制技术、古钟表的修复技术、囊匣的制作技术、古建修缮技术等。这些技术，都有着上百年的历史，有的历史甚至更为悠久，是经过世代相传，在不断完善和发展中形成的有着完整工艺流程的技术，具有中国鲜明的传统风格。它们大多是在"故宫"这个特殊环境下完善和发展的，是具有故宫特色的"非物质文化遗产"。这些非物质遗产既是保护故宫及其文物藏品的重要手段，也是故宫文化的重要组成部分。从2007年以来，已有故宫"官式古建筑营造技艺""古书画装裱修复技艺""古书画临摹复制技艺""青铜器修复及复制技术""古代钟表传统修复技术"列入国家级非遗名录项目。故宫这些传统工艺技术都有着清晰的传承脉络。故宫博物院珍视这些工艺技术，对其进行着有效保护，并重视传统工艺与现代技术的结合。

从"纯粹的学术性质"的故宫
到"学术故宫"的建设

　　故宫是一座博物院，也是一个学术机构。故宫及其珍藏是一个巨大的文化宝库，也是一门待开发研究的学术沃土。故宫博物院的创始者敏锐地认识到了这一点。当年李煜瀛在主持组建"办理清室善后委员会"时，就主张"多延揽学者专家，为学术公开张本"，又提出故宫"学术之发展，当与北平各文化机关协力进行"①。故宫博物院从一开始，就定位为一个学术机构。

　　故宫博物院的学术基础及学术风气的养成，与北京大学国学门有很大关系。北大国学门的一批学人不仅参与了故宫博物院的创建工作，而且把北大的学术风气、研究经验带到了故宫。尤为难得的是故宫博物院为他们提供了更为广阔的发挥学术研究能力的舞台。成立于1922年的北大研究所国学门，被认为是中国第一个严格意义上的现代学术科研机构，其宗旨为"整理旧学"，即用所谓"科学"的方法对中国传统之学进行研究。国学门主任由沈兼士担任，机构包括委员会、三室（登录室、研究室和编辑室）和五会（档案整理会或明清史料整理会、古迹古物调查会或考古学会、歌谣研究会、风俗调查会和方言调查会），由国学门的委员、助教和干事分别担任相应职务。委员会委员有：蔡元培、顾孟余、沈兼士、李大钊、马裕藻、朱希祖、胡适、钱玄同、周作人、蒋梦麟、皮宗石、单不庵、马衡、周树人、徐旭生、张凤举、刘复、陈垣、李宗侗、李四光、袁同礼、沈尹默。

　　国学门委员会中的多数委员参与故宫博物院的组织管理及学术研究等工作。例如，组建于1924年的办理清室善后委员会，连同委员长

---

① 李煜瀛：《故宫博物院记略》，《故宫周刊》1929年总第2期。

共15人，其中5人为北大教授或国学门委员会委员，分别是李煜瀛、蔡元培（蒋梦麟代）、俞同奎、陈垣、沈兼士。再如，成立于1925年的故宫博物院，多位重要领导来自北大国学门委员会，例如秘书长李宗侗、古物馆副馆长马衡、图书馆副馆长袁同礼等等。又如，初建于1929年、重建于1934年的故宫博物院专门委员会，聘任了多位国学门委员会委员，例如易培基院长聘任的专门委员陈垣、朱希祖、沈尹默、刘半农（即刘复）、马裕藻以及马衡院长聘任的通信专门委员沈尹默、钱玄同、朱希祖和特约专门委员陈垣等等。

20世纪30年代是故宫博物院在中华人民共和国成立前发展的黄金时期，一大批民国知名专家学者聚集故宫，从事文物整理、鉴定、保管及研究工作，并逐渐形成了公开、开放的学术氛围和研究传统，也使故宫成为一个著名的学术机构。这一阶段前期，主要是清点宫藏文物、文献，出版公布文物、文献档案资料，进行简单陈列。后期则是保管南迁文物。这在当时学术界和社会上影响都非常大。明清档案的整理研究，是当时"整理国故"的重要组成部分，不仅对推动明清史研究起了重要作用，而且成为确立现代学术的一个契机，在中国传统学术向现代学术转变过程中有着重要意义。[①]中国学界对此也有深刻的认识。诚如著名学者李济所评述，"查原有之故宫组织，为一纯粹的学术性质，其行政机构亦偏重于此类功能"[②]。

从20世纪50年代开始，故宫博物院先后调进了一批文物研究、鉴定和修复方面的专家学者，其中一些人在社会上已有相当影响，有的则是某一行业享有盛誉的大家，如沈士远、唐兰、王以坤、徐邦达、刘九庵、孙瀛洲、耿宝昌、罗福颐、王璞子、顾铁符、于倬云等。算上参与故宫博物院创建以及早期进入故宫的单士元、欧阳道达、单士

---

① 郑欣淼：《故宫博物院学术史的一条线索——以民国时期专门委员会为中心的考察》，刊于《故宫博物院院刊》2015年第4期。

② 李济：《受管理中央庚款董事会委托调查抗战时期故宫古物搬运存放情形报告书》，1938年11月10日，本资料为李光谟先生提供，特致谢忱。

魁、张德泽等，再加上20世纪40年代后期进入故宫博物院的朱家溍、王世襄、郑珉中、马子云、冯先铭、陈万里等。一时名家会聚，人才辈出，不仅有力地推进着故宫的整体工作，而且为故宫学术的发展创造了良好的条件。可以说，故宫学的萌蘖则始自故宫博物院的成立，尔后随着以故宫博物院为主体的研究队伍的不断扩大，研究成果的不断涌现，为这门学科的形成打下了良好的基础。这是故宫博物院学术由自发到自省再到自觉的过程。

故宫学术研究虽然已有了相当的基础，仍存在着两个明显的问题：第一，学术研究的碎片化。故宫研究的材料虽然十分丰富，但以前的许多研究是在不同领域中进行的，就文物研究文物，就建筑研究建筑，而没有注意把文物、古建、文献档案等看作一个不可分割的整体，没有从更为广阔的视域挖掘、认识所研究的具体对象的价值与意义。第二，研究方法的单一化。随着时代发展，其他学科都在发展中努力打破学科界限，产生新的研究成果。故宫的科研工作也要求重视对实践工作从理论上进行探索和总结，要求站在一定的学术高度来审视自己所从事的具体工作。但实际存在着学术视野不够宽阔、知识结构仍有欠缺、研究方法比较单一、必要的相关理论不足等问题，从整体上影响着故宫研究的继续深入和重大成果的出现。

基于故宫博物院的学术使命及研究状况，我们将故宫学作为一个明确的学术概念予以提出，并进行了长期不懈的理论探索和实践尝试。故宫学关于打通学科界限的要求正是帮助研究者总结实践经验、提高理论认识的基本方法，它将开拓人们对单体文物研究的思路，进入哲学化的思维方式即强调联系与发展，进入美学化的思维方式即导向审美与评赏，进入历史化的思维方式即注重社会与背景。这就要求整合研究力量、规划研究方向和重点、消除薄弱环节、提高研究水平，加强故宫学学科建设，构建故宫学学科体系。这种转型是在继承与发扬优良学术传统等基础上的转型，是向更高层次、更高境界的提升。

2005年至2009年间，故宫博物院从院藏文物资源特点及学术研究优势出发，陆续成立古陶瓷研究中心、古书画研究中心、古建筑保护研究中心、明清宫廷史研究中心、藏传佛教文物研究中心5个研究中心，设立古陶瓷保护研究国家文物局重点科研基地，为国内外专家学者开展合作性课题研究提供了一个"开放、流动、联合、竞争"的学术平台。同时，通过签署战略合作协议、合作开展文物保护项目和科研课题项目、合办学术会议、合办学术刊物、联合办学等方式，全力拓展与国内外知名博物馆、高等院校、科研院所及其他学术机构的学术交流与合作，拓宽学术研究的视野与渠道，并在数字故宫和信息技术方面、文化遗产保护方面、陶瓷考古发掘和藏传佛教艺术研究和保护方面，以及培养人才方面取得了明显的成绩。

2012年单霁翔主政故宫博物院，在着力抓好"平安故宫"建设的同时，也十分重视故宫的学术研究，重视故宫学发展，重视"学术故宫"的建设。2013年10月，单霁翔院长筹划的故宫研究院宣布成立，这是"学术故宫"建设的有力举措，也标志着故宫学研究进入新的阶段，在故宫博物院学术史上有着重要的意义。故宫研究院是故宫博物院设立的学术研究与交流的非建制机构，是以故宫研究院为基本力量，吸纳故宫博物院学术人才，会集国内外知名专家学者，共同搭建的开放式高端学术平台。故宫研究院以创建"学术故宫"为宗旨、以服务"平安故宫"为指针，引领学术发展，制定科研规划，考评学术成果，实现故宫学术研究、人才培养、学术出版和对外交流等事业的可持续发展；以"科研课题项目制"为基点，创新管理模式，努力发展成为国家级重大科研课题项目学术基地和故宫学研究的中心。

截至2016年7月，故宫研究院下设1室15所，即研究室及故宫学研究所、考古研究所、古文献研究所、明清宫廷历史档案研究所、古建筑研究所、宫廷戏曲研究所、明清宫廷制作技艺研究所、文博法治研究所、书画研究所、陶瓷研究所、藏传佛教文物研究所、中外文化交流研究所、中国画法研究所、宫廷园艺研究所、书法研究所，在故宫博物院初步形成覆盖全面、专业突出和梯次完备的学术团队。其中研究室、故宫学研究所为建制单位，其他14个研究所都是非建制单位。故宫研究院成立以来，以其开放的学术胸襟、创新的机制接纳国内外学术界热心于故宫学术研究的人才，且与院内的专家学者共同构建高端学术研究平台。

故宫研究院成立后，积极吸纳高端人才，加强学术梯队建设。故宫研究院聘任专家分两类，一类属顾问型，德高望重、学养深厚，在国际上具有领军作用的学界泰斗，负责对故宫学术发展建言献策，参与学术评判。如香港中文大学教授饶宗颐被聘为荣誉顾问，中国工程院院士傅熹年研究员，著名古文献专家李致忠研究馆员和德国海德堡大学科学院院士、著名汉学家雷德侯教授，英国牛津大学前副校长杰西卡·罗森女勋爵受聘为故宫研究院顾问，开启故宫研究院与学界顶级学者合作的历程。另一类是项目型，学界精英和技术骨干，能够担当起项目任务，也被聘来加入项目团队。"故宫藏殷墟甲骨文整理与研究"项目即根据需要，特聘请台湾学者和擅长传拓手艺人以项目专家的身份参加该项目。

2013年8月获批设立的故宫博物院博士后科研工作站，作为首批文博系统博士后工作站之一，使故宫跻身高端学术人才培养基地的行列。目前在站博士后人员17名，研究专业方向涵盖了考古、古建筑研究、文献整理、宫廷史、工艺史、文保科技、古代书画鉴藏史研究、古窑址调查、宫廷戏曲研究等方面。2015年6月，全国博士后管理委员会批复，同意故宫博物院提前一年半独立招聘博士后研究人员，博士后管理与发展从此迈上新台阶。

探索故宫学的认识及启示

（一）坚持进步的观念与思维的创新

世界是由观念支配的。观念就是视野、理念、思路、方法等，观念就是指导思想，就是力量。观念作为一种力量，不仅影响了政治，而且影响了人类文明的每一个领域，如艺术、文学、经济和社会风俗等等。在这些观念中，进步观念的意义最为重大，产生的影响也最为深刻。进步观念与人们的价值取向相联系。然而，这一观念却是在经历了漫长而曲折的历程之后才终告形成的。伯瑞认为，进步的观念是一种对人类的终极关怀。正是有了这种关怀，才使我们满怀信心地为了现世的完美与后世的幸福而努力。①

历史实践表明，如何看待故宫价值，从根本上说是一个与历史观、政治观、文化观等相联系的观念问题。观念有进步与落后之分。我们每次读到20世纪20年代故宫前辈对故宫价值的阐述，以及对故宫博物院在世界博物馆中崇高地位的肯定时，都会感动不已，这不是灵光一现的神来之笔，也不是故作高蹈的惊人之语，而是基于世界文化视野的科学评判，符合社会历史发展的价值取向。当那些围绕它的激烈论争与奇谈怪论已化为历史烟尘时，它仍然闪烁着光芒。这就是进步观念的力量。从故宫的"世界价值"到"世界遗产"故宫，说明一个重要的进步观念成为共识需要如此曲折的过程；当然，"世界遗产"故宫观念在今天有着更为丰富的内容，这说明观念是随着历史的发展而不断完善、不断丰富的。

接受和坚持进步的观念就要解放思想，敢于打破常规，善于另辟蹊径。例如我们提出"大文物"观念，就是要突破传统的文物观念，全面认识故宫文物藏品的价值。从这一观念出发，凡是能够反映宫廷历史文化的遗迹、遗物，都是故宫遗产的一部分，都要重视，都要保护；或者说，清宫的所有遗存，没有不是文物的。为什么要提出"大文物"？因为故宫有为数不少的宫廷历史遗存和遗物，过去长期不被作为文物对待，或仅列为"文物资料"，有的甚至被处理掉，其原因主要是考虑到这些遗存遗物缺乏艺术性、不完整性、重复性、时代晚

---

① ［英］约翰·伯瑞著，范祥涛译：《进步的观念》，上海三联书店，2005年，第1页。

近性、材质普通性等问题。今天，如果我们不把故宫仅仅看作一个藏宝之所，而把它作为一个特定时期的完整的文化体来看待，把它放在中华文明的发展历程中来看待，它的一砖一瓦一草一木就都没有多余的，既是典章制度和宫廷生活的载体和反映，也蕴含着丰富生动的内容和故事，因此就有了重要的历史文化价值。

又如"大故宫"概念，也是近年来故宫学研究中所形成的一个共识，即完整的故宫遗产，既要关注72万平方米内的故宫，也应走出故宫，看到故宫与北京及其以外明清宫廷建筑之间的联系，看到故宫文物与流散于海内外的清宫文物的联系。"大故宫"观念的实质就是要全面看待故宫遗产的价值，既要关注北京故宫博物院的文物藏品，也要重视流散海外的清宫文物遗存，并从联系中进行研究。只有这样，我们才能看到一个全面的、立体的、生动的、丰富的故宫。

（二）探索有中国特色的文化遗产保护道路

故宫被列入世界文化遗产，为故宫保护带来了新的视野，新的机遇。首先，可从世界文明发展历程看待作为中华文明重要载体的故宫遗产的独特价值，同时也更客观地认识不同文明的贡献与地位，并从全球化时代保持文化多元性、传续中华文脉要求认识保护故宫的意义。其次，强化了遗产的共享意识，以及全社会都必须承担管理和保护的理念，促使故宫博物院的管理和故宫保护更加开放。再次，作为世界文化遗产，故宫保护要坚持执行有关国际公约，吸收先进的文物保护理念，坚持保护故宫的完整性与信息的真实性，努力探索有中国特色的文化遗产保护道路。

从2003年开始的故宫百年大修，进展顺利，修缮工程达到了预期效果，不仅使故宫恢复了庄严、肃穆、辉煌的历史面貌，而且是中国官式古建筑营造技艺的一次大力传承。故宫文物保护工程的意义体现在三个方面：一是进一步使故宫古建筑的保护进入良性循环的轨道；二是维修的思路、原则、要求、标准、方法，不但对国内，而且也对国际文化遗产保护做出了贡献；三是对故宫"完整保护、整体维修"理念的实践，体现出对故宫保护的文化传承意义。

同时开始的北京故宫、天坛和颐和园三处世界遗产地的修复工程引起国际社会的关注，也引起一些疑虑。2007年5月，中国国家文物局、国际文化财产保护与修复研究中心、国际古迹遗址理事会和联合国教科文组织世界遗产中心在北京联合举办了"东亚地区文物建筑保护理念与实践国际研讨会"。与会专家通过对故宫等三处世界遗产地维修工程的考察，进行了热烈的讨论，澄清了事实。会议讨论形成的《关于北京世界遗产地保护与修复的评价与建议》即《北京文件》附件，不仅统一了国际社会对故宫等三处世界遗产维修状况的认识，而且在此基础上产生了更为重要的成果，即《北京文件——关于东亚地区文物建筑保护与修复》（简称《北京文件》）。这个文件所强调与阐述的原则与精神，不仅有助于故宫等世界遗产地的进一步保护，而且为地区合作奠定了基础，从而更好地制定针对东亚地区其他古迹遗址保护与管理的理论和实践指导原则。《北京文件》的形成，说明文化遗产保护理念是一个不断发展、不断丰富的过程，也反映了中国文化遗产保护事业的发展水平，标志着中国特色的文化遗产保护理念的日渐成熟。作为这次会议的继续和细化，2008年在北京召开了东亚地区木结构彩画保护国际研讨会，原则通过了对东亚地区具有指导意义的《东亚地区关于彩画保护和修复的北京备忘录》。

从2007年东亚会议以来，故宫博物院更加认真执行《北京文件》及其附件提出的建议和要求，坚定地执行国际有关公约与国内有关法规，继续加强与国际遗产组织的沟通，加强与东亚地区世界遗产地有关文物保护问题的交流与合作，找出差距，改进不足，不断提高维护水平。

（三）坚持学理性与实践性的结合

故宫作为博物院，其学术研究的范围及学术成果的体现形式也有自身的特点，即与博物馆的工作性质相关联。故宫的学术研究，是以文物（可移动的文物藏品与不可移动的古建筑）作为研究对象，这不同于一般的主要以文献为对象的研究机构。故宫研究与文物的收藏、保护、展示不可分割。以鉴定来说，要收藏，就要鉴别真伪，就要划分等级，这就需要科学地鉴定，这是硬功夫，也是博物馆工作的基本要求。因此，故宫学术研究不是经院式的烦琐论证，也不是从书本到书本，它直接面对故宫的文物、古建筑、档案、文献，对此进行客观分析、比较，解决宫廷历史人物和事件的物证和历代文物的真伪鉴定及其艺术价值、文化联系等诸多问题。

学理性与实践性的结合反映在多个方面。除了学术论著外，大量故宫学术研究成果与业务工作结合，如文物的编目制档与陈列展览的结合。例如故宫博物院有一项特殊的陈列，即用宫廷史迹陈列来展现宫廷原状，使人们能准确而直观地了解宫廷的有关礼仪活动，澄清"戏说"之风带来的一些错误认识。但这是一项极为细致和繁难的工作。就是说，故宫学的一个重要特点，就是学理性与实践性的结合。又如古建筑研究多与故宫保护维修结合在一起。从2003年以来，故宫博物院与美国世界建筑遗产基金会合作，开展了倦勤斋保护工程。倦勤斋的研究保护项目是故宫博物院成立以来对内檐装修进行的首次大规模保护工程。鉴于清代，特别是乾隆年间，内檐装修具有空前绝后的复杂性，而倦勤斋内装修又代表当时的最高水准，所以这一项目既有开创性又有挑战性。参与该项目的中美双方专业技术人员团结合作，从前期历史、艺术、工艺、技术调研，病害记录分析，空气环境分析，采光分析，原状陈列复原研究，传统工艺材料的恢复研究等等，直至全面实施保护，攻克一个又一个难题，做到研究与保护的密切结合，为今后故宫内檐装修保护进行了有益的探索和尝试，并且积累了理论与实践方面的宝贵经验。40余万字的《倦勤斋研究与保护》（紫禁城出版社，2010年）就是这些研究成果的反映。

值得特别提及的是，历时18年的故宫百年大修到2020年将全面完成，故宫博物院以养心殿工程为收官之作。鉴于养心殿地位重要、影响巨大，以及文物建筑复杂的特点，博物院领导层极为重视，定义为"研究性保护项目"，即突出维修工程中的科学性，加强学术研究，力求使维修的每一个步骤、每一个方面都能有科学的依据，都是扎实可行的。《养心殿研究性保护项目课题》共设置了35个分课题，涉及与养心殿工程有关的清宫历史文化、文物陈设、文物保护（包括防震）、古建筑技艺及工程管理等，基本上涵盖了维修工程的各个方面。据我统计，参与该工程的有器物部、宫廷部、文保科技部、古建部、修缮技艺部、研究室、科研处等部门，参加课题的研究人员共234人次，其中10人及10人以上参加的课题即达10个，最多的一个课题有14人，这充分反映了筹划者的用心、周到。这一课题的设计，是从维修工程实际需要提出的，也提供了故宫保护工作与故宫学术研究相互结合的一个范例。过去故宫维修也有类似做法，但像养心殿项目这样涉及学科门类之广、动员力量之多、组织规模之大，还是第一次，因此也具有开创性的意义，对今后故宫学术研究开展（包括课题选定、组织形式、成果评价等），必将产生重大的影响。

（四）树立开放的、多元的合作交流的理念

公开、开放是故宫博物院的优良传统。由于故宫学是一门新兴的综合性学科，具有多学科交叉或者说跨学科的特点，加之清宫文物在海内外的大量散佚，客观上为更多的机构与个人参与故宫学研究提供了条件，因此故宫学从一提出就强调其开放性的特点。学术为天下公器，故宫学一直倡导"故宫在中国，故宫学在世界"的学术理念。故宫学不只是两岸两个故宫博物院乃或是海内外收藏有关清宫文物的机构或个人的事，而应该是海内外学术界的共同事业。事实上，故宫博物院也难以完全承担这一任务，需要社会上多方力量的共同参与。只有国内外研究力量广泛参与，交流合作，取长补短，才能进一步激发与活跃学术研究活动，取得更大的成果，也才能使故宫学真正发展为一门国际性的显学。

　　近年来，故宫博物院着力拓展与国内外知名博物馆、高等院校、科研院所及其他学术机构的交流与合作，且收到了明显的效果，特别是与高等院校的参与合作。"故宫学"的学科概念，自提出以来逐渐得到学界和教育界的认可和重视，故宫博物院也十分重视与各有关研究机构尤其是高等院校的交流与合作。近年来，故宫博物院先后与中国艺术研究院联合培养硕博士研究生，协助浙江大学成立故宫学研究中心，与南开大学合作成立故宫学与明清宫廷研究中心，支持中国社会科学院研究生院、东北师范大学等院校招收故宫学研究方向的硕士生，与北京工业大学在文物保护科技方面进行合作等。与此同时，故宫博物院就陶瓷研究、藏传佛教研究及文物科技保护研究等方面与美国、法国、日本等国家，以及中国香港的一些大学积极展开合作，并获得了显著的成果。

　　目前与故宫博物院合作的高等院校大都有着先进的教育理念、雄厚的教育资源、严谨的科学态度和优良的学术氛围，而且在学科设置和发展上各具特色，优势突出，并形成各自优良的学术传统。与高校的合作将极大地发挥故宫博物院和高等院校在学术资源和学术人才方面的优势互补作用，故宫博物院的发展将得到强大的理论支持和学术后盾，高等院校也将完善自身的学科建设和与社会的沟通，尤其是把故宫学作为学术研究方向和人才培养方向，纳入研究生教育体系，这对于故宫学的学术研究和学科建设具有重要意义。

　　故宫学的开放，不只是请人走进故宫，也包括故宫科研人员走出故宫。例如，北京故宫博物院认识到，要把故宫藏传佛教文物研究深入下去，不能就宫廷研究宫廷，而要放在更为宽广的范围和背景中去考察。例如藏传佛教的发展源流，黄教与其他教派的关系，清代与明代的关系，宫廷与地方的关系，藏传佛教在不同地区的传播状况，等等。正是基于这一认识，多年以来，故宫博物院积极与国内外大学、研究所、考古所等机构合作，进行田野考察、考古发掘、文物保护、资料整理等，拓展了学术视野，扩大了研究领域，取得了明显的成绩，如参与布达拉宫、罗布林卡等西藏重点文化遗产的维修保护工程；与美国基金会合作共同维修西藏名寺夏鲁寺，同时与多部门合作，共同开展对该寺壁画的研究；与首都师范大学美术学院共同建设汉藏佛教美术研究中心；等。特别是与四川省文物考古研究院长达10年的合作，对四川甘孜、阿坝一带藏族生活的地区进行考古和民族学调查，先后出版了《穿越横断山脉——康巴地区民族考古综合考察》《木雅地区明代藏传佛教经堂碉壁画》《2013年穿越横断山脉——阿坝藏羌文化走廊考古综合考察》3本书，其中"四川石渠吐蕃时代石刻考古调查项目"为唐蕃古道走向或文成公主进藏路线的考证提供了新的论据，填补了青藏高原东部唐蕃古道走向重要环节的资料空白，对研究吐蕃历史、佛教史、佛教艺术、唐蕃关系史具有重要的意义，因此被评为"2013年度全国十大考古新发现"。

（五）体现着历史使命感的文化自觉

"文化自觉"是费孝通先生晚年提出来的一个重要概念。文化自觉首先是对自己的文化有自知之明，也就是充分认识自己的历史和传统，这是一种文化延续下去的根与种子。对于故宫价值与故宫博物院使命的深刻认识，使故宫人在故宫学的倡导上有着一种基于文化自觉的强烈的责任感。

近600年来，随着时代的变迁，故宫的价值与作用也在累积与发展。在帝制时代，故宫是封建王朝的中枢所在地，是皇权的象征，有着至高无上的地位。故宫博物院的成立，将昔日帝王居住的宫苑禁区变为平民百姓可以自由出入的场所，使象征皇权统治继承性、合法性的清宫旧藏成为人民共有共享的文化财产，故宫博物院被赋予了维系中华民族文化和传续中华文明血脉的新内涵。保护故宫及其藏品，就是保持我们与祖先联系、沟通的渠道，就是保护中华民族的文化根基。故宫丰厚的文化资源，对于我们传承中华民族的优秀传统文化，对于弘扬和培育民族精神、建设中华民族共有精神家园，对于加强同世界各国的文化交流、扩大中华文明的国际影响力，都能够发挥独特的重要作用。故宫文化是有生命的活的文化，因此故宫是民族的，也是世界的；是传统的，也是现代的；是历史的，也是未来的。

故宫博物院成立以来，故宫同人从未计较个人的得失，而是倾心于故宫的事业，这就是对于历史文化遗产的保护、研究与弘扬，"充分认识自己的历史和传统"，延续文化的根与种子。下面引用1929年故宫博物院工作报告中的一段话，可见这种文化自觉精神的一脉相承：

> 本院职员，多以学术研究为目的，故尽义务者甚多。即有报酬，亦极菲薄。至多之生活维持费，仅给百元，少只十五元，为各机关所罕有。而同仁工作精神，则殊奋发。栉风沐雨，毫无倦容。盛夏严冬，工作尤苦。或冒暑巡行于永巷之间，或呵冻植立于冷殿之内。皆为寻常人所不能忍受者，而本院职员，皆身受之。此无他，一为保存中国历史、文化、艺术计，人人均视为份所当为，故不觉其苦。一则视本院为天然研究所，不为衣食计，而为学问计。同仁具此精神，得以维持以至今日。且努力进行不懈，亦职是故。①

（本文为作者2016年8月19日在南开大学历史学院、故宫博物院故宫学研究所联合举办的"故宫学与明清宫廷史"学术研讨会上的演讲，载《故宫学刊》2018年总第十九辑）

---

① 故宫博物院：《民国十八年本院全年工作报告》，故宫博物院档案。

《郑欣淼文集》书目